정동의
재발견

The Rediscovery of Affect
Félix Guattari's the Theory of Affect
and Social Economy

정동의 재발견

가타리의 정동이론과 사회적 경제

신승철 지음

도서출판 모시는사람들

서문

왜 우리는 다시 정동을 말하는가?

『정동의 재발견』 집필을 시작하던 2018년은 4차 산업혁명, 포스트휴먼, 플랫폼 등의 수상한 정동의 흐름으로 세상이 시끄러울 때였다. 그러한 수상한 기류에 위기감을 느끼고 생명운동 활동가들이 찾아왔다. 돌봄, 모심, 살림, 보살핌, 섬김 등의 명제와 정동 개념을 연결할 방안을 찾아달라고 주문했다. 다시 말해 정동이 첨단기술의 발전에 따른 플랫폼에 의해서 이용당하는 것을 넘어서 공동체와 생명활동을 지속가능하게 하는 생명살림과 생명평화의 기본 개념으로 만들자는 제안이었다.

곧 그들의 열망과 정동의 강도, 온도, 속도, 밀도는 글자 속에서의 요철, 굴곡, 주름이 되어 개념 속에서 '차이를 낳는 차이'로 미분화되었다. 들뢰즈와 네그리 등의 『비물질노동과 다중』(2005, 갈무리), 멜리사 그레그 등의 『정동이론』(2015, 갈무리)과 이항우의 『정동자본주의와 자유노동의 보상』(2017, 한울엠플러스)이라는 선행연구가 있었지만, 정동 개념은 여전히 흩어지고, 분산된 조각이었다. 국내에 정동자본주의 개념이 소개되었지만, 정동에 대한 연구는 스피노자의 구도를 넘어선 것으로 내재화하고 확산되고 발전하지 못한 상황이었다. 그리고 조각 맞추기처럼 여러 방면에서의 정동을 끼워 맞추면서 일관된 구도에 넣으려고 노력하고 있었다.

그리고 2020년 코로나19 팬데믹으로 인해 본격화한 플랫폼자본주의는 일종의 정동자본주의 양상의 하나로 급속히 우리 삶을 지배하게 되었다. 유튜브, 페이스북, 구글, 넷플릭스 등의 일상화된 콘텐츠 플랫폼이나 여러 가지 배달 플랫폼 등은 정동 논의를 혁신하고 재창안하라는 시대적 요구를 보냈다. 플랫폼 내에서 웃고, 울고, 즐기고, 기뻐하고, 인기를 누리며 정동을 발휘하다 보면 그 이득은 모두 플랫폼이 가져가 버리는 상황. 이때 정동은 권력과 자본에게는 천연자원으로 다루어진다. 이처럼 팬데믹 상황에서 정동이 처한 상황이 던지는 물음에 답하기 위하여 이 책, 『정동의 재발견』은 새로운 쟁점과 논의를 끌어안아 재창조되었다. 웅성거림, 잡음, 소음, 잉여라고 불리는 정동의 강렬도 전달은 미세한 개념의 격자들, 이를테면 평판체계, 호출노동, 열정노동 등에 걸려들어 다양한 개념으로 구현되었다.

정동은 일반적으로 생명 에너지이자 활력으로 간주되지만 경우에 따라서 다음과 같은 구분을 해 볼 수 있다.

(1) 정서 변환 양식으로서의 정동 : 외부로부터 촉발된 정서(affection)와 또 다른 정서 사이의 이행 양식으로서의 정동(affect)이 그것이다. 그런 점에서 감정이나 정서는 '꼼짝 안 할 때의 마음'이라면 정동은 '움직일 때의 마음'이라고 할 수 있다. 정서는 고정된 관념을, 정동은 흐름을 대변한다. 이렇듯 정서라는 고정점을 이행하고 횡단하고 변이되는 것이 정동이다.

(2) 생명 에너지와 활력, 힘으로서의 정동 : 정동은 생명이 발산하는 에너지이자 힘이다. 그래서 활력이 생기는 것은 생명의 신체를 필요로 하지만, 기호, 사물, 기계로부터도 활력정동이 생긴다. 그러나 대부분의 정동은 생

명이 살아 움직이는 것과 같은 고유한 특이성을 보인다.

(3) 강도, 온도, 속도, 밀도로서의 정동 : 정동은 강렬도에 따라 기쁨으로 증폭되기도 하고 슬픔으로 위축되기도 한다. 정동의 증대와 비대칭적인 정동 소외의 현실은 슬픔을 낳는다. 여기서 정동의 강렬도는 사이, 빈틈, 여백에서 서식하는 야성적 생명력을 의미한다.

(4) 흐름으로서의 정동 : 정동은 따라 하기, 모방을 유발하는데, 가브리엘 타르드(Jean Gabriel Tarde)는 이를 양자적인 흐름(flux)이라고 규정한다. 이러한 모방의 과정은 인지부조화와 같은 현실을 만들어낸다. 이런 점에서 합리적인 '의미화=표상화=모델화'에 기반을 두었던 인지자본주의는, 인지부조화에 기반을 둔 정동자본주의와 차이가 있다.

(5) 상호작용, 순환으로서의 정동 : 정동이 살림이나 생활세계에서 상호작용하지 않고 순환하지 않으면 정동의 소외 현상이 나타난다. 그런 점에서 정동은 삶을 살아지게 만드는 원천이다. 국지적인 영역에서의 정동의 순환과 상호작용이 정동의 흐름을 모듈(module)화하도록 하는 것이 팬데믹 상황과 그 이후의 과제이다.

(6) 천연자원으로서의 정동 : 정동자본주의는 정동을 마치 천연자원처럼 다룬다. 자본과 권력은 정동이 발생하는 순간에 함께 발생하며 정동의 흐름을 따라간다. 그렇기 때문에 정동은 생명의 원천이면서 동시에 자본과 권력의 자원이다. 정동이 돈이 되고 권력이 된다는 점 때문에 수많은 인플루언서(infuencer) 지망생들을 양산하고 있다.

(7) 사랑, 욕망, 돌봄으로서의 정동 : 정동은 근접거리에서의 사랑이라는 동일시와 의존을 통해서 젠더 불평등을 합리화하는 기제가 되었다. 반면 착하면서도 악동 같은 우정의 공식을 따르는 정동 양상을 생각해 볼 수 있다.

이러한 정동 양상에서 주목할 점은 그것이 거리 조절이 가능하다는 점이다. 결국 돌봄의 사회화는 사랑보다는 우정에 기반한다는 점이 드러난다.

(8) 요철, 굴곡, 주름으로서의 정동 : 정동은 평면적인 것이 아니라 입체적이며, 온갖 세상살이의 다사다난한 요철, 굴곡, 주름을 내포하고 있다. 이는 입체적인 정동의 현실을 만들어낸다. 다사다난한 삶의 대부분의 사건은 정동의 사건이다.

(9) 지도제작으로서의 정동 : 정동은 원인과 결과가 일치하는 인과적이고 선형적인 과정이 아니라, 원인과 결과, 입구와 출구, 근거(ground)와 정의(definition) 간의 분열을 전제로 한다. 이러한 비선형적이고 우발적이며 돌발적인 정동의 과정은 지도제작으로밖에 파악될 수 없다.

(10) 문제설정 간의 이음새로서의 정동 : 정동은 대답이 아니라 문제설정에 주목하는데, 그 이유는 문제설정에는 하나의 대답이 있는 것이 아니라 여러 대답이 있거나, 모두가 대답이거나 대답이 없을 수도 있기 때문이다. 정동은 더 나아가 문제설정과 문제설정을 연결하는 지혜와 함께 작동하면서, 정동의 구성주의라는 판을 만든다.

이 책이 집필되는 과정에서 필자가 소속된 생태적지혜연구소협동조합(ecosophialab.com)에는 〈정동특별팀〉이라는 색다른 모임이 결성되었고, 근 3년 동안 모임을 지속했다. 정동의 비밀을 본격적으로 파헤치는 모임이었지만 때로는 혼돈에 사로잡히고, 때로는 미진한 채로 더듬더듬 책에 대해서 얘기하고, 때로는 본격적인 이야기를 못 꺼낸 채 결과 가장자리를 다루는 데 만족할 때도 많았다. 〈정동특별팀〉이라는 공동체의 특별한 노력이 이 책에 여과 없이 담겨 있다. 이 책은 개인적인 저술로 느껴지지만 배치에서 기인한 정동의 흐름에 따라 서술된 집합적 노력의 성과물이다. 마치 공동체 기업의 파견자처럼 이야기 구조를 짜고 서술한 측면은 그 이유 때문이다. 다시 말해 배치와 관계망인 〈정동특별팀〉과 공동체 기업의 판이 만들어내는 정동의 강도, 온도, 속도, 밀도에 감응하여 춤을 춘 결과가 이 책이다. 그 강렬한 기록은 비록 정동 흐름의 비선형적이고 돌발적인 측면까지는 모두 담지는 못했지만, 이 책의 문자로 아로새겨져 표현되도록 최대한 노력했다.

이 책의 〈제1부: 정동에 주목한 두 철학자, 스피노자와 가타리〉는 스피노자주의의 정동의 이행으로서의 기하학에서 지도제작으로 이행한 말년 저작의 이야기와 가타리의 도표 전략, 리토르넬로, 기호-욕망 등을 개괄한다. 〈제2부: 정동의 소외, 다양한 논쟁을 격발하다〉에서는 노동과 활동의 차이점, 정동노동과 감정노동의 차이점, '지식과 정보'와 '지혜와 정동'의 차이점, 자율주의와 권리주의의 차이점, 돌봄의 사회화 논의와 정동의 소외 등을 다룬다. 〈제3부: 가타리의 욕망가치론, 사회적 경제를 진단하다〉는 정동자본주의의 개막에 따른 다양한 현상과 인지자본주의와 정동자본주의의 차이점과 대안적인 공동체 기업에서의 정동경제를 다룬다. 〈제4부: 사회적 경제의 업그레이드 버전은 가능한가?〉에서는 공동체 기업에게 정동이 주는 아이디어, 힌트, 단상 등을 모아서 엮어 보았다. 특히 탈성장 전환사회에서의 정동순환과 정동의 상호작용이 가능한 초극미세 전략을 다루어 보았다.

이 책은 2018년 한국연구재단 저술출판지원사업의 지원하에서 진행된 연구의 결과물이기도 하다. 사실상 프로젝트를 시작하던 2018년 초에는 어떻게 써야 할지 거의 갈피를 잡지 못했는데, 스피노자의 본격적인 연구서인 『사랑할수록 지혜로워진다』(2018, 사우)와 지도제작법으로서의 도표에 대한 연구서인 『생태계의 도표』(2019, 신생) 등이 출간되면서 연구와 저술에 탄력을 받았다. 더불어 플랫폼자본주의 연구서인 『플랫폼자본주의와 배달노동자』(2021, 북코리아)의 연구 과정에서 정동자본주의에 대한 많은 부분을 정리할 수 있었다.

『정동의 재발견』은 여러 사람의 수정 작업과 교정 교열 코멘트 등이 더해진 결과물이다. 김미정, 오민우, 이무열, 주요섭 선생님 등이 이 글을 읽고 코멘트를 해 주셨고, 사랑하는 아내 이윤경이 가장 먼저 읽고 교정 교열본을 건넸다. 더불어 정동특별팀의 나머지 멤버인 권희중, 김경미, 서화니, 이승준, 김영연, 조기현 등이 배치와 관계망으로서 큰 도움을 주셨다. 세미나 과정에서 나온 이야기 구조는 대부분 개념화되어 이 책에 구현되었다. 더불어 이 책의 단상과 아이디어, 지적 기반에 큰 도움을 주신 전남대 윤수종 선생님께 존경과 감사의 인사를 드린다.

『정동의 재발견』은 우리의 신체와 생명으로부터 기인한 힘과 에너지에 대한 긍정을 담고 있다. 그리고 생명평화 세상에 대한 약속을 탈성장 전환 사회에 대한 염원으로 담아내고 있다. 이 책이 꾸준히 생명력을 갖고 사람들에게 읽혔으면 좋겠다. 이 책의 소재 자체에서 유래된 정동이 그러한 힘과 에너지를 가질 수 있으면 좋겠다. 이 책이 개방한 정동의 강렬한 흐름의 영토에 여러분을 초대한다.

2022년 8월
신승철

정동의 재발견

정동은 주변과 가장자리, 곁을 돌보고, 양육하고, 보살피고, 섬기고, 모신다. 그런 점에서 정동은 돌봄, 모심, 섬김, 보살핌, 살림 등과 동의어일 수밖에 없다. 이를테면 어떤 지주가 "이것은 내 땅이다"라고 소유권을 주장할 때, 그 땅이 비옥하고 지렁이와 미생물이 풍부하게 되기까지 소작농이 이 땅을 돌보고 보살피고, 양육한 정동은 무시되고 배제된다. 정동은 이유와 본질을 적시하는 의미화 방식으로 나타나지 않는다. 대신 주변, 가장자리, 곁에서의 작동과 양상의 지도화 방식으로 나타난다. 부모는 자녀에게 "너는 내 거야"라고 결코 확언하지 못하면서도, 돌봄과 양육의 과정을 계속할 수밖에 없는 정동의 양상이 벌어지는 것도 이 때문이다.

제 1 부

정동에 주목한
두 철학자,
스피노자와 가타리

The Rediscovery of Affect
Félix Guattari's the Theory of Affect
and Social Economy

1. 스피노자의 삶의 자기원인으로서의 정동 개념

'…그리고 스피노자는 정동을 말했다'

철학자 K는 기지개를 켜고 자리에서 일어난다. 강렬함을 느끼는 순간은 언제든 찾아온다. 관계 속에서, 만남 속에서, 심지어 철학책 속에서 모종의 강도, 온도, 밀도, 속도를 느낀다면, 그때가 바로 정동(affect)과 접촉하는 순간이다. 물론 정동은 말이 없다. 어딘가에 숨어 있으며, 더듬거리고, 중얼거린다. 매순간 작동하지만, 이를 느끼는 것은 찰나와도 같은 순간이어서 금방 잊어버린다. 정동이 발생하는 삶은 평면처럼 깔려 있는 일련의 평범한 과정이다.

K씨는 커피를 마신다. 무릎 위의 고양이가 잠에서 막 깨어났다. 돌연 K의 귀에는 음악소리가 들린다. 사실 음악소리는 그 이전부터 이 공간에 퍼져 있었다. 작은 속삭임, 반음계의 떨림, 울림, 후렴구의 반복, 공명, 갑작스런 파열음이거나 집 옆의 공사장에서 나는 소리일 수도 있다. 돌연 피부가 간지럽다. 먼지나 미생물, 곰팡이 때문일지도 모른다. 이것을 뭐라 이름 붙일지 아직 모른다. 그저 피부의 표면 위로 가려움이라는 것이 욕망처럼 스멀스멀 기어 나온다. 어쩌면 간지러움은 아까부터 거기서 작동하고 있었을지도 모른다.

K는 책을 편다. 스피노자는 장터에서 괴한에게 칼침을 맞았다. 하지만 스

피노자는 죽지 않았다. 외투가 두꺼운 덕분이었다. 섬뜩한 느낌, 불쾌한 느낌, 그 이후에 찾아오는 삶에 대한 무한한 긍정, 그런 느낌들이 책에 아로새겨져 있다가 그의 내면의 익숙한 흐름으로 발현된다.

밖에서 누군가 문을 두드린다. 누구일까? 궁금증은 정동이 되어 슬며시 고개를 든다. 그리고 기쁨이 될 수도 슬픔이 될 수도 있는 만남을 통해 정동이 생성된다. 정동은 사건과 개체, 인물의 발생 전에 있는 미묘한 에너지와 활력의 흐름이다. 그래서 특정해 내기 어려운 측면이 있다. 프루스트의 『잃어버린 시간을 찾아서』에서는 주인공이 침대에 일어나 문고리를 열 때까지 정동에 대한 묘사가 80페이지에 걸쳐 전개된다. K도 그 실험에 동참하려는 듯 일어나서 천천히 옷매무새를 가다듬는다. 그러한 정동의 출현은 그의 철학의 현미경에만 포착되는 미세한 일상, 즉 내재성의 평면에 대한 묘사일 수 있다. 정동은 무엇일까? 그저 K가 느끼는 강렬함 그 자체일까?

정동은 열쇠개념이 아니다

철학자 K의 사색 과정처럼, 정동은 최근의 트렌드를 주도하는 개념이다. 우리 삶 가장 가까이에 있는 현행의 개념이면서 현대적이고, 현재적이고, '지금-여기-가까이'를 규명할 열쇠개념 등으로 세간에 풍미한다. 독특한 해석을 하는 K 같은 인물이 많아진다면, 정동 개념을 가지고 인공지능 로봇이나 초음속 비행기는 물론이고 심지어 화성으로 가는 우주선까지도 만들 태세다. 이렇듯 뭔가 시끄럽게 논의되고 정동에 대한 수식어는 많으나 막상 대중이 접근하기에는 여전히 어려운 것도 사실이다.

여기서 정동 개념은 과거, 현재, 미래라는 시간의 수평선 위에 놓여 있다.

정동은 과거의 유물인 전(前)근대적인 개념으로 간주되기도 하고, 미래로 향하는 탈(脫)근대적인 개념으로 간주되기도 한다는 아이러니와 마주친다. 정동은 돌봄, 모심, 보살핌, 섬김, 살림, 양육 등을 포괄한다는 점에서 전근대적이고 심지어 중세적인 개념으로 치부되기도 하며, 또 때로는 근대사회의 기능화, 의미화, 모델화, 표상화된 질서에 반격을 가할 다기능적이고 다의미적이며 메타모델화된 탈근대적인 개념으로도 간주되기도 하기 때문이다. 정동에 대해 왈가왈부하는 말들은 참 많지만, 정동이 무엇인가를 딱 한마디로 정의해 주는 경우는 거의 없다.

그러나 정동은 열쇠개념이 아니다. 즉, 열쇠처럼 꼭 들어맞는 자물쇠에 걸려 딸깍 소리를 내며 문제를 단숨에 해결하는 방식이라기보다는 정성, 돌봄, 지극함을 발휘하여 문제를 해결하기 위해서 노력하는 과정형적이고 진행형적인 개념이 바로 정동이다. 열쇠개념이라고 하면, 인과론적이고 선형적이고 원인과 결과가 딱 맞아떨어지는 구도를 그리지만, 정동은 원인과 결과를 연결하는 선의 바깥쪽 둘레면, 다시 말해 주변, 곁, 가장자리에 서식하고 있다. 정동은 원인과 결과를 분열시킨다. 나, 너, 그가 원하는 것은 그 자리에 없다. 욕망과 정동은 그 사건으로부터 멀찌감치 떨어진 곳에서 발생한다. 예를 들어 영어시험을 못 본 학생의 정동은 독서실에서 영어를 더 공부하는 쪽에 있는 것이 아니라, 이미 노래방에 가 있다. 그다음은 무엇인가? 두말할 필요 없이 정동은 폭발적인 에너지로 격발되어 노래하고 춤추며 활성화될 것이다.

철학이라는 현미경은 묘한 김이 서려서 둘레를 닦아주어야 하는 수고로움을 요구한다. 주변을 정리하고 배열하고 정돈하고 배치할 때 정동은 활력을 띠고 등장한다. 정동은 이유에 따라 움직이지도 않고 결과로 바로 연결되지도 않는다. 정동은 모서리, 틈새, 여백, 사이, 둘레에서 부지런히 움직인다. 정동은 도처에 있다. 만능열쇠처럼 하나로 모든 것을 해결하려는 것이 아니라, 그 각각의 것에 들어맞는 것을 내놓거나, 그 각각의 것을 찾기 위해 부지런히 질문을 던지며 움직인다. 그러나 그것은 모호하다. 측정 불가능하다. 가장자리에 있으며, 사이에 있으며, 틈새에 있기 때문에 희뿌연 구름과도 같다. 때로는 너무 모호해서 무시되기도 한다. 심지어 아예 미리 전제된 것으로 간주되는 경우도 있다. 꼭 맞는 열쇠가 아니기 때문에 자주 망각되며 뒤로 미뤄지고 시야에서 벗어난 것으로 간주되는 때도 많다. 정동에 대한 사색은 사변적이기 그지없다.

그래서 사변철학이 아니라, 기하학이나 광학을 연루시킨 철학자 바루흐 스피노자(Baruch de Spinoza)가 정동 개념을 처음으로 제시했다. 물론 스피노자가 처음으로 제시했다고 이전에 정동이 없었다는 것은 아니다. 우주와 미생물처럼 정동은 그 어딘가에 늘 있어 왔다. 정동 개념을 발명하기 전에도 정동을 통해 구성된 사회, 공동체, 자유도시 등은 이미 그 당시의 현실에 있었던 것이다. 스피노자 역시 정동에 유능한 사람이 되고자 했던 인물 중 하나였을 뿐이다. 스피노자는 정밀한 현미경처럼 삶의 내재적인 평면을 세심히 들여다보며, 정동을 지도제작(cartography)하려 했던 최초의 인물이다.

그런데 정작 스피노자는 그의 책 『에티카』에서 기하학(geometry)의 원리에 따라 정동을 마치 열쇠개념처럼 얘기하지 않았는가? "정동은 욕망, 기쁨, 슬픔이다"라고 정의하면서, 이를 여러 가지 감정과 정서를 풀어내는 열쇠개념처럼 사용하는 기하학적인 구도를 제시한 철학자가 아니었는가? 『에티카』를 읽어보면, 합리적이고 정갈하고 깔끔한 언어로 쓰인 글이라는 것을 알 수 있다. 그러나 그 속에는 정동의 강도, 밀도, 속도, 온도가 개념의 요철과 굴곡, 주름이 되어 비대칭적으로 내재해 있다. 그는 어떨 때는 뜨겁게, 어떨 때는 슬프게, 어떨 때는 기쁘게 정동을 삶의 내재성의 평면 위에 그려 낸다. 그런데 그것이 마치 열쇠개념처럼 그려져 있기 때문에 사람들은 스피노자를 합리주의자로 오해하기도 한다. 그래서 지극히 뜨거운 혁명의 열정을 품은 스피노자는 차갑고 냉철한 이성의 대표 주자가 된다. 스피노자에게서 정동의 뜨겁고 강렬한 개념은 공리, 정리, 증명과 같은 차가운 틀 위에 놓여 있어 마치 '츤데레'의 사랑의 마음과도 같이 다가온다.

그러나 스피노자의 『에티카』처럼 뜨거운 책도 없을 것이다. 수리공, 목수, 요리사 등의 장인들의 지혜와 정동의 전통을 오롯이 담고 있다. 말라무드 수리공도 이 사실을 직감적으로 알아버렸던 것일지 모른다.

나는 그의 책을 인근 도시의 한 골동품상에서 구입했습니다. 값으로 1코펙을 지불했는데, 그렇게 벌기 힘든 돈을 책 사는 데 낭비했다고 금방 후회했습니다. 얼마 후 몇 쪽을 읽게 되었고, 그다음에는 마치 돌풍이 등을 밀고 있기라도 하듯 멈출 수 없었습니다. 당신에게 말했듯이, 제가 모든 것을 이해하지 못했지만, 그와 같은 생각들을 접하자마자 그것은 마치 마녀의 빗자루에 올라타는 것과 같았습니다. 나는 더 이상 동일한 사람이 아니었습니다.
- 말라무드의 『수리공』 중에서*

스피노자의 『에티카』(1996, 서광사)를 읽은 느낌과 정동을 이 구절보다 더 잘 표현한 것이 있을까? 이 책과의 만남은 기쁨과 환희, 열망의 시작이다.

* 질 들뢰즈, 『스피노자 표현의 문제』(2003, 인간사랑) p. 5, 역자 서문 중에서.

정동의 시작이다. 그래서 욕망의 주사위를 던진 순간처럼 책을 펼치자마자 희망과 설렘, 기대감의 입구로 향하는 느낌이 든다. 스피노자는 이 책에서 자신의 삶의 내재성을 드러냈다. 삶이 스스로 움직여 말한다. 정동이 속삭이고, 개념을 창안하고, 모종의 느낌과 스타일을 발아한다. 삶을 넘어선 천상의 초월적인 영역이 우리에게 다가와 명령하거나 호명하지 않는다. 그저 삶 자체가 스스로를 발견하고 창안하고 생성하며 그 전개과정에서 끊임없이 우리 마음을 움직이게 한다. 그 내재성(immanence)은 온갖 우여곡절로 가득하다. 삶의 내재성은 통속적인 일상이 아닌 역사, 사회, 정동, 사건이 아로새겨진 평면이다. 들뢰즈와 가타리에게도 그런 면모가 드러난다.

> 언제나 아메리카에서 온 삼촌, 망나니가 된 형, 어떤 군인과 함께 떠난 숙모, 파산했거나 공황의 여파로 실직한 사촌형, 무정부주의자인 할아버지, 미쳤거나 노망이 들어 입원한 할머니가 있다. … 파리 꼬뮌, 드레퓌스 사건, 종교와 무신론, 스페인 전쟁, 파시즘의 대두, 스탈린주의, 월남 전쟁, 68년 5월….[*]

다채로운 삶의 내재성에는 하나의 열쇠에 해당하는 정답이 없다. 반면 프로이트는 가족이라는 옹색한 장(場)을 등장시켜서 오이디푸스 콤플렉스(Oedipus complex)라는 열쇠개념을 해법으로 제시했다. 그러나 들뢰즈와 가타리가 보기에 가족무의식의 장은 사회-역사적 무의식의 장으로 확산되어야 하고, 더불어 이 장에 수많은 정동의 사건들이 꿈틀대고 있었던 것이다.

---

[*] 들뢰즈와 가타리, 『앙띠 외디푸스』(1998, 민음사) p. 152.

여기에는 우여곡절, 좌충우돌, 오락가락하는 여러 가지 다양한 사건들이 발생하고 기억 저편으로 사라지고 다시 만들어지기를 반복하는 거대한 내재성의 평면이 실존한다. 그 다양한 사건들에도 불구하고 정동의 해법은 복잡하지 않고 비교적 단순하다. 단순하다는 것은 납작하거나 편평하거나 단조로운 것은 아니다. 오히려 단순함은 지극히 단순하지 않다. 가장 단순한 행동에는 다성화음적인 문제설정들이 숨어 있다. 정동은 가사일을 할 때의 라디오 음악이나 아이들이 어두운 밤길을 걸을 때의 노랫가락처럼 화음으로 가득한 지극한 준비동작, 예비동작, 배음과 풍경이 가득 차 있다. 무의식적인 흥얼거림, 손가락 건반 치기, 쉴 새 없는 리듬의 발걸음, 이 모든 것이 활력정동의 표현이리라.

상상의 지평에 한 소농의 상황을 등장시켜 보자. 농부는 지금 막 여기서 자기 주변을 바라보고 있다. 바람이 심상치 않고, 염소가 매에 울고 있다. 농부로서는 즉각 정동을 유발하고 정동을 촉진하게 되는 상황이다. 농부에게는 이 상황을 어떻게 처리해야 한다는 확실한 열쇠개념, 정답, 명백하고 단일한 대답이 있는 것이 아니다. 농부는 더듬거리고 탐색하고 주저하고 오락가락하면서 문제설정에 슬그머니 접근한다. 다시 말해 모호하지만 지극한 정동에 따라 움직인다. 하나의 문제설정은 하나의 대답과 일대일 대응 관계를 갖지 않는다. 오히려 문제설정은 또 다른 문제설정과 연결된다. 바람이라는 문제설정은 풍경(風磬), 바람개비, 장독대 등의 문제설정으로 연결되어 음악이 되기도 하고, 형상이 되기도 하고, 냄새가 되기도 한다. 염소라는 문제설정은 풀밭, 말뚝, 파리와 모기라는 문제설정으로 연결되어 약초, 금기, 벌레 퇴치 등의 지혜 발현되기도 한다. 여기서 농부가 발휘한 정동은 문제설정과 문제설정, 생명과 생명, 사물과 사물을 연결시키는 지혜이다. 또한 그것은 지극함이다. 정성이다. 돌봄이다. 그런 점에서 정동은 열쇠 개념이 아니라 지극함, 정성, 돌봄의 개념이다. 그것은 삶을 만들고, 유지하고, 지속하는 원천이다.

스피노자는 정동이 서식할 내재성의 평면을 깔았다

> 겸손, 검소, 순수는 이제 아주 풍부하고 넘쳐흐르는 삶, 능력으로 충만한 삶의 결과들이 되어, 사유를 정복하고 다른 모든 본능을 자신에게 종속시킨다. — 이것이 바로 스피노자가 자연이라고 부르던 것이다.[*]

스피노자는 힘과 에너지로서의 정동(affectus)과 능력으로서의 정서(affectio)를 구분했다. 정동은 강도, 밀도, 속도, 온도와 같이 신체를 감싸고 접촉할 때마다 생성하는 힘과 에너지이다. 반면 정서는 정동에 따라 느껴지는 감정의 양상이며 변용 능력이다. 왠지 모르게 그날따라 밀도가 높은 대화가 뜨겁게 오가는 동안, 어쩐지 행복감이 들 때가 있다. 밤새 술을 마시며 진행한 토론을 마친 후 아침에 시원한 해장국이라도 먹고 나면 그 뜨거운 분위기가 살맛나는 느낌으로 다가오는 그런 때 말이다. 이처럼 정동은 뜨거움, 강도, 밀도, 온도, 속도 등에 따라 기쁨, 슬픔, 욕망이 교차하는 순간의, 한마디로 정의하기 힘든 사건성이라면, 정서는 이를 해석하여 한 단어의 감정으로 표현하게 되는 '재미있다', '흥미롭다', '행복하다', '살맛난다' 등의 양상이다. 정서, 감정, 지각작용 등만을 현실적인 영역으로 느끼는 경우가 허

---

[*] 질 들뢰즈, 『스피노자의 철학』(1999, ㈜민음사) p. 9.

다하지만, 그것은 무수한 정동이 일으킨 사건들이며, 정동은 숨어 있는 판 짜는 자, 숨은 은인, 배후 조정자의 판이다.

정동이 서식하고 춤추고 발아하고 생성할 평면과 구도를 그려내기 위해서 스피노자는 내재성(immanence) 개념을 제시하였다. 먼저 스피노자는 내재성과 초월성(transcendent)을 비교한다. 한편으로 삶의 지평과 신체의 욕망, 정동의 능력을 넘어서 있어 우리를 무능력과 압도와 같은 슬픔으로 이끄는 신(God)과 전제군주, 사법적 질서와 같은 초월적인 영역이 있다. 다른 한편으로 삶의 영역에서 사랑과 정동, 욕망이라는 신체의 능력을 통해서 다양한 사건을 감싸고 자기원인으로 만드는 내재적인 평면이 있다. 스피노자는 이를 비교하면서 후자의 영역으로 거침없이 향하였다. 스피노자로부터 삶의 내재성으로의 대 탈주, 일상의 전복, 안으로 되말리는(involved) 생명 등을 발견하는 것은 지복(beatitude)의 영원성의 순간이다.

마우리치오 라자라또(Maurizio Lazzarato)는 내재성의 구도를 바로 "자기에 대한 관계(푸코), 또는 자기 위치 정하기[자기정립](self-positioning)와 실존적 긍정이 지닌 힘(가타리)"*으로 보았다. 여기에 추가하자면 '자기원인과 타자원인의 마주침', '자기에 대한 테크놀로지', '자기에의 배려' 등도 있다. 삶을 살아가는 내재적인 평면을 얘기하는 데 뭐가 그렇게 복잡하냐 하는 생각도 들 것이다. 골치 아픈 철학, 사변철학자라는 얘기도 나올 법하다. 이런 억울한 오해를 받게 되는 데에는 내밀한 속사정이 있다. 이렇게 복잡한 논의를 촉발한 사람이 바로 스피노자 자신이기 때문이다.

내재성 개념은 '타자보다 더 타자 같은' 주체성(subjectivity)을 의미한다. 원

---

* 마우리치오 랏자라또, 『기호와 기계』(2017, 갈무리), p. 19.

격제어와 같이 '나'라는 주체성은 철저히 타자가 촉발한 정동이 아로새겨진 삶의 내재성의 평면 속에 놓여 있다. 타자가 슬퍼한다. 타자가 기뻐한다. 타자가 노래하고 있다. 처음에는 이러한 정동의 자극을 철저히 외면하고 지나치려 할 것이다. 그러나 이불 속에서 그 장면이 다시 떠오르고 정서생활과 감정생활에 영향을 준다. 이따금 '이불킥'도 할 것이다. 울고 웃고 춤추고 있던 타자의 모습이 주체성의 삶의 내재성의 평면 위에 기입된다. 그래서 곰곰이 생각한다. '그때 나는 왜 그 사람의 눈물을 닦아주지 않았지?', '그때 왜 나는 어울려서 춤을 추지 않았을까?' 그때 나로부터 발생한 정동의 자기원인은 타자되기로 향한다. 더욱이 자신으로부터 가장 먼 곳에 있는 타자를 사랑할 때 비로소 그의 정동은 연대(solidarity)의 판을 깔며 지극해진다.

여기서 정동을 촉발하는 것의 외부에 주목하게 된다. 외부는 감각에 의해 자극과 반응(S→D)만을 일으키는 촉발 요인만은 아니다. 오히려 외부가 촉발하는 사건은 정동의 자기원인에 의해서 감쌈과 포월(envelopment)의 과정을 겪는다. 다시 말해 외부의 사건을 자신의 일처럼 여기고 실천하는 사람들이 있다. 그 감쌈과 포월은 바로 그 사람의 정동의 힘과 정서의 공감 능력에 달려 있다. '한 아이가 울고 있다'는 외부의 사건은 곧바로 '그래서 어쨌다고?'라는 무심함과 무감각으로 이어질 수도 있지만, '무슨 일일까? 엄마는 어디에 있지? 어떻게 울음을 그치게 할까?'라는 정동의 자기원인에 따른 되기(becoming)라는 신체변용으로 향할 수 있는 것이다. 들뢰즈와 가타리는 외부로부터 촉발되는 타자성을 내재화하는 변용(affection)의 과정을 '되기'라고 표현한다.

되기로서의 변용 능력, 다시 말해 정서(affection)의 능력은 어떻게 획득되는가? 에너지와 힘으로서의 정동이 자기원인에 의해서 가지런히 배열, 수선, 정렬, 배치의 과정을 겪는 것으로부터 시작된다. 포크와 나이프는 날카롭고 불안한 정서와 감정을 만들어내지만, 식탁 위에 포크와 나이프를 가지런히 배열하는 정동의 미학화가 발휘된다면 어떨까? 한편에서는 식욕을, 한편에서는 품위 있는 고급스러움에 대한 만족감을 자극할 것이다. 이처럼 변용 능력, 되기의 능력은 정동이 만들어낸다. 다시 말해 돌봄, 살림, 모심, 보살핌, 섬김이라는 구체적인 정동의 과정이 만들어내는 것이다. 그것이 스피노자의 자유인 해방 전략의 전모이다.

여기서 내재성은 오히려 외부적 사유라고 했던 이유 역시도 규명된다. 다시 말해 꽃-되기, 나비-되기, 호랑이-되기, 고양이-되기, 소수자-되기와 같이 외부의 타자가 촉발하는 변용 능력이 여기서 발생한다면 어떨까? 그것을 감싸 안고 환영하는 자가 누구일까? 그때가 삶의 자기원인으로서의 자신의 활력과 에너지인 정동을 발휘할 때이다. 정동은 자기원인을 통해 타자원인을 내재화한다. 그것이 정동의 감쌈과 포월의 힘과 능력이다. 외부적 사유에는 낯설고 어두운 그림자가 없다. 대신 사랑의 무한한 능력에 대한 사유, 되기와 활력으로서의 정동의 사유, 삶과 신체의 능력의 사유가 하나의 촛불처럼 타오른다. 이렇듯 어둠을 비판하기보다 하나의 촛불이 되고자 하는 것 역시 외부적 사유이자 내재성의 사유이다.

아이, 광인, 장애인, 동물, 식물, 광석, 미생물 등 우리가 보든 보지 못하든 수많은 외부는 우리의 주변, 곁, 가장자리에 서식하면서 계속 득실대고 웅성거리고 있다. 그러한 외부는 우리 삶의 내재성이 도달하려고 하지만, 소음, 잡음, 잉여로 간주된다. 이렇듯 주변, 곁, 가장자리에 있으면서 우리에게 즉각적으로 합일될 수 없는 애틋한 몸짓과도 같은 것이 우리로 하여금 사랑, 변용, 정동의 발휘로 나아가게 한다. 외부로서의 소수자, 아이, 광인 등은 본질과 이유를 적시하는 '~은 ~이다'라는 형태로 포섭될 수 있는 것이 아니라 늘 주변, 가장자리, 곁에서 서식하는 존재들이다. 생물학에서 말하는 가장자리효과(edge effect)는 이것을 말한다. 바다와 들, 산과 들, 바다와 강 등이 만나는 가장자리가 바로 생명이 창궐할 수 있는 강렬도*의 지대라고 말이다. 이렇듯 주변과 곁, 가장자리는 정동이 강렬한 곳이고, 생명력이 창발되는 곳이고, 생명 에너지가 뜨겁게 오가는 곳이다.

정동은 주변과 가장자리, 곁을 돌보고, 양육하고, 보살피고, 섬기고, 모신다. 그런 점에서 정동은 돌봄, 모심, 섬김, 보살핌, 살림 등과 동의어일 수밖에 없다. 이를테면 어떤 지주가 "이것은 내 땅이다"라고 소유권을 주장할 때, 그 땅이 비옥하고 지렁이와 미생물이 풍부하게 되기까지 소작농이 이 땅을 돌보고 보살피고, 양육한 정동은 무시되고 배제된다. 정동은 이유와 본질을 적시하는 의미화 방식으로 나타나지 않는다. 대신 주변, 가장자리, 곁에서의 작동과 양상의 지도화 방식으로 나타난다. 부모는 자녀에게 "너는 내 거야"라고 결코 확언하지 못하면서도, 돌봄과 양육의 과정을 계속할 수밖에 없는 정동의 양상이 벌어지는 것도 이 때문이다.

들뢰즈와 가타리가 말한 되기(becoming)는 사랑과 신체변용(affection)이다. 그 이전에 스피노자는 변용을 신적 속성이자 능동적인 것으로 보았다. 아이가 길을 물을 때 아이 눈높이에서 얘기하려고 고개를 숙이고 몸을 낮추는 것은 능동적인 행위 양식이라고 할 수 있다. 그런데 모든 것이 사랑과 변

---

* 강렬도는 정동의 힘과 에너지의 온도, 속도, 밀도, 강도를 통칭하는 말이며, 강렬도가 커지면 문턱을 넘어서 색다른 반복의 양상으로 향한다. 그런 점에서 강렬도는 위도를 반복의 문턱 너머를 경도로 지칭하기도 한다. 쉽게 이해하자면 부드럽게 손을 잡으면 그 강렬도에 따라 환대를 의미하지만, 손을 꽉 쥐면 적의를 의미하게 된다.

용, 즉 되기를 통해서 이루어지는 것은 아니다. 인간은 한계 테제로서의 생명과 자연, 신체를 받아들여야 한다. 외부에서 갑자기 찾아오는 사건에 반응하는 수동의 촉발을 피할 수 없다. 이런 점에서 스피노자는 외부로부터 촉발되는 수동적인 정동의 양상을 '욕망(=자기보존의 욕구)'과 '기쁨(=수동의 능동)', '슬픔(=수동의 수동)'으로 구분하여 말한다.

그러나 수동이 전제되어 있다 하더라도 정동의 과정은 사실상 이행과 변이, 횡단의 과정이라고 할 수밖에 없다. 나는 늘 기쁠 수 없으며, 그렇다고 나는 늘 슬플 수도 없다. 기쁨과 슬픔은 늘 교차하며, 때로는 한꺼번에 찾아오기도 한다. 나는 커피를 욕망한다. 향이 좋은 커피를 마신다. 그래서 나는 기쁘다. 커피 잔을 놓쳤다. 커피 잔이 깨지고 커피가 쏟아졌다. 나는 슬프다. 혹은 커피를 다 마셨기 때문에 자리에서 일어나 떠나야만 하기도 한다. 이렇게 이행하는 것이 정동이다. 끊임없이 나의 정동은 변환되기도 하고, 다른 정동을 유도하기도 하고 촉매하기도 한다. 이렇듯 정동이 지도를 그리듯 아로새겨지는 캔버스를 스피노자는 '내재성의 평면(plan of immanence)'이라고 명명한다.

스피노자에게 정동은 초월적인 '권력(power)'이 아닌 '내재적인 역능(force)'에 입각하여 생성된다. 그런 점에서 '권력의 능력'과 '활력(정동)의 능력'은 구분된다. 정동은 삶과 신체의 능력을 넘어서 있어서 무기력하고 슬프게 만드는 권력의 논리에 의해서 작동되지 않는다. 대신 정동은 삶 자체에서 생성하는 생명력과 활력에 기반하여 끊임없이 기쁨을 유발하기 위해서 작동한다. 스피노자가 염두에 둔 혁명은 무엇일까? 바로 정동의 혁명이다. 그것은 분노하고 절규하면서 권력에 저항하여 다시 권력이 형성되는 슬픔의 권력에 기반한 혁명이 아니다. 괴물과 싸우기 위해서 다시 괴물이 되는 혁명이 아닌 것이다. 정동의 혁명은 사랑과 정동, 욕망에 따라 기쁨의 민주주의, 내재적인 민주주의, 절대 민주주의로 향하는 혁명이다. 스피노자는, 초월성의 원리가 압도와 무능력이라는 슬픔의 권력에 기반하고 있기 때문에 '권력으로 세상을 바꾼다'라는 설정으로부터 멀찌감치 벗어나 기쁨의 민주주의, 내재적인 민주주의 장으로 인도한다. 삶의 내재성이라는 보이지 않는 윤리적이고 미학적인 것이 민주주의에 도입된다.

누군가는 "기후변화로 인해 내일 지구가 망할 거야"라고 말할 수도 있다. 마치 자신이 초월자나 예언자인 것처럼 말할 수도 있다. 워낙 단호하며, 냉정해서 더욱 슬픔과 기후우울증으로 우리를 이끌지도 모른다. 그러나 이러한 때에야말로 "나는 나무 한 그루를 심겠다.", "나는 미래세대와 힘을 합쳐 기후행동을 하겠다.", "자전거를 타면서 출퇴근하겠다." 등의 내재성의 평면 위로 흐르는 정동의 움직임, 즉 양육, 돌봄, 살림, 보살핌, 섬김이 더 중요하다. 정동은 좌절을 모른다. "내일 지구가 망할지라도 한 그루 사과나무를 심겠다."는 유명한 경구는, 사실은 스피노자가 아닌 종교개혁가인 마르틴 루터가 말했다고 한다. 어쨌든 이 경구 그대로 스피노자는 초월자의 논리, 슬픔의 논리, 무능력의 논리에 빠지지 않고 사랑, 욕망, 정동의 영구적인 혁명에 나서자고 그의 철학을 통해 말하고 있다. 그런 점에서 그는 『에티카』를 통해 정동이 춤추고 노래하고 서식할 내재적인 평면으로서의 기쁨의 민주주의라는 판을 깔고자 했던 것이다.

정동의 자기원인은 우정 개념이다

3부 정리 15. 모든 사물은 우연에 의하여 기쁨이나 슬픔 또는 욕망의 원인이 될 수 있다.

3부 정리 16. 기쁨이나 슬픔으로 정신을 자극하는 대상에 다소 유사한 무엇을 갖는 어떤 것을 우리가 표상한다는 이유만으로, 어떤 것이 그 대상과 유사한 점이 그러한 정서를 일으키는 원인이 아닐지라도 우리는 그것을 사랑하거나 증오할 것이다.*

스피노자의 『에티카』의 「제3부 정서에 기원과 본성에 대하여」에 나오는 정리 두 개다. 기쁨과 슬픔, 욕망이라는 정동은 삶의 자기원인으로서 수많은 정서를 만들어낸다. 그렇다고 정동의 자기원인이 정서의 본질이나 궁극의 이유, 목적인 것은 아니다. 정동은 수많은 정서의 곁과 가장자리를 비스듬히 연결하는 이음새일 뿐, '정서의 본질이 무엇이다'라고 적시하지 않는다. 이 글은 이해하기 쉬운 것은 아니지만, 정동으로서의 기쁨은 사랑이라는 정서의 원천이 된다고 비교적 명확히 말하고 있다. 그런데 눈치 빠른 사람은 금방 알겠지만, '기쁨=사랑', '슬픔=증오'로 딱 맞아떨어지지 않는다는 점이 드러난다. 즉 정동은 그 사람의 존재이유와 궁극, 본질로 향하는 사랑(love)에 적합한 개념이 아니라, 서로 친구가 되어 곁과 가장자리에 비스듬히 위치하는 우정(Friendship)에 적합한 개념인 것이다.

우정은 경쟁을 유발할 수도 있고, 곁에 있지만 그 사람의 모든 삶의 영역에 관여하는 것도 아니다. 그저 자리를 지켜 주고 이따금 한마디씩 건네고 간혹 도와주면서 힘이 되는 것이 우정이다. 우정은 정동을 사랑, 이타심, 착함 등으로 평면화하는 것이 아니라, 이타적이면서도 이기적이고, 협동하면서도

* B. 스피노자, 『에티카』(1990, 서광사), p. 145-146.

경쟁하며, 착하면서도 악동 같은 입체적인 평면으로 향하게 한다. 다시 말해 미리 결정된 돌봄이나 우정은 어디에도 없다. 그것은 경우의 수이며, 그때그때의 피드백이다. 우정은 고향이라는 뿌리내림의 장소성, 사랑이라는 의존과 동일시, 영적인 동기와 목적의 일치성이 아니라, 입체적인 삶을 살아가는 현대인들이 취할 수 있는 정동의 양상과 관련되어 있다. 물론 돌봄, 살림, 보살핌, 섬김을 통해서 타자의 삶의 궁극의 지평까지 깊숙이 다가가는 것도 정동이다. 그러나 가깝지도 멀지도 않은 관계의 횡단면에서 비스듬한 곁에 위치한 우정을 통해서 정동은 더욱 풍부해지고 다양해진다. 그런 점에서 왜 스피노자가 정서에 대하여 수많은 각주를 달았는지도 규명이 된다.

이러한 우애, 우정의 영역은 환대(hospitality), 환영(welcome)의 영역과 한 쌍을 이룬다. '친밀하고 유대적인 관계'와 '낯선 익명의 관계' 사이에는 그 거리를 조절하는 횡단성(transversality)이 자리 잡고 있다. 이 사이에서 정동은 가까움과 멂의 밀고 당기는 강도, 온도, 밀도, 속도로 등장한다. 다시 말해 국지적인 영역에서 친밀해져서 더 뜨거운 정동이 생길 수도 있고, 먼 외부에서 오는 돌발적인 사건이 낯설면서도 이질적이어서 강렬한 정동으로 다가올 수도 있다. 정동은 외부로부터 촉발되는 강렬도이지만, 이 속에서는 가까운데도 악동처럼 짓궂게 굴어 정동을 강렬하게 만들 수도 있고, 먼 데 있음에도 통찰을 주는 한마디로 정동을 강렬하게 만들 수도 있다. 우애와 환대 사이의 횡단성(=거리조절)은 바로 스피노자의 내재성의 평면이기도 하다. 그런 점에서 정동의 자기원인이 우정을 통한 기쁨의 민주주의의 배치를 갖고 있느냐의 여부가 중요하다.

스피노자가 살았던 당시 네덜란드 헤이그라는 자유도시의 전통에는 '너의 좋음'이 '나의 좋음'이라는, 윈윈(win-win) 개념에 따른 기쁨의 민주주의가 작동하고 있었다. 환대와 우애가 서로 시너지를 발휘하는 것이 바로 기쁨의 민주주의이며 자유도시의 전통이다. 반면 국가주의는 슬픔의 정동이라는 양상을 보인다. 국가주의에서의 초월적 권력의 분배라는 작동 양상은 '너의 좋음'은 '나의 나쁨', '나의 행복'은 '너의 불행'이라는 역비례 관계를 야기한다. 자원-부-에너지 분배는 '모아서 나누는' 국가의 양상이라고 할 수 있다. 이에 따라 환대가 아닌 '분리와 무차별성'이, 우애가 아닌 '간섭과 투쟁'이 자리 잡는 것이 국가주의의 논리이다. 국가주의의 양상은 우애가 품고 있는, 협동하면서도 경쟁하는 긴장감이나, 착하면서도 악동 같고, 이타적이면서도 이기적인 양면성과는 거리가 멀다. 왜냐하면 국가주의는 관계를 예속으로, 능력을 무능력으로 만드는 구성 방식이기 때문이다. 그런 점에서 스피노자는 자유도시라는 판 위에서 영원히 친구이면서 경쟁자일 수밖에 없는 우애의 논리를 기쁨이라는 정동의 민주주의로 더욱 정교하게 보여준 사람이라고도 할 수 있다.

이러한 우애에 기반한 정동 개념은 감각적으로 느껴지는 표상의 영역이 아니다. 즉, 정동은 "누군가가 벽에 낙서를 하고 있다"거나 "누군가 빵을 게걸스럽게 먹고 있다" 등의 사실에 대한 단순한 기술일 수 없다. 감각적 차원에서 보면 상식이 작동한다. 상식은 공통감각(common Sense)이라고도 불리며 스피노자에게는 제1 종지이다. '벽에 낙서하는 사람'을 상식적으로 이해할 수 없다는 사람들에게 "그 사람은 그래피티 예술가다"라고 하거나 "며칠 굶은 사람이다"라는 우애에 기반한 정동을 제시하면 결국 서로를 공감하게 된다. 여기서 알 수 있는 것은 흔히 상식이라 불리는 제1 종지의 영역은 오류의 원천이라는 사실이다. 감각의 일부는 지각(perception)이 되지만, 지각 중에서는 편견이나 선입견이 개입하는 경우가 많다. 그러나 지각을 우애와 환대를 작동시키는 정동에 따라 개념적으로 구체화한다면 어떨까? 스피노자에게는 공통개념(Common Concept)은 타당한 관념이며 제2 종지이다. 공통개념이 타당한 이유는 본질과 궁극의 이유를 알아서이기 때문만이 아니라 신체변용 능력과 평행을 이루기 때문이다. 말-되기를 통해서 승마법을 알 수 있고, 자동차-되기를 해야 운전법을 알 수 있고, 자전거-되기를 해야 자전거 타는 법을 익힐 수 있듯이 신체변용과 공통개념이 평행을 이루고 있으며, 결국 정동의 감쌈을 작동시킨다. 그런 점에서 제2 종지는 타당하다. 나머지 제3 종지는 직관지이다. 그것은 궁극의 본질에 대한 통찰이다. 이 역시 타당한 관념의 영역이지만, 쉽지 않은 영역인 것도 사실이다.

스피노자에게 공통감각, 즉 상식의 영역이 오류의 원천이라고 간주된 이유는 무엇일까? 정동이라는 우애의 자기원인에 따라 표상, 정서, 의미를 구성해낼 능력을 갖추지 않고도 도달하는 것이 상식(common sense)이기 때문이다. 다시 말해 사물, 생명, 자연, 기계 등과도 기쁨의 민주주의를 구성할 수 있는 능력이 필요하다. 고양이가 몸을 비빌 때, 나는 정동의 자기원인에 따라 따뜻하게 쓰다듬어 기쁨의 민주주의를 구성한다. 그것이 정동의 '관계'와 '배치'의 능력일 것이다. 부엌에서 주전자가 '삐이익' 하며 울릴 때 나는 불을 끄고 이것을 식혀야 한다. 사물을 파괴하지 않고 자기를 보존하려는 욕망에 관심을 기울이는 것이 정동이 사물과의 기쁨의 민주주의를 형성하는 방법이기 때문이다. 이렇듯 하나의 표상에 감각적 수준에서 쾌/불쾌를 느끼는 것 자체에 머무는 것이 아니라, 적극적인 행동, 감쌈, 표현을 통해서 정동을 발휘하는 것이 요구된다. 누군가 집 앞 가로등 아래에서 서성거린다. 표상의 수준에서는 식별의 시선이 먼저 향할 것이다. 이질적인 것을 더럽다고 여겨 혐오하는 것은 정동의 우애의 능력을 충분히 발휘하지 못했을 경우이다. 그저 전지적 관찰자 시점이 아닌 친구 시점으로 돌아갈 필요가 있다. 정동을 발휘해서 표상과 표상을 연결시킨다면, 가로등 앞의 낯선 사람이 친구 집을 찾고 있는 사람이라는 점을 깨달을 수 있을 것이다.

이렇듯 우발적으로 일어나는 표상, 정서, 감각 등은 철저히 의심해 봐야 한다. 왜냐하면 아직 친구의 시점에서 정동을 발휘하지 않았기 때문이다. 연대적이고 쌍대적인 관계성, 감쌈과 표현의 상호성이 필요하다. 표상과 표상을 연결하는 비스듬한 횡단성이 필요하다. 그렇게 되기 위해서는 느림과 여백의 시간이 필요하다. 우리는 만물과 생명, 자연과 친구로서의 정동을 발휘하기 위해서는 좀 여유 있는 변용의 시간, 마음-씀의 시간이 필요하다. 일단 관계가 성립되어야 정동이 형성된다고 할 수 있기 때문이다.

더불어 데이비드 흄(David Hume)은 "새가 하늘을 나는 것이 반복하는 것은 하나의 법칙이 아니라 습관"이라고 말한다. 그러나 이런 경험주의는 위험성이 있다. 어제도 그랬듯이 오늘도 그러할 것이며 내일도 늘 그러리라는 관점은 세상을 다소 뻔한 것으로 보는, 안일한 것이기 때문이다. 물론 이를 합리주의처럼 이론이나 법칙이라고까지 얘기한다면 더욱 세상을 고정된 것으로 보는 것이기도 하다. 질 들뢰즈는 초월론적 경험론(Transcendental Empiricism)을 말한다. 정동을 만들어내는 사건들이 내재성의 평면에 강도, 온도, 밀도, 속도로 기입되어 있어서 언젠가는 우리가 새롭게 발견할 수 있는 소재가 된다는 것이 그 요점이다. 우발적으로 다가온 생명 에너지이자 활력, 강렬도인 정동은 우리의 삶에서는 기쁨, 슬픔, 욕망을 유발하면서 경험된다. 새들이 날아다니고, 고양이가 춤을 추고, 석양이 물드는 저녁에도 우리가 그것의 강렬도를 느끼지 못한다면 그것은 결코 의식되지 않는다. 그러나 그것들은 우리 삶에 들어와 있다. 일상에 들어와 있다. 우리 삶의 내재성의 평면에 기입되어 있는 것이다. 비록 비(非)의식으로, 무의식으로 내재(=잠재)해 있다고 하더라도 삶의 깊숙한 곳까지 들어와 있는 것이다. 그리고 어느 순간 정동으로 불쑥 생성될 것이다. 자연의 위대함에 대한 강렬도로, 생명의 소중함에 대한 강렬도로 말이다. 그래서 세계의 재발견이 바로 초월론적 경험론인 셈이다.

스피노자의 정동 개념은 자유도시의 전통, 영원한 친구가 되는 전통에 따른다. "무엇을 해라." "무엇을 하지 마라"라고 명령하는 초월자도 없다. "너는 나다"라고 하는 궁극의 합일도 없다. 그저 곁과 가장자리를 지켜주는 영원한 친구처럼, 연대적이면서도 경쟁자였던 그가 곁에 있어 모종의 긴장감이 생기고 뾰족한 면이 생길 수 있는 것이 스피노자의 정동의 능력, 힘, 역능(force)인 것이다.

아카데미는 스피노자가 '너는 너고, 나는 나다'라는 식의 구획과 문턱을 형성하고 있다고 여겼다. 다시 말해 합리주의의 반열에 올린 것이다. 그것은 아카데미의 포섭 전략의 일종일 뿐이다. 그러나 스피노자의 우애로서의 정동 개념에서 정동은 문턱이 아닌 횡단성(=거리조절) 속에 있다. 가까움과 멂, 우애와 환대 사이의 거리조절이 어떻게 가능할까? 정동, 즉 강렬도가 높은지 낮은지가 가장 결정적인 관건이다. 정동의 자기원인을 통해서 서로의 곁을 때로는 친밀하게 때로는 악동처럼 관계를 맺는 우애의 관계가 바로 기쁨의 민주주의이다. 이러한 스피노자의 철학은 현대인들에게 입체적인 관계의, 미학적이고 윤리적인 면을 살짝 보여준다.

2. 스피노자, 자유인의 해방 전략을 말하다

'…그리고 스피노자는 기쁨의 승리를 약속했다'

첫 번째 에피소드. 기쁨은 때와 장소를 가리지 않는다. 야심한 시각이라도 말이다. 어두운 골목길, 덩치 좋은 남자들 앞을 지나칠 때 누구든 겁을 먹기 마련이다. 특히 저들도 이쪽을 쳐다보며 경계의 눈빛을 보내고 있다면 더더욱 말이다. 그렇게 서로의 존재에 긴장감이 팽팽해질 무렵, 불현듯 그들에게 바짝 다가가 "혹시 담뱃불 좀 빌릴 수 있을까요?"라고 한마디 던진다면 어떤 일이 벌어질까? 팽팽한 실이 툭하고 끊어진다. 긴장의 문턱을 넘어서 서로를 '니코틴 공동체'로 결속시켜 모종의 기쁨으로 이끄는 순간을 경험할 수 있지 않을까?

두 번째 에피소드. 시장에서 채소가게 주인과 나누는 대화를 상상해 보면 어떨까? 그날의 날씨 이야기와 같은 딴소리로부터 시작하여 점점 물건의 가격을 묻는 것으로 은근슬쩍 화제를 바꾼다. 어느덧 둘은 능숙하게 주거니 받거니 거래를 하는 선수가 되어 있다. 서로 최적의 거래가 성립될 즈음 기쁨의 정동은 슬그머니 둘 사이를 감돈다. 상인과 손님 둘 다 잇몸을 보이며 비로소 환하게 웃음을 짓게 된다.

세 번째 에피소드. 소농의 텃밭에 사물, 생명, 기계 등이 가지런히 배열되고 정비되고 정돈되어 있는 오후 무렵이다. 기쁨은 농부의 주위를 감싸고돈다. 농부는 아까부터 수선스럽게 활력과 정동을 발휘했던 과정을 뿌듯하게 생각한다. 건너편에 사는 이웃이 찾아온다. 너도 아니고 나도 아닌 사이주체성이 형성되어 그전의 기쁨이 더 배가된다. 어쩌면 커먼즈(Commons)를 구성할지도 모른다.

기쁨의 순간, 시간이 정지된 느낌, 데자뷰(Deja vu)처럼 갑자기 주변의 생명과 사물이 익숙한 것으로 시야에 확 들어온다. 그때 순간은 영원이 된다. 점차 시간은 수평선을 그린다. 행복을 촉발하는 상호 긍정과 기쁨의 시간은 느리다. 여백이 많아 숭숭 구멍이 뚫려 있다. 기쁨은 둘, 셋, 넷 사이를 좋아한다. 반면 슬픔은 혼자라서 외롭다. 무기력하다. 무능력하다. 슬픔의 파도가 밀려들 때면 사람들은 어쩔 줄 몰라 한다. 쩔쩔맨다. 그러나 최악의 상황, 극단적인 상황에도 서로에게 말을 건네고 서로의 존재를 긍정하는 기쁨이 있는 한 우리 사이에는 희망이 있다. 서로의 표정과 느낌, 정동을 공유하는 순간은 모두 기쁨의 순간이다. 생명위기 시대, 외롭고 힘든 사람들은 그래서 더욱 기쁨을 공유하는 '관계'에 희망을 거는지도 모르겠다.

기쁨과 슬픔은 기분이나 감정이 아니다

스피노자에게 정동(affect)은 기쁨, 슬픔, 욕망이다. 그가 말한 정동(affect)은 기분(feeling)이나 감정(emotion), 정서(affection)와는 사뭇 다르다. 기분은 쾌, 불쾌를 느끼는 수동적인 방식으로 나타나고, 감정은 앵무새처럼 떠드는 미디어에 장악되기 쉽고, 정서는 하나의 표상에 고정되기 쉽다. 미국의 풋볼리그 기간과 가정폭력과의 관련성은 미국 남성의 감정생활이 대부분 미디어에 종속되어 있음을 보여준다. 기분에 따라, 감정에 따라, 정서에 따라 이루어지는 모든 것들을 의심할 필요가 있다. 기분, 감정, 정서가 정동처럼 자기원인으로 만드는 배치(agencement)와 무관하게 제멋대로 날뛸 때 여성, 소농, 소수자들은 배제되고 차별당하기 때문이다. 반면 정동은 포월과 감쌈의 '자기원인'과 관계의 판인 '배치'를 갖고 있다. 정동은 감정과 기분, 정서가 갖지 못한 포월과 감쌈의 친구와도 같다. 그렇게 결속적 관계가 되어 살림, 돌봄, 모심, 보살핌을 통해 깊이와 잠재성을 드러낸다. 또한 정동은 징검다리와도 같다. 그렇게 교량적 관계가 되어 '관계'와 '관계의 관계', '관계의 관계의 관계' 등을 연결시켜 배치를 이룬다. 이렇듯 정동은 삶의 내재성의 구도 위의 우애와 환대 사이의 거리조절 속에 있다.

만약 "'꼼짝 안 할 때'와 '움직일 때' 중에서 언제 생각을 더 많이 하는가?"라는 질문을 던진다면 어떻게 대답할까? 아마 어떤 사람들은 어젯밤 일과를 마치고 누워 엎치락뒤치락거렸던 잠자리를 생각할 것이다. 단잠을 이루지 못했던 한밤중의 잡념과 예민함, 환상 등을 생각하며 '꼼짝 안 할 때 생각'이 더 많았노라고 대답할 것이다. 그러나 그 '꼼짝 안 할 때의 생각'은 바로 감정과 정서이다. 어떤 자기원인과 일관성도 없는 일시적이고 휘발적인 생각들이다. 불교에서의 승가의 수련법인 명상은 이러한 잡념들을 텅 비우고 번뇌를 던져 버리는 수련법이지만, 여전히 '꼼짝 안 할 때의 생각'의 프레임(frame)에 머물러 있다. 반면 정동은 보살피고 아끼고 행동하고 이행하고 움직일 때의 생각이다. 삶의 내재성 즉 배치가 분명히 있는 생각들이다. 돌봄과 살림을 몸으로 실천하는 보살행이나 증여와 호혜의 보시 개념과 정동은 통하는 것이다. 불교에서의 개인적 수행을 강조하는 상좌불교와 대중적인 자비의 실천을 중시하는 대승불교의 구분은 바로 '꼼짝 안 할 때의 생각'과 '움직일 때의 생각'의 구분과도 같다. '꼼짝 안 할 때의 생각'을 감정이라고 부르고 '움직일 때의 생각'을 정동이라고 부르는 이유도 여기에 있다.

감정과 정서는 하나의 협착이나 고착 지점에 들러붙어 끊임없이 공회전한다. 그리고 고정점에서 '~은 ~이다' 식으로 의미화하는 특징이 있다. 잠자리에서 그토록 생각을 많이 했는데, 다 쓸모없는 생각들이라니! 꼬리에 꼬리를 무는 생각이지만, 앞뒤를 연결할 수도 없고, 끊임없이 기존 생각의 지점으로 돌아간다. 다시 말해 잡생각이다. 반면 정동은 표상과 표상, 문제설정과 문제설정, 정서와 정서 등의 이음새 역할을 하면서 동시에 매끄럽게 이행하고 횡단하면서 변이된다. 몸과 마음이 횡단과 이행에 최적화된다. 생각이 전환되고 몸이 빠르게 이행하는 것이다. 이렇듯 느낌, 기분, 감정은 고정되어 있지만, 그 사이의 이음새를 이루는 오묘한 강도, 속도, 온도, 밀도의 변화 과정은 그 요철과 주름, 굴곡을 입체적으로 만들어내면서 이행한다. 그것이 바로 정동이다. 그래서 우리는 상상해 볼 수 있다. 정동에 최적화된 몸과 마음 만들기를 말이다. 정동을 통해 우리에게는 강력한 감응과 감동의 순간이 찾아올 수 있다.

스피노자가 말하는 기쁨과 슬픔이라는 정동은 기쁨의 능동성으로 슬픔을 극복하는 해방 전략을 의미한다. 반대로 슬픔의 정서에 기반한다면 어떻게 될까? 이것이 스피노자의 기쁨과 슬픔이 양극성 장애 즉 조울증과 다른 점이라고 할 수 있다. 정동은 단순히 표면적인 기분의 차원이 아니다. 그것은 내재성의 평면에서 자기원인의 궤적을 그리기 때문이다. 기쁨은 기분상 들떠 있는 조증 삽화가 아니다. 슬픔은 기분상 침울한 울증 삽화가 아니다. 양극성 장애가 기분 장애인 이유는 바로 감정과 정서의 영역에만 관련되어 있기 때문이다. 만약 누군가 양극성 장애로부터 벗어나기를 심각하게 원한다면, 일단 자기원인을 갖지 않는 감정과 정서를 의심하고 판단정지부터 해야 한다. 그리고 철저히 자신의 삶의 배치에 입각한 정동의 흐름만을 받아들여야 한다. 다시 말해 살림과 돌봄의 마음, 움직일 때의 마음 이외에는 받아들이지 않아야 하는 것이다. 기쁨은 지극한 관계에서 유통되는 활력이다. 슬픔은 심원한 실존의 고통을 담은 깊이 있는 태도이다. 표층에서 순식간에 등장하였다 사라지는 조증과 울증과는 아무런 관련이 없다.

여기서 정동은 심원한 삶의 변화에 따라, 색다른 사건과의 마주침에 따라, 관계의 배치 변화에 따라 움직인다. 반면 고립된 개인들이 느끼는 기본적인 정서와 감정은 무능력이자 슬픔이다. 여기서 정서(affectio)로서의 슬픔은 관계 속에서의 정동(affectus)으로서의 슬픔과 사뭇 다르다. 정서로서의 슬픔은 이행하고 횡단하는 과정에서 슬픔의 흐름을 구체화하고 애도나 실존적 고독과 실존적 고통 등으로 미학화할 수 없는 무능력함에서 기인한다. 슬픔의 정서는 슬픔의 정동보다 더 고립되고 무능력하다. 정동은 자기원인과 배치에서의 힘과 에너지에 입각한다. 반면 감정 혹은 정서에 머무는 것은 '관계의 부재', '배치를 재배치할 수 없음', '고정된 한 지점에 머물 수밖에 없음'이라는 더욱 근본적인 무능력에 입각해 있다. 이에 따라 슬픔의 정서를 기본적으로 깔고 있는 판이 등장하면 제멋대로 감정을 속인다. 기뻐도 기쁜 것이 아니다. 스스로의 정동을 속이는 것이다. 배치와 자기원인에 따라 기쁨의 관계를 형성할 수 없을 때, 감정과 정서의 우발적이고 일시적인 영역만이 기쁨을 가장할 뿐이다. 그러나 그 저변에 깔려 있는 것은 슬픔의 정서이다. 무능력이다. 텔레비전을 보고 깔깔깔 웃고 있는 고립된 개인은 자신의 슬픔의 정서와 정동에 대한 무능력을 속이기 위해 안간힘을 쓰고 있는 것이다.

그렇기 때문에 정동은 철저히 '관계'의 영역에서 서식한다. 자신과 관계가 없는 사람과 거래를 하고, 자신과 관계가 없는 정보를 접하고, 자신과 관계가 없는 사람을 선망하는, 관계 밖에서의 삶을 살아가는 현대인들은 철저히 정동에서 소외되어 있다.

스피노자의 정동 개념은 관계를 통해서 상호긍정의 기쁨으로 향할 수도, 서로의 관계를 통해 예속과 무능력의 슬픔으로 향할 수도 있다는 점에 주목한다. 더욱이 현대사회처럼 관계가 실종되고 사라진 상황에서 정동은 철저히 소외되고 생략된다. 활력 있는 기쁨도 없고, 실존적 고통을 담은 슬픔도 없다. 서로가 관계를 맺지 않고 위생적이고 탈색된 관계가 오히려 관계의 전부라고 여겨지는 상황에서 기쁨과 슬픔의 정동을 기대하기는 어렵다. 그런 점에서 현대인들은 기본적인 감정과 정서상의 변화만을 추구하지만 근본적으로 슬픔의 정서에 기반하고 있다. 물론 관계 중에서 사물, 생명, 자연, 기계와의 관계도 빼놓을 수 없다. 많은 사람들이 미디어와 스마트폰, 인터넷 등의 가상적인 영역을 통해서 감정생활을 할 수밖에 없는 상황에 놓인 것도 사실이다. 그러나 그 속에는 실존(existence)에 입각한 관계가 누락되어 있다.

스피노자는 파이프 담배를 피울 것이다. 그는 질문에 대하여 숙고하고, 대답을 한다. 하루가 저무는 동안 담배 냄새가 테레빈유의 냄새와 경쟁했다. 셀 수 없는 방문객들이 스피노자를 찾았다. 판데르 스페이크의 이웃과 친척들에서부터 열성적인 젊은 남학생들과 감수성이 예민한 여성들, 고트프리트 라이프니츠(Gottfried Leibniz)와 크리스티안 아휘헌스, 갓 설립된 영국 왕립학회의 회장 헨리 올덴버그(Henry Oldenburg) 등이 방문객에 포함되었다. 남아 있는 서신으로 미루어 볼 때, 스피노자는 단순한 민초들에게 자애로운 모습

을 보인 반면 동료라고 할 수 있는 사람들에게는 까다로운 모습을 보인 듯하다.[*]

스피노자의 '실존에 입각한 관계'는 『에티카』를 서술하는 기반이었다. 즉 그는 삶의 내재성 속에, 생활세계 속에, 자신의 둘레 환경 속에 놓여 있는 '관계'를 주목했다. 이를테면 스피노자는 가까이 있는 하숙집 주인과 오랜 친교와 우애를 유지하면서 그와 평생을 함께했다. 동시에 가장 먼 곳에 있는 공화파 드 비트 형제에게서 지속적인 지지와 후원을 받았다. 스피노자는 가깝고 먼 관계 속에 내재한 정동의 일련의 병렬, 행렬, 배치, 배열, 동적 편성, 위치, 자리 등을 탐색했다. 그것은 순간적인 영감의 산물이 아니다. 다시 말해 우발적이고 순간적인 감정과 정서의 산물이 아니다. 지속적인 일련의 과정 속에서 드러난 삶의 내재적인 배치가 드러난 것이다.

'실존에 입각한 관계'는 상대방을 만날 때 그의 한계, 끝, 유한성을 응시하는 것으로부터 출발한다. 다시 말해 유일무이성(Oneness), 특이성(singularity)을 함께 공유할 관계를 구성하는 것이다. 그런 후 삶의 내재성의 평면에는 수많은 사건과 상황이 펼쳐진다. 그때 어떤 정동이 작동하여 그러한 사건의 강렬도와 희로애락을 함께했는지가 중요하다. 그것이 바로 실존에 입각한 관계일 것이기 때문이다. 물론 그 관계가 시작될 때, 운을 뗄 때는 돌발적으로 감정과 정서가 살짝 개입할 수도 있다. 그러나 사실상 정동이 이끄는 삶의 자기원인이 표현되고 펼쳐지는 과정에서 잠깐 동안 편견과 선입견으로 이루는 삽화일 뿐일 것이다.

[*] 안토니오 다마지오, 『스피노자의 뇌』(2007, ㈜사이언스북스), p.27.

스피노자는 기쁨의 정동을 말한다. 동시에 슬픔의 정동도 말한다. 그러나 그것은 이미지와 기호, 표상에 따라 관계가 없는데도 순간적으로 떠오른 기쁨이나 슬픔의 기분이나 감정, 정서가 아니다. '슬픔의 깊이'와 '기쁨의 활력'이 정서와 감정상에서는 배제되고 지극히 평면화된다. 정동에는 분명한 배치가 있고, 맥락이 있고, 그것이 서식할 자리가 있다. 기쁨이나 슬픔의 정동은 일관성(consistence)을 그린다. 그것들은 삶의 자기원인에 내재해 있는 흐름이다.

사람들은 정동의 배치와 배열 장치로서의 삶의 내재성이나 일관성과 무관하게 어떤 이미지와 영상, 환상에 따라 생각과 기분이 크게 좌우될 수 있다고 여긴다. 그러나 그러한 광기와 돌발적인 감정, 고정된 정서, 일시적인 기분의 폭발은 스피노자의 구도에서는 찾을 수 없다. 그래서 차분하고 진지하게 사랑, 욕망, 정동에 대한 이야기를 풀어낸다. 마치 기하학의 구도처럼 선과 세모, 네모, 원 등의 도형과 같은 구도로 삶의 내재성이 그려진다. 그위에 정동이 오롯이 기입되어 있다. 스피노자는 자신의 강렬도에 따라 정동을 그려낸다. 지도제작한다. 도식화한다. 그것은 돌발적으로 식별되는 감정과 정서만이 아닌 차분한 정동의 기하학으로 그려지고 있다.

스피노자의 가속주의 전망에 주목하자

기쁨과 슬픔은 정동의 양극단을 차지한다. 여기서 기쁨은 더 높은 완전성을 향한 욕망의 상승을, 슬픔은 더 낮은 완전성을 향한 욕망의 하강을 일컫는다. 다시 말해 누군가와 만나 둘 사이에서 상호긍정에 따라 욕망이 상승하면 기쁨을 느낄 것이다. 서로의 존재를 긍정하는 관계는 시너지 효과를 일으킨다. 한 사람이 미소를 지으면 옆 사람도 미소를 짓는다. 한 사람이 포복절도를 하면, 상대방도 눈물이 맺히도록 웃는다. 반면 서로의 존재를 부정하는 관계는 한쪽이 다른 쪽에게 예속과 무능력의 상황에 처하여 욕망이 하강하면서 슬픔의 정동을 느낀다. 일방적 우위, 권력관계, 갑질과 같은 상황에서 사람들은 무기력해진다. 겉으로는 일사분란하게 명령에 따르지만 진심으로 상대에게 해줄 것이 없기 때문에 슬프다.

여기서 기쁨의 정동이 상호긍정을 일으키는 영역은 자유도시에서의 윈-윈(Win-Win)의 관계에 상응한다. 근대가 막 성립되던 시기의 자유도시는 서로를 수평적인 관계로 보면서 상업 거래가 이루어지는 도시 사회였다. 이는 국가주의 재분배의 영역처럼, 내가 자원을 갖게 되는 것이 남의 자원을 빼앗았기 때문이라는 불평등한 방식이 아니었다. 국가를 기반으로 한 현존 자본주의를 살펴보면 그 내부에 봉건제의 잔재인 권력과 자본이라는 막강한 슬픔의 정서가 숨어 있음을 감지하게 된다. 겉으로는 자유시장, 자유무역 등을 말하지만, 자본주의는 봉건제를 불철저하게 넘어서고 있다. 아니 넘어서지 못하고 있다. 그러므로 자본주의가 내재적인 민주주의를 가속화한다면, 권력과 자본에 내포된 슬픔이라는 정서의 힘으로부터 벗어나 자유도시 전통으로부터 시작한 기쁨의 정동의 영구적인 승리로 향할 수 있다고 전망하게 된다. 이는 스피노자 철학의 가속주의(accelerationism)적 전망이다.

이렇듯 스피노자에게 기쁨과 슬픔은 '자기보존의 욕구', 즉 코나투스(Conatus)인 욕망의 상승과 하강에 따른다. 스피노자는 철학사에서 처음으로 욕망이라는 개념을 화두로 꺼냈던 사람이기도 하다. 그러나 그 욕망은 탐욕이나 갈애가 아니라, 생명과 사물, 자연이 자기를 보존하고 자기를 생산하려는 근본적인 긍정의 힘이자 역량(force)이다. 활력과 생명 에너지가 선순환되면서 자기를 지속시키는 긍정적인 힘으로 작동하는 것이다. 욕망은 일종의 생명력, 생명 에너지로서의 정동이라고 할 수 있다. 더불어 욕망은 일종의 질문이다. "네가 원하는 게 진정 무엇이냐?"를 묻는 근본적인 질문이다.

스피노자는 '자기보존의 욕구'가 충동이 의식된 바라고 규정하지만, 삶, 신체, 실존의 자기원인을 묻는 것이 욕망이다. 그렇기 때문에 욕망은 자기원인이지만 선형적이거나 인과론적이지 않다. 왜냐하면 질문에 대한 답이 여럿일 수도 있고, 모두일 수도 있고, 없을 수도 있기 때문이다. 따라서 그러한 존재이유에 대한 질문으로서의 욕망이 등장하면, 그것은 어딘가에 고정되어 있거나 고착되는 것이 아니라 활력과 생명 에너지에 따라 횡단하고 이행하고 변이된다. 욕망이라는 문제가 일단 제기되면, 기존의 모든 것이 의문시되기 때문이다. 기성세대, 현존 질서, 자본주의, 가족주의 등 당연하다고 여겨지는 모든 것이 의문에 붙여진다.

68혁명, 그것은 스피노자적인 정동과 욕망이 해방의 탈주선을 탔던 사건이다. 이에 따라 스피노자는 돌연 현재에 복권되었다. 일종의 감추어진 삶의 진실, "네가 원하는 게 뭐냐?"라는 근본적인 욕망의 질문이 지상에서 들끓는 사건이 벌어졌기 때문이다. 살맛나는 세상에서 살고 싶다는 욕망이 등장한다. 그리고 기존의 삶을 구성하는 시스템 전반을 의문시한다. 정신질환자가 시위를 한다. 여성이 가사노동에 사실상 파업을 선언한다. 학생들이 권위적인 교육제도에 저항한다. 이 모든 것은 예속과 무능력으로 가득 찬 슬픔의 질서에 대한 기쁨의 반격이다. 욕망이 숨쉬고 살아 움직이며 거리를 활보하는 시간이 찾아왔다.

그 후로 세상은 어떻게 되었나? 호시탐탐 반격의 기회를 노리던 자본주의는 오래지 않아 단숨에 판을 뒤집는다. 그것은 80년대 레이거노믹스와 대처리즘을 통해서 신자유주의를 등장시키는 방식으로 나타난다. 90년대 이후 자본은 더욱 욕망과 정동에 민감하고 유연하게 반응하는 미디어와 인터넷 기술로 삶의 미시적인 영역까지 파고든다. 가상적이고 유연하고 유동적인 시스템이 욕망의 질서에 부응하기 위해서 장착된다. 그렇다고 정동해방이 찾아온 것이 아니다. 오히려 정동에 대한 대대적인 포섭이 진행되기 시작했다. 욕망은 부채 인간으로 사로잡힌다. 미디어 인간으로 사로잡힌다. 소비 인간으로 사로잡힌다. 더 나아가 21세기가 찾아오자, 정동자본주의라는 체계가 점점 더 구체적인 모습을 띠기 시작했다. 정동의 가치에 민감해진 감성자본, 정동자본, 인지자본 등의 등장이 그것이다. 스피노자주의의 야성성을 표현하던 욕망과 정동은 이제 자본주의 체계를 작동시키는 기본적인 원리로 불가역적으로 전환된다. 이러한 작금의 상황에 스피노자의 구도는 어떤 의미가 있을까?

지금까지는 자원이 있는 곳에 활력이 뒤따르는 방식이었다면, 정동자본주의 하에서는 활력과 정동이 먼저 있고 자원-부-에너지가 뒤따르는 방식의 조직화를 따른다. '경제 이후의 살림'이 아니라, '살림 이후의 경제'라는 집사나 관리자, 양육자의 마인드인 스튜어드십(stewardship)이 가시화된 시점이기도 하다. 이에 따라 기쁨을 가까이하고 슬픔을 멀리하려는 스피노자의 구도는 생명정치 단계의 삶, 생명, 인구 등을 관리하고 통제하는 원리로 변질된다. 기쁨은 충만하지만, 체제와 시스템을 위해서 복무하는 기쁨이다. 그 기쁨은 문명 내부에서 잘 살려고 하는 욕망을 충동질하지만, 문명 외부의 기후난민, 제3세계 사람들, 생명, 자연은 배제하고 분리시킨다.

이제 생명력, 생명 에너지, 활력의 활성화는 자본이 요구하는 바가 되었다. 안토니오 네그리가 스피노자를 '야만적 별종'이라고 했던 그 특이점, 즉 욕망과 정동은 가장 정교하고 부드럽게 자본화되고 미시권력화하는 양상으로 나타난다. 모든 것이 뒤섞여 버렸고, 잡탕이 되어 버렸다. 탄식의 소리가 들릴 만하다. 절망적이라는 반응까지 나온다. 자본과 권력은 욕망의 심장부에서 서식한다. 동시에 욕망과 정동은 자본과 권력을 수반한다. 스피노자의 기쁨의 원리를 자본도 선호하게 되었다는 사실은, 현 시점이 정동의 잠재력과 가치를 폄하할 수 없는 시점이라는 것을 의미한다. 그러나 실질적인 삶에서의 정동의 소외 양상은 더욱 극단화되지 않았는가? 이와 관련한 내용은 앞으로 더 상세하게 다루어질 것이다.

스피노자가 애초에 꿈꾸었던 기쁨이라는 정동의 구도는 너의 욕망과 나의 욕망이 동시에 긍정되는 상황이다. 이는 기쁨의 민주주의, 내재적 민주주의, 자유도시의 전망을 품고 있다. 자신을 보존하고 유지하고 지속시키는 것은 긍정과 생성의 힘이며 우리의 삶의 잠재력이다. 이는 '~은 ~이다'라고 의미화될 수 없는 영역에 있다. 자본과 권력은 '의미화=자본화=가치화'라는 구도로 욕망을 포섭하려고 하지만, 스스로는 생명 에너지로서의 욕망을 천연자원이나 건전지처럼 이용하고 활용할 뿐 정동해방, 활력해방으로 이끌지 않는다.

그렇기 때문에 정동자본주의는 스피노자의 야만적 사유, 야생성, 야성성과는 거리가 멀다. 거침없이, 주저하지 않고 체제와 시스템 일반에 문제제기를 하는 것을 모두 대답으로 포섭한다는 것은 불가능하기 때문이다. 정동자본주의 시스템은 유연하고 탄력적으로 이러한 문제제기를 대답으로 포섭하려고 한다. 그러나 그 대답을 훨씬 능가하는 문제제기는 다른 모습으로 이행하고, 횡단하여 다시 등장할 것이다. 그런 점에서 스피노자의 욕망은 대답될 수 없는 질문, 의미화될 수 없는 지도화, 현실성(actuality)으로 모두 드러나지 않는 잠재성(potentiality)의 지평이다. 우리는 스피노자 사상의 가속주의적 전망을 주목해야 할 것이다. 기쁨의 민주주의의 가속화는 권력과 자본이라는 슬픔에 맞서서 자본주의에 심원한 반격을 가할 잠재성이 있기 때문이다.

슬픔에 대한 기쁨의 영구적인 승리는 가능하다

슬픔의 정서에 기반한 권력은 겉으로는 강력하고 거대해 보인다. 마치 확실한 실체가 있고, 힘을 가할 수도 있고, 유능할 것만 같다. 스피노자에게는 초월성(transcendent)으로 표현되는 영역이 바로 '슬픔의 정서에 기반한 권력'의 비밀이다. 삶, 실존, 생명을 훨씬 능가하고 막대해 보이는 것이 초월성이다. 초월적인 힘인 권력이 삶을 좌지우지할 것만 같다. 이는 펠릭스 가타리에게는 '초자아의 수용좌표'(données d'accueil du surmoi)라고 할 수 있는데, 여기서 초자아는 신, 국가, 아버지로 통칭되는, 권력을 위임 받은 자들이다. 권력, 강권, 폭력의 영역에서 슬픔의 정서는 작동하여, 그것에 예속된 사람들을 압도하고 그들의 무능력, 무기력, 예속의 상태를 기반으로만 작동한다. 이렇듯 초월적인 권력은 사실상 삶의 내재성이 없다면 작동할 수 없다. 즉, 권력의 결과 무늬가 얼마나 삶의 활력과 정동을 포섭하고 자기 아래로 복속시키는가에 따라서만 권력은 효과를 발휘한다. 그러지 못한다면 권력은 기능정지 상태에 빠진다.

그런 점에서 안토니오 네그리는 초월적 권력(=구성된 권력)과 내재적 민주주의(=구성권력) 간의 관계를 주목했다. 기쁨의 민주주의라는 내재적인 '구성권력'은 아래로부터의 절대적인 다중의 힘이다. 그런데 슬픔의 정서에 기반한 초월적 권력은 구성권력에 기반하여 파생된 '구성된 권력'이다. 기쁨의 정동(affectus)은 슬픔의 정서(affectio)로 끊임없이 포획되고 번역되고 해석되는 셈이다. 여기서 정동(affect; affectus)은 구성, 생성, 에너지와 힘이라면, 정서(affection; affectio)는 양태, 결과물, 행위의 양상과 능력이라고 할 수 있다. 그래서 기쁨의 정동에 기반한 내재적인 삶의 구성, 생성, 구축 과정이 없다면, 이를 기반으로 나타나는 슬픔의 정서에 기반한 초월적인 권력의 결과물도 나타날 수 없게 된다. 다시 말해 권력이 작동할 때 삶이 움직이는 것이 아니라, 삶이 작동할 때 권력이 비로소 움직이는 것이다.

먼저 제도와 시스템의 구축 과정은 기쁨의 민주주의의 구성 과정에 따라 이루어진다. 그러나 일단 제도화되고 시스템으로 정착된 것들은 슬픔의 정서에 따라 규제하고 강제한다. 이에 따라 제도의 구성 과정에 참여하거나 개입하지 못한 사람들에게는 제도 자체가 미리 주어진 것이 되어 슬픔이라는 정서의 형태인 압도와 무능력의 과정으로 다가올 수밖에 없다. 이렇듯 슬픔의 정서는 권력의 예속과 무능력의 좌표에 놓여 있다. 그런 다음 정치적인 과정이 우리의 삶과 생명력으로 어찌해 볼 수도 없는 거대한 이야기 구조나 비밀, 누군가의 특별한 능력이 개재해 있는 것과 같은 착각이 불러 일으켜진다. 경우에 따라 나의 정동이 개입할 여지가 없으며, 나의 삶과 신체를 통해서 아무리 정동을 순환시키고 흐르게 만들더라도 어떻게 할 수 없는 초월적 권력의 영역이 있다는 자괴감과 무력감이 여기서 발생할 수 있다.

그런데 스피노자의 해법은 비교적 간단하다. 슬픔이라는 정서 자체는 능력의 백지상태라는 것이다. 즉, 감싸 안을 수 없고, 신체를 변용시켜 되기(becoming)로 향할 수도 없고, 사랑할 수도 없는 그런 상태에 직면한 것이 슬품의 감정이자 정서이다. 결국 슬픔의 정서가 기쁨의 정동에게 능동적인 힘을 발휘할 수도 강제할 수도 없다. 슬픔에게는 그런 능력이 어디에도 없는 것이다. 이에 따라 "증오에 휩싸인 사람도 사랑이 다가가면 더 큰 사랑으로 응답한다"는 구도를 스피노자는 선보인다. 즉, 정동의 측면에서 볼 때 슬픔도 기쁨이 손을 내밀 때 변용될 여지가 있다. 슬픔은 정서나 감정으로 보면 고착되고 고정된 것이어서 스스로 움직이지 못한다. 그러나 기쁨이 손을 내밀면 슬픔은 더 큰 기쁨으로 이행할 수 있게 된다. 슬픔의 깊이가 심원하면 그 뒤에 찾아오는 기쁨의 환희는 더욱 강렬할 것이다. 그러나 정서상으로 볼 때 기쁨만이 능동적인 역능을 발휘하여 슬픔에게 다가가서 그것을 끌어안을 수 있는 셈이다. 다시 말해 슬픔의 정서는 무능력이자 백지상태이기 때문에, 영구적인 기쁨의 정동의 승리만이 있을 뿐이라는 것이다. 기쁨의 상호긍정의 정동은 슬픔의 정서와 감정을 감싸 안고 통렬히 부둥켜안아 기쁨의 영구적인 민주주의의 대열에 동참시킨다.

4부 정리 67. 자유인은 결코 죽음을 생각하지 않으며, 그의 지혜는 죽음이 아니라 삶에 대한 성찰이다.[*]

결국 '슬픔에 대한 기쁨의 승리'는 '죽음에 대한 삶의 승리'와 동의어이다. 존재를 긍정하고 보존하고 유지하는 삶에 대해서 죽음이 어떤 가학적인 행동도 할 수 없으며, 능동적으로 삶에 개입할 수 없다. 삶은 죽음이 아닌 생명 자체, 실존 자체, 신체 자체를 통해서 확인된다. 여기서 죽음은 끝, 한계,

* 스피노자, 『에티카』(1996, 서광사) p.267.

유한성의 좌표일 뿐이다. 다시 말해 두려움과 공포와 같은 초월적인 권력의 작동 원리에 따르지 않는다. 삶은 끝이 있지만 여기서 죽음은 삶의 한계 테제일 뿐이며, 삶 자체에 개입하거나 간섭할 수 없다. 불쑥 나타나 나를 깜짝 놀라게 할 유령이 없듯이, 초월적인 존재의 삶에 대한 개입도 없다. 결국 유한한 삶에 대한 긍정은 실존의 유일무이성에 대한 깨달음의 원천일 뿐, 초월적인 권력의 작동 양상처럼 죽음이 도처에 개입하여 수많은 미신과 잠음, 공포, 두려움, 인격신, 접신 등으로 드러날 수 없는 셈이다. 결국 기쁨의 슬픔에 대한 영구적인 승리는 죽음 권력에 대한 삶의 민주주의의 영구적인 승리를 의미한다. 삶을 살아가고자 하고, 빛나는 의지와 힘을 발휘하고, 놀라운 생명력을 발휘하는 순간에 바로 스피노자가 말한 자유인이 살아 숨쉬는 것이라고 할 수 있다.

정호승 시인은 「슬픔이 기쁨에게」라는 시를 썼다. 이 시를 잘못 이해한다면 슬픔이 무언가 능력을 갖고 다가와 기쁨에게 힘을 가할 수 있다고 착각할 수도 있다. 그러나 스피노자 식으로 이것을 해석하자면, 슬픔의 정서와 감정은 기쁨의 정서에게 말을 건넬 수도, 다가와 영향력을 행사할 수도, 능동적 힘을 발휘할 수도 없다. 슬픔의 정서는 무능력이자 백지상태이기 때문이다. 슬픔이 장악한 곳에서는 압도와 무능력, 죽음의 확실성, 공포와 비탄이 가득하다. 그러나 삶과 생명력은 춤추고 노래하고 말하고 얼싸안는 모든 우리의 일상적 행위 양식에 내재해 있다. 이에 따라 삶을 살아가도록 만드는 원리 자체가 기쁨의 정동이다. 그래서 우리는 아주 기쁘게 서로에 대한 상호긍정의 내재적인 민주주의로 향할 수 있다. 그러나 공화주의라 하더라도 민주주의의 절차적 과정에서 잠깐 동안 등장하는 '구성권력' 그 이후 찾아오는 그 결과물로서의 '구성된 권력'의 상태가 등장한다. 즉, 기쁨의 정동을 잠깐 동안 과정과 절차상으로만 출현시키고 그다음 슬픔의 정서를 영속시키는 쪽으로 향하고 있는 것도 사실이다. 그러나 그럼에도 불구하고 삶, 생명력, 기쁨의 정동은 절대적 민주주의, 아래로부터의 민주주의, 내재적 민주주의로서 시민사회, 공동체, 사회적 경제 등에서 작동하며, 초월적 권력에게 능동적인 역능을 지속적으로 발휘한다. 마치 절차상 보이지 않는 것처럼 여겨지는 순간에도 민중이라는 대지에서 발생하는 삶의 민주주의, 생명의 민주주의, 기쁨의 민주주의는 늘 작동 중에 있다. 이것이 절대적 민주주의, 즉 구성권력의 영구적인 승리를 의미한다.

'기쁨에 기반한 내재적 민주주의가 먼저냐, 슬픔에 기반한 초월적 권력이 먼저냐?'라는 질문은 '선후 관계에 앞서 어떤 것이 삶과 생명, 정동을 생성시키고 있느냐?'라는 질문으로 다가와야 한다. 선거에 기반한 대의제는 민주주의를 절차적인 권한의 위임 과정으로 전락시킨다. 그럼에도 불구하고 기쁨의 민주주의는 그 내부에서 끊임없이 작동하고 있다. 기쁨의 정동은 슬픔의 정서의 전제조건이다. 그러나 늘 슬픔의 정서로 귀결되는 것, 마치 죽음의 확실성과 같은 영속의 신화는 존재하지 않는다. 기쁨은 영구적인 생명평화의 세상을 약속한다. 그래서 생명의 화음과 함께 우리는 춤추고 노래할 수 있다.

간혹 삶이 고달프고 힘들고 지치고 텅 비어 있고 무기력할 때, 슬픔에 기반한 권력이 귓전에서 속삭이는 경우가 있다. 나의 일자리는 이주민이 뺏고 있다, 청년들은 좀체 힘든 일을 안 하려고 한다, 페미니즘은 불온하다 등등의 소수자, 민중, 생명에 대한 혐오와 증오, 차별이 바로 슬픔의 정서에 기반한 권력의 유혹이다. 이는 스피노자의 『에티카』에서의 핵심적인 문제의식이다. "왜 인민은 예속을 영예로 삼는가?"라는 마조히즘에 대한 질문이 그

것이다. 미시파시즘은 슬픔의 정서를 돌연 기쁨의 정동으로 여기라고 말한
다. "예속을 욕망하라!"라고 말한다. "피할 수 없다면 즐겨라!"라고 말한다.
미시파시즘은 우리의 지침, 힘듦, 고달픔 속에 똬리를 틀고 유혹하는 암적
인 존재들이다. 그것은 기쁨의 민주주의를 좀 먹고, 죽음을 욕망하는 삶이
오히려 더 위대하다고 유혹하듯 속삭이고, 이를 경탄, 환희, 황홀경으로 미
화한다. 그러나 미시파시즘적인 상황은 사실은 죽음 권력, 슬픔의 권력, 초
월적 권력이 삶을 지배하고 예속하기 위한 세련된 버전이라고 할 수 있다.
그러나 죽음이 아닌 삶을, 슬픔이 아닌 기쁨을, 초월적인 권력이 아닌 내재
적인 민주주의를 스피노자는 거침없이 주장하고 있다. 그런 점에서 자유인
은 결코 죽음을 사유하지 않는 자이며, 그에게는 긍정과 생성의 삶만이 있
을 뿐인 것이다.

3. 정동의 기하학에서 지도제작으로

'…그리고 스피노자는 정동의 지도를 그렸다'

내 책상 위에 놓여 있는 연필꽂이, 하품을 하는 고양이, 조용히 잠자고 있는 전화기, 이런 생명과 사물의 곁과 가장자리에 정동이 서식하고 있다. 늘 그 자리에 있을 것만 같은데 가끔 우발적인 사건이 터진다. 방안의 적막을 깨고 전화기의 기계음이 울린다. 화들짝 놀란 고양이가 펄쩍 뛰어오른다. 그러다가 연필꽂이를 뒤집어엎는다. 그 과정에서 활력으로서의 정동이 돌연 출현하여 다른 정동으로 횡단하고 이행하며 흐른다. 강도, 온도, 속도, 밀도를 가진 정동(affect)의 흐름은 긴 강물과도 같다. 그러나 내가 지각하는 것은 신체에 각인된 두려움, 희망, 공포, 우울 등의 정서(affection)일 뿐이다.

정동은 가장 먼 곳에 대한 사랑일 수도 있다. 미래로부터의 편지를 받는 순간, 정동에는 떨림이 유발된다. 자신과 수만 킬로미터 떨어진 곳에서 기후위기, 생태계 위기, 자연과 생명의 멸종위기로 인해 무수한 생명이 죽는다. 코알라가 불타고, 북극곰이 물에 빠져 죽고, 돌고래가 죽는다. 이런 먼 곳의 소식을 접하면 정동은 심하게 요동을 친다. 멸종이라는, 아직 도래하지 않는 미래는 이미 현실로 나타난다. 정동이 되어 살아 움직이는 실존적인 위기로 느껴지기 때문이다. 환경운동가 그레타 툰베리(Greta Thunberg)는 전 미 대통령 트럼프 씨에게 "당신이 감히 어떻게?"(How dare you?)라고 발언했다. 시원한 바람이 분다. 강렬한 정동의 활력이 생긴다. 그 즈음에 호주에서 큰 산불로 인해 10억 마리의 생명이 죽었다. 정동은 깊고 심원한 충격을 받는다. 마음 한복판에 '슬픔'이라는 정동이 깊게 새겨진다.

낡았지만 고장 없이 쓰던 자동차를 폐차하기로 결정한다. 여러 정동이 오갔지만, 기쁨의 정동, 시원한 해방감도 한몫을 했다. 사연인즉슨 집 앞 도로에서 '길냥이' 한 마리가 외마디 비명과 함께 쓰러져 있는 것을 보았다. 길냥이가 자동차에 깔려 죽었다. 그 옆에서 작은 고양이가 곁을 떠나지 못하고 슬프게 울음소리를 낸다. 애도의 마음, 절절한 사랑, 작은 존재의 아픔이 다가와 슬픔의 정동으로 향하게 한다. 작은 고양이는 나를 피해 달아나면서 뒤를 자꾸 돌아다보며 울었다. 그 눈빛, 울음, 비통한 몸짓. 남은 길냥이의 시신을 수습했다. 죽은 육신이 마음을 무겁게 한다. 그리고 바로 그 자동차는 속도를 내며 길을 떠났다. 분노와 화의 정동이 갑자기 생긴다. 그러나 그만을 유죄화하지 않고 자동차 문명이 만들어낸 배치와 관계망을 응시한다. 나의 마음은 차분해진다. 차를 폐차하기로 한 것은 잘한 결정이었다.

스피노자의 정동의 배치 : 기하학에서 지도제작으로

들뢰즈는 스피노자가 취른하우스와 주고받은 편지 내용에서 다음과 같은 의미를 추출한다: "철학적 전개와 수학적 증명 간에는 확실한 차이가 있다. 하나의 정의로부터 수학자는 통상적으로 단 하나의 특성만을 [결론으로] 도출할 수 있다. 여러 특성들을 인식하기 위해서 수학자는 관점들을 증가시키고 [다중화하고] 정의된 사물을 다른 대상들에 접근시켜야 한다. 따라서 기하학적인 방법은 관점들의 외부성과 특성들의 개별성[분산성]이라는 두 가지 제한에 구속된다.*" 이 글은 다소 어려운 내용처럼 느껴지지만 찬찬히 사고실험을 해보면 해독이 가능하다. 기하학(geometry)은 정리, 증명, 명제, 공리 등 수학의 방정식이나 공식처럼 세상을 직조하는 원리이다. 여기서 스피노자의 기하학적인 방법론은 취른하우스의 문제제기에 의해서 수정된다. 즉, 수학의 증명, 공리, 정리, 명제와 같이 아귀가 딱 맞아떨어지는 인과론적인 개념의 배열이 현실이 아닌 것이다.

다시 말해 수학은 정동을 설명할 수 없다. 여기서 기하학은 순전히 유비일 뿐이다. 기하학은 논증과 추론을 통해 원인과 결과, 근거(ground)와 정의(definition), 입구와 출구 사이의 아귀가 딱 맞아떨어지게 만든다. 인과론적이고 선형적인 개념의 배열을 만든다. 그러나 현실은 복잡계이기 때문에 이런 기하학으로부터 벗어나 있다. 다시 말해 수학의 논증과 현실의 정동은 엄밀하게 차이가 있다. 그저 유비일 뿐인 것이다.

그러나 스피노자의 『에티카』에서의 구성이 기하학적인 방법론을 차용하고 있다. 그래서 사람들을 큰 혼란에 빠지게 만든다. 즉, 원인과 결과, 근거와 정의, 문제제기와 대답을 딱 맞게 연결하는 열쇠개념이 세상에 있을 것이라는 인상을 심어준다. 그래서 아카데미는 스피노자를 합리론자로 분류한다. 바로 열쇠개념을 사용하기 때문이다. 그러나 스피노자를 조금 더 깊이 읽어보면 그것이 억측이라는 점이 드러난다. 스피노자의 삶의 내재성은 자연, 사물, 생명이라는 외부성이 들어와 있는 정동의 질서이다. 그리고 정동이 야성적으로 이행하고 횡단하고, 변이를 일으키는 판이다. 기하학은 순전히 정동을 그려내기 위한 방법론이나 유비 추론일 뿐이다.

---

* 질 들뢰즈, 『스피노자 표현의 문제』, (2003, 인간사랑), p.30.

스피노자 역시 『에티카』 초반의 서술 과정에서 기하학적인 방법론으로 자신의 논증을 고도로 추상화하고 있었던 것은 사실이기 때문에 합리론자라는 오명에도 일말의 이유는 있다. 그러나 스피노자는 '기하학에서 지도제작으로' 단번에 방법론적 이행과 도약을 하였다. 그 이행은 스피노자 생애에서 가장 충격적인 사건인 드 비트 형제의 비극적인 죽음과도 관련되어 있다. 드 비트 형제는 당대의 공화주의 정치가로서, 교회로부터 파문당하고 생명의 위협을 받던 스피노자의 유일한 정치적 보호막이자 후원자였다. 드 비트 형제는 공화파라는 이유로 간첩과 같은 누명과 선동에 휩쓸려 결국 폭도들에 의해 갈기갈기 찢겨 무참히 살해된다.

당시 스피노자는 기하학의 구도에 따라 『에티카』 전반부까지의 작업을 진행하고 있었다. 마치 열쇠개념처럼 원인과 결과, 근거와 정의, 문제제기와 대답, 입구와 출구, 정리, 공리, 명제, 정의 등의 개념의 배열에 따라 딱 아귀가 맞게끔 철학을 전개하고 있던 참이었다. 당시로서는 첨단과학이던 안경알 세공을 하면서 합리적이고 안정된 페이스를 유지한 상태로 철학 저술 작업을 해 나갔다. 그런데 갑자기 뒤통수를 타격하듯 하나의 역사적인 사건이 스피노자의 입구와 출구, 문제제기와 대답을 분열시킨다.

그런데 이 모든 상황은 1672년에 이르러 갑자기 끝나 버렸다. 네덜란드 황금기의 가장 어두운 순간 중 하나라고 할 만한 때가 도래한 것이다. 정치적으로 불안정했던 이 시대에 더빗[드 비트]과 그의 형은 폭도들에게 암살당하고 말았다. 당시 벌어지고 있던 프랑스와의 전쟁에서 더빗 형제가 네덜란드의 대의를 배반했다는 잘못된 의심 때문이었다. … 이제 스피노자는 끝장이었다. 그의 보호막이 사라졌다. 사람들의 야만적인 행동은 인간 본성의 수

치스러운 최악의 일면을 보여 주었고 스피노자는 애써 유지해 오던 평정심을 잃어버렸다. 그는 '야만의 극치'라고 쓴 팻말을 준비했다. 그리고 그 팻말을 더빗의 시신 주변에다 세워 둘 작정이었다. 다행히도 판 데르 스페이크의 지혜가 그를 막았다.*

여기서 판 데르 스페이크의 지혜는 스피노자를 보호하기 위해서 만류하고 여러 핑계를 대고서 방에 가두어 놓은 것이었다.

스피노자는 명백한 끝, 한계, 죽음과 마주친다. 그러자 한계 테제로서의 기하학이라는 맞지 않는 옷을 벗어던져 버린다. 그는 미래를 향해 지도제작하는 정동으로 향한다. 이는 공화주의에 고유한 이론적 안정감으로부터도 벗어나게 했다. 다시 말해 공화주의라는 이상적이고 안정적인 제헌 권력의 작동처럼 입구와 출구가 딱 맞아떨어진 기하학적 방법론의 구도로부터 완벽히 이탈해 버린 것이다. 원인과 결과, 입구와 출구, 문제제기와 대답은 돌연 분열된다. 완전히 판이 바뀌고 다른 방식의 배열이 새롭게 등장한다.

스피노자는 이전과는 완전히 다른 방식으로 서술하기 시작했다. 그것은 미래로부터 온 색다른 출구를 미리 끌어다가 입구의 전제조건으로 만드는 지도제작의 방법론이었다. 스피노자의 정동은 미래로 주파하고 앞질러 나간다. 공화파인 드 비트 형제의 죽음 이후 네덜란드는 왕정의 부활과 함께 암흑기로 향하고 있었지만, 스피노자는 그의 책 『에티카』 후반부에 아직 도래하지 않은 자유인, 기쁨의 민주주의, 다중, 공화국 등을 마치 미리 전제된 기성사실처럼 사용한다. 이는 스피노자의 독특한 출구전략이다. 즉, 미

* 안토니오 다마지오, 『스피노자의 뇌』, (2007, ㈜사이언스북스), p. 31.

래가 갑자기 도래하여 말하는 것이다. 미래가 언제부터인지도 모르게 이미 주어진 현실이 되어 발언하고 말하고 작동한다. 그것이 지도제작의 전모이다. 아직 도래하지 않은 미래진행형적 원리는 미리 선취되어 현실을 설명한다.

『에티카』후반부 작업은 일종의 파문이며, 혁명이다. 입구와 출구, 원인과 결과, 문제제기와 대답은 분열되어 있지만, 그 분열과 파열은 강력한 에너지와 힘으로 작동한다. 대답이자 목표였던 미래는 선취되어 현실의 문제제기가 된다. 이에 따라 스피노자는 마치 타임머신을 탄 듯 미래로부터 온 메시지로서 정동을 지도제작한다. 이를테면 그가 말한 자유인은 그 당시에 이미 존재한 인물들이나 주체성의 양상이 아니었지만, 버젓이 선취된 미래로 간주되어 현실의 출구이자 입구가 된다. 이제 스피노자는 미래를 사는 인물이 되었다.

안토니오 네그리는 『야만적 별종』(1997, 푸른숲)이라는 책에서 스피노자의 『에티카』후반부 서술의 급격한 방향 선회의 전모를 밝히려 노력했다. 그리고 드 비트 형제의 비극적 죽음이라는 강렬한 사건 하나를 발견한다. 그리고 그 사건이 스피노자 자신의 정동에 어떤 영향을 미쳤는지에 대한 탐색보다는 저작 자체의 방법론의 미묘한 변화에 주목하였다. 그러나 네그리도 그러한 하나의 사건이 어떻게 스피노자의 방법론과 개념 좌표 전반에 심원한 변형을 초래했는지를 온전히 규명할 수 없었다.

그 사건은 스피노자 자신의 주변과 신변에 일어난 일 때문에 정동을 뒤흔드는 계기로만 머무르지 않는다. 스피노자는 인과관계 중심의 '정동의 기하학'의 구도로부터 완벽히 탈주한다. 이를 통해 인과관계와 상관관계가 어우러진 복잡계와 마주치게 되고 '정동의 지도제작'으로 급격히 이행한다. 이로써 정동은 아주 국지적이고 가까운 영역, 즉 주변, 곁, 가장자리, 둘레에서 작동하는 감응 양식이라는 의미로부터 벗어난다. 오히려 자신과의 관계가 가장 먼 영역에서 정동을 고려한다. 시간 상 자신과 거리가 있는 미래의 영역으로부터도 정동은 찾아올 수 있게 된다. 이에 따라 미래의 시점은 더욱 뜨거워지고 강렬해진다. 미래는 스피노자를 강렬하게 감응하게 하고 정동을 촉발할 수 있는 특이점이 된다. 이러한 획기적인 방법론적인 전회는 스피노자 사상의 전개 과정에 큰 획을 긋고 있다.

다시 말해서 스피노자의 정동은 '결과'와 관련된 피드백(feed-back)뿐만 아니라, '예측'과 관련된 피드포워드(feed-forward)를 내포한 개념이 되었다. 국지성(Local)으로부터 벗어나 자신과 가장 먼 곳에 관계를 배치한다. 접촉 경계면 개념으로부터도 벗어난다. 시간의 수평선에서 과거-현재-미래의 순행뿐만 아니라, 미래로부터의 역행(involution) 개념까지도 함께 갖게 된다. 이에 따라 정동은 철저히 미래진행형적인 개념으로 변화된다. 즉, 다가올 미래, 아직 도래하지 않은 미래, 근미래와 원미래 등이 실질적으로 현실의 정동으로 살아 움직이게 되는 것이다. 이에 따라 『에티카』 후반부의 정동의 지도제작 과정으로 인해 스피노자는 최종적으로 근대로부터 벗어났다.

혹자는 스피노자를 '탈근대의 예수'라고도 말한다. 스피노자의 연구 서술 방법론은 정동의 기하학이라는 근대적인 구도로부터 벗어나 정동의 지도 제작으로서 탈근대적인 구도로 이행했다. 물론 『에티카』의 내용상 면면도 욕망, 무의식, 신체, 정동 등 탈근대적인 내용으로 빼곡히 채워져 있다. 그렇다면 탈근대의 예수라고 지칭될 만큼 스피노자로 하여금 미래를 향해 탈주선을 그려내게 했던 이유는 무엇이었을까? 자신을 감싸고 돈 정동의 강렬도가 파국적인 국면에서 요동칠 때, 그가 미래로의 비약적인 주파 가능성을 보았기 때문이다. 그는 정동을 일종의 타임머신, 즉 미래로 향하는 타임루프로 보았다. 물론 정동은 여전히 국지적인 신체변용의 과정과 연동되어 파동도 사건도 없이 잔잔히 생명평화의 내재성으로 향할 수도 있다. 신체를 감싸고 촉발하는 강도, 속도, 밀도, 온도라는 점에서 말이다.

그러나 미래의 특이점과의 접속과 같이 스피노자의 접촉 경계면을 벗어난 정동의 양상은, 니체가 "자신과 가장 먼 거리의 존재를 사랑하는 것이 진정한 사랑이다"라고 했던 것과 같다. 정동은 비상한 가속과 감속을 통해 미래를 주파할 가능성을 내장한 이행의 원동력이 된다. 어떻게 아직 도래하지 않은 미래의 사건이 현재의 자신의 정동에 심원한 변화를 가할 수 있겠는가? 그러나 우리는 기후위기 상황이 근미래에 다가올 수밖에 없다는 경고를 현실로 받아들인 기후행동을 보게 된다. 미래세대를 고려하고 다가올 기후위기를 준비하는 사람들 자체가 스피노자의 정동의 지도제작의 방법론이 공상이 아님을 드러낸다. 미래를 선취하여 현재로 끌어다가 추론하는 지도제작 방식은 가장 현실적인 방안이다. 우리가 미래에서 온 타임머신인 정동의 잠재력에 주목해야 하는 이유는 기후위기 시대에서의 우리 삶의 방향성을 알려주기 때문이다. 기후행동이야말로 스피노자가 이미 정동의 지도제작 과정을 통해서 보여주었던 미래진행형적인 정동의 잠재력을 드러내는 실천이기 때문이다.

곁과 가장자리, 군더더기를 연결하는 정동의 지도 그리기

정동은 정중앙이 아닌 곁과 가장자리, 주변에서 서식한다. 사물과 생명 곁에 아로새겨진 정동은 그대로 있지 않는다. 사물과 사물, 생명과 생명 사이의 이음새 역할을 하기 시작한다. 동시에 정동에 따라 사물과 생명을 배치하고 배열하고 정동한다. 표상과 표상 사이, 정서와 정서 사이도 마찬가지다. 나이프와 포크는 표상과 정서로 보자면 날카롭고 불안하지만, 정동은 이를 가지런히 배열하여 식사시간으로 이행시킨다. 정동은 아끼고 돌보고 양육하고 모시고 부추기고 보살피는 스튜어드십의 행위 양식으로 나타난다. 그래서 모심, 보살핌, 돌봄, 섬김, 살림 등이 정동의 작동 양상이다.

그런 점에서 정동은 여러 정서들을 넘나드는 양식이다. 정서 변환 양식이다. 비록 곁과 가장자리에 있지만, 표상과 표상, 관념과 관념, 정서와 정서를 연결시키고 동시에 횡단하고 이행하고 변이되도록 만드는 것이 정동이기 때문이다. 나는 고양이를 본다. 그리고 전화기를 본다. 갑자기 전화기가 울린다. 고양이가 번쩍 뛰어오른다. 이 모든 표상 자체가 매끄럽게 이행하는 것은 사실상 정동이라는 이음새가 있기 때문이다.

들뢰즈는 이렇게 말한다.

거리를 산책하고 있는 스피노자를 상상하는 것이 필요합니다. 그는 정말 이러한 종류의 연속적인 변이로서의 실존을 살아갑니다. 하나의 관념이 다른 관념을 대체하는 만큼, 나는 절대로 완전성의 어떤 정도에서 다른 정도로 통과하는 것을 멈추지 않습니다. 그 차이가 아무리 사소하다 할지라도 말입니다. 그리고 이러한 종류의 연속적인 변이의 선율은 관념들과의 상호관계 속에서, 동시에 관념들과의 본성상의 차이 속에서 정동(affectus)을 규정할 것입니다. 그것이 여러분에게 맞는지 혹은 그렇지 않은지 말하는 것은 여러분에게 달려 있습니다. 우리는 [이제] 정동에 대한 아주 더 견고한 규정을 얻게 되

었습니다. 스피노자에게 affectus(정동)는 변이입니다.[*]

　정동은 지도를 그리며, 이런 관념이나 이런 표상에서 저런 관념이나 저런 표상으로 이행한다. 하나의 표상이나 관념, 정서를 '~은 ~이다'라고 의미화하면서 본질과 이유를 적시할 때 어떤 일이 벌어지는가? 정동은 그 나머지 군더더기이자 잔여 이미지로 전락한다. 즉, "이것은 책상이다", "이 생명체는 고양이다", "이 컵은 내 거다", "나는 행복하다"라고 규정(definition)할 때가 있다. 그러면 그 잔여물로서 의미화되지 못한 부분, 다시 말해 군더더기로 남는 결과 가장자리에 정동이 서식한다. 책상은 닦고 매만져서 묘한 무늬와 결이 있고, 이를 바라보는 고양이를 쓰다듬는 손길이 있고, 내 것이라고 규정한 컵에도 그 결과 가장자리를 닦고 아끼고 정돈함으로써 정동을 발휘하는 사람이 있다.

　이렇듯 정동은 우리가 순전히 군더더기나 잔여물로 여겼던 결, 가장자리, 주변, 둘레에 서식한다. 의미가 고정되어 있는 표상과 표상 사이에서 모종의 사건이 펼쳐진다. 내가 쓰던 컵이 고양이의 발에 걸려 떨어지면서 깨졌다. 나는 갑자기 슬픔의 정동을 갖게 된다. 그러나 고양이를 만지다 보니 다시 활기가 느껴진다. 나는 기쁨의 정동으로 향한다. 이러한 일련의 과정에서 결과 가장자리를 연결하는 것이 정동이다. 따라서 정동은 뭐라 한마디로 정의할 수 없다. 오히려 '~은 ~이다'라고 의미화할 수 있는 것의 나머지 부분이다. 그것은 본질주의적인 사유 방식에서 한참 벗어난 영역이다.

---

[*]　질 들뢰즈, 안또니오 네그리 외, 『비물질노동과 다중』(2005, 갈무리) 중에서 들뢰즈 「정동이란 무엇인가?」 p. 31.

근대의 개막은 사물, 생명, 기계, 자연, 인간의 본질과 이유에 대한 질문, 즉 "세계의 자기원인은 무엇인가?", "사물이 존재하는 이유는 무엇인가"등의 형이상학적인 질문으로부터 막 벗어난 시기에 이루어졌다. 이제 사물과 생명의 작동과 양상만이 중요해진 시기이기도 하다. 그 시기에 칸트는 물자체(ding an sich)로서의 생명, 사물 등의 본질은 알 수 없다고 선언했다. 칸트는 단지 우리는 인식의 그물망을 통해서 현상(phenomenon)만을 알 수 있을 뿐이라고 하면서 본질과 이유로 귀착되는 형이상학으로부터 벗어났다. 그러나 이율배반적으로 본질과 이유는 인간에게 맡겨져 인식 능력을 갖고 있는 주체의 것이 된다.

　　프랑스 철학자 질 들뢰즈는, 스피노자의 철학이 '신 즉 자연'이라는 범신론을 통해서 본질과 이유에 따라 원인과 결과가 맞아떨어지는 선형적인 인과론이 아닌 본질을 누락한 채로 표현 양상이 달라지는 표현적인 인과론으로 이행하였다고 본다. 이를테면 새의 경우에 낯선 이가 나타나면 "적이다"라고 본질을 적시하지 않는다. "삐리리, 뽀르르, 까악까악" 하면서 표현 양상을 다채롭게 달리한다. 그러면 곁에 있던 새들은 대부분 느낌적인 느낌으로 적이 다가왔음을 알게 된다. 스피노자의 표현적 인과론이 어떤 모습일지에 대한 상상력이 여기서 발동한다. 스피노자의 '신 즉 자연'의 범신론에서의 자연은 신을 표현하지만, 그것을 본질과 이유로 적시하는 것이 아니라, 양태와 속성을 통해서 무한히 변주하면서 표현된다. 즉, 신은 자연에 내재해 있을 뿐, 이를 초월해 있을 수 없는 셈이다.

　　들뢰즈는 "그때 우리는 묻는다: 실존이 그의 본질로부터 따라 나오는 방식으로 자신에 의해 실존하는 것은 무엇인가? 그것은 분명 본질의 상관자인 실체이지, 그 속에서 본질이 오로지 본질로서만 실존하는 속성이 아니다. 본질의 실존은 그 본질의 상관자[실체]의 실존과 혼동되지 않을 것이다."라고 말한다. 여기서의 실존(existence)은 본질(essence)을 뺀 나머지이다. 본질은 기능, 역할, 직분, 직업 등이지만, 실존은 삶, 욕망, 사랑, 생명 그 자체이다. 본질의 입장에서는 지극히 군더더기이자 잉여일 수밖에 없는 것이 실존이다. '초등학교 졸업식을 했다. 나는 이제 초등학생이 아니다. 그러나 아직 중학생도 아니다. 갑자기 초등학교 때의 친구들에게 연락하고 싶어진다' 등의 경우에서와 같이 실존은 본질이 멈추었을 때 그 곁과 가장자리에서 돌연 출현한다. 그래서 실존주의에서는 실존을 무상성, 전락성, 유일무이성, 유한성으로 특징짓는다. 여기서 실존의 표현 양식이 바로 정동이다. 사르트르는 일찍이 "실존은 본질에 앞선다."라고 선언하였다. 실존은 본질의 곁과 가장자리, 주변에서 서식하다가 본질이 기능 정지된 이행기, 과도기에 갑자기 등장할 수도 있다. 실존은 본질로서의 주체, 의미, 정체성 등이 아닌 정동의 다양한 양상과 작동 속에서 표현될 수 있다.

그런 점에서 정동은 이유와 결과가 딱 맞아떨어지는 인과론적이고 선형적인 기하학적 방법을 통한 본질로 적시되지 않는다. 정동은 작동과 양상이 달라지는 실존이 지도를 그리는 과정에서 나타난다. 다시 말해 정동은 실존을 표현하고, 실존은 정동을 통해서 표현된다. 실존이 본질의 곁에서 서식하듯, 정동은 표상과 관념의 곁에서 서식한다. 실존은 잉여이자 군더더기이지만 동시에 생명력, 삶 자체이듯이, 정동 역시도 잉여와 군더더기로서 지도를 그리며 삶과 생명력을 표현한다. 현대 사회는 본질 곁의 실존과 그것의 작동과 양상으로서의 정동에 주목할 수밖에 없다. 그런 점에서 정동의

---

* 질 들뢰즈, 『스피노자 표현의 문제』, (2003, 도서출판 인간사랑), p. 60.

지도제작에 관한 일련의 과정은 사회, 공동체, 삶의 구성 양식이다.

코드의 잉여가치 : 잉여(redundancy)가 잉여(surplus)가 되는 국면

사물의 곁과 가장자리, 주변, 둘레 등에 서식하는 정동의 양상이 있다. 우리는 바로 그러한 정동이 군더더기, 잔여물로서의 잉여(redundancy)라는 점을 느낀다. 이를테면 사물의 곁에는 경탄, 환희, 감사, 정성 등의 정서를 일으키는 모종의 강도, 온도, 속도, 밀도의 정동이 깃들어 있다. 그래서 사물은 그 자체의 사실성(reality)에서 벗어난다. 사물과 사물 또는 사물과 인간이 만나서 구성해낸 정동의 공유지에 갑자기 선을 그어 누구의 것이라고 말할 수 없다. 어디까지가 사물의 영역인지조차도 명확히 할 수 없다.

그러한 사물은 과연 무엇일까? 마르셀 모스는 『증여론』(2011, 한길사)에서 증여를 통한 사물, 즉 선물에는 하우(Hau)라는 영적 힘이 깃들어 있다고 말했다. 그러한 영적 힘에 의해서 만질수록 힘이 생기고, 용기가 생기고, 애정이 생기는 것이 선물이다. 그래서 선물과 상품을 구분할 때, 명확한 소유권으로서 "이것은 내 것이다"라는 의미화 방식이 장악하지 못한 잔여 영역을 바로 선물(gift)의 영역이라고도 말한다.

여기서 선물의 영역은 과잉 에너지의 폭발, 즉 데팡스(dépense)를 기반으로 한다. 데팡스의 영역은 마르셀 모스에게는 포틀래치(potlatch)라는 선물과 증여의 축제로도 나타났다. 결혼 등의 관혼상제, 통과의례, 절기살이에서 갑자기 방대한 양의 모포와 거대한 동판 등 상상을 초월하는 양의 선물이 즐비하게 쌓여서 전달된다. 이는 "상대방으로 하여금 찍 소리 못하게 한다"라는 과시이기도 하지만, 더 나아가 선물의 곁과 가장자리에 서식하는 정동의 과잉, 잉여, 잔여 이미지 등의 폭발 양상이기도 하다.

막대한 강렬도의 정동이 공동체를 감싸는 순간이 바로 포틀래치가 원하는 바이다. 이를 위해서 사람들이 흔히 선물의 곁에 서식하는 정동의 힘과 에너지에 의존한다. 누구나 한번쯤 느껴보았을 것이다. 크리스마스나 추석이나 설 명절 때, 돌연 사물이 살아 움직여서 우리에게 초과잉 에너지로 다가오는 것을 말이다. 사실 사물이 살아 움직인다는 느낌은 방대한 양의 선물을 받았을 때의 느낌이나 정동을 통해 가장 강렬하게 느낄 수 있다. 이러한 잉여현실의 실존은 데팡스의 효과이다.

그런데 자본주의는 늘 소비, 과시, 향유를 통해서 일상적으로 데팡스의 잉여현실을 만들어내려고 한다. 미디어를 이용하거나 마트, 백화점에 가 보면 연중무휴로 축제가 벌어지고 있다. 정동의 강도, 밀도, 속도, 온도 등을 높이는 화려한 간판과 미관, 외모 등이 등장한다. 의도적 진부화를 통한 상품 소비가 등장한다. 데팡스를 통해 성장주의, 소비주의로 향하자고 부추긴다. 그러나 사물의 곁과 가장자리에 서식하는 정동은 오히려 상품 질서보다는 증여와 호혜의 선물에 더 강렬하게 아로새겨져 있다. 왜냐하면 상품은 명확히 사물의 곁과 가장자리에 서식하는 정동을 추방하여 "이것은 내 거다"라는 소유권으로 식별 가능하며, '의미화=가치화=상품화'의 질서를 구축하기 때문이다.

앞서 말했듯이 정동은 의미화 영역의 나머지 부분이며, 의미화로 식별될 수 없는 부분이다. 자본주의 데팡스의 원리는 본래 선물에 서식하던 정동을 모방하여 환상, 이미지, 영상, 스타 등에 의해서 연출할 뿐이다. 이를테면 어머니의 정성과 손맛이 빠져 있는 대량생산된 식료품에 어머니와 비슷한 이미지를 연출하는 연예인들을 등장시켜 이를 판매한다. 정성, 지극함, 돌봄 등이 사물 주위에 서식하는 것이 아니라, 환상의 부유물, 향유와 쾌락, 소비의 가능성 등이 사물에 아로새겨져 있는 셈이다.

이것이 정동자본주의가 출현하기 전까지의 자본주의 양상이었다. 그렇다면 정동자본주의의 출현은 무엇을 의미할까? 자본주의는 정동을 정교하게 포획한다. 정동을 사물의 곁으로부터 분리시켜 이미지와 영상, 전자적인 관계망 등으로 구현한다. 이러한 정동자본주의는 플랫폼을 통해서 구현된다. 유튜브나 구글, 페이스북 등에서 재미, 흥미, 즐거움, 기쁨 등의 정동을 발휘하면 플랫폼만 이득을 갖게 된다. 특히 플랫폼은 사물, 생명, 자연, 기계 등의 곁과 가장자리에 서식하는 잉여현실로서의 정동을 포획하여 활력을 자본으로 만든다. 활력이 발생하면 권력과 자본도 동시에 발생한다. 활력정동의 증폭은 곧 자본의 증식인 것이다.

그러나 선물과 같이 사물의 곁과 가장자리, 둘레에서 서식하던 정동의 양상으로 돌아가 보자. 그것은 돌봄, 지극함, 정성 등의 정동에 대한 고전적인 형태였다. 그러한 고전적인 정동은 정동자본주의로 이행하면서 포틀래치라는 방대한 양의 선물과 증여처럼 플랫폼이 가져다주는 달콤한 포인트 선물 위에서 활력을 증폭시킨다.

정동자본은 정동이 발생하는 모든 순간에 동시에 발생한다. 다시 말해 에너지와 활력, 재미, 흥, 기쁨, 즐거움이 있는 곳은 곧 자본이 발생하고 증식하는 곳이다. 이에 따라 사람들은 유튜브에서의 인기가 곧 자본이며, 재미가 곧 권력이자 돈이 된다는 사실을 직감한다. 얼마나 많은 활력이 동원되었는가? 플랫폼에서 자신의 콘텐츠가 폭발적인 정동을 동원할 것을 꿈꾸는 사람은 얼마나 많았던가? 정동자본주의는 증여와 호혜 경제의, 선물을 주고받는 대칭적이고 급부적인 체계로부터 벗어나 있다. 그럼에도 불구하고 관계망의 시너지 효과는 유독 탐을 낸다. 관계망의 시너지 효과는 부수적인 이득을 주기 때문이다. 그것은 정동이 만들어내는 잉여현실의 부수적인 효과 중 일부다. 이를테면 한 지역에 예술가들이 들어온다. 문화예술 활동을 통해 그 지역에 정동이 활성화되고 살맛이 난다. 그러면 임대업자는 그 부수효과로서 임대료를 높이고 그때부터 젠트리피케이션(gentrification)이 발생된다.

플랫폼 자체는 정동을 동원한다. 플랫폼은 정동의 마당을 깐다. 정동이 살아 움직이고 재미를 느끼고 활성화된다. 그러나 이 경우의 정동은 증여와 호혜에 기반한 선물이 갖고 있는 잠재력으로서의 정동의 모습으로 남아 있지 않다. 그 대신 코드화되고 기호화된다. 그리고 상품에 들러붙을 수 있는 코드와 기호로 변모한다. 신체, 삶, 생명으로서의 정동은 자본, 권력, 돈이 된다. 이렇듯 정동자본주의는 코드의 잉여가치를 통해서 잉여(redundancy)가 잉여(surplus)가 되는 국면을 조성한다. 이처럼 정동자본주의는 아이러니하다. 흥미, 재미, 놀이, 쾌락, 기쁨이 있는 곳이라 여겨졌던 군더더기, 곁, 가장자리, 둘레의 영역이 자본을 살찌우는 부수적인 잉여가치를 만들어내는 곳이 되었기 때문이다.

그렇다고 정동의 잠재력과 깊이, 잉여현실의 광활한 우주적 무의식의 지평이 모두 포획되어 사라진 것은 아니다. 우리는 다시 선물의 곁과 가장자리, 주변에 아로새겨진 정동의 잉여현실의 살아 움직이고 꿈틀대는 생명 에너지와 활력에 주목해야 한다. 마르셀 모스 『증여론』에 의하면 gift의 의미는 '선물'(don)이지만 다른 한편으로 '독'(毒, poison)이라는 뜻이 있다.[*] 그 이

---

[*] 마르셀 모스, 『증여론』(2002, 한길사), p.244.

유는 바로 원치 않는 선물을 주는 경우와 그 부수효과를 노리고 반대급부적인 시너지를 갈취하려는 의도도 함께 내포되어 있기 때문일 것이다. 그러나 선물을 주고받던 증여와 호혜의 경제는 심원한 깊이와 잠재력이 있다. 그것은 어떤 경우에라도 모두 다 자본과 권력에 의해서 채굴되고 추출될 수 있는 성격의 것은 결코 아니라는 사실을 주지해야 할 것이다.

4. 도표(diagram)전략, 정동을 혁신하다

"그리고 가타리는 단순하지만 다기능적인 정동을 응시했다"

　돌봄은 정동의 또 하나의 이름이다. 돌봄이 기능 분화되면 각각이 감정 노동이라는 지긋지긋한 업무가 되고 일이 된다. 반면 아침에 밥을 먹고 출근하기 위해 집을 나서는 행위에도 단순하지만 다기능적인 정동이 아로새겨져 있다. 옷이 깨끗한지, 신발에 뭐가 묻어 있는지, 영양이나 위생 상태는 충분한지, 마음가짐은 똑바른지 등의 다기능적인 돌봄과 살림, 즉 정동이 발휘되는 것이다. 모심과 살림, 돌봄, 보살핌, 섬김과 같은 영역은 비교적 단순하면서도 다기능적인 정동노동의 영역이다. 이것이 기능 분화되면 각종 돌봄 서비스나 감정노동 등이 되어 정동이 사고 팔리게 된다.

　본래 정동은 다기능적이다. 여러 기능이 하나로 모아진 맥가이버 칼과도 같다. 집안 살림만 하더라도 겉으로는 단순하게 보이지만 결코 단순하지 않은 일련의 과정들로 이루어져 있다. 예를 들어 보자. 아이가 운다. 아이를 달랜다. 손을 입가에 대고 '까꿍'을 하다가 딸랑이를 들고 흔든다. 아이를 안아서 몸을 흔들기도 한다. 여기에는 아이들의 장난감이나 보육 프로그램, 유아용 콘텐츠, 놀이 기구 등의 무수한 기능을 모두 담아내고 있지만, 비교적 단순한 행동 양식에 녹아들어 있다. 배가 고파온다. 식탁을 차린다. 이는 요리, 저장, 식생, 발효 등의 다양한 지혜들이 동원되지만, 그것이 기능 분화된 채로 나타나지 않고 일련의 과정이 단순하지만 다기능적인 살림으로 나타난다.

갑자기 마음이 외로워져 친구에게 전화를 한다. 수화기 너머로 들려오는 친근한 목소리는 심리상담, 인지치료, 정신분석, 선 수련, 마음명상 등의 일련의 기능들을 넘나드는 다기능적인 정동의 언어이다. 우애의 다기능적이고 잠재적인 치유력을 갖고 있는 친구는 언제나 웃으며 환대하고, 조언을 해주고, 따뜻한 격려를 해주면서도, 심리치료와 달리 시간제한이 있는 것도 아니고 돈을 받는 것도 아니다. 우리는 수화기 너머에 들려오는 친구의 음색, 화음, 언표, 숨결 등에서 쉽게 다기능적인 정동이 무엇인지를 발견한다.

비기표적 기호계로서의 정동

도표(diagram)는 찰스 샌더스 퍼스(Charles Sanders Peirce, 1839~1914)의 유사성의 기호인 도상(icon)으로부터 출발한다. 유사한 것을 한데 모아놓으면 고도로 추상적인 규칙이 생겨난다. 이를 퍼스는 '초도상기호'라고 말한다. 이를 달리 말하면 도표다. 그러나 이후 들뢰즈와 가타리에 의해서 도표는 지도제작의 원리로 선보였다. 다시 말해 도표는 "이것일 수도 저것일 수도" 있는 횡단, 이행, 변이의 지도화를 뜻하는 것이다. 반면 기표(signifiant)는 '~은 ~이다'라고 정의내리고 의미화하는 것으로 도표와 대조를 이룬다. 다시 말해 도표는 기호-흐름이라면, 기표는 고정점이라고 할 수 있다.

여기서 주목할 것은 가장 도표적인 것, 다시 말해 지도를 그려내는 것이 바로 정동이라는 점이다. 정동이야말로 정서, 감정, 인지, 지각 등으로 정의내릴 수 없는 영역에 있다. 정동은 강도, 온도, 속도, 밀도로 나타나는 선율,

화음, 리듬을 통해 지도를 그린다. 의자에 앉는다. '공부하기 위해서'라는 인과관계 때문만은 아니다. 갑자기 발이 저려서, 의자가 푹신해 보여서, 의자의 냄새, 색채, 소리, 모습 등이 마음에 들어서 등 상관관계도 함께 작동한다. "공부하기 위해서 앉는 것이 의자다"라는 의미화 영역 바깥에 수많은 관계로 이루어진 다양한 지도화 영역이 있다.

　이처럼 인과관계와 상관관계 등 관계의 다발로 이루어진 복잡계가 현실이다. 하나의 원인이 아닌 다채로운 원인이 함께 작동하는 영역이 바로 삶이다. TV에 나와 혹은 강단에 서서 '~은 ~이다'라고 딱 부러지게 얘기하는 전문가를 볼 때마다 무슨 생각이 드는가? 믿음직하고 세련되고 마치 해답을 가지고 있다는 느낌이 든다. 그러나 정동 차원에서의 문제는 딱 부러지게 무엇이라고 규정할 수 없다. 이는 정동이 감응 양식, 강렬도, 흐름 등으로 작동하기 때문이다. 정동은 기능 분화된 영역에 대답을 제시하는 전문가의 영역에 있지 않다. 기능이 뭉뚱그려진 다기능적인 영역에 있는 것이 정동이다. 정동은 복잡계로서의 현실의 문제이기 때문이다.

　정동은 생명, 살덩어리에서 발산하는 생명력, 활력, 에너지이다. 그래서 정동은 기표, 다시 말해 의미화를 통해 드러나지 않는다. 정동은 냄새, 색채, 음향, 몸짓, 표정, 맛, 이미지 등과 같은 비기표적 기호계를 통해서 드러난다. 그것도 '뚜렷이'가 아니라, 다소 '모호하게' 나타난다. 잠깐 동안 분절, 매듭, 마디 등으로 도드라지게 나타날 때도 있다. 그러나 그것은 잠깐일 뿐이고 흐름, 강렬도, 온도와 밀도, 결과 무늬, 느낌적인 느낌 등 의미화로 포착되지 않은 형태로 나타날 때가 대부분이다. 냄새의 경우를 생각해 보자. '지독하다', '구리다', '은은하다', '시큼하다' 등으로 표현된다. 분포도, 밀도, 강도, 습도 등은 정확하게 의미화할 수 없다. 지도화를 통해서만 향기와 냄새, 채취는 드러난다. 또한 표정의 경우도 마찬가지다. "화가 난 것 같은데…"라고 표정을 규정한다. 그러나 실은 그럴 수도 있고 그렇지 않을 수도 있다. 화난 것이 아니라 잔뜩 긴장한 것이거나, 난처해하는 것일 수도 있다. 두 가지 혹은 세 가지가 동시에 담겨 있을 수 있다. 이렇듯 정동은 비기표적 기호계를 통해서 표현된다. 정확히 의미화할 수 없으며 오직 지도화를 통해서만 자신의 모습을 드러낸다.

정동은 비기표적 기호계로 드러난다. 동시에 정동은 재료와 소재와 관련되어 있다. 다시 말해 재료로부터 나오는 힘과 에너지가 바로 정동이다. 이를테면 내가 밥을 먹는 것은 '밥을 먹을 시간'이라는 규정 때문만은 아니다. 향긋한 밥에서 발산되는 냄새, 맛, 이미지, 느낌의 강렬함이 나를 끌어당기고 미혹시켜 침이 고이고 손이 먼저 가서일 수도 있다. '재료(material)와 힘과 에너지의 관계'를 '질료(matter)와 형상(form)의 관계'로 만든 것이 근대의 전문가주의이다. 형상을 부여하는 자가 전문가이기 때문이다. 여기서 재료에서 나오는 힘과 에너지, 즉 정동에 감응하여 작품이나 생산물을 만드는 사람을 장인이라고 부른다. 장인은 정동의 지혜를 가진 자이다. 이를테면 어떤 나무를 보고 나무 자체의 향과 무늬, 결, 색깔, 이미지 등에 끌려서 그 결과 무늬와 모양을 온전히 살리면서 무엇에 홀린 듯 작품을 만드는 조각가를 상상해 볼 수 있다. 이에 반해 철저히 도면을 그리고 기획과 설계의 틀과 형식(=형상)에 맞추어 그저 나무를 질료로 간주하는 작업자가 있을 수 있다. 자본주의는 후자와 같은 인물을 전문가로 추앙한다. 정동은 비기표적 기호계라고 일컬어지는 재료에서 나오는 힘과 에너지에 따라 지도를 그린다. 한편으로는 의미화하는 기획자, 형식을 부여하는 전문가, 설계자의 방식이 있다. 다른 한편으로는 장인, 정동의 달인, 지혜로운 자의 방식이 있다. 바로 후자가 정동에 유능한 사람이라는 점에는 의심의 여지가 없다.

사물, 생명, 기계, 자연 등에서는 그 곁에 있는 마음들, 에너지, 힘의 파동 등이 발산된다. 그것이 바로 비기표적 기호계이다. 여기에 연필꽂이 하나가 있다고 하자. 그 곁에는 냄새, 색채, 향기, 음향 등이 유발하는 광활한 마음이 발산된다. 이러한 마음들이 강렬한 정동의 힘을 지도제작한다. 이를 "그저 연필꽂이는 연필꽂이일 뿐이야"라고 단정하면 아무 일도 일어나지 않는다. 그러나 연필꽂이의 주변과 가장자리, 곁을 닦고 배열하고 아끼고 정돈하였던 사람이라면 문제는 아주 다르다. 그 연필꽂이의 힘과 에너지는 고스란히 정동이 되어 전달된다. 동시에 그것의 풍부한 잠재력이 광활한 마음으로 정동에 아로새겨질 것이다. 더욱이 그 연필꽂이가 그저 상품으로 산 것이 아니라 선물 받은 것이라면 어떨까? 자신이 흙을 빚고 햇볕에 말리고 가마에 구워서 만들어낸 것이라면 또 어떨까?

하물며 생명은 두말할 나위 없을 것이다. 생명을 아끼고 보살핌으로써 세상에 단 하나밖에 없는 유일무이한 존재가 되도록 만드는 정동의 과정이 있다. 이 일련의 행위의 과정에서 생명에게서 발산되는 냄새, 색채, 음향, 몸짓, 표정, 이미지 등이 풍부하게 정동이 되어 전달될 것이다. 그래서 반려동물과 함께 사는 반려인들의 풍부한 생명 감수성은 의외의 결과가 아닐 수밖에 없다. 생각해 보자. 반려동물과 희로애락을 함께한다. 밥을 주고 똥을 치우고 함께 노는 일상의 과정을 함께한다. 그러면서 생명의 유일무이성이 발산하는 힘과 에너지 자체에 더 깊게 감응하는 정동으로 향할 것이다. 여기서 유일무이성은 단독성, 특이성(singularity), 특개성으로도 표현되는데, 인간만이 아닌 생명과 사물, 자연의 실존(existence)의 양상이라고 할 수 있다. 생명의 유일무이성은 정동이 발휘되는 일련의 지도 그리기 과정을 통해서

만 드러날 것이며, 결코 의미화를 통해서 포착되는 정지된 스냅사진일 수 없다.

냄새, 색채, 음향, 몸짓, 표정, 맛, 이미지 등 비기표적 기호계는 사물, 생명, 자연, 기계로부터 발산되는 힘과 에너지이며, 동시에 그 곁에 서식하는 마음이며, 이를 배열하고 배치하고 정돈하는 정동의 표현 양상일 것이다. 그것은 기표(signifiant)와 같이 의미화하여 고정되어 있지도 않다. 그것은 흐르고 횡단하고 이행한다. 마치 스냅사진처럼 단면을 보여주는 것이 아니라, 다차원적이다. 삶처럼 말이다. 또한 그것은 기능 분화되어 감정노동이 되지 않고, 다기능적인 정동노동으로 드러난다. 비기표적 기호계가 풍부해지고 다양해지면 어떤 일이 생기는가? 강렬한 에너지와 활력, 힘이 발생한다. 다양한 아이디어, 풍부한 행동, 강렬한 정동의 흐름이 발생한다. 이를테면 〈세계슬로우푸드협회〉의 조직 방식 중 하나인 컨비비움(convivium)을 생각해 볼 수 있다. 일단의 소규모 사람들, 즉 3~5명이 둘러앉는다. 그들의 앞에는 푸짐한 음식이 냄새, 색채, 향기, 맛, 이미지의 향연을 벌인다. 그들은 먹보요, 술꾼이다. 먹으면서 쉴 새 없이 얘기한다. 엉뚱한 말, 참신한 발상, 색다른 이야기 등 비공식적인 언어로 수많은 말을 주고받는다. 음식의 비기표적 기호계는 포만감만이 아니라, 우리에게 풍부한 감수성을 선물하고, 좀 더 입체적이고 다양한 이야깃거리도 선물한다. 다시 말해 강렬한 정동을 선물한다. 이렇듯 맛의 향연이 있듯이, 음향의 향연이 있을 수 있고, 색채의 향연이 있을 수 있고, 이미지의 향연이 있을 수 있다. 이런 비기표적 기호계의 향연에서의 공통점은 사물이 살아 움직이는 느낌, 일종의 애니미즘에 대한 경험이다. 이는 사물의 곁과 가장자리에 서식하는 정동, 욕망, 사랑 등이 비기표적 기호계를 통해 사물이 스스로 살아 움직이는 듯한 강렬도를 선물하기 때문이다.

　비기표적 기호계는 딱히 무엇이라고 규정할 수 없는 영역에서의 강렬도를 느끼게 해준다. 그래서 타르드가 말한 양자적 흐름 또는 가타리가 말한 무의식의 행렬과도 같은 궤적을 그린다. 정확한 의미로 정의내리고 명확히 A와 B를 구분하는 것이 아니라, A와 B 사이의 모호한 경계면, 즉 틈새, 여백, 결에서 비기표적 기호계가 서식한다. 그리고 그것은 유감없이 정동의 강렬도와 힘을 전달한다. 이를테면 한 사람의 활력과 쾌활함은 그 사람만의 것이 아니다. 무의식의 행렬에 따라 사무실 전체의 분위기를 바꾼다. 마치 하나의 진동자의 울림에 떨림으로 반응하는 다른 진동자처럼 비기표적 기호계의 강렬도는 사람들에게 전달되어 공명을 일으킨다. 동시에 이에 따라 한 사람의 행동은 이를 모방하고자 하는 사람들의 분위기, 느낌, 정동 등을 바꾼다. 이를 프랑스 심리학자 가브리엘 타르드(Jean Gabriel Tarde)는 양자적 흐름이라고 설명했다. 더욱이 정동의 흐름은 모방자에게서 더욱 증폭되어 무수한 부수효과를 누릴 수 있다. 접촉하는 사람에게 전염되는 바이러스와도 같은 것이다. 비기표적 기호계가 보여주는 접촉에서 모방으로, 전염으로 이어지는 일련의 과정을 생각해 보자. 이러한 양자적 흐름에 따라 정동의 강렬한 힘이 전달된다. 비기표적 기호계의 지도 그리기 과정에 정동이 위치한다. 이는 생명과 자연이 갖고 있는 세계를 재창조하는 힘이다. 그것이 정동의 잠재력이다.

　고도로 자유롭지만 고도로 조직된 정동

　비기표적 기호계는 의미화의 논리로부터 자유롭다. 기표와 기의는 언어학자 소쉬르의 청각 영상과 개념 간의 구도에서 처음 등장했다. 그 후 이를 계승한 라캉에 따르면 기표(signifiant)는 '의미화하는 것'이고, 기의(signifié)는 '의미화된 것'이 된다. 다시 말해 기표는 정의(definition)라면 기의는 근거(ground)이다. 기표는 '~은 ~이다'라는 의미화 방식의 고도로 조직된 고정관념이다. 반면 냄새, 색채, 음향, 몸짓, 표정, 맛 등은 고정관념으로부터 자유로우면서도 고도로 조직된 방식을 취할 수 있다. 미술의 회화법, 음악의 기보법, 맛의 요리법 등을 상상할 수 있다. 여기서 정동의 작동 양상은 고도로 자유로우면서 고도로 조직된 방식으로 나타날 수 있다. 이를테면 "이것을 해야 한다"라는 의무, 당위, 권리, 믿음, 책임에 따라 그것을 하는 경우도 있겠지만, "나는 자유롭다, 하지만 나는 맛, 이미지, 색채, 음색에 이끌려서 이것을 치열하게 하고 있다."라는 방식일 수 있는 셈이다.

그런 점에서 근대적 책임주체(subject)와 주체성(subjectivity)을 놓고 볼 때, 주체성이야말로 정동을 자유롭고 지극하게 발휘하는 사람의 특성이라고 할 수 있다. 여기서 책임주체는 의식적이고 의지적인 근대적인 주인공 담론이다. 반면 주체성은 사물, 생명, 인물 간의 관계와 배치, 즉 그 사이, 틈새, 여백, 곁에서 발생하는 '우리 중 어느 누군가'의 속성이다. 의무와 당위, 책임은 주체를 고정관념에 따라 조직한다. 반면 삶, 생명력, 활력 등 자율적인 정동의 행동양식은 주체성을 배치한다. 그런 점에서 '고도로 자유롭지만 고도로 조직된 것'이 주체성의 양상이다. 이러한 주체성이 발휘되는 행위 대부분은 정동을 기반으로 하고 있다.

책임, 의무, 의지와 달리 정동이 작동하는 방식은 이처럼 주체적이다. 요리 장인이 요리를 가르칠 때 소금을 '적당량' 넣으라는 애기를 들으면 정신 바짝 차려야 한다. 그저 적당하게 비스무리하게 대충 알아서 하라는 애기가 아니기 때문이다. 여기에는 싱겁지도 짜지도 않을 정도를 미세하게 그리고 주체적으로 가늠해서 넣으라는, '고도로 자유로우면서도 고도로 조직된 정동'의 행동 양식에 대한 지침이 들어 있다. 지혜를 동원하고, 감각을 열고, 정동에 기반하여 행동하라는 말이 오히려 '적당히'라는 단어에 들어가 있는 것이다. 그래서 가장 쉬우면서도 가장 어려운 개념이 '적당히'이다. 물론 '몇 스푼, 몇 *ml*' 등으로 정확히 양을 적시하는 것은 한결 쉽다. 매뉴얼이 될 수 있고, 암기하면 된다. 그러나 그 순간 주체성에 속하는 창의성과 지혜, 감각과 감수성 등의 정동의 요소는 공중으로 사라져 버린다. 대신 기계적이고 선형적인 맛의 영역으로 향하게 된다. 그러나 비기표적 기호계로서의 맛의 영역은 늘 개방되어 있다. 계측되고 수량화된 맛의 영역보다 정동과 지혜의 영역을 더 선호하는 것이 사람들의 입맛이다. 다시 말해 고도로 자유로우면서도 고도로 조직된 정동의 맛이 사람들의 정동을 자극하기 때문이다. 이를테면 그날의 날씨, 손님의 구성, 일상의 특징, 모임의 성격 등이 맛의 정동을 구성하는 요소가 된다. 다시 한번 말하지만, '적당히'는 결코 '대충'의 의미가 아니다.

정동의 방식은 '~은 ~이다'라는 식으로 의미화하고 정의내리고 본질에 정확히 적시되는 방식이 아니다. 이를 기후변화 상황에 대한 최신의 세련된 정보와 지식을 취득하는 행동의 예를 들어 다시 생각해 보자. 정보와 지식은 기후위기를 야기한 지금 삶의 형태가 지속된다면 결국 인류는 멸망으로 향할 것이라고 정교한 데이터를 통해 알려주고 있다. 그러나 그렇게 되지 않기 위해서 우리 삶의 형태를 어떻게 바꾸어야 하는지는 전혀 알려주지 않는다. 그렇기 때문에, 정보와 지식에 기반한 기후위기 진단은 결국 기후우울증과 비탄, 절망과 같은 감정으로 연결된다. 이에 따라 "나라도 요행히 살아남아야지"라고 했던 사람도 결국 "이제 아무것도 할 것이 없으니, 될 대로 되라"라는 반응을 보이기도 한다.

기후위기의 상황은 지식과 정보와 같은 정확한 수치, 시뮬레이션, 평가, 진단, 수식, 그래프를 통해서 해결될 수 없다. 대신 지혜와 정동을 통해서 "어떻게 살아야 하는가?", "어떻게 시스템과 제도를 바꾸어야 하는가?"라는 질문으로 이행해야 한다. 지식과 정보는 "왜?"라는 질문을 던지며 하나의 대답이 선형적으로 연결된다. 반면 지혜와 정동은 "어떻게?"라는 질문을 던지며 다채로운 대답으로 향하게 하는 힘이 있다. "어떻게?"라는 질문에 착목할 때 우리의 행동 변화는 어떠할까? 우리 생각은 설사 종말이 온다 하더라도 그것이 문명의 종말, 즉 화석문명, 자동차문명, 육식문명, 탄소문명 등의 종말이 되리라는 점으로 향할 것이다. 이를 통해, 어떻게 탄소 감축을 위한 생활양식과 시스템과 제도의 변화를 이루어 문명의 전환으로 향할 것인가 끊임없이 탐색하며 다양한 대답을 내놓을 것이다.

정동은 고도로 자유로우면서도 고도로 조직된 주체성 양상으로 드러난다. 정동은, 기능과 역할, 직분이 정확하게 구분되어 있는 근대적인 책임주체는 이해하기 어려운 작동 방식을 보인다. 즉 정동은 복잡한 기능들을 어떻게 단순한 것을 통해서 수행할 수 있는지 책임주체가 의문을 갖게 만드는 것이다. 정동은 기능과 기능 사이, 역할과 역할 사이, 직분과 직분 사이를 연결하는 이음새의 역할을 한다. 동시에 가장 단순하면서도 다기능적이고 다역할적이고 다직분적인 영역을 창안한다. 친구와 함께 서로의 안녕과 건강 여부를 물으며 삶의 이야기, 다정한 대화를 이끌어갈 때 그 속에는 간호사, 생활설계사, 상담사, 스토리텔러, 정신분석가 등의 역할과 기능 등이 다 들어가 있다. 그리고 그 과정은 고도로 자유롭고 고도로 조직된 방식으로 이루어진다. 즉, 여러 역할과 기능을 넘나들고 횡단하면서 정동이 발휘되는 것이다. 그렇기 때문에 '내 친구는 간호사다', '내 친구는 심리상담사다'라는 직분과 역할이 있기 때문에 그 일을 해내는 것이 아니라, 다양한 기능연관과 생활연관, 의미연관을 넘나들면서 정동이 발휘된다. 이에 따라 정동이 깃든 친구와의 대화에는 너무도 자연스럽고 자유로운 이야기들이 오가면서도 고도로 삶의 지혜가 응집된 내용들이 전달된다. 그 과정에서 느낌과 감수성 등이 함께 전달되어 서로의 정동을 보살피고, 돌보고, 상호작용하는 기능이 수행된다.

고도로 자유로우면서 고도로 조직된 도표에 대한 사유로 들어가서, 도표는 수학의 미적분, 음악의 기보법, 회화의 채색법, 몸짓의 마임법, 맛의 요리법 등으로 고도로 조직된 형태인 것도 사실이다. 사실상 회화나 음악의 장인들의 숨결에는 '~은 ~이다'라고 매뉴얼화하고 도식화할 수 없는 영역이 들어가 있다. 그런 점에서 장인의 정동은 '무의식의 의식화'에 따르는 학(學)의 과정보다는, '의식의 무의식화'의 습(習)을 통해서 의식의 사용을 절약하는 형태를 띤다. 그렇기 때문에 다양한 기능과 의미, 매뉴얼을 무조건 외우는 것이 아니라, 삶과 습관, 일상의 반복되는 행동 양식을 통해서 자연스럽게 정동과 지혜에 도달하는 것이 장인이 되는 도제수업의 과정이라고 할 수 있다. 어떤 사람은 이러한 도제수업의 정동의 방법론에 의문을 제기한다. 요리법을 배우는데, "어떻게 일 년 동안 양파만 까게 하고, 설거지만 일 년을 하게 할 수 있느냐" 하는 문제제기인 것이다. 물론 몸으로 체득하지 않고 매뉴얼이나 방법으로 바로 넘어가자는 사람도 있을 수 있다. 그러나 정동은 신체로부터 감응되는 강도의 미세한 변화 양상이기 때문에, 미세한 차이와 변화에 신체가 열려 있을 수 있도록 무수한 반복을 통한 준비 동작, 감각의 예민화[*]를 요구한다.

이에 따라 정동에 기반한, 고도로 자유로우면서도 고도로 조직된 도표적인 방법론이 결코 쉽지 않은 과정이라는 점이 드러난다. 오히려 이성과 합리성의 방법이 간단하다. 의미에 따라 정확히 본질을 적시하고 기능을 나누고 모델화하고 매뉴얼로 만들면 쉽게 도달할 수 있으리라는 착각이 생긴다. 그러나 정동은 의미와 의미 사이의 차이를 더욱 미세하게 만든다. 동시에 그 속에서의 작은 감응에 반응하는 방법을 습득하도록 만든다. 결국 고도로 자유로우면서도 고도로 조직된 정동의 영역에 대한 사유와 실천은 어렵고도 험한 길이지만, 우리 주변에서 흔히 보이는 삶의 양식이기도 하다. 그렇기 때문에 우리는 모두 장인이면서도 도제이고, 프로 선수이면서도 아마추어일 수밖에 없다. 정동의 도식화 작용이 갖고 있는 고도로 자유로우면서도 고도로 조직된 도표는 일상에서 쉽게 찾을 수 있지만 사실 아주 어려운 과정이기 때문이다.

지도제작으로서의 정동

우리는 정동의 본질을 의미화의 방식대로 '~은 ~이다'라고 정확히 적시할 수 없다. 즉, '대답의 자본주의'처럼 전문가의 세련되고 기능적인 해답에 기반하지 않는다. 대신 정동은 계속해서 질문을 던지고 더듬더듬, 오락가락,

---

[*] 장인의 도제수업이 열린 감각, 감각의 예민화를 추구하는 이유는 감각이 사물, 생명, 기계의 광대역의 무의식을 여과 없이 받아들일 수 있는 통로이기 때문이다. 그러나 감각보다 0.3초가 느린 지각의 경우에는 뻔하게 바라보는 표상주의적인 방식의 인식구조를 갖는다. 그런 점에서 기존 유물론이 지각에 기초한 표상주의에 기반한다면 신유물론은 열린 감각에 기초한 잠재성이 현실이 되는 상황을 직감하고 있다.

이리저리 움직이며 지도를 그린다. 정동은 지도를 그리면서 문제설정과 문제설정이 연결되어 새로운 문제설정을 낳는다. 아예 출구를 찾지 못한 채미로에 갇힐 수도 있다. 정동은 질문과 대답, 원인과 결과, 근거와 정의, 입구와 출구를 정확히 선형적이고 인과론적으로 일치시키지 않는다. 대신 질문 자체의 힘으로, 근거(ground)로서의 소재가 갖고 있는 에너지로, 입구와 이유가 갖고 있는 돌발적인 추진력으로 색다르게 지도제작한다. 즉, 정동의 지도제작에서 원인과 결과, 근거와 정의는 분열되어 있다. 그러나 그것이 정동의 강렬한 힘을 드러낼 수 있는 원천이다. 지도제작 과정에서 정동은 야성적인 힘을 발휘한다. 모든 색다른 출구를 개척하고, 새로운 소재를 결합하고, 새로운 문제제기를 기존의 문제제기에 연결시키기 때문이다.

하나의 원인이 하나의 결과를 낳는 방식으로 정동 또한 인과론적으로 정확하게 나타나면 얼마나 좋을까? 그러나 한번 발생한 활력은 전혀 예상치 못한 색다른 파급효과를 낳을 수 있다. 생명 에너지가 생기면 그것이 새로운 접속 지점에서 배가될 수도 있다. 이를테면 오늘 나는 기쁨의 정동에 휩싸여 있다. 그 이유는 오늘 회사에서 좋은 평가를 얻었기 때문이라고 철석같이 믿고 있다. 하지만 나의 기쁨의 정동은 오히려 나를 둘러싼 다양한 정동의 사건들과 연루되어 있을 수 있다. 반려동물의 애교, 부스럼으로부터의 탈출, 신발 구매의 만족, 오래된 친구와의 접속, 아내의 따뜻한 한마디 등이 그것이다. 동시에 이러한 기쁨의 정동의 발생은 새로운 파급효과를 낳을 수 있다. 일에서의 자신감, 사랑과 행복의 만족감, 풀지 못했던 수학문제 해결 등이 그것이다. 이렇듯 입구(=원인)와 출구(=결과)는 딱 맞아떨어지지 않는다. 정동이라는 에너지와 활력은 흐름에 따라 전혀 생각지도 못한 출구를 개척해낼 수 있다. 이에 따라 우리가 주목해야 할 지점은 바로 '정동이라는 에너지와 활력의 발생이라는 입구가 어떤 흐름을 갖고 의외의 출구로 나타나는가'의 영역에 있다.

정동은 사물과 사물, 생명과 생명, 기계와 기계, 사건과 사건, 표상과 표상 등을 매끄럽게 연결하는 이음새이다. 그런 점에서 정동은 횡단하고 이행하고 변이되는 흐름의 지도제작 과정으로 나타난다. 이를테면 컵과 냅킨, 포크 등을 지도 그리기를 하는 것은 컵과 냅킨의 존재이유로서의 "왜 컵인가?", "왜 냅킨인가?"라는 것으로 향하지 않는다. 오히려 "어떻게 컵과 냅킨을 배열하고 정돈하고 배치할 것인가?"라는 질문으로 향하는 것이 정동이다. 즉, "왜, 왜, 왜"라는 등의 질문으로 심연 깊숙이 들어가는 것은 결국 불교에서 밝혀냈듯이 모든 것이 상호의존하기 때문에 실체(substance)로서의 궁극의 이유를 밝힐 수 없고, 공(空)과 무(無)로 향할 뿐이기 때문이다.

이처럼 '왜'라는 질문은 본질에 천착하는 궁극의 허무주의로 향한다. 반면 생명활동과 자연 생태계에서 '어떻게'라는 질문은 배치의 지혜를 환기하면서 정동으로 향한다. '문제설정으로서의 사물'과 '문제설정으로서의 사물'을 정돈하고 수선하고 배열하고 배치하고 아끼고 보살피는 전반적인 행동 양식 속에 정동이 내재해 있는 것이다. 이처럼 정동은 본질의 질문, 존재 이유의 질문을 끊임없이 회피한다. 다시 말해 정동은 형이상학과는 아무런 관련이 없다. 오히려 정동은 살림, 돌봄, 보살핌, 모심 등과 관련되어 있다.

이러한 여러 문제설정을 넘나드는 정동의 특징은 결국 하나의 모델을 통해서 모든 것이 해결된다는 발상으로부터 벗어나게 한다. 자본주의의 경우, '의미화=가치화=상품화'라는 하나의 모델에 따라서 조직된 사회의 양상을 드러낸다. 반면 자연과 생명의 질서는 여러 모델을 넘나드는 메타모델화(met-modelizasion)된 양상을 드러낸다. 즉, 자본주의라는 하나의 모델은 효율성이라는 논리에 따라 획일적이지만, 기능적 복잡성을 통해 문제를 해결하려 할 것이다. 반면은 정동은 다양한 모델의 탄력성 속에서 다기능적인 단순성을 통해서 문제를 해결하려고 할 것이다. 이를테면 기후위기라는 하나의 위기상황의 경우도 다양한 모델을 제시함으로써 탄력적으로 대응할 필요가 있는 사안이다. 하나의 모델을 통해서 모든 것이 해결될 수 있다는 기존의 전문가주의적인 발상으로부터 벗어나야 한다. 왜냐하면 기후위기 자체는 삶의 양식 전반의 문제이며, 동시에 자본주의 시스템의 문제이기 때문이다. 자본주의 사회구조의 단번의 변화를 통해서 순식간에 문제가 해결되는 양상은 필수적으로 무기력 지층을 수반한다. 반면 정동은 삶의 양식의 세세한 항목의 변화 양상과 시스템을 대체할 다양한 대안적인 시스템들의 직조 양식을 만들어 낸다.

이는 개인의 삶의 문제에서도 마찬가지이다. 어떤 사람이 정동의 소외 양상이 심각해져서 그것이 정신적인 위기로 찾아올 때 우리는 무엇을 해야 할까? 그것은 하나의 치유 모델로 해결할 수 있는 사안이 아니다. 그가 정신적인 어려움을 호소하면 정신분석, 선 수련, 마음챙김 명상, 심리상담, 인지치료, 사회서비스, 돌봄서비스 등 다양한 모델을 넘나들며 이를 해결하기 위한 노력을 해야 할 것이다. 동시에 이러한 모델 전부를 다기능적으로 갖고 있는 친구가 필요할 수 있다. 마음의 위기는 하나의 이유에서 생겨난 것이 아니라 다양한 삶의 차원의 문제이다. 결국 현실이 복잡계라는 점을 분명히 해야 할 것이다. 예전의 공동체 밥상을 떠올려 보자. 대가족 식구의 밥상에 고등어구이가 하나 올라온다. 이것을 먹을 때 가족 구성원 각자의 마음속에는 복잡한 생각들이 교차한다. 아마도 고등어를 베어 먹는 과정에서 수학 모델, 물리학 모델, 정치학 모델, 경제학 모델, 윤리학 모델 등등이 모두 동원될 것이다. 이런 점에서 고대 철학자 플라톤으로부터 시작된 이론이 복잡계라는 이성주의적인 방법론이 아니라, 현실이 복잡계라는 점을 승인할 때 마주치게 되는 개념이 바로 정동이다. 또한 정동은 어떤 문제에 직면해서 하나의 대답을 찾지 않는다. 오히려 다양한 대답으로 향하는 경로를 지도제작하면서 문제를 해결하려 한다. 이를테면 정동의 지도 그리기는 아이가 열이 났을 때, 해열제를 먹이는 방법을 통해서 쉬운 해결책을 구하는 것이 아니라, 보일러 온도를 높이고, 따뜻한 물을 먹이고, 팔 다리를 주무르고, 지저분한 쓰레기를 정리하고, TV 볼륨을 줄이는 등 의외의 것에 더 신경을 쓴다. 또한 수학문제가 안 풀릴 때는 수학문제에 직면해서 다시 풀이에 매진하기보다는 잠시 책을 덮고 운동을 하거나, 영화를 보거나, 음악을 듣는 등의 다양한 출구전략을 통해서 지도 그리기를 하는 것이 나을 수 있다.

다양한 출구의 열림, 그것이 정동이다. 그런 점에서 정동은 원인과 결과, 근거와 정의, 입구와 출구가 정확하게 맞아떨어지는 인과론적인 열쇠개념이 아니다. 내가 원하는 것은 그곳에 있지 않다. 근거 있는 주장이 모두 유효한 것은 아니다. 입구와 출구의 분열은 오히려 활력정동의 원천이 될 수 있다. 그래서 정동은 왠지 비합리적이라고 여겨진다. 정동이 왠지 촌스럽고 전근대적인 것이라고 여겨진다. 정동이 미신이나 주술과 모종의 관련이 있는 것이 아닌가 하는 의심을 받기도 한다. 그러나 정동은 고도로 조직되어 있으면서도 고도로 자유로운 것이다. 그래서 더욱 우리가 삶을 통해서 습득하고자 했던 열린 지혜의 지평으로 우리를 인도한다. 지금 우리는 정동을 지도제작으로서의 도표로 바라보면서 영구혁명을 통한 삶의 양식의 심원한 변형을 타진해 보게 된다.

5. 리토르넬로, 정동의 반복의 후렴구와 화음

"그리고 가타리는 리토르넬로의 화음에 정동을 실었다"

일상은 반복된다. 나는 아침에 일어나서 집을 나와 직장으로 향할 뿐이고, 다시 저녁에 직장에서 집으로 향했고, 저녁밥을 가족과 먹고, 컴퓨터를 켜고 인터넷 사용을 하다 잠들었을 뿐이다. 리와인드[되감김] 되어서 다시 시작되고 순환되는 일상이 제자리에서 돌고도는 물레방아처럼 느껴진다. 어떻게 그렇게 지루한 반복 속에서 재미없이 살 수 있겠느냐고 말하는 사람이 있을 수 있다. 어떤 이는 중복되고 반복되는 것을 지루하다고 여긴다. 그래서 반복되는 일상을 되도록 줄여야 할 잉여와 군더더기로 여기고 새로운 것만을 선호하기도 한다. 하지만 삶은 늘 잉여와 군더더기 같은 중복과 반복으로 가득하다.

이러한 일상의 탄력성(resilience)과 신축성, 유연성의 원천은 무엇일까? 그 반복에 늘 후렴구, 리듬, 화음, 선율과 같은, 톡톡 쏘는 사이다와 같은 활력소들이 숨어 있기 때문이다. 그게 뭘까? 리토르넬로(ritornello)라고 알려진 후렴구가 비밀의 일부를 살짝 보여준다. 그리고 그것이 바로 정동의 화음이다. 아침에 일어나면 나는 곧장 베개와 이불을 가지런히 정돈해 놓고 라디오를 튼다. 음악과 함께 날씨 예보를 듣고 몸을 늘려 기지개를 켠다. 아침밥을 준비하면서 음식 재료를 섬세하게 다듬고 재료를 아껴서 절약하고 음식물 쓰레기를 미연에 줄인다. 출근 전 신발 끈을 맬 때는 끈의 무늬와 결을 손가락으로 꼭 눌러서 그 단단함을 느껴본다. 회사로 향하는 동안은 클래식 음악을 들으며, 간혹 차창 너머로 익숙한 상점들의 모습들을 보며 이미지의 흐름을 느낀다. 직장에서 일을 시작하기 전에는 늘 묵상과 기도, 명상을 하고 영어단어 몇 개를 외운다. 영어단어의 독특한 발음을 몇 번 반복하면서 그것의 뉘앙스를 온몸으로 느낀다.

이러한 삶과 정동의 일련의 리듬과 화음은 반복되지만, 그것은 지루한 동일성의 반복에 매몰되는 것이 아니라 차이 나는 반복이 만드는 리드미컬한 화음의 흐름에 몸을 싣는 것이다. 어제와 오늘은 다르면서도 같고, 같으면서도 다르다. 그래서 몸은 화음의 변화, 리듬의 변화에 예민하기만 하다. 어떨 때는 우울하고 다운되기도 하지만, 다시금 리듬이 주는 선율과 화음이 이내 일상의 탄력성을 회복하게 해주고 강건하게 만들어준다. 내일은 항상 기다려지지만, 동시에 '지금-여기-가까이'의 오늘에도 충실하고 싶다. 그래서 강건한 정동의 반복을, 리드미컬한 반복을 하면서 강도에, 리듬에, 흐름에, 선율에 온몸을 맡긴다. 다성화음적이면서도 단순한 삶이 이렇게 펼쳐진다.

리드미컬한 일상의 반복으로서의 정동

펠릭스 가타리는 질 들뢰즈가 『차이와 반복』(2004, 민음사)에서 언급한 '차이 나는 반복'에 주목하면서, 이것이 생명, 생태, 생활이 보여주는 모습이라는 점에 주목했다. 이때 반복 속에는 편차, 차이, 낙차, 간섭작용이 있다. 그래서 동일성의 반복이나 반복강박이 아니다. 리드미컬한 반복이다. '어제의 나'와 '오늘의 나'와 '내일의 나'는 명료한 지각인 통각(apperception, 統覺)

으로서의 '나'에 의해 고정되지 않는다. 늘 매번 생성되고 창조되는 '나'이며 그래서 정동의 흐름이자 과정일 뿐이다. 그래서 굳이 '나'라는 고정된 자아로 표현할 필요조차도 없다. 오늘의 나는 어제의 나와 다르고, 내일의 나는 오늘의 나와 다르다. 매번 생성되기 때문이다. 정동의 반복과 정동의 흐름 속에서, 그 강렬도가 변주되는 매듭, 결, 틈새, 사이에서 매번 다른 주체성 (subjectivity)이 생성된다.

시간을 수평선에 놓는다면, 차이는 반복과 함께 발생할 것이다. 그런 점에서 정동의 반복의 다성화음적인 요소, 즉 리토르넬로가 삶을 구성하고 생성시킨다. 박자만이 아니라 리듬이 중요하고 이 둘이 어우러진 화음이 늘 생산된다. 리토르넬로는 후렴구, 간주곡, 반복구라는 의미도 있다. 어제 하던 그 일을 하면서도 늘 새로운 오늘을 맞이할 수 있는 이유는 무엇일까? 그 것은 정동의 리드미컬한 화음 때문이다. 정동은 비루하고 지루한 동일성의 반복이 아니라 차이 나는 반복을 만들어내는 것이다. 늘 하던 일이지만 어제의 청소와 오늘의 청소는 다르다. 오늘 설거지는 어제의 설거지와 다른 색다른 반복처럼 느껴지고 왠지 더 신경이 쓰이고 손이 간다. 깨끗하게 정돈, 배열, 배치, 수선 등이 되면 더욱 활력이 샘솟는 것을 경험할 수도 있다. 오늘 출근길이 어제와 똑같지 않고 왠지 낯설게만 느껴져 설렜던 적이 간혹 있지 않는가?

펠릭스 가타리는 '기계적 이질 발생'(hétérogenèse machinique)이라는 다소 어려운 개념으로 차이 나는 반복 현상을 설명한다. 여기서 '기계적'은 반복이고, '이질 발생'은 차이이다. 더 설명해 보자면 이때 기계는 열리고 자기생산을 하는 기계론적 기계(machinism)로서, 폐쇄되고 닫힌 반복의 기계학적 기계(mechanics)와는 다른 것이다. 더불어 이질 발생은 서로 다른 것들이 마주쳐서 전혀 생각지도 못한 새로운 것을 만들어내는 것을 의미한다. 익숙한 반복의 경우는 시간이 빨리 지나가고 기억에 거의 남지 않는다. 오히려 생각지도 못한 낯선 현실을 마주할 때야말로 시간은 길게 느껴지고 기억에도 선명하게 남는다.

이 순간이 인생에 단 한 번뿐인 순간이라고 느껴질 때가 있다. 이를 들뢰즈는 '단독성(singularity)의 시간'이라고 말한다. 이때는 바로 사건과 상황이 리드미컬한 리토르넬로를 띠는 경우이다. 갑자기 낯선 현실 속으로 튕겨져 나간 기분이 들 때가 혹시 있는가? 그 경우에는 정동의 강렬도는 너무도 높다. 시간은 길게만 느껴진다. 순간은 영원이 된다. 인생에서 가장 중요한 이러한 단독성의 순간은 의미의 영역이 아니다. 오히려 삶의 영역이다. 정동의 영역이다. 생명력의 영역이다. 가타리의 기계적 이질 발생이라는 난해한 개념은 이러한 단독성의 순간, 정동의 순간을 계속 만들어 나가자는 제안이다. 차이 나면서도 반복하는 기계를 만들어 보자고 넌지시 던진 제안이다.

그러한 순간이 영원히 되는 정동의 시간은 의미의 과잉에 의한 따분함의 시간이 아니다. 오히려 세계의 재창조가 야기하는 정동이 강렬해져서 시간을 영원하게 팽창시키는 상황이다. 그래서 따분한 시간과는 다른 맥락에서 다소 시간이 길게 느껴지는 경험으로 향한다. 그러한 순간은 이따금씩 찾아온다. 이를테면 아주 오래전부터 존경해 왔던 어르신과 식사를 함께하는 순간을 상상해 볼 수 있다. 그 순간의 시계 초침은 느리게만 간다. 인생의 편린들이 스멀스멀 한꺼번에 몸에서 발산된다. 숟가락질 하나의 실수나 바지에 음식이 묻는 등의 실수는 아주 큰일처럼 느껴지고 당황할 때도 있다. 밥 먹는 동작이며, 이야기하는 과정에서의 작은 실수 등이 크게 다가와서 쩔쩔맨다. 시간의 팽창은 이루 말할 수 없이 영원성으로 향한다. 그렇게 되면 자아와 같은 '나'는 작아져 가고, 오히려 시간의 평면 속에 기입되는 강도, 온도, 속도, 밀도는 더욱 강렬해지고 커져 간다. 그렇게 시간이 팽창된 순간이었던 식사시간이 끝나고 어르신과 헤어지는 순간, 시간은 다시 일상으로 돌아가면서 수축한다. 이런 자리가 늘 있는 것은 아닐 것이다. 하지만 가타리는 정동의 색다른 반복을 통해 일상의 모든 순간을 영원처럼 살아보자고 제안하고 있다. 기계적 이질 발생은 바로 세계가 재창조되는 비밀을 품고 있다.

정동의 시간은 리토르넬로의 후렴구처럼 리드미컬한 반복이라는 특성을 띤다. 그러나 그것은 지루하고 무료한 반복이 아니다. 우리를 무한한 힘과 활력의 영역으로 인도하는, 차이 나는 반복이다. 아주 특별한 사건은 때로는 단독성의 시간, 순간이 영원인 시간으로 인도하기도 한다. 하지만 대부분 사건은 하나의 돌발 사건의 흔적과도 같이 사라져 버린다. 다시 일상의 반복의 수레바퀴 속으로 말려들어 망각될 운명에 처하는 것이다. 여기서 망각은 차이의 원천이기 때문에 그저 부정적인 것만은 아니다.

사건성(=특이성)이 반복을 통해서 무한한 능력을 갖게 된다는 점에 주목해야 한다. 정동의 리토르넬로의 역동성은 획기적이고 파격적인 사건에 직면하여 우리의 시간을 강건하고 무한한 힘과 활력의 영역으로 전환시킨다. 이를테면 어떤 강의 시간에 자신이 그동안 품고 있던 커다란 질문에 대한 일말의 단서와 풀이의 지혜를 얻었다고 한다면 어떨까? 그때는 그 사람이 인생에서 큰 자리를 차지한 질문에 대한 자기 나름의 이야기 구조를 설립[*]

---

[*] 여기서의 '설립'의 의미는 '단체를 설립하다'와 같은 조직 구성의 맥락이 아니라, 어떤 특이한 사건과의 우발적 마주침에 따라 이야기의 구조가 구축, 생산, 창조되는 과정을 의미한다. 여기서 이야기 구조는 '어느 시간, 어느 장소, 우리 중 어느 누군가'라는 꿈 이야기구조를 기반으로 하여 그 위에 다

하는 순간이다. 그렇다면 그는 강의 이후에는 결국 그 질문과 응답의 과정을 반복하여 실천함으로써 그것을 지혜로 체득하면서 사건의 순간을 삶의 영역으로 들어오게 할 것이다. 만약 강의를 그저 소비하고 향유한다면 한번 재미로 듣고 흘릴 부분이었다. 그러나 그것의 지혜를 일상의 반복이 만들어내는 리드미컬한 과정에 실어 보낼 때 정동은 그것을 무한한 활력과 힘의 영역으로 만들어 버린다.

이처럼 가타리의 기계적 이질 발생은 표면적으로는 단순하지만 심층의 깊이로 들어가면 심오하다. 이 기계적 이질 발생이라는 개념은 차이의 영원성과 반복의 무한성을 잇는 가교 역할로 차이 나는 반복을 업그레이드한다. 그뿐만 아니라 정동의 능력을 증폭시켜 일상을 엄청나게 역동적인 영역으로 만들어낼 지평을 연다. 가타리는 『미시정치』(2010, 도서출판b)에서 짧은 단어로 '세계의 재창조'라는 단서만을 제공한다. 그러나 가타리의 구도는 순간을 영원처럼 느낄 만큼 실존적인 사건의 순간을 매순간 반복하여 무한한 역능(force)으로 만드는 것이다. 이는 정동을 더욱 리드미컬하게 만들어 강렬한 에너지와 활력을 뿜어낼 수 있는 방향으로 향하는 것이다. 마치 프루스트의 소설 『잃어버린 시간을 찾아서』에 나오는 마들렌 과자처럼 우리가 한번 에스프레소 커피 향을 느끼고 클래식 음악을 들으면서 한 편의 예술작품의 영감을 받는 순간이 찾아온다면 어떨까? 그 순간은 휘발되고 돌발적인 것에 머물러서는 안 된다. 예술가는 그것을 반복하는 정동의 과정을 통해 그 예술작품의 완성까지 이르는 무한한 힘의 원천을 설립할 것이다. 다시 말해서 정동은 초심을 어떻게 반복하고 지속하느냐의 문제인 것이다.

른 부가적인 이야기들을 설립한다.

정동으로 생성되는 리드미컬한 삶의 차이 나는 반복이 무한한 힘의 원천이라는 사실은 가타리 이전에 들뢰즈의 『차이와 반복』(2004, ㈜민음사)에 의도한 작업의 전모이다. 들뢰즈는 이미 생명, 생태, 생활의 과정이 차이 나는 반복이라는 점을 밝혔다. 그러나 들뢰즈는 그것을 '차이의 형이상학'으로 만들어 버린 반면, 가타리는 집단적인 에너지의 동역학과 미시정치, 배치의 동적 편성에 적용될 정동이라는 이행의 실천 전략으로 적용하면서 논의를 지상으로 끌어내렸다. 여기서 가타리의 실천적인 면모가 두드러진다. 그 이유는 가타리가 개념을 하나의 현실을 구성하고 생산할 연장(tools)으로 봄으로써 더 역동적으로 삶을 재편할 정동의 강력한 작동 양상에서 여러 방법론을 추출하였기 때문이다.

가타리는 욕망 해방 운동인 68혁명의 주역이다. 그는 정동해방, 정동의 미시정치, 정동의 강렬한 차이 나는 반복, 다시 말해 기계적 이질 발생의 설립을 통해서 세계의 재창조로 향하자고 거침없이 제안한다. 여기서 정동은 리드미컬한 반복의 강렬하고 무한한 힘과 역능을 의미한다. 정동은 일상과 삶을 비루하고 지루한 것으로 내던지지 않고, 이를 재구성하고 재창조해 내는 원천이다. 이때 정동은 색다른 변화의 초석이 된다. 이것이 바로 정동의 혁명, 분자혁명의 과정이다. 정동은, '늘 생성하면서도 반복되는 것'이며 다시 말해 '그 이질적인 것의 마주침과 순환과 재생의 반복이 어우러진 수레바퀴가 내는 화음에 온몸이 감응되는 것'이다.

이것이 바로 삶의 과정이자 살림의 과정이다. 그래서 그 안에는 시끌벅적하고 오락가락하고 이리저리 움직이는 정동의 과정이 있다. 이는 정돈, 수선, 정렬, 배치, 배열이라는 차이 나는 반복으로서의 돌봄, 모심, 살림, 보살핌, 섬김을 작동시킨다. 이는 사랑의 이름 아래 역사적으로 이루어진 여성의 희생과 젠더 불평등을 정당화하려는 것이 아니다. 정동이라는, 삶을 살아가도록 만드는 생명 에너지가 발산하는 다량의 기계적 이질 발생, 즉 차이 나는 반복이 만들어내는 리토르넬로의 역동성에 남과 여 모두가 동참하기를 요청하는 것이다.

정동의 탄력성으로서의 리토르넬로

일상의 반복은 정동의 반복이기도 하다. 그러나 단순한 것의 반복, 중복, 순환 등으로 이루어진 일상이라 해서 단조롭고 편평하고 평면적이라고 볼 수 없다. 그러한 선입견은 정동의 반복 속에 깃든 리토르넬로를 간과했기 때문에 생겨난 것이다. 불과 몇 시간 전에 밥을 먹었는데, 지금 다시 밥을 먹어야 한다. 아까 나갔다 와서 손을 씻었는데 또다시 손을 씻어야 한다. 혹은 어제 청소를 했는데, 오늘 또 청소를 해야 한다. 이러한 삶의 일련의 과정이 지루하지만은 않은 이유는 무엇일까? 바로 반복에 탄력성, 신축성, 유연성 등을 부여하는 리토르넬로 때문일 것이다. 리토르넬로는 단연코 화음, 선율, 리듬, 음율, 공명 등을 아우르는 개념이다. 그래서 반복이 불러일으키는 리드미컬한 탄력성을 아주 잘 보여주는 개념이기도 하다. 효율성의 입장에서 중복이나 반복은 군더더기나 잔여물, 잉여로 간주될 수 있다. 그러나 중복, 반복, 순환 등은 사실상 다이내믹 시스템을 구성할 때 탄력성의 핵심적인 구성요소이다.

시간 축을 과거의 시점으로 돌려보자. 과거의 시점에서 정동의 반복이 보여주는 리토르넬로는 기억 속에 내재하는 잠재의식의 평면을 구성한다. 유아기에 형성된 사랑과 정동, 돌봄이라는 반복의 기억은 거대한 잠재성의 판을 형성한다. 그리고 그 평면의 원뿔, 잠재성이 수렴되는 꼭지점에서 이후 사랑이나 욕망의 사건의 형태로 드러날 것이다. 리토르넬로의 잠재성은 마치 태곳적의 원형 기억처럼 우리의 기억 속에 반복되는 하나의 화음으로 내재해 있다. 그것은 마치 거대한 우주, 미생물, 사물, 자연, 생명 등이 내뿜는 반복의 화음이 들려주는 신비와도 같다.

그러나 과거의 시간 축에서의 정동의 리토르넬로는 부재와 결여의 기억으로 남아 있는 것이 아니라, 늘 창조하고 생성되는 활력과 생명력의 기억으로 작동한다. 다시 말해 반복에는 프로이트가 아이들의 포르트 다(Fort-Da) 놀이에서 도출했던 '저기 저편'으로 사라짐에 대한 두려움과 불안이 깃들어 있는 것이 아니다. 아이가 까꿍 놀이에서 있다-없다의 반복을 어머니가 저기 저편으로의 사라진다는 두려움과 공포가 아니라, 늘 색다른 모습으로 등장해서 생성되고 창조되는 어머니의 반복으로 여기고 "꺄르르!" 반응하는 것도 그 이유 때문이다. 다시 말해 죽음은 삶의 생성과 변이, 횡단의 하나의 문턱이자 이행 국면을 의미할 뿐이기 때문에, 삶이 생성하는 반복이 주는 활력이 더욱 중요한 것이다. 그런 점에서 기억의 잠재성에 내재한 리토르넬로는 생명력과 활력이 만들어낸 '다시 태어남', '생명 에너지', '활력'의 표현인 셈이다.

시간 축을 현재 시점에 맞추어 보자. 마을이나 공동체에서는 기능과 역할이 중복되어 있다. 이러한 다기능적인 정동의 시스템은 자본주의 문명의 입장에서는 비효율성의 온상으로 간주된다. 제로웨이스트 가게, 생활협동조합 매장, 돌봄 시설 등이 각각의 마을들에 서로 중복되어 있다. 그러나 중복 자체는 탄력성, 유연성, 신축성의 원천이며, 시너지효과가 크다. 그 시너지효과의 일부가 바로 리토르넬로이다. 이를테면 소농 공동체의 경우에는 다기능적인 정동의 작동 방식을 각 공동체마다 모두 자기완결적으로 갖고 있다. 어떤 공동체에 있는 기능은 다른 공동체에도 역시 있다. 더 나아가 기능 분화를 통해서 역할을 분담하지도 않는다. 동시에 다기능적인 정동의 작동에 따라 중복되는 기능들이 허다하다. 이곳을 장 담그는 마을로, 저곳을 농사짓는 마을로, 또 다른 곳을 호미 만드는 마을로 나누지 않는다. 즉 자기완결적인 모듈 단위를 형성하여 장도 담그고, 호미도 만들고, 닭도 키우고, 농사도 짓는다. 한 마을에 있는 다기능적인 요소가 다른 마을에도 역시 있다. 이런 비효율적인 중복은 오히려 한 마을에서의 위기를 다른 마을로부터 타개할 수 있는 탄력성의 원천이 된다. 또한 중복되어 있기 때문에 서로 지혜를 공유하면서 더 나은 방법이 무엇인지를 함께 모색할 수 있다. 그래서 다기능적인 정동에는 리드미컬한 화음이 깃들어 있다.

시간 축을 미래 시점으로 옮겨 보자. 정동의 중복과 반복은 가능성의 선택지가 여러 개임을 의미한다. 어떤 것이 실물로 현동적인(actual) 것으로 손에 잡히지 않는데도 활력과 생명력이 먼저 이것을 생산하려고 반복될 때가 있다. 이를테면 "우리가 상상하는 바를 만들어보자!" 하는 예술, 창조, 과학 등의 활동에 착수할 때이다. 그런 경우에 정동은 미래의 시간대에 속한다. 정동은 가능성의 선택지 중에 하나가 된다. 물론 정동처럼 반복과 중복을 거치지 않는 우발적이고 돌발적인 정서, 감정, 느낌의 영역은 미래에 속하지 않는다. 미래의 선택지가 되려면 정동의 반복을 통해서 특이점이 되어야 한다. 이를테면 어떤 자원이 활력을 만드는 경우가 아니라, 어떤 활력이 자원을 만드는 경우가 있다. 그 예로서 고전설화를 생각해 볼 수도 있다. 지장수로 정성을 들이고, 기도로 지극한 소원을 쏟아붓고, 돌봄과 살림을 가속화할 때 그것이 불쑥 하나의 인물, 사물, 생명이 되어 나타난다는 증여와 호혜의 이야기가 그것이다.

사실 성장주의는 자원이 활력을 만드는 것을 당연한 것으로 여겨 왔다. 성장주의는 인류 역사에서 지속되어 온 정동의 중복과 반복을 통해서 가능성의 선택지를 만들어 온 것, 즉 활력정동이 선물이 되어 나타난다는 것을 미신이나 구습으로 여긴다. 그러나 정동의 지극함, 돌봄, 정성 등은 미래의 시간대에 속한다. 즉, 미래에 우리가 먹을 것, 미래세대가 살 것, 미래에 우리가 선택할 것이라는 특이점(singularity) 하나하나를 정동의 반복이 설립한다. 그런 점에서 정동의 리토르넬로는 미래를 향해 반복적인 정동의 메시지를 던지는 오래된 미래의 약속이다.

시간 축을 과거, 현재, 미래 사이를 연결하고 횡단하는 흐름으로 옮겨 보자. 다기능적인 정동에서 기능이 반복되고 중복된다. 일과 사건 역시도 반복되어 등장할 것이다. 작년 봄에 했던 농사가 올해와 다음 해 봄에 다시 개시된다. 어제 아침에 했던 일이 오늘도, 다음 날 아침에도 반복된다. 그렇다고 반복되는 일이 너무도 익숙해져서 매너리즘에 빠지는 일은 없다. 소농이나 정동에 유능한 살림꾼들은 오히려 반복되는 일과 사건 속에서 정동의 섬세한 변화와 미묘한 차이를 잡아내는 능력이 있다. 어제 아이가 입고 간 옷이 얇았는데, 오늘 콧물을 흘린다. 그러면 두꺼운 옷을 입히고, 약을 먹인다. 다시 말해 정동의 반복이 드러내는 특성은 더욱 미세한 차이로 우리의 삶을 이끄는 것이다.

그런 점에서 몇몇 사람들의 정동이 마주치는 과정에서의 문제, 즉 커먼즈(Commons)의 문제를 다시 생각해 봐야 한다. 커먼즈는 일종의 공감처럼 서로 닮아지는 감각적인 차원에 있는 것이 아니라, 신디사이저의 화음처럼 더욱 미세해짐으로써 음과 음이 섞여서 미세한 음들이 더욱 도드라지게 되는 것을 의미할 것이다. 그런 점에서 커먼즈는 공감이 아니라 화음, 다시 말해서 리토르넬로의 문제이다. 리토르넬로는 차이의 미세화로 커먼즈를 더욱 풍부하게 만든다. 더불어 공동체를 삶이 차이와 다양성으로 만개한 복잡계로 만든다. 더불어 미세해지는 리토르넬로는 차이와 다양성이 생태계를 구성할 때, 색다른 차이를 만들 수 있는 판이 될 수 있음을 알려준다. 그런 점에서 리토르넬로의 미묘하고 섬세한 화음은 우리에게 차이와 다양성으로 이루어진 공동체의 판과 구도가 생성하는 역동성을 선물한다. 이렇듯 시간의 축을 중심으로 정동의 다양성과 탄력성, 차이와 반복을 다시 생각해 봤다. 여기서 새롭게 제기되는 의문이 있다: "탄력성 자체의 활력과 에너지는 어디로부터 왔을까? 리토르넬로는 어떻게 활력정동을 발생시킬까?"

리토르넬로에서 정동으로, 정동에서 리토르넬로로

정동의 반복이 이루어지는 공동체, 사회, 집단에서는 리토르넬로라는 후렴구와 화음이 가득하다. 『정동이론』(2015, 갈무리)에서 론 버텔슨과 앤드루 머피가 쓴 「일상의 무한성과 힘의 윤리 : 정동과 리토르넬로에 대한 가타리의 분석」은 이 주제를 다루고 있다. 그 두 사람은 시간의 윤곽선 개념을 통해서 시간의 배열 속에서의 정동의 강도가 어떻게 감응되고 교차하는지를 설명한다. 그것은 "안 또는 밖으로부터 중추신경계를 건드리는 자극의, 객관화시킬 수 있는 시간의 윤곽선"이다. 그는 이것의 즐거운 예로 미소를 든다. "다른 사람의 얼굴에서 보이는 미소는 형성되는 데 시간이 걸리는 독특한 시간의 윤곽선을 갖고 있다. … 별개의 상태나 사건의 연속이 아니라 유사성이 펼쳐지는 것이다. … 우리가 보고, 듣고, 느끼고, 듣는 모든 것은 시간의 윤곽선이 있다. … 우리는 국지적 단계에서 '음악'(여러 개의 음과 화음으로 이루어진 복잡한 입체 음향)에 빠져 있다."(스턴, 2004, 62-64)[*]

여기서 시간의 윤곽선은 정동의 강도가 전달되는 사이배치에서의 입체 음향 현상이다. 미소를 띠고 그다음 미소로 전달되기까지의 사이, 틈새, 곁에서 서식하는 정동의 사이공간이다. 즉, 그것은 과거, 현재, 미래의 연속적인 사건을 시간이라고 보았던 시간의 수평선과 다르다. 오히려 시간의 윤곽선은 정동 자체가 활력을 발휘하고 생명력을 전달하는 과정에서 요철, 굴곡, 주름 등이 만들어내는 화음의 광대역을 의미한다. 그런 점에서 밀도 있는 시간, 강렬한 시간, 입체적인 시간이 가능하다.

이런 점에서 시간의 윤곽선은 정동에서 리토르넬로로 향하는 방향성 속에서 정동의 강도, 밀도, 속도, 온도에 따라 시간의 증폭-느림과 빠름-이 결정되는 시간의 결과 무늬를 구성한다. 이에 따라 시간의 평면화된 구상과는 완전히 다른 시간의 정동적인 재구성 작업이 가능하다. 이를테면 우리가 정동의 사건을 거의 마주치지 않는 늘 가던 익숙한 길에서는 시간이 매우 빠르게 흘러갈 것이다. 반면 익숙지 않은 길에서는 사건의 마주침이 무수하게 이루어져서 정동의 밀도나 강도가 높음으로 인해 시간은 느리게 흘러갈 것이다. 이에 따라 제각각의 사건-시간의 형태가 정동이 만들어내는 리토르넬로의 영역에서 그려진다.

그런데 주목할 점은 정동이 리토르넬로를 만드는 것에서 그 반대도 가능하다는 점이다. 즉, 리토르넬로라는 기호작용이 반대로 정동의 힘을 만들어낼 수 있다. 이는 가타리가 말년에 풀어낸 기호의 에너지화 테제의 핵심이

---

[*] 멜리사 그레그, 그레고리 스위워즈, 『정동이론』(2015, 갈무리), p. 250.

된다. 이는 형태장 자체가 현재의 실물에 앞서 존재하는 것이라는 상상력을 촉진한다. 형태, 무늬, 결의 활력과 에너지가 먼저 존재함으로써, 실물을 유발할 여지가 된다는 것이다. "사랑해!"라는 형태의 기호가 반복되면, 사랑 에너지가 생기고, "짜증나!"라는 형태의 기호가 반복되면 짜증 에너지가 생기는 것이 그것이다. 그런 점에서 리토르넬로라는 화음의 형태, 무늬, 결 자체의 반복이 에너지와 활력의 발생 원인이 될 수도 있다. 다시 말해 활력이 있어서 리드미컬한 반복이 이루어지는 것이 아니라, 리드미컬한 반복이 활력과 에너지를 생성하는 것이다.

이는 좀처럼 일을 시작하지 못하고 방황하는 사람들에게 하나의 영감을 주는 삽화로 작용한다. 즉, 혹자는 일의 반복 자체가 에너지를 주는 것임에도 불구하고, 에너지가 있어야 반복이 가능하다고 오해하면서 일의 시작 지점을 찾지 못할 수 있다. 그런 경우에는 난감하기 그지없는 분리, 단절, 공허, 협착, 제자리돌기 등으로 방황하게 된다. 이러한 문제가 발생하는 이유는, 정동과 활력이 리드미컬하게 반복되는 시간의 윤곽선으로부터 온다는 감수성을 일깨우지 못했기 때문이다. 그러나 일단 리토르넬로라는 리드미컬한 반복이 이루어지는 순간, 모든 협착의 사슬이 풀리고 일은 미래를 향해 즉각적으로 나아간다. 이제 정동의 강도가 없는 과거-현재-미래로 나타나는 자아로 고정된 통각적인 시간의 수평선은 잊어버려도 상관없다. 그러한 과거나 현재나 미래라는 고정된 자아의 시간의 수평선은 더 이상 정동의 효능좌표가 아니다. 오히려 자아를 내던지고 정동이라는 최강 입자가속기로 향할 때라야 굴곡, 요철, 주름, 무늬, 결이 있는 시간의 윤곽선이 만들어진다. "리토르넬로는 정동적인 것을 '실존적 영토'(existential Territories)로 구조화한다.(가타리, 1995a, 15) 만약 정동이 강도라면, 리토르넬로는 '순환하여 되돌아온' 정동이라고(마수미, 들뢰즈와 가타리 1987, xv에서 인용) 우리는 주장할 것이다."*

'실존의 영토'라는 개념은 변화하지 않고 고정되려는 자아의 속성에서 유래하는 모든 반복강박에서 벗어난다. 대신 정동이 활력과 에너지를 발휘하는 삶의 내재성을 구성한다. 이에 따라 리토르넬로의 재귀적인 정동의 반복적인 속성은 강건한 실존 자체를 구성하는 결정적인 힘과 에너지가 된다. 다시 말해서 실존은 단독성, 유일무이성, 특이성과 동의어이다. 실존이 성립하기 위해서는 특이한 것이 반복되는 영토가 필요하다. 이를테면 특이한 작품을 그리는 예술가는 따로 있지 않다. 특이한 작품을 반복적으로 그려낼 수 있는 삶의 내재성이 먼저 설립되어 있어야 하는 것이다.

생명의 특이성은 정동의 반복, 중복, 재귀적 순환, 재진입, 함입이 이루어지는 실존적인 영토 자체이다. 실존은 반복을 사랑한다. 그리고 그 반복은 리토르넬로의 화음으로 가득하다. 이에 따라 실존을 찰나의 사건성으로만 간주했던 실존주의 사상으로부터 벗어나야 한다. 가타리가 제기하는 '실존주의를 넘어선 실존'의 논의가 그것이다. 즉, 실존은 정동의 반복으로 구성된다. 실존은, 고정되고 변화하지 않으려는 반복강박이 아니라 리드미컬한 화음과 리듬, 선율을 통해 강건해진다. 단순한 것에 깃들어 있는 다성화음적인 요소가 실존의 강건함을 만드는 비밀인 것이다.

정동은 리토르넬로를 구성한다. 동시에 리토르넬로 역시 정동을 구성한다. 그렇다면 기호가 에너지화하듯, 에너지가 기호화할 수 있을까? 가타리는 그럴 수 있다고 말한다. 정동의 형태와 무늬, 결, 배치, 배열장치, 동적 편

---

* 같은 책, p. 237.

성 자체에서 리드미컬한 반복이 이루어진다면 어떨까? 지극한 상냥함과 부드러움, 따뜻한 온기 등과 같은 에너지와 활력이 재탄생하는 순간이지 않을까? 그렇기 때문에 정동이 먼저인지, 리토르넬로가 먼저인지가 중요하지는 않다. 다시 말해 정동의 강도가 강렬해야 반복이 설립될 수도 있지만, 반복 자체의 리드미컬함이 정동의 강도를 설립할 수도 있다. 그런 점에서 실존의 영토 속에서 정동과 리토르넬로의 교차점에서 다양한 돌봄, 살림, 모심, 보살핌, 섬김 등의 지극함의 행동 양식이 만들어진다. 정동이 어떻게 에너지와 활력을 만들어낼 수 있는지는 다음 장에서 더 자세히 다루어 보려고 한다.

6. 기호-욕망 단계로의 이행에서의 정동의 재발견
—신체-욕망을 넘어선 기호-욕망 단계로의 이행에서 정동을 재발견하다

일주일 전 큰 행사 하나를 끝냈다. 그 행사 총감독을 맡아서 이리 뛰고 저리 뛰던 기억, 그 과정에서의 크고 작은 실수들, 다량의 활력과 에너지와 신경이 쓰이는 일들이 파노라마처럼 기억에서 펼쳐진다. 온몸 밑바닥에 있던 젖 먹던 힘까지 끌어올렸다. 그러나 사람들의 반응은 신통치 않았고, 냉소적이고 비판적인 목소리도 곳곳에서 터져 나왔다. 그것이 책임의 문제로 전달되었다: "너에게 책임이 있다.", "네가 잘못해서이다."

지금 그 책임을 묻는 목소리들이 텅 빈 공간에 메아리처럼 웅웅거리며 다가온다. 그 후로 지금 이불 밖은 위험하다는 듯이 며칠째 이불속에 드러누워 계속 끙끙대고 있는 중이다. 아무것도 할 마음이 생기지 않는다. 어쩌면 할 수 있는 것도, 해야 할 일도, 할 수 있는 힘도 없다는 것이 현재의 상태이다. 나는 말라붙은 나무토막처럼 텅 비어 있다. 에너지도, 활력도, 정동도 없다. 그저 따뜻하고 부드러운 이불의 촉감이 잠깐 동안이나마 위안이 되는 상황이다. TV 리모컨을 켤 힘조차도 없다. 일주일 전에 입었던 옷을 갈아입을 의지도 없다. 보일러를 켜야 한다는 생각도 없다. 사람을 만날 용기도 없다. 나는 텅 비고 소진되어 있다.

번 아웃(Burn out)을 경험해 본 사람은 알 것이다. 가능성과 기회의 상실, 앞이 안 보이는 현실, 무얼 해도 안 될 거라는 예감과 절망, 체력 저하 이런

것들이 한꺼번에 밀려들 때 우리는 속칭 '잠수를 탄다'. 잠수함 안에 숨어서 결국 문제가 서서히 잊히기를 바라는 방법밖에는 없다. 그렇게 존재가 모래알처럼 작아졌을 때 비로소 희미한 가능성의 씨앗이 발아함을 체험하게 된다. 그러나 그것도 잠시뿐이다. 활동, 열정 노동, 활력, 에너지의 최고도의 증폭 이후에 찾아오는 극단적 무망감, 소진, 가능성의 상실의 경험들은 개개인들에게는 실로 눈물 나는 기억이다.

사실 번 아웃된 동료를 비난하는 것은 쉬운 일이지만, 자신조차도 번 아웃을 넘어서 새로운 에너지와 활력을 어떻게 찾을 것인가 대안이 딱히 있는 것은 아니다. 그런 기억하고 싶지 않은 경험을 되살려내는 것조차도 고통스러운 과정이다. 끝없는 터널 속에 놓인 감정의 수레바퀴를 넘어서 어떤 한 줄기 희망의 빛을 찾을 수 있을 것인가? 현실이 무차별적이고 무균질하고 무정형하게 다가오는 소진된 인간에게 어떤 뾰족한 강도, 온도, 밀도, 속도와 같은 정동이 일어날 수 있는가?

'소진'된 인간과 '피로'한 인간

소진(burn out)이 문제가 되는 것은 무엇 때문일까? 자신의 신체 내 에너지의 대부분을 쓰고 실현할 힘이 더 이상 남아 있지 않은 것은 피로한 인간이다. 그는 휴식을 취하고 여유를 찾으면 신체 내 에너지가 재충전되어 다시 활동할 수 있다. 그러나 소진된 인간은 자신에게 남아 있는 일말의 가능성으로 가는 길마저도 잃어버린 상태라고 할 수 있다. 그 가능성의 영역에 바로 사랑, 욕망, 정동의 반복이 만든 특이점으로서의 선택지들이 있다. 하지만 소진된 인간에게는 그 선택지가 아무것도 보이지 않는다. 나는 지쳤다. 나는 소파 위에 몸을 축 늘어뜨려서 그림자와 몸이 붙어 버린 그림자인간이다. 출구가 보이지 않는 나의 지쳐 있음은 내일이 없다는 데 그 까닭이 있다. 내일을 열 수 있는 대안과 선택의 여지가 없는 것처럼 보인다. 이렇게 느끼며 그림자인간은 하소연을 할 것이다. 아니 하소연할 힘도 남아 있지 않아서 그저 묵묵히 누워만 있을 것이다. 그런 그림자인간의 상황은 지금의 청년세대가 겪고 있는 전망 상실, 기회의 상실, 대안 없음의 상황이라고 할 수 있다. 그러한 상황에 대한 진단은 질 들뢰즈의 『소진된 인간』(2013, 문학과지성사)에서 찾을 수 있다. 들뢰즈는 "피로한 인간은 단지 실현을 소진했을 뿐이다. 반면 소진된 인간은 모든 가능한 것을 소진하는 자이다. 피로한 인간은 더 이상 실현할 수 없다. 그러나 소진된 인간은 더 이상 가능하게 할 수 없다. '내게 불가능한 것을 요구하기를. 좋다, 그것 말고 내게 무엇을 요구할 수 있으랴.' 더 이상 가능한 것은 없다. 철두철미한 스피노자주의. 그 자신이 소진되어 가능한 것을 소진한 것일까, 아니면 가능한 것을 소진해 버렸기에 그는 소진된 것일까? 가능한 것을 소진하면서 그는 소진된다. 그 반대이기도 하다. 그는 가능한 것에서 실현되지 않은 것을 소진한다."고 말한다.

들뢰즈의 언급처럼 모든 가능성이 고갈된 소진의 상태는 인간을 가장 밑바닥 감정으로 이끌 것이다. 그렇다면 긴 터널을 통과하는 과정처럼, 한 줄기 빛을 따라 달려가는 심정으로 소진을 넘어설 가능성의 여지는 어떻게 만들어질까? 그 비밀을 풀 개념을 바로 정동에서 찾아볼 수 있다. 지금까지 이 사실에 주목하는 경우는 거의 없었다.

* 질 들뢰즈, 『소진된 인간』(2013, ㈜문학과 지성사), p. 23-24.

앞서 언급한, 소파에 딱 들러붙은 그림자인간에게 돌연 강아지가 다가온다. 그에게는 강아지의 행동이 강렬도로 다가온다. 자신이 살아갈 가치를, 자신의 자존감과 삶의 의지를 북돋고 만들어내려는 듯 강아지는 연신 그림자인간에게 꼬리를 흔들고, 몸을 비비고, 핥으면서 정동을 전달한다. 무정형으로, 무차별적으로, 무균질로 다가왔던 현실에서 강아지라는 특이점은 점차 그림자인간의 정동을 움직이게 만들 것이다. 그림자인간은 마치 다른 선택의 여지는 없다는 듯 애써 등을 돌리며 외면하다가, 마지못해 강아지를 쓰다듬고 다시금 강아지에게 밥을 주고 산책 줄을 맨다. 그는 이제 더 이상 그림자인간이 아니다. 창문을 연다. 빛이 쏟아진다. 자신의 정동의 선택지 중 하나인 강아지 산책이 그를 그림자인간으로부터 탈출하게 했다. 어찌 되었건 강아지는 산책을 시켜야 하고, 강아지를 돌봐야 하고, 강아지와 함께 정동을 발휘해야 한다. 그는 빛을 향해 뚜벅뚜벅 걸어간다. 그에게 정동을 전달한 강아지와 함께 말이다.

이렇듯 소진된 인간이 직면한 가능성의 고갈에 대한 대안은 바로 정동의 반복이 만들어내는 특이점이다. 그 특이점을 통해 가능성의 선택지가 만들어지기 때문이다.

여기서 마음과 몸이 만신창이가 되어 직장을 퇴사하고, 집에서 쉬고 있으면서 점점 가능성의 고갈과 핍진으로 향하는 사람을 생각해 볼 수 있다. 그는 아무런 일도 활동도 하지 못하고, 정동도 발휘하지 못한 상태에서 누워 있을 뿐이었다. 그러다가 정동은 밤손님처럼 불쑥 자신 신체로부터 발생한다. 그리고 자기가 자신을 발견한다. 내가 라면을 이렇게 잘 끓였나? 내가 이렇게 유튜브 동영상에 최적화된 사람이었던가? 나는 왜 꽃 종류를 다 외우고 있었지? 나의 관심을 끄는 사람들의 삶의 방식과 지혜를 알기 위해 노력하는 나란 사람 과연 어떤 사람일까…?

정동 강도와 밀도의 요철과 굴곡, 주름이 삶의 지평에서 갑자기 펼쳐질 때, 그는 그 정동을 반복함으로써 가능성 복원의 여지를 만들어낸다. 한번 하고 말 일이 아니라, 어제 했던 일을 오늘 또 하고, 내일 또 하다 보면 그것은 삶의 내재성의 평면에 기입되어 가능성이라는 선택지 중 하나인 특이점이 된다. 다시 말해 정동의 반복을 통해 특이점이 생산되기 때문에, 소진으로부터 벗어날 가능성을 개척하는 선택지가 되는 것이다.

갑자기 바람 따라 흘러온 꽃향기는 일시적이고 우발적이고 돌발적인 것이다. 감정, 느낌, 정서가 스쳐 지나거나, 고정된 형태로 지속될 뿐이지 더 이상의 사건은 없다. 나는 꽃을 본다. 꽃의 아름다움에 취해 버렸다. 그리고 조용히 꽃꽂이를 한다. 그 시간은 순간이 영원인 것처럼 정지되어 있다. 강렬도를 지속시키고자 하는 욕망이 생겼다. 정동의 반복, 즉 재귀적이고 순환적인 행동 양식에 따르게 된다. 나는 매일 꽃꽂이를 하는 시간을 정한다. 늘 정서와 정서, 표상과 표상, 감정과 감정 사이를 횡단하고 이행하게 된다. 어제의 꽃꽂이와 오늘의 꽃꽂이는 반복되지만 미묘한 변화의 양상을 띠면서 나를 정동의 미세화, 미분화, '차이를 낳는 차이'로 향하게 한다. 꽃꽂이하는 과정에서의 감정은 더욱 다양해지고 미세해져서 그 감정과 감정 사이를 이행하고 횡단하는 정동의 정서 변환 과정이 끊임없이 만들어진다. 이에 따라 정동의 반복이 만든 특이점 하나는 온갖 종류의 암묵지, 노하우, 생태적 지혜의 온상이 된다. 그리고 꽃꽂이는 삶의 선택지 중 하나가 된다. 나는 꽃집을 열 수도 있고 아닐 수도 있지만, 결국 꽃이 주는 정동과 함께 울고 웃고 기쁨과 슬픔을 함께할 것이다. 나의 삶의 봉투(envelope)를 연(de) 것이다. 발전(development)이 알려주는 것처럼 개화를 하듯, 꽃망울이 터지듯 삶은 정동과 함께 가능성 하나를 설립한다.

그럼에도 불구하고 들뢰즈가 보기에 소진의 상태는 아주 비천하고 열악하고 핍진한 상태로만 머물지 않는다. 소진은 가능성(possibility)의 여지를 상실했기 때문에 오히려 잠재성(potentiality)이라는 애벌레 주체와도 같은 상태에 이를 수도 있다. 즉 무엇이든 다 될 수 있는 그런 상태가 애벌레 주체의 상태이다. 이를테면 천 개의 얼굴을 하고, 천 개의 다리를 갖고, 천 개의 이미지를 만들어낼 수 있는 상태가 애벌레 주체의 상태이다. 들뢰즈는 「유령 삼중주」라는 베케트의 작품을 다룬다. "임의의 공간이 이 공간의 잠재성들을 탈진시키는 거주자와 사실상 분리될 수 없다면, 이미지는 더더구나 이미지가 흩어져 사라지게끔 하는 운동과 분리될 수 없다. 즉 얼굴은 마치 구름이나 연기처럼 이윽고 방향을 돌리고 사라지거나 해체된다. 시각적 이미지는 자신의 소멸을 향해 질주해 가는 음향적 이미지, 음악에 이끌려 간다. 두 이미지가 모두 종말을 향해 달려가고, 모든 가능한 것은 소진된다."*

그러나 「유령 삼중주」라는 작품은 반복강박(동일성의 반복)이 만들어내는 소진의 상태를 의미하며, 어떠한 경우에도 소진 자체가 예술적이고 미학적이라는 궁극의 경지를 의미하는 것이 아니다. 여기서 이러한 기호, 이미지, 영상 등이 드러내는 소진의 맥락을 넘어서, 혹은 소진 자체에서 발생하는 기호, 이미지, 영상의 맥락까지도 파악해야 한다는 점이 드러난다. 그것이 바로 신체-욕망을 넘어선 기호-욕망 단계의 정동자본주의에서 더욱 여실히 드러난다. 그것은 이러한 정동자본주의 하에서 정동이 포획되는 양상 혹은

---

* 같은 책, p.65.

이미지와 영상을 통한 에너지 공학이라고 할 수 있다.

신체-욕망에서 기호-욕망으로

신체로부터 기인하는 욕망은 삶이라는 평면 위로 다양한 사람, 인물, 생명과의 접촉 경계면을 반드시 갖고 있다. 접촉하는 곳마다 무엇이 생기는가? 바로 여러 강렬도를 가진 정동이 발생한다. 여기서 신체-욕망은 무한히 생성되는 힘과 에너지로서의 정동의 양상 중 하나다. 이를테면 공동체 회의에서 편안한 대화와 따뜻한 차와 과자, 미소를 띤 얼굴들을 마주하면, 그 자리가 따뜻하고 부드럽다는 걸 몸이 기억한다. 그러한 평화로운 상태에서 다른 사람의 몸에 기대어 차분히 상상을 하는 시간을 누릴 수 있다. 그것이 몸으로부터 나온 다채로운 욕망의 흐름을 만들어낸다. 달콤한 상상력, 참신한 발상, 특이한 생각 등이 무한히 발산되듯이 그 자리에서 나온다. 이러한 한 사람의 신체-욕망의 활성화는 그 한 사람이 배치된 공동체 자체의 정동, 돌봄, 사랑, 욕망의 활성화의 맥락과 같다. 여기서 한 사람의 몸은 마치 메타세포체로서의 거대 생명의 세포 중 하나와도 같다. 그의 몸이 공동체와 연결되어 있음으로 해서 활력과 에너지를 발휘할 수 있는 여지가 생기기 때문이다. 이렇듯 나의 몸과 공동체의 배치가 구별되지 않았던 것이 전통적인 소농공동체에서의 개인의 존재 양상이었다. 개인과 공동체의 관계는 여럿, 다양, 복수이면서도 하나라고 여겨져 왔던 것이다.

공동체는 자원-부-에너지를 스스로 통제하고 관리했다. 정동의 공동체 내부에서의 동역학 역시 공동으로 관리했다. 그리고 공동체와 신체로 연결된 개인들의 정동은 철저히 공동체를 자기생산(autopoiesis)하는 데 사용되었다. 이를테면 자원과 에너지가 부족했던 고대 인류에게 공동체는 생존을 위한 필수적인 배치였다. 아껴 쓰고, 나눠 쓰고, 바꿔 쓰고, 다시 쓴다고 하는 '아나바다'의 정신이 깃들 수밖에 없었던 것도 그 이유다.

그러나 근대 산업사회에 들어서면서 개인들은 공동체의 배치를 통하지 않고도 자원과 부, 에너지에 접근할 수 있는 통로를 갖게 되었다. 예컨대 현대사회의 개인이 누리는 에너지의 양은, 봉건제 사회에서 말 20필, 종 20명을 부리는 것과 같다고 한다. 개인은 공동체와 접촉하지 않고도 충분히 편리하고 풍요롭게 살 수 있게 된 것이다. 그렇기 때문에, 공동체는 더 이상 절실하고 정성을 다해야 하는 것으로 인식되지 않는다. 동시에 정동의 중요성은 점차 잊히기 시작했다.

근대는 '개인'을 성립시켰고, 그 성립의 배경은 개인별로 에너지, 자원, 부를 전용하고 소유할 수 있는 여지가 생겼기 때문이다. 이때 권리주의가 태동한다. 인권 개념은 바로 재산권과 소유권으로부터 파생된 부수적인 명제라고 할 수 있다. 그러나 개인들의 무의식, 욕망, 정동을 부드럽게 억압하고 통제해야 한다는 권력의 요구 역시도 함께 등장하였다. 미디어, 영화, 라디오, 신문, 인터넷 등을 통한 개인의 무의식의 심상에 부드럽게 파고드는 전자직조기술이 개발되고 확산된 이유도 바로 그것이다. 풍요와 성장의 시대에 부와 자원, 에너지를 개인이 소유하게 되었다. 그만큼 개인의 일거수일투족에 대한 통제 여부는 사실상 권력과 자본에게는 사활이 걸린 문제가 되었다. 특히 미디어는 이미지-영상의 흐름을 통해서 개인들에게 다음날 출근할 수 있는 동기를 부여한다. 그뿐만 아니라 미디어는 소비-욕망을 부추겨서 계속 일을 해서 왕처럼 대접받는 소비자가 되도록 만드는 원동력이 되기도 한다.

이른바 미디어를 작동시키는 산업사회는 '신체-욕망에서 기호-욕망으로' 대대적인 이행을 감행했다. 이에 따라 정동, 욕망, 사랑을 촉진하고 고무하는 것은 공동체의 배치, 즉 인간/비인간이 어우러지고 접촉하는 관계망이 아니고 미디어에서 주사되는 기호의 흐름이 그 역할을 대신하게 되었다. 그런 점에서 개인들은 자신의 집 한가운데에서 앵무새처럼 쉴 새 없이 떠들고 있는 미디어를 듣고 보면서 자신은 어딘가의 관계망 내부에 있다는 환상과 착각에 사로잡히게 된다. 이렇듯 근대 산업사회에서 정동의 작동은 신체 접촉이 아닌 기호와의 접속 여부에 좌우되는 것으로 바뀌게 된다.

미디어는 대중을 현혹시켜 넉살 좋고 부드럽게 상냥한 모습을 보이는 방송 종사자가, 실은 자신과 아무 상관이 없는데도 불구하고 자신과 모종의 관계가 있다고 여기게 한다. 사람들은 일종의 무의식을 통한 부드러운 예속 상황에 처하게 된다. 더욱이 방금 전 드라마에 나왔던 방송 종사자가 중간 광고에서 음료수를 마시고 있다. 그는 나의 친구처럼 느껴진다. 심지어 한 번 마셔 보라고 상냥하게 권유하기까지 하지 않는가! TV를 벗 삼은 외로운 개인들에게 마치 친구처럼 부드럽게 다가와서 구매를 권유하는 광고를 보고 있으면 어떤 일이 생길까? 바로 신체에서 발생했던 정동이, 기호-흐름에 의해서 발생하는 것처럼 느껴지는 모종의 전도가 일어난다.

이제 한 사람의 몸, 즉 신체는 잊어버려도 될 것이다. 신체는 일종의 기호의 감광판이 된다. 신체는 꼼짝 못한 채 누워 있다. 그에게는 손가락 까닥해서 리모컨을 움직일 정도의 힘만 있으면 된다. 미디어를 통한 감정생활은 웃고 울고 기쁘고 등과 같은 감정과 활력을 만들어낸다. 그것은 신체 내 에너지로서의 정동이 아니라, 기호로 유도된 에너지로서의 감정이다. 앞서 얘기했듯이 정동은 움직이고 접촉하고 관계할 때의 마음이다. 반면 감정은 꼼짝 안 하고도 생기는 마음이다. 정동은 여러 모델과 표상, 여러 감정과 정서를 두루 횡단하지만, 감정은 하나의 모델에 머물며 스냅사진과 같이 정지되어 있다.

이렇듯 자본주의는 신체-욕망 단계를 넘어서 기호-욕망 단계로 이행했다. 자본주의는 더 나아가 색다른 기호적 포섭을 향해 과학기술을 고도화한다. 그것은 거머리의 빨판에서 착안한 유리창 닦기나 벌집의 모듈 구조에 착안한 에너지 자립주택과 같은 자연모방기술의 발전 과정과 비슷하다. 정동의 활력과 생명력은 철저히 모방된다. 이를 통해 기계적/기호적 포섭이 고도화된다. 자본주의의 기호-욕망의 단계는 더욱 발전되어 정동자본주의(affective capitalism)로 이행한다. 기계적/기호적 포섭을 가능케 하는 전자적 조기술은 구글, 유튜브, 페이스북 등의 플랫폼자본주의 양상으로까지 발전하였다. 정동자본주의는 정동의 활력과 생명력을 탐내며, 정동의 심장부를 겨냥한다. 정동자본주의야말로 기호-욕망 단계에서의 자본주의의 최고 발전 단계이다.

특히 정동자본주의로 이행한 제1세계는 실물 생산을 제3세계로 이전시킨다. 이러한 제1세계의 탈동조화(Decoupling)는 생산과 노동의 영역을 퇴조시키고 정동의 영역으로 대체시킨다. 여기서 탈동조화는 실제 자원과 실물의 확장과 성장을 정동과 지식, 서비스 등의 비물질재의 확장과 성장이 대신하는 것을 의미한다. 이에 따라 제1세계에서 막대한 부를 약속하는 것은 정동을 촉발하고 생산하고 동원하는 역량이다. 이것이 바로 정동자본주의이다. 정동자본주의에서는 기존에 비물질적인 영역으로 간주되었던 재미, 흥미, 운, 인기, 상냥함, 기쁨 등이 모두 자본으로 변환될 수 있는 구성요소가 된다. 그래서 정동자본주의에서 사는 사람들은 소위 '관심종자'와 같이 정동의 흐름이 자신에게 쏠리는 것을 염원한다. 그것이 곧 자본과 권력이 되기 때문이다. 그러나 아직까지 우리는 다시 깊게 들어가서 기호가 어떻게 정동을 생산하고 촉진하는지에 대해 살펴보지 않았다. 이는 들뢰즈의 『시네마』와 가타리의 『분열분석적 지도제작』에서의 핵심적인 문제의식이기도 하다.

기호의 반복이 에너지와 정동으로

하나의 표상은 하나의 정서, 하나의 감정, 하나의 기분을 촉발하는 것으로 머물 수밖에 없다. 근대는 표상주의(representationalism)를 기반으로 객관적 실재로서의 표상에 따라 진리가 성립된다고 보는 입장이었다. 그러나 현실에서의 표상은 무기력하다. 일시적이다. 우발적이다. 휘발성이 강하다. 표상이 촉발한 감정, 정서, 기분을 꽉 붙잡아 두기 위해서는 무엇이 필요할까? 근대적인 표상주의는 '~은 ~이다'라고 정의내리는 의미화 작용에 그것의 해답을 찾았다.

"고양이는 네 발 달린 동물이다"라는 의미화 작용은 마치 객관적인 사실성의 영역으로 느껴진다. 그러나 달리 의미화할 수도 있다. 중국의 동물백과사전에서처럼 고양이라는 키워드가 "항아리를 깨뜨리고 솥단지에 앉아 있는 생명"이라고 규정될 수도 있다. 여기서 중국의 동물백과사전은 사실은 존재하지 않는 문헌이다. 푸코(Michel Paul Foucault)가 『말과 사물』에서 특정한 사물의 질서를 바라보기 위한 무의식 기반으로서의 에피스테메(episteme)를 설명하기 위해 가상의 사례를 든 것이다. 정동의 시각에서 색다르게 세상을 바라보는 정동의 에피스테메도 가능할까? 아마 정동의 에피스테메로 본 세상은 중국의 동물백과사전에서처럼 사물, 생명, 자연을 독특하게 규정하고 정의내림으로써 다른 세상이 가능하다고 보는 입장일 것이다.

표상과 표상, 정서와 정서, 감정과 감정을 연결하는 이음새 역할을 하는 것이 정동이다. 그 이음새의 역할을 이미지-영상의 흐름이나 파노라마-환등상과 같이 할 수도 있다. 그런 점에서 표상주의를 넘어선 기호작용의 가능성이 제기된다. 다시 말해 원숭이의 이미지를 보고 꾀를 생각했는데, 돌연 원숭이가 나무에서 떨어진다, 그리고 원숭이가 돌을 주워서 사자를 향해 힘차게 던진다, 그런 다음 도망치다가 웅덩이에 빠진다 등등의 영상의 흐름을 본다면 어떨까? 나의 정서와 감정은 다른 정서와 감정에 연결되어 현명함, 우둔함, 용기, 불행 등을 횡단하고 이행할 것이다. 이에 따라 이미지-영상의 흐름은 마치 무의식의 행렬과도 같이 정동의 일련의 전개 과정과 평행선상을 달릴 것이다. 곧 이미지-영상의 흐름은 곧 정동의 흐름과 호환되면서 정동을 촉매하고 정동의 행동유발자(affordance) 같은 것이 된다.

여기서 기호-흐름이 정동-흐름의 과정에 깊게 관여할 수 있는 여지가 발생한다. 기호를 통해 대중의 무의식에 부드럽게 파고드는 것이 자본주의의 강력한 지배 기법이 되는 이유가 여기에 있다. 문제는 무의식의 폭과 깊이, 넓이, 위치, 배치 등을 좌우하는 영역이 이미지-영상의 범위만으로 철저히 한정된다는 점이다. 틀 바깥으로 완전히 예상치 못했던 상상력을 발휘하는 것은 불가능해진다. 상상을 불허하는 정동의 뜨거움과 강렬함에 용기를 얻고, 의지가 생기고, 무엇이든 해낼 수 있다는 자신감이 생기는 경험은 그리 쉽지 않은 상황이 된다. 그러한 기호-흐름은 통속적이고 순응적인 인간형을 만들어낼 뿐이다.

지금 우리의 과제는 "정동의 활력과 생명 에너지를 어떻게 만들어낼 것인가?" 하는 점이다. 동시에 이를 통해 "어떻게 소진과 고갈, 전망 상실로부터 벗어날 색다른 에너지와 활력의 원천을 찾을 것인가?" 하는 점이다. 이에 대한 가타리의 응답은 기호의 반복에 해법이 있다는 것이다. 앞서 살펴보았듯이 기호-흐름 자체가 파노라마식으로 전개되어 무의식의 행렬을 따라가면서 정동-흐름을 발생시키는 영역도 있다. 동시에 기호의 중복, 반복, 순환 등을 통해서 무의식을 거듭 자극함으로써 정동을 촉발하여 놀라운 에너지를 발생시킬 수도 있다.

　다시 말해 '기호의 에너지화'의 비밀에는 '기호의 반복'의 영역이 있다. "짜증 나!"를 열 번 반복하면 짜증 에너지가 생긴다. "사랑해!"를 열 번 반복하면 사랑 에너지가 생긴다. 기호의 반복이 주는 효과는 마치 주술 의례의 반복적인 주문의 중얼거림과도 같다. 기호의 반복은 그 일을 해낼 에너지를 발생시키는 것이다. 물론 이미지-영상의 반복이 생명 에너지와 활력, 즉 정동의 원천이 될 수도 있다는 가타리의 가설적인 추리에는 약간의 상상력이 필요하다. 반복되는 광고 이미지에서 우리가 느끼는 것은 기억의 지속이다. 그것은 기억의 회상과는 성격이 다르다. 광고 이미지는 소비욕망을 자극하면서 반복되기 때문에 모종의 기정사실로서 작동하게 된다. 이는 기호의 반복을 통한 특이점의 설립을 의미한다. 마치 무소불위의 진리이기 때문에 끊임없이 반복해서 기도하고 끊임없이 반복해서 경전을 읽겠다는 광신도들의 심상과도 같다. 미디어 자체는 이미 현실에서는 종교적인 수준에까지 이른 것이다.

　"실존이 준거 또는 지시 관계를 스스로 생산한다고 하는 것은 '준거 자체가 자기 자신을 반복적으로 참조한다.'는 뜻이다. 그러나 데리다와 버틀러의 주장과 달리, 즉 기호-표식의 형식적 반복과 달리 반복구('텅 빈 말')는 실존적 기능을 갖는다. 그것은 자기에 대한 관계에 일관성을 제공한다. 반복구-반복에서 중요한 것은 그것의 의미론적 내용이 아니라 반복 그 자체에 있다. 왜냐하면 그것이 주관적 상태에 변화를 촉발하기 때문이다."* 마우리치오 라자라또(Maurizio Lazzarato)가 바라본 반복은 틀, 무대, 세계, 영토, 장 등을 구성하는 실존의 원천이다. 여기서의 반복은 표상과 표상을 횡단하는 동시에 응집시킨다. 동시에 입구와 출구의 분열을 재귀적인 순환논증으로 꽉 잡아맨다. 이를 통해 자신이 마치 함입, 말 비빔, 재진입(re-entry)처럼 나타나는 반복에 의해서, 어떤 무대설비 위에 하나의 실존적인 위치와 배치에 강건히 존재한다는 점을 분명히 한다.

이에 따라 마치 생활, 생태, 생명의 반복처럼 기호의 반복이 뭔가 나의 삶에서 분명히 기억되고 있었던 것이 다시 한번 출현함으로써 자신도 그 세계에 하나의 자취를 남기고 있다고 여겨지게 만든다. 이에 따라 기호의 반복은 자신이 여전히 살 가치가 있다는 점, 즉 '삶'을 재확인시킨다. 이것이 정동이 생성하는 활력과 에너지의 원천이 되는 것이다. 그것은 데자뷰(Deja vu)가 있는 무대장치 위에 선 하나의 아바타와 같다. 기억은 반복된다. 표상도 반복된다. 기호도 반복된다. 이러한 반복은 나의 실존을 더욱 강건하게 만든다. 동시에 실존이 설 자리와 장을 마련해준다. 결국 그 반복이 에너지와 활력을 주고 살맛나는 느낌으로 다가온다. 그런 점에서의 기호의 반복은 에너지화로 나타나고, 정서와 감정의 반복은 정서변환으로서의 정동을 출현시킨다.

---

* 마우리치오 라자라또, 『기호와 기계』(2017, 갈무리), p.308-309.

이렇듯 스피노자가 창안한 정동은 신체-욕망에서 시작되지만, 가타리는 정동자본주의라는 현대적인 개념의 구도로 이행한다. 그것은 바로 기호-욕망의 단계로의 급격한 이행 이후의 정동 양상의 변화에 시선을 옮겨간 것이다. 이는 "활력을 통해 가능성을 어떻게 만들어낼 수 있느냐?"라는 활동가들의 번 아웃(burn out)에서 자주 나타나는 질문에 대한 가타리의 응답이다. 다시 말해서 관계로부터 고립된 개인의 경우, 기호의 재귀적인 반복을 통해 관계와 접속 과정에서의 정동의 발현과도 같은 활력과 에너지를 생산할 수 있다. 이는 들뢰즈와 함께 가타리가 '소진된 인간'의 상황에 직면했던 시기, 즉 '활동가들이 어떻게 에너지와 활력을 찾을 수 있는지'를 고심했던 80년대 '인동의 세월' 시기 동안, 가타리가 면밀한 사고실험을 통해 만들어낸 결과물인 것이다. 그 결론은 기호의 반복이 욕망과 정동의 활력과 에너지를 발생시킬 수 있다는 것이다. 말년의 가타리가 미처 완성하지 못하고 세상을 떠난 책, 『분열분석적 지도제작』의 모티브는 '기호의 에너지화'이다. 이는 기호-욕망 단계에서의 실존의 재건을 위한 색다른 하나의 방법론으로 우리를 인도한다.

정동과 욕망의 자율주의가 말하는 정동의 영역은 느림, 여백, 여유, 한계 등 감속주의 전망만 있는 것이 아니라, 강렬한 흐름, 집단적 배치의 무의식의 행렬, 유한자의 무한 결속과 같은 가속주의 전망도 포함하고 있다. 따라서 자율의 영역이 지극히 비효율적이며 잉여, 소음, 잡음, 잔여 이미지, 찌꺼기 유형의 조직화 방식이라는 편견이나 선입견으로부터 벗어나, 유능하고 능력으로 가득 찬 풍부함과 다양함의 조직화 방식이라는 점에 주목해야 할 것이다. 그런 점에서 감속 트랙과 가속 트랙 둘 다를 갖고 있는 정동의 미시정치의 양상을 앞에 두고 권리주의와 자율주의라는 정동의 이중집게를 조명할 필요성이 생긴다. 이에 대한 정보와 지식은 아직 미미하며, 동시에 이를 위해 선행적으로 지혜와 정동이 강렬도를 높일 필요가 있다.

제 2 부

정동의 소외, 다양한 논쟁을 격발하다

The Rediscovery of Affect
Félix Guattari's the Theory of Affect
and Social Economy

1. 사물의 본질이 아닌 곁에 서식하는 정동

곁, 가장자리, 주변에 정동이 작동될 때

인도의 정신적 지도자 마하트마 간디는 평생 가계부를 썼다고 한다. 이는 물건에 따라 들어오는 마음을 기록하기 위해서였다. 물건의 곁과 가장자리에는 여러 마음이 부착되어 있다. 이를테면 날카로운 송곳이 들어오면 '날카로움'이, 쿠키 굽는 기계가 들어오면 침이 고이는 '달콤함'이, 자동차가 들어오면 '속도감'이 함께 들어온다. 간디는 '3인칭 관찰자와 같이 전지적 시점의 나'의 시점에서 '1인칭 행위자 나'를 응시하는 '마음을 응시하는 마음'으로 집에 모든 물건들이 오가는 일련의 과정에서의 자기의 마음을 관찰하며 실험을 했다. 사물의 곁에서 무수히 서식하는 마음들은 이미 우리 앞에 현존하는 정동의 흐름이다. 유리병, 바구니, 머리핀, 연필, 시계, 가위 등등 무수히 뒤섞인 사물 더미가 있다. 정리정돈, 배열, 자리 잡기, 위치 정하기가 필요한 시점이다. 사물들의 배열을 본 순간, '지저분하다', '어지럽다', '어수선하다' 등의 정동의 강도는 이미 등장해 있다.

사물에 정동이 이미 들어가 있다는 점은, 상품과 선물의 차이를 생각해 보면 알 수 있다. 집에 상품이 들어오면 용도, 기능, 쓸모 등으로 들어오지만, 선물이 들어오면 사랑, 정성, 인격 등으로 들어온다. 똑같이 돈을 주고 구매한 물건이라도 집에 자동차가 들어올 때와 자전거가 들어올 때의 마음의 상태는 같을 수 없다. 또한 모서리 부분의 뾰족함은 날카롭게 날 선 정동의 토대이기도 하다. 물건 표면의 맨질맨질함은 정동의 부드러운 횡단면처럼 다가온다. 지금 내가 어떤 물건을 딱딱하게 물체화한 것으로 보는 이유는, 오늘 아침 출근길에 위험천만하게 스쳐간 오토바이를 완고한 마음으로 보았던 정동 때문일 수도 있다. 또는 출입문에 앞서 들어간 사람이 문이 닫히지 않도록 뒷사람을 배려해 주면 겸양과 상냥함의 정동이 출입문 손잡이에 서식할 수도 있다. 이처럼 사물의 곁에 서식하는 정동을 점검해 보면 온갖 마음이 숨어 있다는 점을 느낄 수 있다. 그래서 어떤 사물이 들어오는가에 따라 마음도 함께 들어온다고 했던 간디의 생각이 십분 이해된다.

지인 중에는 물건 하나를 구입하기 위해서 가족회의를 하고 서로 생각을 나누는 가정도 있다. 그의 가족은 토의하고 다시 생각하고 서로 이야기를 나누면서 물건이 들어오는 것에 대해서 숙고한다. 그러한 기나긴 회의 이후 그 물건을 구입할지 말지를 결정한다. 가족들의 마음의 배치가 구매 결정의 원천이 되는 것이다. 결국 물건은 구매하기로 한다. 가정 내 물건의 배치 변화는 정동 배치의 변화를 초래한다. 거실에 피아노가 놓여 있는 것과 컴퓨터가 놓여 있는 것이 가족 구성원에게 완전히 다른 정동의 배치를 만드는 것처럼 말이다. 물건은 윤곽, 형태를 갖추면서부터 그 곁에 서식하는 정동을 드러낸다. 사람들은 물건의 곁을 만지고, 느끼고, 보고, 냄새를 맡음으로써 그 정동에 감응한다.

블랙박스화된 사물, 작동 양상으로서의 사물

여기 놓인 사물 하나를 손에 들어 보자. 그것은 시계일 수도, 볼펜일 수도, 지갑일 수도 있다. 사물은 우리 손아귀에 딱 들어와 잡힌다. 우리는 시계를 통해 시간을 확인할 수도 있다. 볼펜으로 일정표에 체크할 수도 있다. 지갑에서 신용카드를 꺼내서 물건값을 결제함으로써 자신의 것으로 만들 수도 있다. 미셸 푸코(Michel Foucault)는 사물의 배열 모두를 장악하려 드는 것을 근대사회가 형성한 사목권력(Pastoral-Power)이라고 말한다. 사목권력은 마치 양떼를 자유자재로 다루는 목동과도 같이 사물, 생명, 인간을 다루는 사람을 뜻한다. 사물을 마음대로 다루며, 이용하고, 도구화하는 것이 사목권력의 특징이다.

그렇게 사물을 기능과 용도에 따라 마음대로 장악하려는 행위는 단순하고 당연한 사안으로 여겨진다. 그러나 그것은 우리가 사물의 본질을 알고 있다고 여기면서도 그 곁에 서식하는 정동에 대해서는 잘 알고 있지 못하는 것을 의미한다. 예컨대 볼펜 하나에는 글씨 쓰는 용도 이외에도 볼펜 돌리기의 놀이기구, 여차하면 누군가를 공격할 수 있는 무기, 하다 못해 책상 위의 장식품 등으로도 사용될 수 있는 다기능성이 숨어 있다. 그런 점에서 우리는 볼펜의 풍부한 다기능적인 정동의 잠재력을 아직 모르고 있다.

우리는 볼펜이라는 물건을 "볼펜은 볼펜이다"라는 표상(representation)의 형태로 스냅사진처럼 우리 뇌리에 포착할 수 있다고 생각한다. 이를 통해 도구와 용도의 형태로 마음대로 볼펜을 장악할 수 있는 것이라고 여긴다. 그렇게 지극히 당연하다고 여겼던 이러한 생각은 근대사회에서 비로소 달성된 인간사회의 인식구조이다. 고대부터 중세에 이르기까지 인류문명은 재현, 재인, 표상으로 사물을 고정시킬 능력이 없었다. 그래서 그들은 사물의 풍부함을 하나의 이름으로 고정시키기보다 은유와 비유로 설명하려고 했다. 만약 고대인에게 볼펜이 주어진다면 '독수리 눈매 같은 것', '깨진 항아리의 조각 같은 것', '고양이 발톱 같은 것' 등등 다양한 은유와 비유가 등장할 것이다.

우리가 볼펜의 표상 그대로를 본질이라 단정하지 못하는 이유는, 사물의 곁에 서식하는 정동에 대해서 어느 경우에도 온전히 설명할 수 없기 때문이다. 생각해 보자. "볼펜은 볼펜이다"라는 표상적인 동어반복이 있기 전에 우리의 마음에는 볼펜의 길쭉하고 뾰족하고 잉크가 나오고 글씨가 써지는 등의 모양, 윤곽, 형태, 용도 등의 작동 양상이 아로새겨질 것이다. 그리고 내심 욕심이 나서 "이 볼펜은 내 거다"라고 할 만큼 볼펜의 곁에서 정동의 강렬도가 생산될 수도 있다.

베이트슨이 『마음의 생태학』(2006, 책세상)에서 말했던 것처럼 사물이 무수히 배열된 공간에서의 복잡성은 모종의 마음을 수반한다. 그러나 그 사물의 배열과 배치 속에 나온 마음의 강렬도를 우리가 모두 장악하고 통제할 수는 없다. 우리는 곁에 서식하는 강렬도에 감응하는 정동의 전달자이자 이음새이기 때문이다. 물론 정서 변환 양식으로서의 정동을 미학적으로 배열하는 행동양식이 뒤따를 수 있다. 정리정돈이나 청소와 같은 가장 효과적인 인테리어 행위를 하는 것이다. 이렇듯 원점 회귀적으로, 보이지 않은 영역에서 치우고, 쓸고, 닦고, 매만질 수 있다. 그러나 그 역시 사물 자체를 장악하는 것이 아니다. 그 곁에 무수한 정동이 있기 때문에 늘 혼재면(plan of consistence) 속에서 쌕쌕거리고, 숨쉬고, 뜨거워지고, 작동한다.

표상주의는 근대적인 진리를 떠받치는 주춧돌과도 같은 개념 구도이다. 쉽게 단정하고, 뻔한 것으로 보고, 정의 내리고, 겉보기에 따라 판단하는 것이 표상주의의 허점이다. 푸코는 르네 마그리트(Rene Magritte)의 파이프 그림을 두고 "이것은 파이프가 아니다"(『이것은 파이프가 아니다』, 2010, 고려대출판부)라고 말하여 파문을 일으킨다. 파이프 그림은 표상의 양식, 재현의 양식이기 이전에 단지 책에 실린 이미지였기 때문이다. 동시에 정동이 표상을 배신하기 때문이다. 사물은, 그 곁에 서식하는 정동에 따라 변신을 거듭한다. 파이프였다가 몽둥이였다가 쥐였다가 똥이었다가 한다. 그렇기 때문에 실체(substance)가 분명하고 그 경계가 명료하다고 여기는 것은 정동을 빼고 바라본 합리주의의 산물이다.

2016년부터 최근까지 진행된 경의선 공유지 운동은, 공덕역 경의선 부지를 개발주의로부터 지켜내고 26번째 자치구로서의 커먼즈(Commons)를 구축하겠다는 시민과 활동가들의 노력으로 발발한 운동이다. 그러나 경의선 공유지 운동이 놓친 부분은 커먼즈가 지극히 비합리주의적인 영역에 있다는 점이다. 커먼즈는 너와 나 사이에서 가장자리가 희미했을 때 나타난다. 너와 나의 경계와 구획이 불명료하니 혼재면이 형성되어 곁과 가장자리는 모호해진다. 다시 말해 공유지 곁에서 주민들이 서성이고 합류해야 비로소 공유지로서의 기능을 하는 것이다. 공유지의 '곁'을 구성하고 있는 주민들이 함께하지 않고, 단지 활동가들이 모여 "공유지는 공유지다"라고 선언하는 것은 공유지의 곁에 서식하는 정동을 놓치는 결과를 낳는다. 표상주의와 합리주의에 포위된 공유지는 활동가들에 의해서 만들어진 고립된 섬에 다름 아니다.

사물의 곁에 서식하는 정동은, 펠릭스 가타리의 『기계적 무의식』(2004, 푸른숲)에서 보여주듯 무의식의 특징으로도 나타난다. 기계적 무의식(L'inconscient machinique)은 다소 난해한 개념어이긴 하지만 정동의 특징을 잘 보여주는 무의식이다. "무의식은 개인의 내부에서 그 사람이 세계를 지각하거나 자신의 신체나 자신의 영토나 자신의 성을 체험하는 방식에서뿐만 아니라 부부나 가족이나 학교나 이웃이나 공장이나 경기장이나 대학 등의 내부에서도 작동한다. 달리 말하면 무의식 전문가의 무의식도 아니고, 과거 속의 결정화되고 제도화된 담론 속에 달라붙은 무의식도 아니다. 반대로 무의식은 미래로 향한 채 가능성 자체, 언어에서의 가능성뿐만 아니라 피부, 사회체, 우주 등에서의 가능성을 자신의 핵심으로 지니고 있다."*

사물, 기계, 생명, 인간, 자연 등의 결과 가장자리에 서식하는 마음, 무의식, 정동의 특징은, 바로 표상주의가 말하는 것처럼 쓸모, 용도, 기능 등으로 명료하게 본질을 적시할 수 있는 것이 아니라는 점에 있다. 사물은 그 결에 사람을 미혹시킬 역량이 있는 정동의 힘과 에너지를 가진 것이 된다. 맛있는 음식이 눈앞에 있을 때 먹으라고 시키지도 않았는데 저절로 침이 고이고 손이 먼저 가는 것은 바로 음식물의 결에 서식하는 정동의 힘 때문이다. 부드러운 베개를 머리에 괴면 달콤한 졸음이 오는 것은 베개의 결에 서식하는 정동의 부드럽고 달콤한 힘에 미혹당해서이다.

들뢰즈가 말하는 이러한 무의식의 구도는 인간이 능동 작용을 하는 대신 사물, 생명, 기계, 자연 등이 능동 작용을 하는 것이다. 그렇게 되면 "스냅사진과 같이 의식에 의해 강력히 포획되는 표상이 없이 어떻게 사유가 가능한가?"라는 질문을 받을 수 있다. 온갖 다양한 표상이 교차하고 어우러진 삶의 내재성의 판이 구성되면, 그때 마음은 생태계를 조성하고 조화와 균형을 이루어 일관성으로 향한다. 하나의 지배적인 표상이 들어설 여지는 없다. 기존의 표상주의는 들뢰즈를 이단아로 간주하여 사물에 미혹된 자의 혐의를 둔다. 다시 말해 표상주의는 사물 자체를 장악하는 마음이 없다면 앎과 함은

---

* 펠릭스 가타리, 『기계적 무의식』(2014, 푸른숲), p. 26.

성립되지 않는다는 것이다. 그러나 정동은 사물의 곁에 있는 수많은 생각들이 생태계를 이루어 힘과 에너지를 발휘하고 있는 복잡성의 구도를 그린다. 우리는 들뢰즈처럼 수많은 사물에 미혹된 마음의 생태계 속에서 산다.

사물 곁에 서식하는 잉여로서의 삶

사물의 곁에는 여러 가지 군더더기, 잔여 이미지, 잉여(redundancy)가 서식한다. 그것을 우리는 삶이라고도 부른다. 삶은 늘 잉여현실, 초과현실, 과잉현실로서 존재한다. 사물과 사물, 생명과 생명, 공간과 공간의 배치와 배열 사이에서 삶은, 영화 〈스타트랙(Star Trek)〉에 나오는 공간이동(teleportation)처럼 이행과 변이, 횡단의 중간현실을 만들어낸다. 마치 하나의 우주 속에 여러 개의 우주가 있다는 다중우주론처럼, 삶은 사물에 서식하는 다채로운 현실들로 이루어진 복잡계이다.

근대사회의 성장주의에서의 속도와 효율성은 삶을 몇 가지 기능에 종속시켜 이러한 잉여현실을 완전히 파탄 내 버린 문명의 그림자이다. 기능과 기능, 역할과 역할, 직분과 직분 사이에서 삶이 가느다란 목소리로, 틈새현실로만 남아 있었기 때문이다. 사실상 삶은 느림과 여백을 기반으로 하기 때문에 무척 굼뜨지만, 한편으로는 정동의 흐름을 타고 재빨리 횡단하고 이행하고 변이된다. 다시 말해 우리가 시험장에 볼펜을 가져오지 않았을 때 황급히 가게로 뛰어갈 것이 아니라 주변 사람에게 볼펜을 빌려달라고 도움을 청하는 정동에 대한 호소가 가장 빠르듯이, 정동과 사랑은 순식간에 다른 차원으로 우리를 이동시키는 가장 빠른 행동일 수 있다.

그러나 외양적인 속도사회는 이러한 정동의 속도를 고장 내 버렸다. 대신 고정관념으로서의 '의미화=상품화=자본화'에 따른 표상주의가 전면화하였다. 삶은 사물들의 배치와 결을 살핌으로써 결과 가장자리에서 나오는 또 다른 잉여현실로 순식간에 이행하는 능력이 있는 내재성의 평면이다. 다시 말해 내가 가방을 얘기했다고 해서 가방을 생각한 것이 아니라, 금세 마음은 시계로 이행해 있고, 내가 시계를 바라본다 하더라도 나의 마음과 정동은 어느새 고양이에게 닿아 있다. 그 순간은 그야말로 순식간이라 빛의 속도라고 보아도 무방할 것이다.

그런 점에서 성장주의의 속도와 효율성은 빠른 게 아니라 단단하게 얼어붙어서 멈춰서 있는 정동의 상태를 의미한다. 다시 말해 사랑의 빠름, 정동의 빠름으로서의 이행 양식을 알지 못하기 때문이다. 어떤 사람이 몇 시간 동안 한 사람에게 화를 내는 이유는 그에게서 "미안하다"라는 한마디 정동의 단어를 듣고 싶었기 때문일 수도 있다. 그러나 속도와 효율성은 이러한 정동의 놀라운 이행 속도를 멈추게 하고, 대신 몸과 마음만 바쁜 상태로 만들어 버린다.

근대사회는 하나의 이미지로 사물이 재현된다는 표상주의를 기반으로 하여 삶과 정동을 장악했던 권력과 자본의 폭압적인 구조물이다. 표상주의는 삶과 정동을 순식간에 딱딱하게 얼어붙게 만들고, 그에 기반한 권력과 자본은 냉동인간과 같은 상태로 우리의 일상을 구성하도록 만들었다. 동시에 표상주의는 모든 것을 화석과 같은 상태로 만들고, 사물을 장악한 사람의 마음을 병들게 한다. 이를 사물화(Reification) 혹은 물신주의라고 말한다. 여기서 죽고 딱딱하게 화석화된 사물이 찬양된다. 여기에 환상의 분비물이 양념처럼 부가된다. 상품에 부과되는 화려한 이미지와 영상은 사물이 죽어 있다는 것을 반증한다. 이러한 상품 질서는 사물 속에 정동이 살아 움직인다고 믿던 고대 사물영혼론의 정반대편에 선다.

사물 내부에 깃들어 있는 정동은, 마치 사물이 살아 움직이는 것과 같은 착각을 불러일으키기도 한다. 고대인들은 축제 때마다 절기살이에 따라 자연과 생명이 주는 풍요와 선물을 기념하며 다른 이웃, 친구에게 선물을 주는데, 그 선물은 마치 사물이 살아 움직이는 듯한 느낌을 줬다. 신화, 전설, 종교 등이 여기서 비롯되는데, 애니미즘의 주문으로부터 종교의 기도가 연원한다. 애니미즘이 성립했던 이유는 대가를 바라지 않는 순수증여로서의 자연의 선물과 상대방의 사랑, 정성, 인격, 정동이 담긴 증여로서의 선물이 어우러져 사물이 살아 움직이는 듯한 시너지효과를 발휘하기 때문이다. 이를 일본의 대석학 나카자와 신이치(中沢新一)는 순수증여와 증여의 마주침이 만든 삶의 잉여가치라고 부른다. 그런 점에서 사물의 곁에 서식하는 정동은 삶의 잉여가치를 통해서 구현된다.

그런가 하면 그 반대편에서 사물을 보는 시각도 존재한다. 권력과 자본은 사물을 딱딱하고 화석화되고 죽어 있는 것으로 여겼으며, 사물 곁에 정동이 서식한다는 점은 망각되었다. 이러한 사물화 상태의 대표적인 형태가, 자본주의 하에서 버젓이 작동하는 주식회사와 같은 법인격(Corporate Identity)이다. 자본주의는 기업이라는 사물에게 인격과 동등한 권리를 부여한다. 이러한 법인격은 사물의 곁에 서식하는 정동과는 정반대의 양상이다. 법인격은 살아 움직이는 사물 곁의 정동의 편에 선 것이 아니라, 사물을 장악하여 운영하고 포획하는 사목권력의 편에 서 있다. 다시 말해 표상주의의 극한 테제가 바로 법인격이다. 사물을 죽어 딱딱하게 얼어붙어 있는 것으로 간주하고, 삶과 정동이 제거된 상태에서 자동적으로 작동하게 하는 사물화된 인격의 형상이 바로 법인격이기 때문이다.

그러나 일회용품 문명을 통해서도 알 수 있듯이 자본주의가 얼마나 사물을 비하하고 천대하는 문명인가를 재확인해 볼 수 있다. 우리의 삶이 사물과 사물 사이의 중간현실, 잉여현실에 놓여 있다는 점은 철저히 제거되고, 대신 고정된 표상주의를 기반으로 하여 기능 분화된 시스템 속에서 죽어 딱딱하게 된 사물만이 재료로 사용되고 있기 때문이다. 그런 점에서 사물화의 문명인 자본주의 문명이 죽음권력에 가깝다는 보드리야르의 지적은 일면 타당하다. 그런데 사물을 장악하려던 사목권력은 동시에 사물화되어 버린 인간의 형상으로 전도된다. 이들이 합리주의의 가면을 쓰면서 사물에 대한 장악력을 높이려고 한 근대의 탈주술화 양식은, 오히려 사람에게 딱딱하게 화석화되어 응고되는 주술을 건 것과도 같다. 합리주의는 오히려 자본주의라는 종교에 빠져 있는 것이다.

어떤 점에서 자본주의가 봉건제의 무의식적 심상인 아버지의 질서를 넘어서지 못했다는 『안티 오이디푸스』(2014, 민음사)에서의 논의는 유효하다: "문제로서의 오이디푸스 또는 해결로서의 오이디푸스는, 욕망적 생산 전체를 정지하면서 동여매는 끈의 양 끝이다. 암나사들은 단단히 죄어서, 더 이상 아무것도 생산될 수 없고, 단지 소음만 들릴 뿐이다. 무의식은 부서지고 삼각형화 되며, 자신이 하지 않은 선택을 하게 된다. 모든 출구는 막혀 있다. 더 이상 분리들의 포괄적, 무제한적 사용이 가능하지 않다. 무의식에 부모가 생긴 것이다."*

근대사회는 봉건제의 잔재인 가족주의를 불철저하게 넘어섰다. 무의식의 심상에 남아 있는 초자아 아버지의 형상은 사실은 지극히 봉건제적인 표

---

*   들뢰즈와 가타리, 『안티 오이디푸스』(2014, 민음사) p. 147.

상이기 때문이다. 이러한 아버지라는 대타자는 사물의 곁에 서식하는 정동을 식민화하여 그 곁을 구획화하도록 명료하게 만든다. 이를 통해 사물을 자신이 다루고 복속시킬 수 있는 것으로 만든다. 다시 말해서 사목권력으로서의 아버지가 등장하는 것이다. 결국 자본주의가 가장 현대적인 것처럼 보이지만, 아이러니하게도 가장 구태의연한 봉건제의 잔재를 품은 것이 바로 가족주의와 대타자, 초자아로서 기능하려고 하는 권력과 자본이다.

사물과 사물의 배열, 중간현실에서 비롯된 '삶의 잉여가치'(=정동)는 이러한 권력의 잉여가치를 통해서 끊임없이 포획되어 왔다. 그리고 그 여백의 평면은 온갖 고정관념, 고정된 이미지와 얼어붙은 표상으로 채워졌다. 삶의 활력을 빨아먹으려는 권력과 자본의 심보는 고약하다. 더욱이 그 방법은 철저히 표상에 천착하여 객관적 진리를 주장하는 합리주의를 표방하고 있다. 그러나 그 합리주의는 겉으로 보이는 모습일 뿐 사실은 초월적인 권력과 자본의 가족주의라는 지극히 봉건제적인 함정을 내포한다는 점은 아이러니하다.

삶의 여백은 사라질 위기에 처했다. 삶은 숨쉴 여유도 없이 표상의 질서로 꽉 채워지고, 이를 식별할 사목권력으로서의 근대적 인간의 권리만이 현현한다. 정동은 사물과 사물, 생명과 생명, 기계와 기계 사이를 매끄럽게 횡단하고 이행하고 변이하던 흐름(flux)이다. 사물의 곁에 서식하던 정동을 꽉 붙들어 매는 온갖 합리주의적인 방법론 앞에서 정동이 해방될 여지는 늦추어지고, 정동은 지하에서 꾸르륵거리며 작동한다. 이를테면 노동의 주체로서의 노동자와 합리적 권리의 주체인 시민 등과 같은 근대적인 주체들이 등장하면, 사물의 곁에서 정동을 발휘하는 주체성인 살림꾼, 소농, 여성 등은 배제된다.

정동은 사물의 곁에 서식하면서 생명력과 활력을 부여하고 삶의 잉여가치를 만들어낸다. 이 삶의 잉여가치는 권력과 자본의 잉여가치를 증식하기 위한 중요한 재료로만 활용된다. 그렇기 때문에 어떻게 정동의 활력을 장악하고 통제할 것인가의 여부가 권력과 자본에게는 가장 큰 관건이었다. 그러나 정동은 그러한 권력과 자본의 불협화음에 대해서 도망치고, 미끄러지고, 횡단하고, 흐른다. 마치 세숫물이 손아귀에서 벗어나듯 정동은 다른 곳으로 빠져나가 탈주선을 타는 것이다.

카프카의 『성(城)』에서의 측량사 K와 기계적 무의식

사물의 본질과 존재이유를 적시하고, 이를 '안다'고 할 수 있는 사람은 몇이나 될까? 사실 대부분이 규정하고 단정한다. 그러나 이는 사물을 재현하는 표상의 양식밖에는 되지 않는다. 체코의 유태계 작가 프란츠 카프카(Franz Kafka)가 쓴 『성(城)』(2017, 솔)에서는 사물로서의 성 주변을 배회하고 방황하고 탐색하는 측량사 K의 이야기가 나온다. 측량사 K가 성주를 찾아가 '이 성이 어떤 이유 때문에 생겼는지?'를 물어본다면 쉽게 문제가 해결될 것이다. 그러나 카프카가 분한 측량사 K는 성의 본질을 쉽게 단정할 권력을 갖고 있지 못하다. 측량사 K는 문지기를 지나서 성 안쪽으로 들어가지 못하고 주변을 방황한다. 심지어 문이 열려 있음에도 불구하고 말이다. 그의 마음속에는 보이지 않는 문지기가 있다. 성이라는 사물의 곁에서 배회하고 방황하는 측량사 K가 어딘지 모르게 답답하다고 느끼는 독자도 있을 수 있다. 그러나 나름의 이유가 있다. 성의 핵심으로 들어갈 수 없는 측량사 K는 사회에서의 주변인을 문학적으로 형상화한 것이다. 이 장면에서는 성의 비밀이나 신비감보다는 실존적인 방황의 모습이 그려진다. 사르트르 말처럼, 실존은 본질이 아니다. 그저 곁과 가장자리, 주변에 서식하는 잉여현실일 뿐이다.

카프카가 그려낸 측량사 K라는 인물은 사물의 곁과 가장자리, 주변을 배회하는 인물이다. 여기서 근대사회 역시 사물의 곁과 가장자리로 머문다. 다시 말해 근대철학은, 사물의 본질과 이유는 알 수 없으나 작동과 양상은 알 수 있다고 말한다. 그런데도 대답을 할 수 있는 힘이 여전히 인간에게 있다고 주장했다. 결국 기능, 역할, 직분과 같은 것이 본질을 대신할 대답으로 나타난다. 근대의 전문가들은 근본적인 본질과 이유를 묻는 형이상학적인 질문에는 돌연 침묵한다. 자신이 표상하고 있는 기능적 부분에 대해서만 힘주어 대답한다.

더군다나 사물의 곁에 서식하는 정동에 대해서 얘기해주는 전문가들은 없다. 오히려 심리학에서는 경계선 인격장애(Borderline personality disorder)처럼 사물에 수반되는 정동을 지극히 불안정한 충동(impulsion)으로 간주하는 경우조차도 있다. 예컨대 뾰족한 물건은 찌를 수 있는 충동을 유발할 수도 있다는 것이다. 그러나 무심결에 일어나고 불안정하기 그지없는 충동 논의는 사물의 곁에 서식하는 정동에 반사회성의 혐의를 두는 논리 구조를 갖추고 있다. 뾰족한 물건이라고 하더라도 가지런히 놓고, 더 날카롭게 벼리고, 잘 씻어서 놓는 등의 미학적인 정동의 작용이 있을 수 있다. 나이프와 포크는 뾰족하지만 가지런히 배열하면 미식의 달콤함으로 인도하는 도구이지 않는가? 이런 점에서 충동 논의는 정동을 비하하기 위해 전문가들이 가장 손쉽게 남용하는 방법이다.

욕망을 충동으로 격하시킨 인물은 말년 프로이드이다. 프로이드는 『문명

속의 불만』(2020, 열린책들)에서 문명이 성립하기 위해서는 충동을 억압하고 승화시켜야 한다고 주장했다. 이는 사물의 곁에 서식하는 정동을 비하하기 위한 주장임에 분명하다. 충동은 걷잡을 수 없고 불안정하며 불합리한 무의식의 힘을 의미한다. 이에 따라 문명의 충동의 억제와 억압의 힘이 없는 한 반사회적 범죄로 향할 소지가 있는 것으로 지목된다.

그러나 사물의 곁에 서식하는 정동은 힘과 에너지를 미학화할 능력을 갖고 있다. 정동은 마음의 생태계를 이루는 원동력이며 무수한 마음을 배열하여 미학적인 질서로 만들어내는 예술가이다. 그런 점에서 정동과 욕망이라는 힘, 생명력, 에너지가 생기는 순간 동시에 이를 미학화의 능력도 함께 생긴다. 정동은 창조와 혁명, 예술, 과학의 힘으로 작용하여 매우 긍정적이고 일관된 방향으로 개인, 집단, 사회조직을 구성해 낼 수 있다. 그런 점에서 사물의 곁에 서식하는 정동의 잠재성을 충동으로 비하하는 것은 그 풍부한 깊이를 평면화하는 것이다.

근대철학자 임마누엘 칸트는 사물, 신, 세계, 영혼 등의 본질과 이유에 대한 질문을 던졌던 형이상학을 포기한다. 다시 말해 물자체(Ding an sich)를 우리의 인식작용으로는 알 수 없다고 말하는 것이다. 그저 인식의 도식(schema)을 통해서 걸러진 현상(phenomenon)만을 제대로 알 수 있을 뿐이다. 그는 "왜 사는가?", "우주와 사물은 무엇인가?", "세계란 무엇인가?"라는 형이상학적인 질문에 답하기를 일찌감치 포기해 버리고 "그런 것은 없다"라고 말하는 것이다. 그러나 근대 철학자 칸트가 주목한 것은, 사물의 본질과 이유에 대한 질문을 포기했다면, 작동과 양상인 사물의 곁에서 서식하는 정동으로 이행한 것일까? 그 대답은 "아니오"이다. 오히려 칸트는 이를 합리적으로 분석하고 해석해낼 도식작용, 즉 기능을 알고 있는 주체(subject)의

인식 능력에 더 주목하였다. 다시 말해 칸트에게 있어 정동은 선험적인 도
식작용인 기능에 숨어져서 범주화되고 분류되고 구획될 재료에 불과한 것
이었다.

사물의 주변, 결, 가장자리에 서식하는 정동은, 펠릭스 가타리에 의해서는
'기계적 무의식'(L'inconscient machinique)이라고도 불린다. 기계적 무의식은
부부의 침실에도, 축구경기장에도, 텔레비전에도 서식하는 마음이다. 그 마
음은 기호의 반복으로 가득하다. 냄새, 색채, 음향, 몸짓, 맛, 이미지 등 비기
표적 기호계가 꾸르륵 소리를 내며 반복된다. 그래서 가타리는 '기호의 반
복이 에너지가 된다'는 『분열분석적 지도제작』(1992)에서의 구도를 선보였
다. 다시 말해 사물의 곁에 서식하는 정동으로서의 활력과 생명력은 사실상
기호의 누적적인 반복이 만든 힘과 에너지이다.

여기서 반복은 기적적인 힘에 의해서 이루어진다. 다음날 아침에 출근길
에 오르는 것도 기적적인 반복이다. 기호의 반복은 에너지를 발생시킨다.
아침마다 매번 느껴지는 밥 익어 가는 냄새는 나를 일으킬 수 있는 기적적
인 힘의 원천이 될 수도 있다. 따뜻한 차 향기의 반복은 내 마음속의 아이디
어의 원동력이기도 하다. 사물의 곁에는 정동을 일으키는 온갖 기호의 반복
이 이루어진다. 사물은 기호의 축제와 향연의 난장을 이룬다. 어느 샌가 사
물은 나의 손을 이끌고 욕망을 자극하고 정동을 발휘하게 해서 닦고 아끼고
매만지게 한다.

> 그것(Ça)은 도처에서 기능한다. 때론 멈춤 없이, 때론 단속적으로, 그것은 숨
> 쉬고, 열 내고, 먹는다. 그것은 똥 싸고 씹한다. 이드(Le Ça)라고 불러 버린 것
> 은 얼마나 큰 오류더냐? 도처에서 그것은 기계들인데, 이 말은 결코 은유가

아니다. 그 나름의 짝짓기들, 그 나름의 연결들을 지닌 기계들의 기계들, 기관-기계가 원천-기계로 가지를 뻗는다. 한 기계는 흐름을 방출하고, 이를 다른 기계가 절단한다. 젖가슴은 젖을 생산하는 기계이고, 입은 이 기계에 짝지어진 기계이다. 거식증의 입은 먹는 기계, 항문 기계, 말하는 기계, 호흡 기계 사이에서 주저한다.*

　곁과 가장자리, 주변에서 우발적으로, 돌발적으로, 일시적으로 출현한 기호작용은 정동의 이유는 된다. 하지만 기호는 반복을 통해서만 그것은 힘과 활력의 원천이 된다. 우발성(contingency)이라는 사물의 주변에 있는 발현 양상은 반복을 통해서만 특이점이 된다. 물론 내가 우연히 들른 카페의 커피가 맛있다면 그것도 반복의 원천이 될 수 있다. 커피 애호가들이 잘 알고 있는 사실은, 커피를 좀 마셔 본 사람이 커피가 맛있다는 사실을 안다는 점이다. 이렇듯 기호(sign)의 반복이야말로 욕망과 정동의 원천이 된다. 그런 점에서의 '기계적 무의식'이라는 지점이 이해될 수 있는 대목이다. 기호의 반복은 정동의 활력과 에너지로 충전된다. 내가 과거에 뜨거운 열정을 느꼈던 사람을 만나면 다시 그때의 열정이 반복적으로 솟아 나오는 것은 어렵지 않은 일이다. 정동의 강렬도는 사물, 생명, 자연, 기계의 곁과 가장자리, 주변으로부터 발생한다. 그것에 미혹되기란 참 쉬운 일이며, 반복은 욕망의 원천이 되기 때문에 어느덧 '미혹된 나'가 '행위로 옮기는 나'가 된다.

---

*　들뢰즈와 가타리, 『안티 오이디푸스』(2014, 민음사), p. 23.

미혹된 나의 포획? 정동의 포획?

그렇다면 정동이라는 삶의 잉여가치가 권력의 잉여가치에 포획되는 이유는 무엇일까? 펠릭스 가타리가 제시한 코드의 잉여가치(surplus de code) 개념은 정동을 포획하는 자본주의의 방법론을 다룬다. 그 항목으로는 ① 제1세계와 제3세계의 분리 차별, ② 공동체적 관계망의 시너지효과에 대한 자본의 전유, ③ 골목상권으로의 대기업의 진출, ④ 젠트리피케이션, ⑤ 플랫폼자본주의 양상 등이 있다. 고정된 상과 이미지로 사물의 곁에 서식하는 정동을 스냅사진처럼 얼어붙게 했던 표상주의를 잠시 생각해 보자. 그것의 작동 방식은 '의미화=표상화=자본화'라고 할 수 있다. 여기에 자본주의는 '코드화'를 추가한다. 다시 말해 사물의 곁에 서식하는 정동을 코드(code)로 해독하여 시스템 내에 기입하는 형태로 전개되는 것이다.

그러나 사물 곁의 정동의 흐름마저도 플랫폼을 통해서 포획하는 최근의 양상은 흐름의 잉여가치(surplus de flux)로 이행했다고 평가된다. 다시 말해 페이스북, 유튜브, 구글 등의 플랫폼에서 자신의 정동을 발휘하고 울고 웃고 즐기다 보면 그 이득은 모두 플랫폼이 가져가는 양상을 흐름의 잉여가치에 대한 포획으로서의 정동자본주의라고 부른다. 가타리는 "그러므로 불변자본에 의하여 생산된 기계에 의한 잉여가치가 있다. 이 잉여가치는 자동화 및 생산성과 더불어 발전하며, 경향적 저하를 방해하는 요인들(인간의 노동을 착취하는 강도의 증대, 불변자본의 요소들의 가격의 저하 등)에 의해서는 설명될 수 없다. 왜냐하면 이 요인들은 도리어 자동화와 생산성에 의존하는 것이기 때문이다. 어쩔 수 없이 우리도 문외한으로서 말해야 하겠지만 이 문제는 코드의 잉여가치가 흐름의 잉여가치로 변모하는 조건들 아래서만 검토될 수 있을 성 싶다"고 말하면서 흐름의 잉여가치의 전면화에 대해서 예감했다.

사물의 곁에 흐르는 정동의 흐름, 즉 흐름의 잉여가치를 포획하는 것이 오늘날의 자본주의의 가장 핵심적인 전략이 되었다. 즉 정동의 흐름(flux)으로부터 즉각적으로 잉여가치를 추출할 수 있는 플랫폼이 구축되면서부터다. 이에 따라 사물의 곁에 있는 정동은 마치 석유, 가스, 석탄처럼 천연자원(resource)으로 간주되어 자본주의를 살찌우고 풍부하게 만드는 소재가 된다. 앞으로 살펴보겠지만, 이는 자본주의가 사물과 사물, 표상과 표상, 정서와 정서를 매끄럽게 이행하고 횡단하는 정동의 흐름을 전유하기 때문이다. 다시 말해서 사물의 곁에 서식하는 온갖 정동들이 만든 초과현실, 잉여현실, 중간현실을 탈취할 수 있는 체제로 자본주의를 변형하기 시작한 것이다. 가타리의 예감은 삶의 잉여가치(=정동)에 대한 권력의 잉여가치의 즉각적이고 직접적인 포획의 미래상을 예감한 것이다.

---

* 들뢰즈/가타리, 『앙띠 오이디푸스』(1998), p. 147.

2. 정동에 대한 두 가지 태도
—아카데미와 생태적 지혜

노파 솔론이 마녀사냥을 당한 이유는?

18세기 영국의 시골마을에 사는 노파 솔론은 공유지인 산림을 돌보며 절기살이, 벌레 퇴치, 약초, 발효, 식생, 요리 등에 능숙했던 생태적 지혜의 습득자였다. 전쟁 미망인인 그녀는 1215년 6월 15일에 공표된 영국 존 왕의 〈마그나카르타 선언(the Great Charter of Freedoms)〉과 이에 뒤이은 〈산림헌장〉의 수혜자였다. 그녀에게 숲은 온갖 약초와 버섯, 먹거리, 살림살이의 재료를 취득할 수 있는 보물창고였다.

이러한 공유지 숲에서 사는 사람들의 모습은 어떤 것일까? 피터 라인보우는 그의 책 『마그나카르타 선언』(2012, 갈무리)에서 "땅이 없는 노동자 가족들은 종획[운동]에 반대했다. 그들은 땔감을 모았고, 추수 이후에 이삭을 주웠으며, 아이들은 나무 열매를 줍고, 딸기류를 따고, 까마귀들을 쫓아냈으며, 너도밤나무 열매 수확철에는 돼지들을 돌보았고, 양을 지켰으며, 양털을 모았다.(⋯) 커머너들은 박하로부터 멘톨을 추출하였고, 디기탈리스에서 디기탈리스 제제를 추출하였으며, 버드나무 껍질에서 아스피린을 추출하였다."(p.136~137)고 말한다.

노파 솔론, 그녀는 산파이고 의사였다. 동네에 아픈 사람이 생기면 약초

등을 이용한 진기한 방법으로 치료를 했다. 그녀는 남성 산부인과 의사의 출현에 분노했다. 노파 솔론과 같은 산파는 지혜와 정동의 노선에 따라, 산부인과의사는 지식과 정보의 아카데미 노선에 따라 서로를 질시하고 무시했다. 그녀는 아직 앞으로 닥칠 일에 대해 알지 못한다.

돌연 그녀를 비롯한 마을 사람들 누구든 들어가 약초를 캐고 버섯과 산딸기를 따던 공유지에 울타리가 생겼다. 공유지를 사유화하고 양을 키우기 위한 울타리였다. 저기 저편의 도시에서 양모 산업이 성장했다. 바야흐로 산업혁명 시기였다. 하루아침에 삶의 터전을 잃은 민중들은 저항을 하며 울타리를 부수거나 무시하였다. 그 대열에 노파 솔론도 있었다.

저녁 으스름한 때 갑자기 한 떼의 병사가 들이닥쳐 노파 솔론을 체포한다. 그녀가 비밀의식을 하고 악마와 교신한 마녀라는 죄목이었다. 종교재판관 앞으로 끌려간 그녀는 잔혹하게 고문당하고 처형된다. 이러한 종교재판은 두려움을 불러일으키고 죄를 뒤집어씌워 고문을 통해 죄를 고백하게 하는 잔혹한 형벌의 전시장이었다. 그 배후에는 공유지에 접근하지 말고 사유화에 복종하라는 명령이 숨어 있었다. 마침내 공유지는 권력과 자본의 사유지가 되었다. 사람들은 더 이상 숲에서 약초를 캐거나 발효 등의 기법으로 생태적 지혜를 발휘하기를 두려워했다. 도시의 아카데미에서는 연결망의 지혜였던 생태적 지혜와 정반대의 분리와 분석의 의학 등을 가르쳤다. 노파 솔론이 갖고 있던 생태적 지혜와 정동(affect)은 근대화의 명분하에 벌어진 탈주술화와 마녀사냥의 서슬 퍼런 탄압 속에서 오랜 시간 동안 사람들에게 잊혀졌다.

아카데미('의미=권력')와 생태적 지혜에 대한 마녀사냥

청년 미셸 푸코(Michel Foucaul)를 일약 스타로 만들었던 『광기의 역사』(2003, 나남출판)가 출간되었을 때 사람들은 광기의 정체가 무엇인지 호기심을 보였다. 푸코는 아카데미를 성립시켰던 근대의 지식 체계에서 정동, 사랑, 욕망, 광기뿐 아니라, 이의 담지자들인 주변인, 떠돌이, 방랑자 등을 비이성으로 간주하였다고 말한다. 이렇듯 바보선*에 유폐된 주변인처럼 정동의 영역이 비이성의 영역으로 식별되어 감금되고 추방됨으로써, 근대의 이성은 비로소 모습을 드러냈다. 이로써 비이성 영역 중 하나인 정동은 잉여, 군더더기, 잔여 이미지 등으로 규정되면서 네트워크 잠금 즉, 배제와 분리라는 미시권력의 배치(dispositif) 밖에 놓이게 된다. 여기서 광기의 유폐는 곧 정동의 배제와도 같은 것이라고 할 수 있다.

근대 시기 아카데미의 이성 중심주의는 정동을 분리시키고 배제함으로써 마치 진공 상태의 실험실과 같은 공간을 연출했다. 실험실에 실험자와 피실험자가 있듯이, 주체와 대상이 구분되는 공간이 연출되는 사회의 실험 실화가 진행된 것이다. 근대 규율권력은 공장, 감옥, 학교, 군대 등에서 억압적인 태도로 관철되었다. 이는 사람들 사이에서 생성되는 정동과 활력을 어떻게 관리하고 규율할 것인가의 문제와도 직결되어 있었다. 아카데미의 분위기는 정동의 주체성인 민중, 소수자, 생명에게 지극히 반동적인 태도를 취함에도 불구하고, 그 내부의 카르텔에 의해서 자신의 지식권력을 보호하

---

* 근세 초기에 사회부적응자나 광인을 싣고 끝없는 항해를 했던 배를 바보선이라고 한다. 푸코는 바보선을 광기를 유폐하고 비이성으로 식별하기 위한 권력의 장치라고 보았다.

고 끊임없이 그 대리인으로서의 석박사 학위를 가진 학자들을 배출하는 공간이었다. 특히 정동의 분리와 배제를 통해서 이성이 성립된다는 것은 아카데미와의 비교적 짧은 교류 과정과 삽화 속에서도 파악할 수 있는 바이다.

아카데미는 의미화, 즉 '~은 ~이다'라는 정의(definition)와 단정의 방식으로 작동하는 권력이다. 그렇게 그가 자신 있게 의미화할 수 있는 것은 그에게 그럴 권력이 있다는 얘기와도 통한다. "문제의 핵심은 이것이다", "그 이유는 이것 때문이다"라고 단정하면 일단 시원한 느낌이 든다. 그러나 곰곰이 그 배치를 살펴보면 그렇게 단정할 수 있는 권력이 아카데미 구성원에 있음을 스스로 설파하고 반복적으로 주지시키는 것에 불과하다. 그렇다면 복잡한 세상사를 그렇게 단정하고 정의내리는 권력은 누구에게서 부여받은 것인가? 아카데미는 스스로의 구성원을 통해서 다른 구성원을 심사하고 평가하는 동료 심사 모델(peer review model)을 근거로 들지만, 사실상 이는 '상호 참조의 오류'에 불과하다. 즉, 한 사람이 다른 사람을 인용하고, 다른 사람 역시도 한 사람을 인용하면서 서로에게 이론적인 지지대가 되어 주는 방식으로 아카데미의 지적 구조물은 설립된다.

결국 거대한 이론적 구조물의 외양을 걷어내고 잘 들여다보면 아카데미라는 권력구성체의 핵심에는 '~은 ~이다'라고 정의내릴 수 있는 사람들의 권력의 배치가 있다. 그러나 초기 근대 장인의 도제조합 전통에서는 끊임없이 몸과 마음으로 체득하는 '~은 ~되다'의 과정이 있었다. 결국 '이기'(being)의 논리는 '완성형'으로서의 지식을 만들어내는 원천이지만, '되기'(becoming)로서의 흐름의 사유는 늘 '과정형'이며 '진행형'이기 때문에 섣불리 단정하는 것을 그만두는 것을 의미한다. 아카데미는 '이기'를 강제하며 이는 지식권력을 정당화하는 수단에 불과하다.

아카데미의 의미화 문제는 거기에서 그치지 않는다. 근거(ground)가 있어야 정의(definition)를 내릴 수 있는데, 그 근거가 되는 것을 정의와 연결시키는 것은 쉽지 않은 일이기 때문이다. 이른바 '근거 있는 주장을 하라'고 하는 말을 곰곰이 생각해 보면, 세상이 단선적이고 선형적인 인과론적인 구도에 놓여 있다고 보라는 것을 의미함을 알 수 있다. 그러나 세상은 복잡계이고, 온갖 정동의 흐름이 다채롭게 발생하는 공간이기 때문에, 하나의 이유와 하나의 본질로 정의 내리고 단정하는 방식으로 모든 것이 설명될 수는 없다. 그가 시험을 잘못 본 이유는, 그저 공부를 안 해서라기보다는 몸이 간지럽거나 그날 유난히 날씨가 너무 추워서였을 수도 있다.

그런 점에서, 의미화가 바로 권력의 작동 방식이라는 것을 알 수 있다. 의미화란 수많은 정동의 흐름 중 하나의 의미로 설명 가능한 것만을 분리시켜서 단정하는 방식인 셈이다. 여기서 '의미=권력'의 외부에 있는 생태적 지혜의 역사적인 배경을 살펴볼 필요가 있다. 피터 라인보우는 『마그나카르타 선언』(2012, 갈무리)에서 아드리엔 리치의 시를 인용하는데, "어둡게 뒤얽힌 숲이 표시가 없는 밝은 곳과 만나는 곳,/나는 당신에게 그곳이 어딘지 말하지 않으련다/유령이 출몰하는 교차로, 부엽토의 낙원/나는 누가 그곳을 사고, 팔고, 사라지게 하고자 하는지 이미 안다/"(2012, p.127)고 하면서 공유지에서의 지혜의 신비를 드러내고 있다.

16~17세기 영국 사회에서는 산업혁명이 막 시작되었는데, 그 주축을 이룬 것이 방직산업이었다. 양모 생산을 위한 대규모 목축의 필요성은 곧바로 야산, 벌판, 삼림 등의 공유지에 대한 약탈과 착취로 이어졌다. 종획운동, 즉 인클로저(enclosure) 운동은 공유지에 울타리를 쳐서 사유화하는 과정이었다. 음험한 음모와 학살(genocide)은 공유지에서 생태적 지혜를 발휘하는

여성들에 대한 '마녀사냥'으로 이어졌다. 여기서 생태적 지혜는 공유지에서 싹튼 지혜, 연결망의 지혜라고도 불린다. 삼림, 하천, 바다, 갯벌, 우물 등의 공유지에서 싹튼 집단지성, 아이디어, 노하우, 암묵지가 그것이다. 생태적 지혜는 농부, 어부, 주부, 산파 등이 공유지에 접촉하면서 약초, 저장, 벌레 퇴치, 종자, 요리, 발효, 식생, 재생, 살림, 되살림, 순환 등의 지혜를 만들어 냈다.

이러한 생태적 지혜는 문제설정으로 사물, 생명, 자연, 기계에 대해서 대답을 하는 방식이 아니라, 문제설정과 문제설정을 연결하여 이를 배치하는 방식에서 노하우를 얻는다. 이는 사물, 생명, 자연, 기계 곁에 서식하는 정동을 지도제작하는 방식이기도 하다. 여기서 정동은 '의미화'하는 아카데미의 방식으로 나타나는 하나의 대답에 머물지 않는다. 오히려 정동은 '지도화'하는 생태적 지혜의 문제제기의 방식에 어울린다. 이러한 문제제기에는 대답이 여럿일 수도 있고, 모두가 대답일 수도 있고, 대답이 없을 수도 있다. 다시 말해 정동에서는 근거에 딱 맞아떨어지는 정의의 방식이 아니라, 근거와 정의가 분열되어 있다는 점이 드러난다. 동시에 정동은 하나의 대답으로 포획되지 않는 깊이와 잠재성을 가진 문제설정인 것이다. 특히 소농들은 자신의 노하우를 쌓아가는 방식에서 어떤 생명 현상이나 사물 현상에 대해서 쉽게 단정하지 않고 물음표와 호기심을 유지해 나간다. 소농은 이러한 여러 문제설정에 기반하여 일단 여러 방식으로 배치해 보고 재배치하는 등의 실험과 실천으로 능숙하게 대처한다. 아카데미의 틀 짓기에 포획된 관행농의 경우에는 매뉴얼과 농업기술적인 대답으로 응하지만, 생태적 지혜에 입각한 유기농을 하는 소농의 경우에는 계속 물음표를 안고 실험해 보고 다시금 농지와 공유지에서 살림을 해 보는 과정을 반복한다.

자본주의는 돌봄, 모심, 살림, 보살핌, 섬김 등의 정동이 미학적으로 구현되는 바를 끊임없이 공격해 왔다. 공유지에서 살림을 하던 여성들을 공격하면서 시작된 체제였다는 점은 자본주의가 지속적으로 살림을 그림자노동으로 치부하는 동시에 이를 공격해 왔던 이유를 설명해 준다. 공유지는 낙원과도 같은 여성의 생태적 지혜의 영토였다. 공유지는 비밀스러운 공간이자 은밀한 암묵지가 오고 가는 공간이었다. 이에 대해 아카데미는 '~은 ~이다'라고 단정하고 공유지를 사적 소유로 포획함으로써, 뚜렷한 성과가 보이는 '경제'가 원점 회귀적이고 비가시적인 '살림'에 우위를 차지할 수 있는 토대를 구축했다.

그러나 정동은 의미화의 권력구성체로는 포획될 수 없다. 정동은 그러한 권력구성체를 비웃듯이 곁과 가장자리에 살림이라는 형태로 지도제작을 한다. 이를 통해 은밀하고 비밀스러운 문제제기의 영토를 구축한다. 그럼에도 불구하고 이를 포획하려는 극단적인 형태가 등장했으니, 바로 최근의 플랫폼자본주의, 즉 정동자본주의이다. 그러나 정동의 흐름은 포획에 의해 멈추지 않는다. 정동은 생명 에너지이자 활력이기 때문이다. 정동은 생명, 자연, 사물, 기계 등을 관통하면서 도도히 흐르며 힘차게 지도를 그린다. 17세기 마녀사냥은 여성의 신비스럽고 비밀스러운 공유지를 파괴했을 뿐만 아니라, 생태적 지혜를 가시화하고 시각화하며 격자 모양으로 구획 짓고 계산하고 노출하려 한 사건이다. 이는 자본주의가 처음부터 여성의 정동에 대해서 공격적이고, 정동의 서식지인 공유지에 대해서 약탈적이었다는 실체를 드러낸 사건이다. 자본주의는 지속적으로 정동을 포획하려 한다는 점에서 일관된 의도와 기획을 갖고 있는 셈이다.

'지식과 정보'와 '지혜와 정동'의 방법론적 차이점

아카데미의 '지식과 정보'는 정보의 양을 높여서 그로부터 앎을 추구하는 방식이다. 이에 반해 생태적 지혜의 '지혜와 정동'은 정보의 양을 줄이고 '앎=함=삶'을 추구하는 방식이다. 아카데미는 정보 엔트로피가 높은 지식과 정보를 던져주지만, 사실은 가르쳐주는 것 자체가 자신의 몸으로 체득한 것이 아니다. 오히려 아카데미는 대부분 전문적 식견을 가진 사람들의 지식을 따라 해 보면 그 정도는 될 수 있다는 식의 복제복사의 인식론에 기반하고 있다. 그래서 지식과 정보만으로는 응용과 이탈, 색다른 적용의 방법론으로 향할 수 없다. 거기에 반해서 지혜와 정동의 방법론은 정보 엔트로피가 지극히 낮지만 몸과 삶으로 체득해 온 시간이 길며, 응용과 변용, 색다른 적용, 이탈 가능성이 높다.

이런 점에서 지식과 정보의 방법론은 '무의식의 의식화 과정'으로서의 학(學)의 방법론에 입각해 있다면 지혜와 정동의 방법론은 '의식의 절약으로서의 무의식화 과정'으로서의 습(習)에 따르는 방법론에 입각해 있다. 지혜와 정동의 방법론은 앎이 그저 앎에 그치는 것이 아니라 삶과 함으로 일치되는 방향에 선다. 이를 체득하기 위해서는 자신만의 긴 시간 동안 도제수업과도 같은 지난한 과정을 요구한다. 물론 정보와 지식은 차이라는 분절성이 있기 때문에 생태계를 조성하여 적용에서 자율성을 가질 수도 있다. 정보와 지식의 차이로서의 분절성이 효과를 발휘하기 위해서는 차이와 다양성의 지식과 정보의 생태계가 조성되었을 때 비로소 가능하다. 그러한 가능성과 잠재력에도 불구하고 일단 정보와 지식의 내적 논리는 여전히 복제복사의 인식론에 기반한다는 맹점이 있다.

지식과 정보는 사물, 생명, 인간, 기계, 자연에 대해서 '왜'(Why)를 질문한다. 그것을 통해서 대답을 도출하려는 것이다. 그러나 지식과 정보도 형이상학적인 본질과 이유에 대한 대답을 포기한 지 오래다. 지식과 정보는 "왜사는가?", "세계의 본질은 무엇인가?"라는 형이상학적인 질문에 대답을 할수 없다. 대답이라고 나온 것도 기능, 직분, 역할에 대한 것이 대부분이다. 즉, 근대 이래로 대부분의 학문에서는 본질과 이유에 대한 대답을 일찌감치 포기하고, 작동과 양상에 대한 대답으로 한정지었다. 다시 말해 "그것을 알수 있는 주체는 누구인가?"라는 인간의 자신의 문제로, 인식론의 문제로 머물고 있는 것이 근대 학문 체계이다.

지식과 정보가 수행하는 '왜'라는 질문에 대한 대답이 그토록 왜소함에도 불구하고 이에 만족하는 사람들이 많은 이유는 결국 실용적인 면에서의 선택이다. 하나의 기능 정도의 대답을 갖고 있는 것이 생활을 영유하는 데 약간의 도움이 될 것이라는 바람 때문이다. 그런 점에서 대답의 자본주의가 제시하는 전문가 유형의 사람들은 자신의 모든 신념과 영성, 의지를 투사하지 않고 그저 위생적인 기능연관의 측면에서만 관계할 뿐이다. 그것이 자신의 삶과 관련된 내밀한 이야기를 하는 심리치료, 인지치료, 정신분석일 경우에도 마찬가지이다. 어쩌면 대단히 무미건조한 관계라고 생각할 수도 있지만, 하나의 단선적인 기능연관에 따른 관계이기 때문에 다채롭고 다기능적인 진정한 '관계'의 풍요의 측면을 찾아보기 어렵다.

결국 지식과 정보가 누락한 것은 삶이고 정동이다. 지혜와 정동은 '어떻게'(How)라는 질문에 해당하며, 그것을 어떤 방식에서 수행하고 어떻게 살아갈 것인가에 대한 시원적인 질문에 해당한다. 물론 지혜와 정동 역시 본질과 이유가 아닌 작동과 양상에 머무는 것이라고 판단할 수도 있다. 그러나 작동과 양상에서의 기능, 직분, 역할에 따른 기능 분화가 아니라, 다기능적이고, 다역할적이고, 다직분적인 삶의 에너지와 활력을 어떻게 보존하고 가동시킬 것인가를 다룬다. 그런 점에서 지혜와 정동에서는, 지식과 정보가 미처 얘기하지 못했던 삶의 다채롭고 다양한 양상을 설명한다.

공동체에는 기능적으로 상담하는 사람이 아니라, 고민을 들어주는 친구나 어르신 같은 존재들이 반드시 있었다. 이러한 사람들의 방법론은 삶에 맞닿아 있고 생활연관 속에서 접촉하고 연결되면서 가장 가까이에서 함께해 왔던 시간들의 경험을 바탕으로 지혜를 나누었다. 그러나 기능적인 지식과 정보의 영역에서의 심리치료 방식에서는 상대방에 대한 진단과 평가, 그리고 기능의 적용이라는 기계적인 방식의 관계가 있을 뿐이다. 그렇기 때문에 진정으로 접촉하여 알아낸 것이 아니라 자신의 대답 매뉴얼에 나온 것을 적용하는 것에 불과하고, 삶의 다채로운 측면에 와 닿는 것이 아니라 진공 상태의 상담실에서의 상담자와 내담자의 일대일 대응의 거울관계가 펼쳐질 뿐이다.

지혜와 정동의 '어떻게'의 질문은 확실하고 명확한 대답이 없다. 요리 과정에서도 소금을 한 큰 술 넣으라고 용량과 한계를 명확히 하는 것이 아니라, '적당히' 넣으라고 눈대중으로 짐작해서 대응하기를 요구한다. 그런 점에서 과학적인 계측과 계량의 방법으로부터 벗어난 것이기 때문에, 그것이 비합리적이고 심지어는 주술적인 것으로 보일 수도 있다. 그러나 신비주의적인 방법이 아니라, 사실은 그날의 날씨, 습도, 햇빛의 양, 온도 등을 종합적으로 판단하면서 그 과정에서 '적당히'를 얘기하는 것이라고 할 수 있다. 그렇기 때문에 생태적 지혜는 신비주의와 영성주의로 오해받고 있지만, 사실은 가장 종합적인 방법론이다.

생태적 지혜는 합리주의와 같이 경계와 구획이 명확한 것이 아니다. 오히려 생명, 사물, 자연, 기계 등에서 생성되는 정동의 흐름에 따라 유연하고 탄력적으로 적용될 수 있기 때문에 다소 비합리적이지만 가장 적절한 방법론이라고 할 수 있다. 한편으로 명확히 구획된 대답이 없다는 점은 어찌 보면 답답할 수도 있고, 미로에 빠진 느낌을 줄 수 있다. 그러나 현실은 복잡계이기 때문에 다양한 상관관계와 인과관계의 다발 속에서 살고 있다. 그렇기 때문에 하나의 원인에 하나의 결과가 딱 맞아떨어지는 인과관계적인 해석은 현실성도 없고, 구체성도 떨어진다. "근거 있는 주장을 하라!"는 근대 지식 체계는 바로 그 '근거'가 복잡계라는 사실 때문에 인과관계가 작동하지 않는다는 사실을 부정하려 든다.

사실상 금융자본주의인 신자유주의 말미에 등장한 인지자본주의 단계에서는 계산적 합리성이나 인지적 정합성이 중시되었다고 할 수 있다. 이 단계에서는 인지(cognition)의 부조화는 비합리적인 것으로 간주되었다. 그리고 지식과 정보가 가장 중시되었다. 그러나 정동자본주의로의 이행 이후로 사실상 정동의 인지부조화와 인지편향은 부추겨지고 도모되고 양육된다. 이미 타르드(Jean-Gabriel de Tarde)는 모방과 인지편향의 움직임을 '양자적인 흐름'으로 설명한 바 있다. 흐름(flux)은 수많은 모방과 따라하기를 통해서 지극한 인지부조화와 인지편향의 상태에서 정동이 작동한다는 것을 의미한다. 이를테면 정동의 쏠림이 가장 많아지고 모방의 흐름이 발생되는 플랫폼자본주의 상황에서 공정한 경쟁을 얘기하고 기회의 평등을 얘기한다면 어떨까? 그러나 플랫폼은 그 자체가 정동의 독점에 기반한 사업 모델이다. 정동자본주의 단계의 플랫폼은 쏠림이 많고 잘 되는 플랫폼이 더 잘 되게 하는 인지편향과 모방, 흐름의 효과, 즉 네트워크 효과에 입각해 있다. 그렇기 때문에 지식과 정보의 측면이 설명할 수 없는 정동의 측면이 정동자본주의를 작동시키는 핵심적인 원리가 되는 것이다.

지혜와 정동은 앞으로 도래할 주체성 생산의 입장에 선 방법론이다. 기후위기와 생명위기 시대에 많은 매체들은 위기의 원인과 본질, 현상은 시끄럽게 얘기하지만 그것에 대응하고 적응할 방법론에 대해서는 침묵한다. 그런 점에서 수많은 기후위기 정보를 접하다 보면 머지않아 다 끝날 일이며, 인류에게는 미래가 없다는 식의 논변이 등장한다. 심지어 기후우울증 상황에서 고립된 채로 하소연하는 무기력 지층의 주체성 양상이 등장한다. 여기서 지혜와 정동은, 기후위기에 대해서 가장 적극적인 기후행동과 삶의 양식의 변화, 생태감수성 등으로 이끄는 기본적인 방법론이 된다. 물론 지식과 정보가 기후위기의 상황조차도 알지 못하는 사람들을 계몽하고 알려줄 수도 있다. 그러나 그러한 경우에도 그다음 어떻게 할 것인가 하는 문제가 등장한다. 다시 말해 지식과 정보는 미리 주어진 주체성, 즉 선험적인 인식론적 주체에 머문다면, 지혜와 정동은 구성하고 생산되어야 할 그 일을 해낼 사람으로서의 주체성 생산을 말하는 것이다.

분리와 분석의 아카데미와 연결망과 종합의 생태적 지혜

근대 시기 아카데미에서의 지식들은 분리와 격리, 분석, 잘게 쪼갬 등을 기본으로 하여 이상화된 데이터나 지식을 추출하는 실험실의 방식으로 구축되었다. 또한 근대는 사회 각 부문을 작은 실험실 유형으로 만들어냈다. 이를 '사회의 실험실화'라고 한다. 이는 생태적 지혜가 연결, 접촉, 종합의 방법론을 따라서 작동되는 것과 상당히 대조적일 수밖에 없다. 근대가 추진한 사회의 실험실화는 공장, 감옥, 군대, 병원, 정신병원, 보호시설 등이 모두 분리와 분석에 따라 추출된 크고 작은 실험실 운영 방식, 즉 매뉴얼에 따라 작동하였다는 점을 주지시켜 준다. 이를 가능케 한 것은, 기능연관을 세부적인 매뉴얼로 추출한 분석적인 방법론 덕분이다. 이것이 가능한 것은 분석실재론이라고 부르는 방법론 덕분이다. 분석실재론은 마치 디지털 세계가 0과 1이라는 최소단위로 구성되듯이 분석 대상을 단칭명제로 잘게 나누어서 참과 거짓을 판단함으로써 진릿값을 얻는 방법이다.

이러한 분리는 사실은 정동으로부터의 분리였다. 정동이 드러나야 할 순간은 미리 짜 맞춰진 무대 중앙의 전문가들에 호응하고 감동할 때뿐이었다. 나머지 정동은 주변에서 웅성거림, 잡담, 소음, 잉여로서 간주되어 제거된다. 이러한 주인공 담론은, 전문가들이 시원시원하게 단언하고 이에 감동하는 청중의 반응이라는 다소 통속적인 드라마를 보여준다. 이러한 주체와 대상의 방법론은 사실상 실험자와 피실험자의 구도에서 그려진 실험실 구도의 연장선에 있는 것이다. 정동은 지극히 규율되고 훈육되었으며, 간혹 주변에서 웅성거림만으로 표현될 뿐이지 무대의 전면에 나설 수 없었다. 근대는 이율배반적이었다. 한편으로는 정동이라는 생명과 자연의 능력은 비하하고 천대한다. 다른 한편으로 아카데미에서 정동을 기능적으로 다루는 전문가들의 능력은 끊임없이 찬양된다.

그러나 근대의 낭만적인 정동의 정치에는 균열과 파열이 생긴다. 68혁명과 같이 규율권력에 대해서 정동해방으로 맞선 경우가 등장했기 때문이다. 68혁명은 최종적인 규율권력의 붕괴와 근대적인 정동정치는 더 이상 효과가 없음을 보여주었다. 68혁명과 같은 대탈주는 공장, 군대, 감옥, 병원, 학교 등의 실험실 환경이 생명력과 활력, 즉 정동을 살리는 것이 아니라, 정동을 억압하고 금기시하는 곳이라는 명백한 사실로부터 출발한다. 다시 말해 욕망해방, 정동해방이 지상에서 떳떳이 발언되기 시작하면서 근대 지식체계에 최종적인 사망선고가 내려진다.

이후 68혁명에 대한 자본주의의 대반격은 1980년대 레이거노믹스와 대처리즘으로부터 시작된 신자유주의의 반격으로 나타났다. 이제는 정동을 발휘하고 문명 내에서 잘 살도록 하는 것이 지배질서의 매커니즘이 되었다. 다시 말해 푸코가 얘기하는 생명정치 단계가 개방되었다. 제1세계 문명 내부에서는 심리치료, 자기계발, 힐링, 웰빙, 소확행, 욜로 등 다양한 방식으로 잘 살도록 부추겨지면서도, 제3세계 민중의 정동은 네트워크 잠금을 통해서 철저히 분리시킨 것이다. 이를 통해 자본주의는 분리와 잘게 쪼갬, 분석의 작동 방식을 이제 제3세계와 제1세계의 분리로 나타내면서, 1세계 내에서는 정동을 부추기고 고무시키는 방향으로 향한다.

푸코의 『성의 역사3-자기에의 배려』에서의 구도처럼 정동을 어떻게 고무시킬 것인가 하는 문제에서 기업가 정신으로 무장한 자기통치, 자기연마, 자기관리, 자기계발과 같은 방법론도 등장했다. 스스로를 규율하는 이러한 개인의 등장은, 외부로부터의 규율은 없지만 사실은 자신에게 혹독하고 가혹한 규율을 자율적으로 행사하는 주체성을 의미한다. 68혁명의 정동해방의 물결에 대한 반응은 스스로 규율하는 것을 통해서 잘 살도록 하고 정동의 가능성을 증폭시키는 방향으로 향한다. 이 경우에도 아직 지혜와 정동의 방법론은 가시화되지 못하였다.

신자유주의가 위기에 처한 것은 금융자본주의를 기능정지 시켰던 2008년 서브프라임모기지론 사태 이후로 저금리 정책을 펼 수밖에 없었던 금융자본의 폐색 지점으로부터 시작한다. 그러나 이 당시에 자본주의는 이자

(interest)에서 지대(rent)로의 이행을 통해서 장기적인 투자 전망을 상실하고 대신 단기투기성 자본으로 이행하게 된다. 이제 가상적인 영역에서 데이터의 추출, 분석, 적용 등에 기반한 플랫폼의 지대이득이 중요하게 되었다. 이른바 플랫폼자본주의, 정동자본주의 국면이 등장한 것이다.

이제 플랫폼에서 재미, 인기, 흥, 슬픔, 기쁨 등 정동을 발휘하다 보면, 그 이득은 모두 플랫폼이 가져가는 상황이 되었다. 또한 이용자들의 정동과 일상적인 활동 정보는 빅데이터로 축적되어 적재적소에 필요한 소비생활을 유도하는 광고나 마케팅의 기초자료로 축적된다. 구글, 유튜브, 페이스북, 넷플릭스 등으로 대표되는 플랫폼의 등장은 일상을 빠르게 디지털 중심으로 바꾸었고, 동시에 정동에 대한 태도를 바꾸었다. 이제 정동은 플랫폼을 살찌우는 천연자원으로 치부되는 상황이 되었다. 정동으로서의 생명력, 활력, 에너지가 등장하는 곳에 끊임없이 자본화가 이루어지게 된 것이다. 이에 대한 최근의 대안으로서 지혜와 정동의 방법론을 통해 정동해방의 가능성과 잠재력을 주목하게 된 것도 정동자본주의 등장과 긴밀히 관련되어 있다.

생태적 지혜는 공유지에서 싹텄던 약초, 발효, 식생, 저장 등의 지혜이다. 생태적 지혜는 사물의 곁과 가장자리에서 서식하는 사랑과 욕망, 정동의 흐름(flux)에 따라 관계와 연결망 속에서 싹트는 지혜의 영역으로 간주되어 왔다. 또한 스피노자의 『에티카』(1996, 서광사)에서 '신 즉 자연'의 범신론과 "사랑할수록 지혜로워진다!"로 요약되는 평행론 테제에도 생태적 지혜가 관찰된다. 스피노자의 평행론으로 불리는 개념의 구도에서는, 신체변용으로서의 말 되기, 자전거 되기, 자동차 되기가 이루어지면 이에 따라 공통관념에서도 승마법, 경륜법, 운전법 등이 평행을 달리며 습득된다. 여기서 신체변용은 사랑, 욕망, 정동이 신체의 능력으로 드러나는 양상을 의미한다. 그런 점에서 사랑할수록 지혜로워지고, 신체변용이 정동을 생산할수록 지혜는 함께 평행선을 달리며 동반하게 되는 것이다.

또한 생태적 지혜의 흔적들을 간략하게 탐색해 보자면, 들뢰즈의 초월론적 경험론으로서의 발견주의에서도 생태적 지혜가 관찰된다. 들뢰즈는 신체 내에 잠재해 있는 정동을 발견하는 것이 삶의 깊이와 잠재성에 입각한 생명활동이 될 것이라고 보았다. 동시에 가타리의 세계 재창조로서의 '주체성 생산' 전략, 즉 구성주의에서도 생태적 지혜의 면모가 드러난다. 여기서 정동은 미리 주어진 것이 아니라, 관계 속에서 생산되고 구성되는 것으로 전진 배치된다. 또한 베이트슨의 의미화가 아닌 지도화로서의 방법론에서도 생태적 지혜가 발견된다. 정동은 인과론적으로 의미화되는 것이 아니라 복잡계의 생태계 속에서 지도제작으로 드러나는 것이며, 이에 따라 지도제작의 과정은 생태적 지혜의 표현 양상이라고 할 수 있다.

마지막으로 생태적 지혜에 적절한 설명력을 가한 것은 마투라나와 바렐라의 『앎의 나무』에서의 '앎=삶=함'의 구성주의와 자기생산(autopoiesis) 개념이라고 할 수 있다. 앎이 삶으로 체득한 것이며, 함을 통해 구현된다는 점은 분명하며, 생명활동으로서의 정동의 목적은 정동을 자기생산하기 위한 것이라는 점도 드러났다.

여기서 정동이 만든 생태적 지혜는 펠릭스 가타리가 『미시정치』(2010, 도서출판b)에서 언급했던 정동과 욕망의 배치(agencement)가 만든 권력으로 포획되거나 포섭될 수 없는 미시정치의 장이 된다. 다시 말해 정동과 지혜는 어떻게(How)라는 문제설정에 직면하면서, 정동의 지도제작을 통해서 끊임없이 배치를 다시 재배치하고 혹은 배치를 만들고 양육하고 사라지게 만드는 등의 미시정치를 하는 것이다. 여기서 정동의 미시정치는 '부엌에서의 미시정치'라고도 불린다. 부엌의 특이점은 우리의 상상력을 자극하면서 생태적 지혜가 현존하는 하나의 장소성을 개방한다. 가타리는 다음과 같이 얘기한다.

> 그때 부엌은 작은 오페라 무대가 된다. 그 속에서 사람들은 모든 종류의 도구를 이용하여, 즉 물과 불, 과일 파이와 쓰레기통, 특권관계와 복종관계를 이용하여 말하고 춤추고 논다. 요리하는 장소로서 이 부엌은 물질적 흐름과 신호적 흐름, 그리고 모든 종류의 서비스 교환의 중심이다.[*]

***

[*] 펠릭스 가타리, 『카오스모제』(2002, 동문선), p. 95.

3. 사랑의 유한성과 무한성 사이에서
— 감정노동과 정동노동

정동노동은 보이지 않는 그림자 노동인가?

가사노동을 해 본 사람은 모두 알 것이다. 빨래와 청소, 정리정돈 등 그 결과가 무엇 하나 가시적으로 드러나지도, 경제적인 성과 지표에 걸려들지도 않기 때문에 생산적인 일이라고 간주되지 않는다. 더욱이 늘 있어야 할 자리, 제자리로 돌아가는 것에 불과하지 않은가 하는 평가절하의 시각에서 자유롭지 못하다. 이렇듯 원점 회귀적인 살림은 아이들이나 동물이 어질러 놓으면 다시 원래 그 자리로 복귀하는 바로 향한다. 밖에 나갔다 온 사람의 시각에서는 모든 사물이 제자리에 놓여 있으니 아무 일도 없었던 것 같다. 집은 조용하고 정리되어 있고 깨끗하게 청소되어 있고 옷가지들은 제자리에 놓여 있다. 늘 평온한 일상이며, 어제와 오늘과 내일이 똑같이 제자리에 있는 것으로 정리정돈이 되어 있을 것이라는 착각에 빠진다. 그러나 그 아무 일도 없었던 것 같은 풍경에는 얼마나 지극함과 노력, 정동과 정성이 들어가 있는가?

그것은 사물의 곁과 가장자리를 닦고, 아끼고, 쓸고, 문지르는 등의 구체적인 행동의 결과물이라고 할 수 있다. 그러나 치워도 치워도 치울 것은 다시 생긴다. 그럼에도 그것이 얼마나 힘들고 지난한 과정인지 잘 보이지 않는다. 최상의 인테리어가 청소라고 하지만, 그 청소는 빛나는 주인공이 아닌 보이지 않는 그림자에 의해서 이루어지는 경우가 대부분이다. 이런 비가시성으로 인해 살림의 반복이 보여주는 영원성에 이르는 능력은 대부분 평가 절하된다. 그러나 그러한 정동과 사랑을 발휘하는 이유는 다시 정동에 기인한다. 그래서 정동은 재귀적이면서도 원점 회귀적이고 그래서 반복될수록 강건해지고 사랑할수록 사랑의 능력은 증폭된다.

우리의 가사노동, 활동, 살림은 신체 내에 있는 사랑과 정동이라는 에너지와 활력을 모두 소모하고 소진하고 고갈시켜 풀썩 주저앉을 수밖에 없는 상황에 있는가, 아니면 사랑의 힘의 증폭으로 향하고 있는가? 주부와 살림꾼, 소농의 경우에는 근본적인 질문을 받는다. 그러나 사회현실에서 그들은 늘 주인공의 배경이 되는 사람이고, 거의 겉으로 보이지 않아서 그가 했던 위대한 행위양식은 사라지고 가려진다. 여기에 무슨 일이 있었다는 거야? 아무 일도 없었는데? 가정으로 돌아간 사람들은 전혀 눈치를 채지 못할 것이다. 그러나 거대한 살림이라는 사건이 있었고, 철저히 여전히 베일 뒤로 감추어져 있다. 그러한 사건의 전모에 대해서 짐작할 수 없다면, 그들의 눈에는 잘 난 척하는 빛나는 주인공들만 시야에 들어올 것이다. 그러한 빛나는 주인공의 배경이나 환경이 된 가사노동을, 우리는 소모하고 소진하는 감정노동이라고 보아야 할까, 아니면 사랑할수록 사랑의 능력이 증폭되는 정동노동으로 보아야 할까? 물론 이 둘의 요소를 함께 갖고 있는 것이 가사노동이자, 돌봄이자, 살림이다.

감정노동자와 을의 대화법

먼저 감정과 정동의 차이점을 지적해야 할 것이다. 강의 중에 간혹 "움직일 때 생각이 많은지, 꼼짝 안 할 때 생각이 많은지?"라는 질문을 던지면, 대부분 꼼짝 안 할 때 생각이 많다고 얘기한다. 그러나 꼼짝 안 할 때의 생각은 대부분 하나의 고정관념 주변으로 공회전하는 생각이라는 특성을 띤다. 그래서 생각은 많지만, 마음과 몸을 움직여서 이행을 하는 쪽으로 향하기 어렵다. 왜냐하면 표상에 천착된 생각이 감정이기 때문이다. 이에 반해 정동은 여러 정서를 넘나드는 정서 변환 양식이기 때문에 정서와 정서, 표상과 표상, 문제설정과 문제설정의 이음새 역할을 함과 동시에 이행하고 횡단하는 것을 특징으로 한다.

들뢰즈와 가타리는 감정과 정동의 차이점에 대한 단상을 『천개의 고원』 (2001, 새물결)에서 "노동 체제는 '형식'의 조직화나 발전과 불가분의 관계에 있으며, 주체의 형성도 이에 대응한다. 이것이 노동자의 형식으로서의 감정 (sentment)의 정념 체제이다. 감정은 물질과 물질의 저항에 대한 평가, 형식과 형식의 발전에 대한 감각(sens), 그리고 힘과 힘의 이동의 경제 등의 모든 엄숙함을 내포하고 있다. 그러나 전쟁기계 체제는 이와 반대로 변용태 체제로서 동체 자체의 속도와 요소들 간의 속도의 합성에만 관여한다. 변용태는 정서(emotion)의 급속한 방출이며 반격인 반면, 감정은 항상 이동하고 지연되며 저항하는 정서이다. 변용태는 무기와 마찬가지로 투사되는 것인 데 반해 감정은 도구와 마찬가지로 내향적이다."라고 말한다.

---

* 들뢰즈와 가타리, 『천개의 고원』(2001, 새물결) p. 768.

들뢰즈와 가타리의 관점에서 볼 때 감정은 노동과 결합되어 있는 상보적인 것이라고 할 수 있다. 특히 감정노동자라는 상황은 이를 극명하게 드러낸다. 현대의 자본주의 하에서의 감정노동은, 외면적으로는 친절하지만 내면에서는 정동이 고갈되는 상황을 의미한다. 이 경우 정동과 사랑은 에너지, 시간, 노력 등의 한계에 의해서 유한한 것으로 머물게 되며, 감정생활과 감정행위와 관련해서는 제한된 감정적 자원으로 이용되어야 하는 상황에 처한다. 감정(emotion)이 표상에서 촉발되는 정서이기 때문에, 정동처럼 표상과 표상, 정서와 정서 사이를 횡단하는 정서 변환 양식이 아니다. 그렇기 때문에 감정은 제한되어 있고 유한하며 쉽게 고갈된다. 그럼에도 불구하고 감정노동자들은 이 유한한 감정을 일정한 방식으로 지속하고 유지해야 하기 때문에 소진되고 고갈된다.

자본주의에서는 서비스, 정신노동, 돌봄노동 등에 종사하는 수많은 감정노동자들이 있다. 감정노동자들은 텔레마케터, 영업사원, 부하직원, 판매직원, 서비스 돌봄 노동자 등으로 존재한다. 이들에게는 하루하루 자신을 소진시키는 일을 수행해야 하는 상황에 직면해 있다. 이들은 이 사회의 영원한 을(乙)이라고 할 수 있다. 권력을 가진 자들이 다가와 '갑질'을 하는 상황은 그들의 삶에 여러 가지 상처와 상흔을 남긴다. 그러나 그것을 해소하는 것은 모두 개인 책임의 영역으로 환원된다. 물론 "이 또한 지나가리라" 하고 체념 섞인 이야기를 할 수도 있다.

자본주의에서 노동력은 삶과 분리되어 삶의 내면과 외면을 분열시킨다. 물론 노동력이 삶과 분리될 수 있다는 설정은 칼 폴라니의 얘기처럼 자본주의가 만든 허구상품의 논리일 수도 있다. 자신의 작업장에서 완전히 다른 사람이 되어 연극적인 상태에 머무는 감정노동자라 하더라도 그들의 감정이 곧 정동으로 이행하는 것은 어쩔 수 없기 때문이다. 앨리 러셀 혹실드 는『감정노동』(2009, 이매진)에서 "이런 사회조직에 관계된 사람들은, 자신들 이 원하는 감정을 일으킬 만한 환상을 노동자들에게 심어 놓고 노동자가 마 치 그런 것 같은 느낌을 사용하도록 하는 것과 노동자의 감정기억에 한계를 설정하면서 자신들이 옳은 일을 하고 있다고 믿는다. 이것은 노동자들 자신 이 원하는 대로 보거나 생각하면서, 조직에서 인정하는 방식대로 감정을 보 이기만(표면행위) 하라고 요구하는 것이 아니다. 그 정도였다면 단순하고 또 크지 않은 일이 될 수도 있었을 것이다. 그러나 그렇지 않았다. 몇몇 조직에 서는 내면 행위의 기술 측면에서 아주 교묘한 방법을 썼다. 상상하는 방법 을 제안함으로써 감정을 만드는 방법을 제시하고 있는 것"이라고 말한다. 이러한 감정노동자의 상황은 자의든 타의든 스스로의 감정을 조작하는 단 계에 이른 것을 알 수 있다.

감정노동과 권력의 강권, 폭력으로 부가적 이득을 추구하는 '권력의 잉여 가치'(=갑질)의 만남은 정동의 측면에서 최악의 상황으로 이끈다. 이 비대칭 적인 권력의 배치는 감정노동자를 끊임없이 어려운 상황으로 내몰고, 최악 의 경우에는 자신의 생명까지도 위험해지는 상황이 된다. 여기서 갑(甲)의 언어유형과 을(乙)의 언어유형을 나누어볼 수 있다. 미시적인 권력의 배치 속에서 갑의 언어유형은 욕설의 형식을 띤 소수자 비하, 성적 비하, 동물 비 하, 지역 비하, 정신질환자 비하 등의 경우로도 나타난다. 동시에 혐오 발화 의 형태로 여성 비하, 지역 비하, 아동 비하 등의 경우로도 나타난다. 또한 악성댓글처럼 악성루머, 애국주의, 유명인 비하, 신상털이 등으로도 나타난

* 앨리 러셀 혹실드, 『감정노동』(2009, 이매진), p. 72.

다. 물론 을이 갑의 권력의 미시 배치의 언어를 사용하는 경우도 있지만, 대부분 허세이거나 자신이 갖지도 못한 권력 담화라고 할 수 있다.

이에 비해 을의 언어유형은 소수언어의 경우에는 은어, 속어, 비어, 방언, 피진어, 크레올어* 등을 사용한다. 또한 언어약자들의 경우인 텔레마케터, 백화점 점원, 보험회사 영업사원, 부하직원, 내담자의 위생적이며 깔끔한 대화법으로도 나타날 수 있다. 동시에 언어소수자들인 아이, 이주민, 청각장애인, 정신질환자, 여성, 성 소수자 등은 삶의 과정에서 비언어를 포함한 특유의 표현 양식을 보이면서 미세한 변용을 겪을 수 있다. 또한 언어특이자들인 지방 사람들, 깡패들, 군인, 일용잡부, 수감자, 중학생들 등의 경우에는 굴절되고 변형된 언어 사용법을 나타낼 수 있다.

여기서 주목해야 할 점은 언어약자들인 감정노동자들의 상황이다. 이들은 매우 깔끔하고 위생적인 표준어 중심의 노동을 하고 있지만, 그들의 감정노동 상황은 미시권력에 의해서 굴절되어 있다. 이로 인해 언어생활을 통해서 자신의 삶의 배치를 표현할 여지가 거의 없다. 혹실드의 『감정노동』(2009, 이매진)에서는 두 가지 유형의 감정노동자가 등장한다. 친절하고 상냥한 발화를 해야 하는 스튜어디스의 경우와, 화나고 위압적인 발화를 해야 하는 추심원의 경우가 그것이다. 우선 두 경우에 젠더적인 불평등이 존재한다. 스튜어디스의 경우에는 여성의 감정노동을 선호하고, 추심원의 경우에는 남성의 감정노동을 선호한다. 을의 대화법에서의 감정노동자들의 발화법은 자신의 자존감에 대한 최소한의 방어를 위해서 표준어, 위생적인 언어, 깔

---

* 먼저 피진어는 너무 가까워서도 너무 멀어서도 발생하지 않는 적당한 접촉경계면을 가진 혼합어이다. 크레올어는 피진어가 1세대를 거치면서 자동화되어 토착화된 것을 의미한다. 필리핀영어나 식민지영어, 원주민영어 등이 여기에 해당한다.

끔한 단어 구사, 뒤끝이 없는 단순한 발화 등의 기법을 사용한다는 것이 확인된다. 즉, 자신의 내면생활로서의 감정적인 언어 행위는 대부분 차단되고 표면행위로서의 언어생활이 가면과도 같이 외면적 관계에 위치한다.

여기서 정동에서 볼 때, 외면적으로 친절하지만 감정 소모가 많은 감정노동자의 상황에 처하면, 신체의 한계, 시간의 한계, 에너지의 한계가 중첩되는 한계테제 속에 놓이게 된다. 그런 점에서 특히 살림과 가사노동의 상황에서 사랑과 정동의 유한성은 감정노동을 통해서 드러나는 바이기도 하다. 사랑과 정동이 유한하다는 얘기는 굉장히 팝진한 감정이라는 느낌마저도 준다. 그러나 가사노동이나 살림의 경우에 분명 희생과 봉사로만 볼 수 없는 사랑과 정동의 무한성의 좌표를 그릴 정동노동의 요소도 존재한다고 볼 수 있다. 가사노동이 단지 감정노동이라면 가족공동체 내에서의 권력의 잉여가치가 존재해야 하고, 그런 점에서 가부장제 등을 증거로 들 수도 있다. 그러나 살림과 가사노동의 원천은 사실상 사랑, 정동, 돌봄의 자기생산의 요소를 반드시 갖고 있는 것도 사실이다. 그런 점에서 우리는 정동노동에 대해서 얘기해 봐야 할 것이다.

정동노동과 사랑의 무한성의 약속

마이클 하트는 『비물질 노동과 다중』에서 "한편으로는, 예를 들어 산업의 컴퓨터화에서, 소통행위, 인간관계 그리고 문화가 경제적 상호작용의 수준으로 도구화되고 사물화되며 '전락한' 것이라고 말할 수 있겠지만, 다른한편 생산은 상호적 과정을 통해서 소통적이고 정동적이 되며 탈도구화되고 인간관계의 수준으로 '높여졌다'는 것을 재빨리 덧붙여야만 할 것이다.

물론 이는 자본에 의해서 전적으로 지배되고 자본 내부에 있는 인간관계이다. (여기서 경제와 문화의 분리는 무너지기 시작한다.) 정동들의 생산과 재생산에서-문화와 소통의 이러한 네트워크들에서-집단적 주체성들이 생산되고 사회성이 생산된다.*라고 말한다. 다시 말해 자본이 정동노동을 필요로 하면서 사실상 정동노동의 자율성도 강조될 수밖에 없는 사회적 배치가 형성되고 있다는 것이다.

마이클 하트는 삶-정치에서의 삶-능력의 확장에 정동노동이 위치하며, 이는 첨단기술 사회에서 더욱더 확장된 국면으로 나타난다고 말한다. 이처럼 하트가 정동노동에 주목하는 것은 자본주의가 정동노동을 추출, 채굴, 약탈하는 정동자본주의로 이행하고 있다는 점을 재확인시켜 준다. 정동노동이 등장하는 것은 비물질적 노동이라는 측면에서 주목노동, 서비스 노동, 열정노동, 호출노동, 상징노동, 지식노동 등을 포괄하는 정동(affect)과 관련된 노동의 양상이라고 할 수 있다. 자본주의가 네트워크와 첨단 시스템을 통해서 정동을 직조하기 시작한 현 시점에서, 추출되고 채굴되어야 할 정동을 구성하고 조직화하는 하나의 방식으로 정동노동은 자리 잡고 있다.

자본주의가 정동에 주목하는 이유는 정동이 무한성이라는 특징을 띠기 때문이기도 하다. 정동노동의 무한성은 사랑의 자기원인이 다시 사랑이 되는 재귀적인 속성으로부터 기인한다. 한번 정동을 발휘하면 그것이 하나의 특이점이 되어 다시 정동을 발휘하는 방향으로 향한다. 그런 점에서 정동은 인지편향, 인지부조화 현상을 드러내는 흐름 형태로 나타난다. 다시 말

---

* 미이클 하트, 「정동적 노동」, 질 들뢰즈, 안또니오 네그리 외 『비물질노동과 다중』(2005, 갈무리), p. 151.

해 기존에 선호도, 취향, 기호 등으로 나타난 정동의 발휘는 반복적인 정동의 양상으로 향할 수 있기 때문이다. 결국 네트워크 효과의 진실은, 잘 운영되는 플랫폼, 자신이 이전에 반복적으로 사용했던 플랫폼, 익숙한 플랫폼 등에 더 눈이 가고 선호도가 더 높아지는 불평등한 형태의 작동 양상으로 드러난다는 점에 있다. 그런 점에서 하나의 정동의 발휘는 모방을 불러오고 따라하기를 통해 그것이 거대한 파도가 되고 흐름이 되는 것이다.

여기서 정동의 흐름과 정동의 순환은 일정한 차이가 있다. 정동의 흐름은 집단적 배치에 따라 움직이는 모방과 따라하기의 무의식의 행렬이라면, 정동의 순환은 근접거리 돌봄과 같은 영역에서의 재귀적인 작동 양상이다. 여기서 정동의 재귀성에 따라 사랑할수록 사랑이 증폭되는 색다른 상황이 연출된다. 다시 말해서 정동노동은 내부로부터 에너지와 활력이 흘러넘쳐서 사랑할수록 사랑이 증폭되는 무한성의 영역으로 진입하게 되는 것이다. 이는 자신의 시간, 에너지, 자원의 한계로 인해 사랑의 능력이 유한하다고 여겼던 감정노동의 상황과는 정반대의 상황이다. 자본의 입장에서는 엄청나게 탐이 나는 영역이 아닐 수 없다. 사랑의 무한성은 공유지, 공동체, 공통재의 영역에서 자주 발생되기 때문에 결국 자본에 의한 공동체의 질적 착취 양상과도 공명한다. 동시에 자본은 커먼즈와 유사한 플랫폼의 판을 깔면서 무한한 정동의 흐름과 동조화된 돈과 권력의 흐름을 만들어낸다.

원래 정동노동의 영역은 살림(oikos)의 영역이며, 경제(economy)와 분열되지 않은 온전한 의미에서의 경제활동 전반이었다. 살림과 경제의 분열이 사실상 자본주의를 성립시켰다. 자본주의는 살림을 경제적 가치 외부의 그림자노동(shadow work)으로 배제하여 오다가 정동자본주의의 국면에서는 정동노동까지도 포획하기 위해 노력하고 있다. 여기서 살림이라 불리던 정동노동을 그림자노동이라고 간주했던 이반 일리치(Ivan Illich)의 통찰도 유효하다. 그런 경제 외적 작동을 드러내는 살림의 영역이 왜 갑자기 중요해졌는가? 그것은 자본주의의 변화 때문이다. 이는 경제가 살림에게 자원-부-에너지를 주었던 성장주의 시대가 저물어 가고 이제 살림을 통해서 경제의 자원이 부여되는 상황으로 전도된 색다른 국면에 직면해 있기 때문이다. 즉, 정동노동은 이제 정동의 활력과 생명력, 에너지를 동원해서 수행하는 모든 일련의 노동과 활동으로 규정될 수 있다. 여기서 정동은 선재된 조건이 된다. 활력의 원천에 자원이 있는 것이 아니라 그 활력의 발생에 자본이 뒤따라가는 상황이 온 것이다. 결국 정동의 발생은 자본의 발생이다. 그런 점에서 노동의 형태는 살림 유형의 정동노동 양상으로 변모하게 된다.

이러한 노동 조건의 변화가 갑자기 찾아온 것은 아니다. 정동노동은 자본주의 성립 이전에도 살림, 돌봄, 모심, 섬김, 보살핌의 형태로 존재해 왔다. 정동노동은 정동의 활력을 미학화하고 구체화하는 방식으로 노동을 직조한다. 그 과정에서 자본주의 생산 방식의 크나큰 이행이 있었던 것도 사실이다. 먼저 다품종 소량생산의 도요타 방식, 린 생산방식(lean production)으로의 전환은 노동현장에서의 정동노동의 비중을 키웠던 자동화와 적시생산-적시소비 형태로의 이행을 의미한다. 그다음으로 등장한 플랫폼자본주의에서 자본은 플랫폼 노동을 정동노동의 유형으로 조직하기 시작한다. 플랫폼은 정동의 활력과 생명 에너지의 발휘 양식을 인기도, 평판체계, 네트워크 효과로서의 쏠림, 흐름 등으로 번역하기 시작한다. 이러한 정동, 사랑, 욕망의 흐름이 생산되는 판을 깔기 시작한 자본의 입장에서 정동노동이 가장 핵심적인 작동원리가 된다. 다시 말해 노동에 정동이 덤으로 장착되기를 바라는 것은 지극히 당연한 것이 된다.

정동노동은 인지자본주의 하에서의 지식노동과는 다르다. 지식과 정보를 통해서 명확하게 표상의 경계와 구획을 나누는 방식이 아니라, 정동과 욕망의 흐름을 통해서 표상과 표상 사이를 이행하고 횡단하며 전환하는 양식에 더욱 주목한다. 그래서 조회수나 선호도, 평판체계 등의 정동적인 요소들이 상품, 자본, 기업 등에 가장 중요한 사업 원리로 구성된다. 이에 따라 사랑과 정동, 욕망을 자연과 생명의 본성과도 같이 보던 자연주의적인 이해는 유효하지 않게 된다. 오히려 사랑, 욕망, 정동은 자연과 생명으로부터 분리된 가상적인 것이 된다. 이를 통해서 정동은 자본의 작동 원리와 동조화되는 것이다. 이런 점에서 영성적이고 진실한 사랑과 정동을 원하던 사람들에게는 상당히 위선적이고 가식적인 상황이 정동자본주의라고 할 수도 있겠다.

스피노자는 "[에티카 1부 정리 16] 신성한 본성의 필연성에 무한한 것이 무한한 방식으로 (곧 무한한 지성에 의하여 파악될 수 있는 모든 것이) 생기지 않으면 안 된다."*라고 말한다. 스피노자의 무한성 개념은 이후 헤겔에 의해 변신론으로 착취되고 곡해될 정도로 매력적인 것으로 다루어져 왔지만, 그것이 정동노동의 영역에 있다는 점은 세간에 조명되지 않았다. 헤겔처럼 무한성이라는 개념은 정신과 자기의식의 사고실험에 의해 절대정신으로 향하는 것에 머물러 있을 수 없다. 오히려 스피노자의 구도가 보여주듯이 정동의 무한성에 입각하여 유한한 것들 사이에서의 무한한 결속과 변용, 이행의 논의로 향하게 되는 것이다. 그런 점에서 정동노동처럼 스피노자의 무한성 개념을 선취한 개념도 없을 것이다. 사랑과 정동의 무한성 논의는 지복

---

*   B. 스피노자, 『에티카』(1990, 서광사), p. 34.

의 미래로 이끈다. 그러나 현실은 더욱 뾰족한 논의가 필요한 것도 사실이다. 이렇게 지극히 유토피아적이고 이상적인 정동노동의 논리는 실제 돌봄노동의 현장과는 다소 괴리되어 있다. 그 현장에서는 살의 접촉과 체력 소진, 높은 피로도 등 감정노동의 상황이 정동노동과 함께 유발되는 것도 사실이니 말이다.

돌봄의 이중성 : 감정노동과 정동노동 사이에서

돌봄노동의 현장에서는 어떤가? 시간, 에너지, 체력의 한계상황까지 다다르는 감정노동이 펼쳐진다. 주전자가 부글부글 끓고 있고, 아이는 으아앙 울고 있고, 빨래를 돌리는 세탁기는 요란한 소리를 낸다. 체력의 소진과 피로도는 이쯤 해서 한계상황에 도달한다. 그런데 왜 이런 일을 하느냐고 묻는다면, '사랑하기 때문에 사랑을 발휘하는' 정동노동의 재귀적이고 순환논증적인 대답이 나온다. 이 모든 것이 사랑을 대지 위에 뿌리내리려는 위대한 살림의 행동인 것이다. 이렇듯 돌봄노동은 사랑의 유한성과 사랑의 무한성을 동시에 천착한다는 이중성을 내포한다. 다시 말해 돌봄노동은 감정노동의 요소와 정동노동의 요소를 함께 갖고 있는 것이다.

그렇기 때문에 돌봄노동은 감정노동처럼 사랑의 유한성만 얘기하는 것도 아니고, 정동노동처럼 사랑의 무한성만 얘기하는 것도 아니다. 두 요소가 오묘한 선을 그리면서 결합되어 있다. 그런데 유한한 사랑보다 무한한 사랑이 더 위대해 보이는 것도 사실이다. 그런 점에서 무한한 사랑이라는 신적 속성을 가진 정동의 요소는 결국 희생과 봉사, 기부라는 순수증여의 상황을 의미한다. 이러한 순수증여 상황은 자연과 생명이 그러하듯이 대가를 바라지 않고 아낌없이 주는 영성적이고 신비한 능력으로 간주된다. 그러나 자원의 한계, 시간의 한계, 능력의 한계라는 현실의 문제는 정동노동을 선호하는 방향성에 제동을 건다. 돌봄노동은 그렇게 신성하지도 않고 그렇다고 세속적이지도 않은 양면성과 이중성을 가진 것으로 보아야 한다. 사랑이라는 이름으로 동일시와 의존에 기반한 돌봄을 전담하고 희생을 강요하는 젠더 불평등의 상황은 극복되어야 한다.

나카자와 신이치는 『사랑과 경제의 로고스』(2004, 동아시아)에서 "신도 아닌 인간이 전혀 보답을 바라지 않는 순수증여를 '흉내' 내는 경우, 그것은 종종 '선행'이라는 이름으로 불리며 타인의 상찬을 받곤 합니다. A는 마음속에 들려오는 '다른 사람에게 상찬을 받고 싶어서 그런 증여 행위를 한 것은 아닌가?' 혹은 '신이나 부처 앞에서 선행을 쌓기 위해서 그런 행동을 한 것은 아닌가?'라는 양심의 목소리로 인해 고통을 받게 되었던 겁니다. 그는 아내에게 고통을 호소합니다. '나 같은 소심한 인간이 경솔하게 그런 짓을 하는 게 아니었어.' 보답을 바라지 않는 증여는 교환에서는 절대로 발생하지 않는 이런 묵직한 기분을 인간에게 느끼게 하는 경우가 있습니다."라고 말한다. 이렇듯 순수증여의 상황은 절도와 무단 점취와 같은 보상관계 없는 비정상적인 행위 양식으로 간주될 수도 있다. 그러나 가사노동에서는 일상적으로 순수증여의 상황이 연출된다.

그런데 정동노동과 감정노동 사이의 오묘한 선은 둘 사이를 명확히 구분하는 선일까? 어떤 기준점이 있는 것은 아닐까? 이런 생각이 드는 이유는 무턱대고 정동노동으로, 또 감정노동으로 향할 수 없기 때문이다. 그런 점에

---

* 나카자와 신이치, 『사랑과 경제의 로고스』(2004, 도서출판 동아시아), p. 28.

서 칠레의 인지생물학자들인 마투라나와 바렐라가 『앎의 나무』(2013, 갈무리)에서 언급한 자기생산(autopoiesis)에 대해서 주목할 필요가 있다. 자기생산은 생명의 생명활동 대부분이 자기 자신을 생산하는 데 쓰이는 것을 의미한다. 이를테면 우리가 먹는 대부분의 음식은 살이나 똥으로 가는 것이 아니라, 우리 몸의 세포 전부를 재생하는 데 쓰인다. 피부는 2주, 간은 몇 달, 뼈는 6개월, 이런 식이다.

이러한 자기생산의 원리는 공동체를 재생시키고 순환시키기 위해서 자원-부-에너지 전부를 사용하는 지역순환경제의 구상으로도 설명할 수 있다. 여기서 공동체의 회계는 수입과 지출이 제로로 딱 맞아 떨어지는 제로회계를 기반으로 한다는 점도 중요하다. 좀 좁혀서 생각해 보면, 가족공동체의 자기생산, 즉 재생과 순환을 이루기 위해서 정동노동을 발휘할 수 있지만, 공동체 외부의 타자로서의 노동자를 재생산하는 '자본주의적 재생산'은 철저히 타자생산의 입장, 즉 감정노동의 상황으로 향함을 의미할 것이다. 그런 점에서 가족은 자본주의 사회의 가장 기본이 되는 세포 단위이지만, 동시에 경제적인 영역이나 살림의 영역에서의 공동체라는 의미가 있다. 여기서 가족이 공동체가 되는 것은 자기생산하는 정동노동의 순환과 재생이 내부 작동으로 자리 잡을 때이다.

사랑과 정동, 돌봄, 욕망의 위대성은 찬양되지만, 사실상 거대한 희생담론을 강요한다는 비판으로부터 자유롭지 못하다. 자본주의는 모성애를 찬양함으로써 모성으로 하여금 자본주의 기본단위인 가족을 지탱하도록 하고, 장차 노동자가 될 자녀들을 키워내는 데 어머니를 희생하도록 강요한다. 다시 말해 전부는 아니지만 강요된 모성도 존재하는 셈이다. 그런 점에서 정동노동은 이반 일리치가 말했던 그림자노동으로서 우리 사회를 재생시키는 필수 노동이지만, 이제껏 무시되고 비가시화되었던 노동이라고도 볼 수 있다.

이런 점에서 앞으로 살펴보겠지만, 돌봄노동의 가치화 문제가 활발하게 논의되고 있지만, 돌봄의 가치화는 돌봄의 저평가를 수반한다. 동시에 자율성과 자발성, 삶-정치적인 측면에서의 삶-능력*을 빼앗는 역할을 할 우려도 있다. 그러나 돌봄노동, 즉 감정노동과 정동노동의 이중성을 띠는 비물질적 노동이, 그중 정동노동의 측면에서만 이해되어서도 안 되고 또 다른 측면으로서의 감정노동의 측면에서만 이해되어서도 안 된다. 그런 점에서 돌봄의 가치화 국면은 돌봄의 자율성을 보존하면서도 동시에 화폐적 보상을 이루는 색다른 시도라고 할 수 있다. 이를테면 "가사노동에 대한 임금 지급을!"이라는 마리아로사 달라 코스따(Mariarosa Dalla Costa) 등 페미니스트의 주장이 파문을 던진 이래로, 기본소득 보장 부분에서 가사노동자의 권리는 현재 활발하게 담론 생산이 이루어지고 있다.

이렇게 돌봄노동이 문제가 되는 이유는, 돌봄을 하는 경우나 돌봄을 받는 경우 둘 다 관계 속에서 나오는 활력과 생명 에너지인 정동의 혜택을 받을 수 있기 때문이다. 즉, 정동하고 정동되는 과정 모두에게서 삶-능력은 강화되고 관계는 윤택해진다. 그런 점에서 정동노동과 감정노동이라는 이중성은 돌봄노동의 중요한 두 가지 구성요소이며, 더욱이 이중구속 될 여지는 없다. 동시에 우리가 생각해야 할 부분은 정동노동의 영역이 주변과 곁의 소음, 잡음, 잉여의 영역으로도 나타난다는 점이다. 이러한 주변, 곁, 잉여

---

* 삶-능력은 역능(force)으로 불리며, 삶을 살아가도록 만드는 힘이다. 삶-정치라는 하트의 새로운 구도는 삶-능력에 기반하여 권력의 배치에 영향을 미치는 색다른 미시정치의 상황이 중요함을 알려 준다.

의 영역에서의 정동노동을 포획하려는 경향이 최근 나타나고 있고, 이것을 플랫폼자본주의라 한다. 플랫폼자본주의가 정동자본주의라고 불리는 이유도 바로 이 때문이다. 플랫폼은 주인공뿐만 아니라 구독자나 시청자, 관객 등 무대의 배경이 되었던 사람들의 정동까지도 동원하기 때문에 정동자본주의로 향한다.

그런 점은 감정노동과 정동노동의 이중성을 넘어선 n개의 지평을 의미한다. 이제 정동하고 정동되는 과정에서 주변과 곁에서 발생하는 정동을 누가 포획하고 포섭할 것인가도 관건이 된다. 그러한 국면에서 정동은 사물, 생명, 자연, 기계, 인간 등의 곁과 주변, 가장자리에서 발생하여 전달되고 유통되는 활력이나 에너지까지도 포괄하는 의미가 될 것이다. 물론 자본주의 이전에도 정동은 존재했다. 그러나 정동노동과 감정노동의 형태로 조직되거나, 그림자노동으로 무시되고 배제되거나, 플랫폼 노동의 형태로 구체화된 것은 자본주의 성립 이후에 전개되어 온 상황이라고 할 수 있다. 그런 점에서 정동노동을 자칫 역사가 없고, 무시간적이며, 영원성으로만 간주하는 경우가 있을 수도 있다. 그러나 돌봄노동의 사회화가 이루어지고 있는 오늘날의 상황에서는 지금-여기의 역사적인 정동노동의 작동과 그 양상에 주목해야 한다. 왜냐하면 정동노동은 아주 구체적인 삶의 시간에서 사람이 살도록 만드는 살림이자 사랑이기 때문이다.

4. 열정노동과 활동과 노동의 경계

열정노동에 대한 젊은 날의 기억들

스타트업 기업의 회사원 A씨는 오늘도 야근 중이다. 지난번 프로젝트로 칭찬과 기대, 관심을 한 몸에 받게 된 상황에서, 이번에도 뭔가 의미 있는 성과를 만들어야 한다는 부담 때문이다. 회사의 대표는 회사의 친환경, 에코, 녹색 등의 사업 방향에 딱 부합하는 주제라면서, 일이라고 생각하지 말고 지구환경을 생각하는 활동으로 생각하고 사명감을 가지고 이 일에 임하라고 격려했다. 그는 지구를 살리는 활동에 동참한다는 생각으로 열정이 생기고 활력이 생겨서 꼭 이 프로젝트를 성공적으로 수행하겠노라고 호언장담했다. 그러나 업무 중 일과에서는 이를 진행할 수 있는 시간이 나지 않아서 야근을 밥 먹듯이 하면서 프로젝트를 수행하고 있는 중이다.

그의 열정은 결코 보답을 바라지 않는 활동으로서의 면모를 갖춘 것이지만, 그의 시간과 에너지는 점점 한계에 도달하고 있는 상황이다. 그는 졸리고 피곤할 때마다 커피 두 봉지를 한 잔에 넣어서 타 먹으면서 프로젝트에 열정을 불태우는 중이다. 어느덧 시간은 밤 12시를 향해 간다. 그는 내일 또 출근하려면 퇴근을 해야 하는데, 갑자기 욕심이 생겼다. 그는 돌연 그냥 날을 샐까 하는 생각이 들었다. 이 일은 그의 활동으로서의 사명감 때문이지, 성과급이나 그 이상의 돈을 바라고 하는 일은 아니었다. 그는 새벽까지 일을 하다가 결국 의자에 몸을 기대고 깜빡 잠든 것이 아침까지 자고 말았다. 아침에 회사의 대표는 들어와서 그가 의자에 기대어 자고 있는 것을 발견하고 감탄과 칭찬의 얘기를 끊임없이 하면서 그에 대한 기대와 관심을 표명하였다. 그는 독려해 주는 대표의 말에 다시 한번 열정이 샘솟았다.

그러나 그는 그날 차가운 사무실에서 쪽잠을 자는 바람에, 독감에 호되게 걸리고 말았다. 그리고 열정을 능가하는 독감의 엄습에도 불구하고 그는 프로젝트를 며칠에 걸쳐 마무리 짓고, 그다음 날부터 집에서 드러눕게 되었다. 그리고 체력의 고갈, 소진, 우울감의 상황은 그가 발휘했던 열정만큼이나 강렬하게 다가왔다. 프랑스 철학자 들뢰즈의 『소진된 인간』(2013, 문학과지성사)에서 말한 것처럼 열정 이후에는 가능성의 상실인 소진의 상황이 다가왔다. 그는 노동이 아니라 활동처럼 일을 했지만, 그 결과 열정 페이의 초라함과 소진된 신체, 우울한 마음이 남았다. 그는 갑자기 "노동을 활동처럼 해 달라"는 대표의 말에 의구심이 생기기 시작했다.

활동과 노동의 경계는?

활동과 노동은 분명히 구분되지만, 문제가 되는 것은 최근의 청년들이 직면하게 되는 이 둘 간의 무경계 상황이다. NGO, 사회단체, 협동조합 등에서 청년활동가들에게 노동을 활동처럼 해 주기를 바라는 선배 활동가들의 태도가 있다. 이를 청년들은 열정 페이를 강요하는 것으로 간주한다. 일과 활동의 경계는 분명하지만 '활동가'라는 꼬리표를 달아 무경계의 상황으로 몰아 간다. 이에 따라 청년들은 적은 임금을 받고도 적절한 보상도 없이 활동가로서의 자신의 책무를 다하기 위해서 열정을 강요받는다.

그런데 활동과 노동의 경계는 어디에 있는 것일까? 칼 마르크스(Karl Marx)의 『독일 이데올로기』(2015, 두레)에는 '산 노동'(Living Labor)이라는 개념이 나온다. 즉, 인간의 활동 전반을 관통하는 개념이 산 노동으로 표현된 것이다. 산 노동은 죽은 노동의 반대 개념이고, 여기서 산 노동이 현재의 노동이라면, 죽은 노동은 과거의 노동으로서의 기계류이다. 자본이 장악한 죽은 노동으로 인해 인간의 산 노동은 소외된다는 것이 마르크스의 구도이다. 노동자들은 생산물, 생산수단, 생산과정, 생산계획으로부터 소외되어 결국 산 노동의 소외 상황으로 향한다는 것이다. 즉, 노동(labor)은 돌연 작업(work)과 분열된다. 이에 따라 자신의 기획, 실행, 운영, 집행 전반과 관련된 노동은 단조로운 작업의 반복적인 과정으로 현현한다. 이에 따라 "산 노동의 전일성과 통합력을 복원하는 사회가 공산주의"라는 개념이 마르크스에게서 언급된다.

그런데 마르크스의 산 노동 개념은 활동과 분리되지 않는 노동이라는 측면에서 분명 열정노동의 요소가 있다. 그런 점에서 비교적 마르크스주의의 영향권 내에서 있었던 중장년 세대의 경우에는 열정노동을 오히려 소외되지 않는 노동, 산 노동으로 오독할 여지가 생긴다. 산 노동은 정동에 근접한 개념이다. 그러나 산 노동은 정동처럼 생명력과 활력의 밀도, 온도, 속도, 강도 등이 사랑, 욕망, 돌봄의 흐름의 상태로 삶의 전반에 존재하는 것이 아니다. 지극히 한정된 산업자본의 공장에서의 구체적인 노동의 생산과정을 추상화한 개념이 산 노동인 것이다. 그런 점에서 노동에서 정동으로의 이행이 더욱 빠르게 이루어지고 있는 상황에서 산업생산의 노동의 중심성을 유지하려는 사람들은 당연히 산 노동 개념의 패러다임 내에서만 사유를 전개시킨다.

더 주목할 만한 사람은 헝가리 경제학자 칼 폴라니(Karl Polanyi)이다. 그는 『거대한 전환』(2009, 길)에서 허구상품으로서의 노동력과 임금체계에 대해서 비판적으로 접근한 바 있다. 폴라니의 구도에 따르면, 생명활동에서 노동(임금)이 추출되고, 자연에서 지대가 추출되고, 미래의 구매력에서 이자가 추출되는 바는 자본주의 권력구성체가 만든 허구상품에 불과하다는 것이다. 더욱이 생명활동, 자연, 미래는 무한히 채굴되고 추출될 수 있는 영역이 아니라, 제한, 유한성, 한계가 있는 영역이라는 점에 주목해야 할 것이다. 그런 점에서 노동은 허구적이고 가상적인 자본이라는 권력구성체의 조작 행위의 산물이다. 그래서 노동을 인간의 활동 즉 생명활동으로부터 분리시켜 임금을 주고 고용을 하거나 일자리로 만드는 것 등은 자본주의가 만든 허구적인 설정에 불과한 것이 된다.

노동이 열정노동의 모습으로 변신할 수 있는 여지도 여기서 도출된다. 여기서 정동자본주의는 정동이라는 생명활동을 포획하려는 자본과 권력의 의도가 분명해진 상황이라고 할 수 있다. 그런 점에서 생명활동에서 노동으로의 분리가 허구상품이라는 폴라니의 이야기 구조의 중심축은 이행하게 된다. 이제 열정노동은 기본적으로 생명활동 전반, 즉 정동을 겨냥한다. 결국 정동자본주의에서는 기술적이고 표층적인 수준에서의 노동은 사라지거나 불가능해지고 삶, 생명활동, 생활 전반과 맞닿아 있는 정동에 대한 포획과 포섭이 중심으로 등장한다. 이에 따라 생명활동으로부터 노동을 분리시키는 허구상품을 통하는 간접적인 방식이 아니라, 생명활동을 직접 가져갈 수 있다는 자신감이 정동자본주의에 있다.

노동과 활동을 가르는 기준점으로 다른 논점은 없을까? 움베르토 마투라나(Humberto Maturana)와 프란치스코 바렐라(Francisco Varela)의 『앎의 나무』

(2013, 갈무리)에서 언급된 자기생산(autopoiesis)과 타자생산이라는 구분점이 여기서 주목된다. 노동은 자본주의를 재생산하는 타자생산이라면, 활동은 공동체를 재생하고 그 자신을 생산하는 자기생산이라고도 할 수 있다. 자기생산은 활동의 목표와 동기가 공동체 외부의 타자를 재생산하는 것이 아니라, 바로 공동체를 만드는 점이라는 데 주목할 필요가 있다. 그래서 활동은 자율적이고 자치적으로 그 일을 스스로 결정하고 스스로 수행하는 방식으로 나타날 수밖에 없다. 자기생산의 척도를 활동의 기준으로 본다면, 사실상 자신과 분리된 타자들–상품, 화폐, 자본, 권력–을 만드는 타자생산은 시야에서 사라지고 바로 자기 자신의 삶과 생활을 지속가능하게 만드는 것이 핵심이 될 것이다.

그러나 최근 상황을 비추어보면 활동과 노동의 경계가 더욱 모호해지고 있는 상황이라는 점에도 주목해야 할 것이다. 최근의 상황은 협동조합이나 NGO, 시민단체뿐 아니라 인터넷 기업이나 스타트업 기업들도 바로 자기생산을 자신의 조직 운영원리로 채택하는 쪽으로 변화하고 있다. 이들 조직에서는 자율성과 자기결정력, 민주적 운영원리 등이 최대한 보장되고 있다. 동시에 타자생산의 지루하고 희생적인 면모는 사라지고 있다. 이에 따라 정동자본주의에서는 자기생산으로서의 활동까지 조직의 운영원리나 노동의 원리를 확장하고 있다는 점이 드러난다. 이제 자기생산은 활동이고, 타자생산은 노동이라는 기준점은 무의미해진 상황이라는 점을 알 수 있다.

물론 노동의 패러다임 내에서 활동하는 노동조합이나 노동운동의 입장에서는, 이러한 노동에서 정동으로의 급격한 이동을 설명할 방법이 없다. 단기적 사안에 밝고 집단적 이득을 추구하는 모습을 보였던 한국의 노동운동이 직면한 커다란 문제는 노동이 끊임없이 주변화되고, 노동 과정에서의 위험이 끊임없이 외주화 되고, 심지어 노동이 현실의 맥락에서 사라져 버린 상태에 이르고 있다. 즉 노동이 비가시화되는 것이 최근의 정동자본주의, 즉 플랫폼자본주의의 상황이다.

노동에서 정동으로의 이행은 낭만적인 상황을 연출하지는 않을 것이다. 이른바 열정노동의 상황은 일상화될 것이다. 동시에 노동권 등이 끊임없이 퇴조할 수밖에 없을 것이다. 노동자들은 아주 색다른 고용계약 형태에 따라 정동을 발휘하도록 유도될 것이다. 플랫폼은 노동에서 정동으로의 이러한 이행을 가속화하고 포획하는 구체적인 전자그물망이다. 노동자에게는 더욱 요구되는 것이 많을 것이다. 기본적인 업무 능력 외에도 수많은 평판체계와 인기도, 지명도, 관심도, 속도, 민첩함, 상냥함 등의 정동 요소가 부가되기 때문이다.

이런 전반적인 상황 변화에 대한 대응은 세 가지 방법으로 나타난다. 첫째는 노동자의 권리를 더욱 분명히 하기 위해서 정동과 노동을 명확히 구분해야 한다는 입장이다. 즉, 이것은 열정노동이라고 불리는 정동의 포획 상황에 노동 중심의 대응을 하는 것을 의미한다. 그러나 정동자본주의가 활동에서 노동을 추출하고 분리했던 상황을 넘어서 활동과 노동 둘 다를 갖기를 요구하는 현재 상황에서 이러한 방법은 수동적인 대응 양상에 불과하다. 다시 말해 정동에서 다시 노동으로 복귀하라는 노동자들의 절규 섞인 목소리는 방어적이고 수세적인 것이다.

두 번째는 노동에서 정동으로의 이행을 받아들이고 수용하여 삶, 생명활동, 생활 등을 모두 열정노동의 형태로 정동자본주의에 포획당하는 형태가 있다. 이들은 정동자본주의 상황을 받아들이고 수용하지만, 정동의 생명력과 활력의 탈주와 해방, 전복의 에너지와 힘에는 주목하지 못하는 부류이다. 정동자본주의에 순응하는 사람들은 퇴행적인 상황으로 향하여 기껏해야 정동의 흐름이 더욱 자신에게 쏠리기를 바라는 '관종'(관심종자)이 되거나, 혹은 지독하게 착한 성품을 갖도록 길들여져 열정 페이에 만족하는 사람으로 머물 것이다.

세 번째로 정동의 미학적인 측면과 야성적인 측면 둘 다의 영역을 주목하면서 정동의 윤리적이고 미학적인 면을 발견하고 발명하는 입장이 있을 수 있다. 즉, 활동의 윤리와 미학을 형성함으로써 노동 문제를 해결하는 방식이 그것이다. 이러한 세 번째 차원에서는 활동이라는 거대한 판의 일부 기능으로만 노동이 배치되는 것을 의미한다. 우리는 이 대목에서 활동과 노동의 색다른 해석에 주목해야 한다. 들뢰즈와 가타리의 몰적인 것과 분자적인 것이 그것이다.

분자와 몰의 차이점

활동과 노동의 간극이 심원하다. 그러나 이를 무경계 상황으로 이끌고 포섭하고 있는 정동자본주의는 더욱더 우리의 일상을 장악해 나가고 있다. 그런 점에서 열정노동 문제를 심각하게 제기할 수밖에 없다. 활동과 노동이 이렇게 융합하고 있는 상황의 배경을 프랑스 철학자들, 들뢰즈와 가타리는 어떻게 보고 있을까? 활동은 여러 모델을 횡단하고 넘나드는 '재미와 놀이' 모델이다. 2~6세 아동에게 놀이를 시키면 놀이의 형태를 계속 바꾼다. 기차놀이, 병원놀이, 학교놀이, 인형놀이 등으로 횡단하고 이행하고 변주된다. 이러한 현기증 나는 과정이 바로 재미와 놀이 모델이라고 불리는, 여러 모델을 넘나드는 방식이다.

활동이 스릴 넘치고 재미있고 열정을 투사하게 되는 배경은 여러 모델을 넘나들 때의 롤러코스터를 타는 느낌 때문이다. 자신의 정동과 욕망에 따라 움직이기 때문에 재미와 놀이 모델은 지치거나 지루해하지 않고 계속 횡단하는 탈주선 위에 자신을 위치시킨다. 들뢰즈와 가타리는 이를 분자적인 것(the molecular)이라고 지칭한다. 분자는 물질 속성의 최소단위이고, 유한하며, 유동적인 물질 형태이다. 정동의 파도가 강렬해지거나 뜨거워지거나 할 때를 생각해 본다면, 정동이 작동하는 방식은 하나의 의미, 표상, 모델에 머물지 않고 그것의 흐름을 관통하면서 의미와 의미, 표상과 표상, 모델과 모델을 넘나들게 된다. 마치 인터넷 서핑을 할 때의 재미처럼 계속 넘나드는 과정은 흥, 재미, 스릴 등을 동반한다.

그러나 이러한 분자적인 정동의 흐름은 점과 점을 연결하는 선이 아니다. 오히려 선과 선 사이의 점이다. 그렇기 때문에 정동은 이음새나 간주곡이 아니라 의미, 표상, 모델 등을 관통하는 거대한 흐름이다. 강렬도가 낮아지고 재미와 흥이 떨어지면, 정동은 금방 다른 쪽으로 시선이 옮겨가 있다. 정동은 재미와 놀이를 추구하지만 고도로 자유로우면서도 고도로 조직된 도식작용(Schema)을 갖고 있기 때문에 소음, 잡음, 잉여와 같은 상태로부터 벗어나 있다. 놀이에도 규칙이 있고, 재미에도 설정이 있고, 흥에는 화음이 있는 것이다.

그런 점에서 서로 딴소리하며 중언부언하면서도 일관된 대화를 하는 일관성의 구도(plan of consistence)에 가장 근접거리에서 영향을 받는 것이 분자적인 것이라 할 수 있다. 정동과 욕망이 공동체의 판과 구도 위에서 잘 작용하는 것도 바로 이 때문이다. 이러한 정동의 횡단하는 성격은 모빌리티(mobility) 세대의 이동성과는 다소 차이가 있다. 정동과 욕망의 횡단은 근접거리에서도 그 자체의 변용을 추구할 수 있는 데 반해, 모빌리티의 성격은 물리적 이동에 기반하고 있지만 변용이 거의 없다. 다시 말해 욕망이 변했다는 것은 물리적으로 움직였느냐 아니냐에 큰 영향을 받지 않는다.

이에 반해 노동은 하나의 모델에 수렴되고 집중하는 '의미와 일' 모델이다. 의미와 일 모델은 집중성, 거대서사성, 일반성을 특징으로 한다. 2세부터 6세 아동들은 놀이를 계속 바꾸지만, 중학생 정도가 되면 일정 시간 동안 하나의 놀이에만 집중할 능력이 생긴다. 어떤 일에 집중력을 발휘한다는 것은 동시에 모든 자원-에너지-부 등을 거기에 집중하는 것이다. 동시에 다른 기회비용이나 인력 등도 한곳에 집중시키는 것이다. 집중되고 수렴된 정동의 힘과 에너지는 응고되어 고정된 틀과 고정관념으로 결정화된다. 이에 따라 일이 되도록 하려면 하나의 모델, 하나의 의미, 하나의 기능에 수렴되고 집중하여 긴 시간 동안 지낼(일할) 수 있는 노동자들이 필요하다. 그러나 그것은 분자적인 정동의 에너지를 갖고 있는 인간으로서 견디기 어려운 조건이라고 할 수 있다. 그렇기 때문에 이러한 열악한 노동과 일의 조건을 유지하기 위해서 다른 한 쌍으로 거대한 의미와 모델을 하나의 복잡하고 기능 분화된 구조물로 완성하여 마취를 시키고 최면을 거는 것이 자본주의였다.

들뢰즈와 가타리는 의미와 일 모델을 『천개의 고원』(2001, 새물결)에서 몰적인 것(the mole)으로 개념화하였다. 하나의 의미, 표상, 모델에 집중한다는 것은 기존의 아카데미나 문명의 특징이기도 하다. '~은 ~이다'라고 의미를 단정하고 그 의미 구조를 견고하게 만듦으로써 거대 모델을 형성하는 것이 바로 자본주의가 제안하는 전문가주의의 정체이다. 이러한 하나의 모델은 획일적일 뿐이지만, 기능 분화를 통해서 복잡성을 내부에 갖춤으로써 전문가 라이선스의 접근성의 장벽을 높인다. 이에 따라 하나의 모델에 집중하고 수렴하는 것이 결코 해결책이 될 수 없음에도 불구하고, 자본주의라는 획일적인 하나의 모델은 모든 문명을 지배하는 작동 원리가 되었다. 결국 이러한 수렴과 집중의 몰적인 모델은 효율성의 시스템이라고 할 수 있으며, 여러 모델을 넘나들며 탄력성을 갖는 분자적인 것과 반대 개념이다. 자본주의의 효율성의 모델에 따르면 성과와 외양, 실물이 정확하게 나오기 때문에 인과 관계가 지배하는 세상처럼 느껴지게 만든다. 이에 따라 하나의 모델의 원리에 맞추어 정동, 사랑, 욕망 대신 의미, 기능, 가치 등이 중요 테마가 된다.

들뢰즈와 가타리는 분자적인 무리의 조직화 방식과 몰적인 군중의 조직화 방식을 노벨문학상 수상자인 카네티(Elias Canetti, 1905~1994)의 예를 들어 다음과 같이 설명한다; "엘리아스 카네티는 때로는 대립하고 때로는 서로 뒤섞이는 두 유형의 다양체를, 즉 군중의 다양체와 무리의 다양체를 구분한다. 카네티가 말하는 군중의 특성 중에서 우리는 거대한 양, 구성원들의 가분성과 평등함, 중앙 집중, 집단 전체의 사회성, 일방적인 위계적 방향, 영토성이나 영토화의 조직, 기호들의 방출을 주목해야 한다. 무리의 특성 중에서 우리는 그 수의 적음 또는 제한됨, 흩어짐, 분해될 수 없으나 가변적인 거리들, 질적 변환, 잔류자나 횡단자로서의 불평등, 고정된 총체화나 위계화의 불가능성, 방향들의 브라운 운동적 다양체, 탈영토화의 선들, 입자들의 투사를 주목해야 한다. 물론 무리가 군중보다 더 평등하거나 덜 위계적인 것은 아니다."*

여기서 '정동과 욕망의 흐름에 따른 분자적인 무리의 조직화 방식'과, '의

---

* 들뢰즈와 가타리, 『천개의 고원』(2001, 새물결), p. 72~73.

미와 일에 따른 몰적인 조직화 방식' 간의 차이점이 드러난다. 자신의 조직이 단지 정체성, 소속감, 장소성, 리더십 등에 기반한다면, 그것은 하나의 모델에 집중하고 수렴되는 몰적인 것을 피할 수 없다. 그러나 분자적인 조직화 방식은 국지적인 관계에서 발생하는 정동과 욕망의 도도한 흐름에 전염되고 함께 모방하며 순전히 재미로 따라하기 시작할 때 그것은 웅성거리는 무리를 이루고 탈주선을 탄다.

결국 의미와 일 모델이라고 처음에 지칭되었던 것은 중앙집중 식의 현존 질서를 유지하는 데 급급한 조직화 방식이라는 점이 드러난다. 반면 재미와 놀이 모델은 새로운 모델을 개발하기 위해서 기존 모델을 횡단하는 소수자 집단의 조직화 방식이라는 점 역시 드러난다. 분자적인 것과 몰적인 것 중 어떤 방식으로 작동하는가 하는 문제는 순전히 기술적인 문제가 아니다. 오히려 그러한 사건이 이루어지는 방향성과 기반의 차이라고 할 수 있다. 그런 점에서 활동과 노동의 차이점의 심원함은 여기서 드러난다. 여기서 노동을 활동처럼 해 달라는 열정노동의 문제가 왜 전면화하고, 그 새로운 양상들이 정동자본주의 하에서 어떻게 이루어지는지 궁금해진다.

열정노동의 배후에 있는 정동의 역설

정동(affect)의 역설은, 정동이 발생하는 배경은 욕망과 사랑과 같은 분자적인 것이지만 그것이 구체화되는 방식이 지극히 몰적인 것이라는 점에 있다. 예컨대 돌발적이고 일시에 찾아오는 사랑의 분자적인 것은 돌봄의 근접거리 모듈(module)의 반복으로 구체화되면서 몰적인 것이 된다. 또한 재미와 놀이로 시작한 것이 의미가 생기면 또다시 일이 되는 구도 역시 생긴다.

이에 따라 욕망, 정동 등이 발생하는 하나의 틈새가 열리면 무의식의 행렬과도 같은 그것을 지속하고자 하는 반복된 틀이 발생한다.

분자적인 정동은 지도를 그리면서 다양한 부분으로 확산되거나 그 활력이 더욱 강렬해지는 것으로 향할 수도 있다. 그러나 동시에 그 심급과 수준에서 반복을 통해 에너지를 유지하면서 지속되는 몰적인 것으로 삶에서 구현되기도 한다. 이러한 과정을 거치면서 여러 모델을 넘나드는 분자적인 것 속에서 하나의 모델로서의 몰적인 것으로의 이행이 등장한다. 결국 분자적인 에너지와 활력을 퍼올려서 몰적인 것에 복무시키는 이율배반적인 움직임이 아닌가 하고 반문할 수 있는 대목이다. 따라서 재미와 놀이, 흥미, 운, 흥으로 출발했기 때문에 자기 자신에게 큰 동기부여가 되었던 것도 결국 의미와 모델에 복무하기 위한 절차적이고 과정적인 설정의 일부가 된 것 아니냐는 의혹으로부터 자유로울 수 없다. 결국 이런 분자적인 것의 몰적인 것으로의 전환은 일중독, 열정노동 등의 폐해를 남길 수밖에 없는 이유이기도 하다.

특히 청년세대는 자신이 발견하고 발명하는 과정에서 재미와 놀이의 설정을 갖고 있던 정동의 분자적인 흐름을 타면서 그것이 의미를 얻고 일이되고 자본화되는 일련의 과정을 경험해 보았던 과정, 다시 말해 벤처 열풍이나 스타트업 열풍 등의 속성을 잘 알지 못한 채 접근하는 경우가 많다. 그래서 정동의 발생을 너무도 큰 동기부여로 받아들이고 열정노동에 빠져들여지고 있다. 그러나 사실은 이것이야말로 정동자본주의가 판을 짜는 기본적인 구도에 불과하다. 정동자본주의는 활동과 노동 둘 다를 이음새로 연결하는 미시적인 전자 그물망을 장착하고 있다. 그렇기 때문에 생성되고 생산되는 분자적인 정동에 미세한 촉수를 드리우면서 이를 어떻게 몰적인 것으로 포획할 것인지 기술공학적인 방법론과 설정 등에 능란하다. 이는 이미 벤처기업 열풍 속에서 사회적으로 학습되었던 바이기도 하다.

그런 점에서 열정노동과 일중독에 시달리는 직장인들은 한 수 높은 정동자본주의 방법론의 그물망에 사로잡힌 고달픈 청춘이라고도 할 수 있다. 그러나 그 과정에서 발휘되는 열정, 욕망, 정동, 흥, 재미 등의 강렬도는 매우 높기 때문에, 그 설정의 외부와 배치를 살피지 못하는 상황도 연출된다. 결국 플랫폼과 같이 정동이 발휘될 마당이나 판을 까는 입장에 있는 것이 정동자본주의이다. 그래서 정동자본주의는 그 판 위에서 웃고, 울고, 즐거워하고, 흥미를 느끼고, 재미를 느끼고, 분자적인 정동을 발휘하는 일련의 과정이 모두 플랫폼을 살찌우는 방향으로, 즉 몰적인 이득이나 이윤으로 향할 수 있도록 만든다.

정동자본주의 하에서 나타난 노동에서 정동으로의 패러다임의 이동과 변화에는 어떤 긍정성과 부정성이 있을 것인가? 사실 정동을 포획하는 것이 핵심이 되는 상황에서 어느 때보다 생명의 활력과 에너지, 힘이 주도권을 갖게 되리라는 점은 분명해지고 있다. 그렇기 때문에 그러한 정동의 생명 에너지를 어떤 방향에서 발생시킬 것인가의 문제는 초미의 관심사가 된다. 특히 탈성장 전환사회로의 진입에서 핵심적인 영역이 바로 활력정동이 발생되는 특이점을 어떻게 만들 것인가에 달려 있다. 이를테면 행정 당국 역시 거버넌스가 전면화된 상황에서 시민 각각의 정동과 공동체적 관계망의 활력과 생명력을 기반으로 하지 않으면, 제도의 지속 가능성이나 생산, 운영, 집행 전반이 유효성을 잃게 되는 상황에 직면해 있다. 그런 점에서 정동은 이제 모든 상황에서 핵심적인 사안이 되고 있다.

문제는 활력과 생명력이 등장하는 곳이면 어김없이 권력과 자본이 만든 포획의 그물망이 뒤따른다는 점이다. 이는 앞서 얘기했던 정동과 욕망의 분자적인 것에서 이득과 이해의 몰적인 것으로의 전환되는 수법에 그치지 않는다. 놀라운 일은 정동자본주의에서 자본과 권력 자체가 사실은 탈영토화하는 분자적인 것의 배치를 따르는 특징이 드러난다는 점이다. 이는 기존의 정동의 역설, 즉 분자적인 것에서 몰적인 것으로의 전환의 문제설정을 초과하는 색다른 문제설정의 등장을 의미한다.

이런 상황은 표상주의와 재현의 논리가 장악한 자본주의 하에서의 '자본화=의미화=표상화'라는 공식은 흔들리기 시작했다는 것을 의미한다. 오히려 자본은 활력과 생명력과 동시 발생하는 자원-화폐-에너지의 흐름으로 드러난다. 그러한 색다른 자본의 양상은 무엇을 의미할까? 그것은 정동자본주의 하에서 흐름의 잉여가치의 전면화라는 새로운 국면으로 나타난다. 자본은 몰적인 것에서 이득을 취하던 후행적인 태도를 벗어나 이제는 선행적으로 활력과 생명력을 어떻게 만들 것인가에 주목한다. 자본은 정동의 촉발과 발생, 흐름을 끊임없이 연구하고 실험하고 새로운 시도를 한다. 이를테면 스타트업 기업 등은 활력과 생명력이 발생하지 않으면 금방 사업을 접어버리는 새로운 양상의 등장이 그것이다. 이 역시 플랫폼에서의 정동의 평판 체계에 민감하게 반응하는 양상을 의미한다. 또한 자본은 잘 나가는 방송 콘텐츠에 광고를 부가하거나, 인터넷사이트에 광고를 부가하는 방법에서 벗어나 종편과 같이 직접 콘텐츠를 만들고 광고플랫폼과 연동된 인터넷사이트를 만들어나가는 방향으로 향한다. 다시 말해 판 짜는 역할을 하는 것이다. 플랫폼자본주의(=정동자본주의)에서는 이제 어떤 판을 짜야 정동으로서의 생명력과 활력이 발생할 것인가의 문제로 차원 이동을 한 것이다.

정동자본주의 하에서 이미지-영상의 흐름은 정동과 욕망의 흐름을 모사

하거나 반영한 대응물이 아니다. 이제 이미지-영상의 흐름은 정동을 고무하고 생산하는 주된 원천이 되었다. 이미지-영상의 흐름은 감응과 감흥, 정동을 유발하고 삶을 지속하도록 만드는 기반이 되었다. 기존의 미디어가 개인의 감정생활이 그 기반이었다면, 정동자본주의에서의 플랫폼은 유튜브나 넷플릭스처럼 이미지의 흐름의 시너지에 따라 정동이 유발되도록 설정되어 있다. 이에 따라 정동의 새로운 국면은 자연발생적인 정동과는 완전히 다른 차원으로 이동해 있다.

펠릭스 가타리가 『분열분석적 지도제작』*에서 하나의 아이디어와 단상으로 밝혔던, 기호의 반복이 에너지와 활력의 원천이 될 것이라는 예언은 이제 현실이 되었다. 이제 플랫폼의 인공지능의 알고리즘이 제안한 분류에 따라 지극히 인지편향적인 콘텐츠를 취사선택해서 보게 되었고, 동시에 이러한 이미지가 그러한 정동을 촉발하는 데 효과적이라는 사실이 드러났다. 다시 말해 네트워크 효과처럼 많이 방문하거나 인기가 많은 콘텐츠를 더 추천하고 따라하는 모방의 양자적인 흐름은 결국 정동자본주의에서 가장 흔한 모습이라고 할 수 있다. 이러한 플랫폼에서의 정동의 유발과 촉발의 상황은 결국 노동과 활동의 경계를 흐리게 만드는 상황이라고도 할 수 있다.

앞서 얘기했듯이 열정노동 논쟁의 배후에는 분자적인 정동이 몰적인 이득으로 포획되는 정동의 역설이 숨어 있다. 그러나 정동의 영역마저도 식민화된 상황에서 분자적인 정동을 해방시키는 방향으로 향하는 들뢰즈와 가타리의 절대적 탈주선 전략은 새로운 도전에 직면해 있다. 여기서 오랫동안 공동 작업을 해 온 두 철학자, 들뢰즈와 가타리의 중요한 사상적 차이가 드

---

* 펠릭스 가타리, 『분열분석적 지도제작』(1992, 미출간 원고) Daum 카페 소수자에 수록되어 있다.

러난다. 들뢰즈의 초월론적 경험론은 발견주의에 머물러 있는 방법론이다. 반면 가타리의 '주체성 생산' 전략은 구성주의로 나아간다. 결국 들뢰즈와 같이 정동의 재발견에 머무는 발견주의는 더 이상 유효성이 없을 것이다. 왜냐하면 자본과 권력 역시 이미 정동의 생성과 창안의 발견주의의 입장에 서 있기 때문이다. 또한 가타리처럼 정동의 재발명을 통해서 주체성 생산을 이루는 방향성은 지배 전략의 일부로 차용되고 있다.

정동자본주의의 도전에 대해서 들뢰즈와 가타리는 어떻게 응답하였을까? 특히 열정노동이 기본 전제가 되어 버렸고, 죽지 않을 만큼 일한다는 마지노선을 겨우 지키고 있는 현재의 상황이 도래했다. 이 상황에서 청년세대의 문제를 '노동에서 정동으로의 이행'이라는 패러다임의 변화에 기반하여 다시 전략적으로 고민할 때이다. 여전히 문제 해결의 열쇠는 정동이 지극히 분자적인 것에 따라 생성되며 자기원인을 갖는다는 점, 정동해방이라는 도도한 물결의 초입에 들어선 문명이라는 점에 있다. 정동의 생명력이 창조-발화하는 생명평화세상은 더 미세한 전략적 지도제작의 사유를 필요로 한다.

5. 살림과 경제의 분열, 정동에 대한 젠더/섹슈얼리티 논의

코로나19 사태, 살림의 부활

코로나19로 인한 고강도 거리두기 상황은, 사회가 담당해야 할 역할을 가정 내의 살림이 도맡으면서 겨우 사회를 버티게 해주는 초유의 사태였다. 이때 집안 살림을 하는 주부의 입장에서는, 학교에 가지 않는 아이들, 재택근무를 하는 반려인이 삼시세끼를 모두 집에서 먹게 되면서 끊임없이 살림을 해야 하는 상황에 직면한다. 이는 그가 여성이든 남성이든 마찬가지다. 외출은커녕 동네 마실이나 산책할 여유조차도 갖기 어려워진 살림의 상황은 그대로 가정생활에서의 불화와 갈등으로 나타나기도 하였다. 이렇게 가정 내의 생활이 경제생활보다 앞서게 되는 상황이 찾아왔다.

그러나 곰곰이 생각해 보면 가정 내의 살림이 경제보다 후순위였던 적은 한 번도 없었다. 사실 있어야 할 그 자리로 돌아온 것에 불과하다. 그렇다면 살림을 누가 주도하는가? 대부분 여성인 경우가 많다. 여성의 어깨 위에 커다란 짐이 올라갈 때, 그녀들은 더욱 바빠지고 힘들고 고달픈 삶을 살 수밖에 없다. 그러나 여성들은 대부분 강건하고 담담하게 그 상황을 직면하고 또 감내하였다. 집집마다 한정된 자원으로 초등학생, 중학생 등등 각각 온라인 강의에 접속해야 하는 초유의 사태 속에서 컴퓨터 사용 기회조차 양보해야 하는 상황, 과부하된 와이파이를 놓고 벌이는 쟁탈전, 재택근무에서의 여러 가지 요구들, 그리고 아침 먹고 치우면 점심, 점심 먹고 치우면 또 저녁 식사를 준비해야 하는 형태로 끊임없이 돌아오는 식사시간을 치러내면서 주부들은 코로나19 사태를 견뎌내야만 했다.

기존에는 경제생활이 중심이었다면, 격리의 시대에는 가정생활이 중심이고 살림이 삶의 원동력이 되었다. 이처럼 비중이 막대하게 커져 버린 살림살이를 지혜롭게 경영하기 위해서 여러 가지 살림의 활동들이 전개되었다. 치우고, 배치하고, 배열하고, 순서를 정하고, 끓이고, 닦는 등의 여러 가지 살림의 지혜가 동원되었다. 경제가 있고 그다음 살림이 뒤따르는 것이 아니라, 살림이 먼저 선행되고 경제가 뒤따른다는 점은 무엇을 의미하는가? 활력(=살림)이 있고 그다음 자원(=경제)이 뒤따르는 상황이 아닌가? 탈성장 전환 시대의 비밀이 바로 활력의 선행성에 있다는 점이 드러난다면, 그다음으로 활력의 비밀은 바로 정동에게 있다는 점도 드러난다. 이것이 노동에서 정동으로의 이행이었으며, 생명위기 시대와 함께 정동의 시대는 그렇게 개막되었다.

경제와 살림의 분열

강수돌은 『살림의 경제학』(2009, 인물과사상사)에서 경제(economy)만을 만능으로 여기는 자본주의와 신자유주의가 살림(oikos)이라는 본래의 의미로 돌아갈 필요를 역설한다. 즉 경제는 사람을 살리고, 지구를 살리고, 생명을 살리는 행동양식이 되어야 한다는 것이다. 경제와 살림의 분열은, 인류학적으로 수렵을 담당하던 남성과 텃밭을 관리하던 여성 간의 분열로부터 시작되었다. 그러나 그 분열이 좀 더 기능적으로 구체화된 것은 자본주의 사회

성립 이후부터 가사노동을 담당하는 여성과 경제활동을 담당하는 남성으로 분열되면서부터이다. 포디즘 상황에서 남/녀 성역할은 도망가려는 남편과 붙잡으려는 아내의 구도를 만들어냈다. 그러나 포스트포디즘 성립 이후부터는 여성의 사회 진출이 이루어지면서 젠더적인 역할 분담은 낡은 것이되었다. 물론 가부장적 질서는 여전히 온존하고 있었으며, 그 이전에 있었던 68혁명부터 봇물처럼 터져 나온 여성의 권리 요구는 지속적으로 제기되고 있었던 상황이었다. 70년대 이탈리아 자율주의자들은 "가사노동에 임금지급을!"이라는 슬로건으로 살림의 가치화와 화폐화 의제를 본격적으로 제기하기 시작했다. 그 이후에 젠더 불평등에 대한 문제제기와 최근의 미투운동과 같은 항의의 물결은 전 세계를 뒤덮고 있는 상황이다.

"살림이 있고 경제가 있는가, 경제가 있고 살림이 있는가?" 이런 선후차성에 대한 질문은 결국 정동자본주의의 '활력과 정동이 곧바로 자본화로 이어지는 상황'에서 다음과 같이 바뀔 수 있다: "활력이 있고 자원이 있는가, 자원이 있고 활력이 있는가?" 살림과 경제의 분열에 대한 기존 자본주의의 대답은 경제가 바로 살림을 보충하거나, 살림 자체가 가치화됨으로써 경제의 일부가 되어야 한다는 것이다. 그러나 살림의 해방은 활력해방, 정동해방이라는 도도한 물결의 일부가 될 수 있다. 다시 말해 정동이 드디어 자본주의의 격자로부터 해방되는 것은 정동을 미학화하는 살림의 해방으로부터 출발한다. 특히 보편적 기본소득과 같은 논의가 본격화되면서 살림이 더 활력을 발휘하는 정동해방의 상에 접근할 통로가 마련되었다. 다시 말해 임금과 소득은 엄밀하게 분리되며, 이제 기본소득을 통해서 살림이 모든 삶의 핵심 기반으로 자리매김하는 상황이 올 것이라는 전망이다. 이처럼 기본소득 중에서 돌봄 기본소득의 논의가 바로 이러한 살림에서의 정동해방의 촉매제일 수 있다. 이는 경제가 있고 살림이 있었던 기존 성장주의와 자본주의 시대의 모습과는 사뭇 다르다.

활력의 해방은, 욕망해방이라는 슬로건에서 대규모의 항의하는 무의식을 만들어냈던 68혁명으로부터 시작되었다. 이러한 68혁명을 계기로 활력과 욕망이 지상에 등장한 상황에서 이를 재구조화하려 했던 80년대 신자유주의는 개인을 다시 기업가 정신으로 무장시키면서 활력 조절 체계를 형성하려고 시도했다. 그리고 신자유주의 시대의 활력 조절 체계는 금융지배 질서에 의해서 조절되고 개인 책임에 따른 부채인간의 모습에서 통제되었다. 그러나 신자유주의의 말미에서 활력에 대한 통제와 조절 국면은 이제 활력 자체의 자본화의 국면으로 급격히 이동하면서 정동자본주의로 이행했다.

이러한 정동자본주의에서는 금융자본주의와 한 쌍을 이루던 사이버네틱스와 네트워크 기술을 더욱 향상시킨 플랫폼이 그 주된 활력의 계류지 역할을 한다. 살림과 경제의 분열 상황에서 살림은 이제 돌아가야 할 낭만적인 어머니의 대지가 아니다. 더욱이 자본주의적인 재생산노동의 원천도 아니다. 살림 자체가 사실상 정동자본주의의 핵심적인 채굴의 대상이 되어 버린 상황이 찾아왔다. 살림은 모든 노동, 일, 여가, 활동 등의 원천이 된다. 금융에서 논의되는 스튜어드십 코드라는 개념에서의 '집사 마인드'는 이제 모든 활동의 원천과 작동 원리가 되었다. 이제 자본 역시 ESG[Environment, Society, Governance]라는 환경, 사회, 지배구조 등에 대한 살림의 방식을 차용하면서 친환경, 에코, 녹색을 표방하기 시작했다. 물론 그린워싱(Green Washing)이라는 비판도 만만치 않지만 말이다. 한국에서도 2025년까지 ESG 경영은 의무화될 예정이다.

정동자본주의에서의 살림은 기존의 양상과는 완전히 다른 것이 되어 버렸다. 물론 과거의 유산인 가부장제나 재생산노동, 젠더 불평등의 상황은 여전히 온존해 있다. 이는 정동의 강렬도와 활력의 에너지가 순환되고 유통되는 것이 아니라, 낡은 것 속에서 공회전하는 상황을 의미한다. 그러나 살림살이의 하중은 더욱 커지게 되어서 이미 기존의 낡은 유산들을 초과해서 요구하는 현실을 구성하게 되었다. 그것을 여실히 보여준 것이 코로나19 사태였다. 살림살이를 하는 사람들은 더욱 고달프고 힘든 상황이 온 것이다.

이제 생명위기 시대를 맞이하여 살림은 만물을 보존하고 양육하고 돌보는 기초적인 행위 양식으로 자리 잡으면서 중요도가 더욱 커졌다. 여기에는 과거의 유산을 초과하고 능가하도록 압박하는 가속주의의 진실이 있다. 활력의 가속화, 살림의 가속화는 변변한 소득의 보상이 없음에도 현실을 지속 가능하게 만드는 원천이 되지만 소득 보장을 요구하는 아래로부터의 압박과 압력은 더욱 높아지고 있다. 이제 노동의 여러 모습이 살림의 유형으로 재편된다. 동시에 금융, 기업, 국가, 환경 등에서의 작동 원리는 대부분 살림꾼의 모습으로 변신한다. 다시 말해 시장영역과 공공영역 등에서의 주체성들은 살림꾼, 돌봄자, 양육자의 모습으로 현현하고 있다. 노동과 관련된 소득은 최소화되고 다른 소득원을 찾기 위하여 다중들은 부심한다. 살림의 원리는 노동, 소득, 자본의 영역으로 들어와 있지만, 여전히 살림해방, 정동해방으로 향하는 탈주선의 가속화는 이루어지고 있지 않은 상황이다.

살림해방의 가속주의 전망을 어떻게 보아야 할까? 탈성장사회의 전망으로부터 정동해방, 살림해방의 국면을 살펴볼 수 있다. "북반구 현대 사회와 같은 경제적 다양성, 노년층 증가와 교육 기간 증가로 인한 비싼 부양비, 서비스 분야 비율이 높은 사회 경제 체계가 요구하는 바를 충족하고자 할 때, 화석 연료가 줄어들면 메타볼리즘(Metabolism: 신진대사) 유형을 유지하기 위해서 노동 시간이 길어지고 더 많은 노동자가 투입돼야 할 것이다. 이는 노동 시간 감소(일자리 나누기)를 주장하는 탈성장 제안과 상반된다. 미래에 에너지가 희귀해질수록 우리는 더 많이 일해야 할 것이다."* 이러한 언급을 하는 『탈성장 개념어 사전』(2018, 그물코)에서는 일과 노동의 증가로 탈성장 시대가 다가올 것이라고 보았지만, 전환사회의 전망은 더 살림을 많이 하게 될 것이라는 전망으로 바라보아야 한다. 모든 주체성이 살림꾼으로 변신해야 하는 상황이 점점 다가오는 것이다.

결국 살림이 있고 경제가 뒤따르는 시대의 국면은 전형적인 탈성장사회의 초입에서 나타나는 현상이다. 코로나19 사태에서의 국면은 예행연습이라고 할 수 있다. 이제 살림에 능숙하지 못하고, 살림의 방법에 대해서 제대로 알지 못하는 사람들이라 하더라도 적극적으로 살림을 배우고, 살림에 참여하고, 살림에 나서서 활력과 정동, 에너지를 발휘해야 문제 해결의 기본적인 단초에 접근할 수 있다. 이런 점에서 젠더 불평등이나 가부장제 등은 완벽히 낡은 것이라고 할 수 있으며, 남성-여성, 노인-아이-성인, 다수자-소수자 등의 모든 주체성이 살림에 동참해야 하는 시대의 초입에 와 있다. 그러나 여전히 낡은 살림의 관념이 한국사회에 잔존해 있으며, 살림에 대한 시대적인 요청에 부응하지 못하고 있는 것도 사실이다.

살림과 경제의 분열은 이제 살림으로의 통합으로 향하고 있다. 이는 노동에서 정동으로의 이행 국면의 시작 단계를 의미한다. 살림의 활력과 에너지를 발생시키고 유지하고 보존하는 일련의 행위 양식은 사실상 오늘날의 경제의 영역이 성장이 아닌 지속가능성이나 탈성장으로 향하고 있는 상황에

---

* 자코모 달리사외, 『탈성장 개념어 사전』(2018, 그물코), p. 93.

기반한 것이라고 할 수 있다. 우리는 더 일을 많이 해야 하는데, 그것은 살림으로서의 일이다. 우리는 돌보고, 모시고, 섬기고, 보살피는 섬세한 살림이 바로 자본화와 화폐화로부터 멀어지는 것이 아니라, 오히려 정동자본주의 하에서는 가장 기초적인 행위 양식이 되는 지점에 도달해 있음을 발견하게 된다. 그런 점에서 최근 요리 프로그램이나 음식 관련 프로그램 등이 미디어를 장악하는 것은 그저 한순간의 유행이 아니며, 살림을 잘하는 사람들이 미디어에서 각광 받는 것은 그저 한때의 바람이 아니다. 살림이 경제를 통합해 나가는 국면은 시작 단계, 전 단계의 관문에 선 것이다.

살림의 원리, 정동의 작동

성경에는 이런 구절이 있다: "예수의 일행이 여행하다가 어떤 마을에 들렀는데 마르타라는 여자가 자기 집에 예수를 모셔 들였다. 그에게는 마리아라는 동생이 있었는데 마리아는 주님의 발치에 앉아서 말씀을 듣고 있었다. 시중 드는 일에 경황이 없던 마르타는 예수께 와서 '주님, 제 동생이 저에게만 일을 떠맡기는데 이것을 보시고도 가만 두십니까? 마리아더러 저를 좀 거들어 주라고 일러주십시오.' 하고 말하였다. 그러나 주께서는 이렇게 대답하셨다. '마르타, 마르타, 너는 많은 일에다 마음을 쓰며 걱정하지만 실상 필요한 것은 한 가지뿐이다. 마리아는 참 좋은 몫을 택했다. 그것을 빼앗아서는 안 된다.'" [마르타와 마리아(루가 10,38-42 ; 요한 12,1-3)] 성경에서의 마르타 이야기는 살림을 하는 사람들이 끊임없이 바쁘게 움직이지만 사실은 그 판의 애초의 목적에 동참하지 못하는 딜레마를 얘기한다. 더욱이 살림이라는 판 짜는 자의 중요성을 낮추어 본다는 지적도 할 수 있다. 그러나 성경에서 예수의 말씀을 듣는 것보다 살림을 했던 마르타야말로 판 짜는 자로서 중요하다. 판 짜는 자는 주인공이 나섰을 때, 그 배경에서 그 무대를 가능케 하는 숨은 은인들이다. 판 짜는 자는 근대의 주인공담론으로 인해 백안시되어 왔다.

여기서 주목할 점은 살림이 바로 정동의 일부라는 점이다. 살림이 공동체 구성원을 부추기고, 양육하고, 돌보고, 도모하는 과정에서 활력과 정동은 촉발되어 활성화된다. 살림이 없다면 정동과 활력은 보존될 수 없다. 그런 점에서 살림꾼들은 판 짜는 자로서의 면모를 보여준다. 기존 근대 시스템에서는 나서는 자 중심으로 주인공 담론이나 책임주체를 강조해 왔다. 그러나 살림이 주도권을 갖는 정동자본주의 국면에서는 이제 판 짜는 자가 대부분의 활력과 정동을 자기생산하는 원천이 된다. 어떤 면에서 자리를 정돈하고 정리하며 닦고 쓸고 사람들을 안내하고 행사를 도모하는 '판 짜는 자'가 없다면 '나서는 자'가 발생하기 어렵다. 그런 점에서 배치와 관계망의 판(plan)이 어떻게 설립되고 직조되는지에 대한 살림의 이야기 구조가 모든 곳에 있기 마련이다.

들뢰즈와 가타리는 판과 구도를 짜는 것에 대해서 "사물들은 늦거나 빨리 오며, 이들의 속도의 합성에 따라 특정한 배치물을 형성한다. 아무것도 자신을 주체화하지 않는다. 주체화되지 않은 역량들이나 변용태들의 합성에 따라 〈이것임〉들이 형성되는 것이다. 경도와 위도, 속도와 〈이것임〉만을 알고 있는 이러한 판은 (조직의 판과 전개의 판에 대립되는) 고른 판 또는 조성의 판이라고 불린다."라고 말한다. 여기서 '이것임'은 판이 강렬해지면 가수

---

*   들뢰즈와 가타리, 『천개의 고원』(2001, 새물결), p. 505.

가 아닌데도 노래를 하고, 댄서가 아닌데도 춤을 추고, 아나운서가 아닌데도 사회를 보는 등의 출현적인 주체성을 의미한다. 또한 판 짜는 자는 주체화되지 않은 자이며, 늘 원점회귀적인 살림을 하고, 비가시적인 그림자노동을 통해서 도모하고 양육하는 사람들이다. 판과 구도의 영어의 표기인 plan[*]은 첫 번째 의미인 '판'과 두 번째 의미인 '계획'의 구분 속에서 전혀 다른 개념이 된다. 판 짜는 자는 기획자나 설계자, 엔지니어 등의 형상이 아니라, 그 판의 배열을 바꿈으로써 사물, 생명, 인간, 기계 등을 살아 움직이게 하는 삶의 토대라고 할 수 있다.

여기서 동시다발적인 일상을 사는 살림꾼의 입장에서 서로 딴소리를 하면서도 묘한 공감대를 갖는 고른 판, 즉 일관성의 구도(plan of consistence)라는 개념이 드러난다. 이는 그저 은유와 비유가 아니라 실제로 공동체의 판을 이루는 토대라고 할 수 있다. 공동체 사람들은 서로 만나면 날씨 이야기, 사랑이야기, 가족 이야기를 각기 말하면서 딴소리를 한다. 그런데도 그들 사이에 묘한 공감대와 일관성이 생긴다. 살림에 있어서도 사물, 생명, 기계, 인간의 배열이 각기 따로 노는 것 같으면서 사실은 배열장치에 의해서 서로 조화와 균형을 이루는 일관성으로 향하는 판인 셈이다. 판 짜는 자는 배열하고 수선하고 정돈하고 배치하는 일련의 행위를 통해서 판 자체를 새롭게 혁신하고 재창조한다. 이에 따라 정동과 활력은 충전되거나 보존되거나 발생한다. 이러한 측면은 정동과 활력의 결과나 후행적인 효과가 아닌 판 짜는 자에게서 이미 생성되어 있는 전제조건임을 의미한다.

---

[*] plan은 판, 구도라는 뜻과 일반적인 계획이라는 뜻을 갖고 있지만, 한편에서는 판짜기의 정동의 구성요소와 계획의 의미화의 구성요소라는 반대되는 개념 둘 다를 내포한다.

그런데 플랫폼자본주의, 즉 정동자본주의 하에서는 판 짜는 자의 역할을 플랫폼이 대체하려 든다. 편리하게도 전화 걸고 연락하고 알아보는 등의 행위도 없이 판은 자동적이고 기계적으로 주어진다. 자본의 이득과 수익을 위해서 그 판 짜는 일을 대신하겠다고 나서는 플랫폼의 모습은 염치없지만, 사람들은 쉽게 착각하게 된다. '플랫폼이 있으니 이렇게 편한데' 혹은 '판을 이렇게 미리 짜서 플랫폼이 편의를 봐주는데' 등의 생각이 그것이다. 그러나 플랫폼은 새로운 시장을 만들어낸 것이 아니라, 기존 시장에 기생하면서 판 짜는 자로서의 마당을 까는 역할을 하는 것뿐이다. 그런 점에서 판의 두 번째 의미인 계획이나 기획처럼 근대적인 기획자의 모습도 아니고, 그렇다고 지혜와 정동을 가진 판 짜는 자의 형상도 아닌, 마당으로서의 플랫폼이 능청스럽게 삶으로 침투해 들어온다.

이런 점에서 사람들은 쉽게 기존 판짜기를 했던 살림의 역할을 플랫폼에 내맡겨 버리게 된다. 플랫폼은 모든 일, 여가, 활동, 재미 등 정동 생활과 관련된 일련의 동작 속에서 가장 핵심이 되는 판과 마당을 장악해 버린다. 플랫폼 자본은 살림꾼들이 했던 무수한 노력과 준비동작이 무의미해지도록 미리 판을 깔고 기다리고 있다. 그동안 그나마 틈과 여백에서 살짝 가시적으로 드러났던 살림꾼의 역할이 이 판 위에서는 더욱 비가시화된다. 플랫폼이 깔아놓은 편리하기 그지없는 판을 소비하는 동작은, 기존의 살림꾼이 정동과 활력을 도모하고 양육하고 부추겼던 정동의 미시정치를 완전히 무색케 해 버린다. 그런 점에서 플랫폼의 판과 살림꾼의 판은 완전히 다른 것이라고 할 수 있다. 그리고 그 판 위에서 벌어지는 활동과 정동이 만들어낸 이익은 플랫폼 기업이 다 가져가 버린다. 사실 여기에 동원된 활력과 정동은 이전에는 공동체가 자기 자신을 생산하기 위한 에너지로 쓰던 것이다.

살림과 경제의 분열 속에서 경제가 살림을 포섭하는 역전된 방향성이 바로 플랫폼자본주의의 핵심이다. 살림을 통해서 정동과 활력이 전면화하고 사회적으로 살림의 가치가 재평가되는 상황이 아닌, 경제가 살림을 빨아들이고 살림과 경제의 분열을 더욱 가속화하는 것이 플랫폼 경제의 숨은 의도라고 할 수 있다. 플랫폼이 삶에 내재화되면 정동의 가치, 욕망의 가치, 돌봄의 가치에 대한 문제제기가 지체된다. 다시 말해 보편적인 기본소득이라는 시대적 요청은 그 응답이 지연된다. 기존 반자본주의 사상들은 살림과 경제의 분열 상황을 경제 내적인 문제로 풀고자 했다. 그런 점에서 플랫폼은 반자본주의 사상가들이나 대안운동에게는 공동체의 살림과 구별되지 않는 착시효과를 일으킨다. 플랫폼이 형식적으로 전자적 직조망을 띠고 있을 뿐, 공동체의 역할을 수행하고 있지 않은가 하는 묘한 착시효과가 여기서 발생한다. 게다가 익명성을 보장받으면서 편리한 플랫폼의 시스템에 익숙해지다 보면 살림을 통해서 경제를 통합하려던 기존 공동체 운동의 방향성이 낡고 촌스러운 것처럼 느껴질 수도 있다.

그러나 여전히 경제 외부에 있는 살림의 확장과 전면화가 자본주의의 시장만능주의를 극복할 대안이라는 사실에 주목할 필요가 있다. 플랫폼이 살림의 판 짜는 영역을 침투해 들어오는 이유는 바로 정동과 활력을 빨아들이고 포섭하기 위함이었다. 그러한 플랫폼의 상황은 그 의도가 명백히 보임에도 불구하고 편리하고 효율적이라는 이유로 살림의, 정동과 활력을 증진하고 도모하고 부추기고 양육하는 과정을 매우 비효율적이고 낡은 것으로 만들어 버리는 효과를 낳는다.

전근대의 부활인가? 탈근대로의 진입인가?

: 젠더 불평등과 살림의 문제

캐슬린 린치의 『정동적 평등』(2016, 한울엠플러스)에서는 "TV에 나왔는지 모르겠네요. 누군가 인터뷰하는 걸 보셨을 텐데 이런 식이죠. '오~예, 일손 돕는 아빠.' '기저귀는 갈아줘요?' 그리고 '예, 저는 기저귀 갈아줘요.' '아, 그런 일을 하다니 대단하십니다! 농담하는 거겠죠? 그러니까 그게 누군가의 역할이라는 걸 인정하듯이. 참담할 뿐이죠. 여자에게는 기저귀 갈아주느냐고 묻지도 않을 거예요, 그러니까, '오~예, 일손 돕는 엄마, 당신이 기저귀를 갈아주고 있군요.' … 그런 건 묻지도 않을 거예요. - 제럴딘, 도널과 결혼, 미취학 아동 한 명을 공동으로 돌봄."*이라고 언급한다. 살림에 관련한 담론을 얘기하다 보면 늘상 뒤따르는 젠더 불평등 문제를 지적하는 것이다. 여성이 대부분 가사노동을 책임지는 상황은 불합리하고 부조리한 현실이다. 대부분의 힘의 균형이 남성과 여성의 팽팽한 긴장관계에 있던 핵가족이라 하더라도, 명절이 되면 팽팽한 실이 툭 끊기듯 주도권은 남성에게 가 있음을 문득 깨닫게 되는 상황도 찾아온다. 이렇듯 젠더 불평등으로 인해 살림은 전근대적인 개념으로 치부되는 것이 현실이다. 이러한 상황이 거듭되면 결국 살림의 정동과 활력을 보존하고 생성하는 잠재력은 무시하게 될 수도 있다. 이제 살림에서 가치화되지 못하고 가시화되지 못한 부분, 젠더 불평등 등의 상황을 극복하고 넘어서야 할 필요가 있다. 더불어 살림의 다양한 측면에서의 잠재력과 긍정성을 말할 때이다.

---

* 캐슬린 린치 외, 『정동적 평등 - 누가 돌봄을 수행하는가』(2016, 한울엠플러스㈜), p. 158.

살림을 중세적인 담론이라고 폄하하는 시각도 있다. 생명을 살리고, 사물을 보존하고, 자연을 돌보는 모든 행위 양식은 산업사회 이전의, 텃밭이 있고 동물을 키우고 대가족이 모여 사는 풍경이 오버랩되기 때문이다. 특히 여성의 가사노동을 평가절하하고, 예속과 복종의 가부장제와 같은 상황은 살림을 전근대적이고 중세적인 담론으로 여길 만한 확증으로 작동한다.

그러나 보고 싶은 부분만 보는 확증편향도 있기 마련이다. 살림은 정동과 활력을 도모하고 살리고 보살피고 부추기는 상황을 통해서 공동체 유지에 가장 기반이 되는 행위 양식이었고, 현재에도 여전히 그 점은 변하지 않았다. 문제는 그 행위를 수행하는 주체성의 미시적인 권력과 정동, 욕망을 억압해 왔던 체계이다. 그런 점에서 젠더 불평등의 상황은 그 근원에서부터 완전히 격파되어야 할 시대적인 과제이다. 그러나 젠더 불평등이 극복된다고 해서 살림에 대한 가치 저평가가 해결되지는 않는다. 살림의 원천적인 중요성을 제대로 평가하지 않는다면, 젠더 불평등 상황이 극복된다 하더라도 오히려 정동과 활력을 증진하고 생성하고 도모하던 기초적인 행위 양식으로부터 소외될 것이기 때문이다.

섹슈얼리티 역시 활력정동의 다가치적이고 다기능적인 면모를 드러낸다. 여기서 퀴어라는 특이점은 정동해방과 활력해방을 달성할 민주주의의 척도이다. 섹슈얼리티라는 다양한 맥락과 탈맥락 속에서 활력정동은 이행하고 횡단하고 변이하면서 탄력성을 갖춘다. 어쩌면 젠더불평등에 대한 사회학적인 해법은 퀴어의 정동해방, 욕망해방, 활력해방의 측면과 접속한 민주주의의 가속화에 있는 것일지도 모르겠다.

칼 폴라니는 『거대한 전환』(2009, 길)에서 상호성의 원리, 재분배의 원리,

가정경제라는 형태로 사회를 묻어 들인* 경제의 작동 부분을 언급한다. 여기서 가정경제의 구절에서 다음과 같이 말한다: "세 번째 원리는 역사에서 대단히 큰 역할을 맡게끔 예정되어 있는 것으로 우리는 이를 가정경제(Householding)의 원리라고 부르는 것이다. 이는 자신이 스스로 사용하기 위해서 생산한다는 원리로서 그리스 사람들은 이를 가정의 운영의 기술이라고 불렀는데, 이는 경제(economy)라는 말의 어원이 되었다. … 가정경제의 원리는 이익을 얻고자 하는 동기라든가 시장 제도라든가 하는 것들과는 아무런 공통점을 갖지 않는다. 가정(Family), 정착민들의 공동체, 장원(莊園)에 이르기까지 그 원리를 담지하고 있는 실체들의 성격은 판이하게 다르지만, 여기에는 모두 변치 않는 동일한 원리가 작동하고 있으니, 그 원리란 집단 성원의 필요를 충족시키기 위해서 생산하고 저장한다는 것이다."**

폴라니가 얘기하는 가정경제, 즉 살림의 영역은 자본주의 사회에서는 경제적 이익 활동과 분열되어 있다 하더라도 본래 생명을 살리고, 소수자를 돌보고, 사물을 아끼는 등의 강건하고 호혜적인 활동이라고 할 수 있다. 비경제적인 영역으로 간주되지만, 경제보다 더 '경제적'인 생활양식인 것이다. 다시 말해 활동의 영역이고, 호혜적이고 증여적인 힘을 발휘하는 영역이다. 이러한 강렬한 정동의 창출과 생산이 이루어지는 살림의 영역을 포기한다는 것은 삶을 강퍅하고 힘든 것으로 만들어 버린다. 욕망을 자기보존의 욕구, 즉 코나투스(conatus)라고 규정했던 스피노자의 전통으로 돌아가서 생

---

* 폴라니의 '사회의 묻어 들인'이라는 표현은 사실상 국가, 시장, 가정경제 내부에 사회가 스며들게 만드는 일련의 과정을 의미한다. 다시 말해 아무리 정치적으로 보수적이라 하더라도 사회 자체를 보호하고 자기 생산하도록 만드는 사회성의 침투가 필요하다는 이야기를 의미한다.
** 칼 폴라니, 『거대한 전환』(2009, 길), p. 196.

각해 보면 자기를 유지하고 보존하고 살리고 부추기고 양육하는 일련의 과정 없는 자기보존의 욕구는 실제로는 존재하지 않는다고 볼 수밖에 없다. 그런 점에서 생명 에너지와 활력으로서의 욕망과 탐욕과 갈애의 성격을 띤 자본주의적 욕망은 구분될 수 있다. 또한 살림은 선물을 주고받는 호혜성과 증여를 기반으로 한다. 대가는 받을 수 있지만, 사실상 대가를 바라지 않을 수도 있고 대가가 경제적인 잣대와는 무관하게 비대칭적일 수도 있는 열린 호혜의 장이 바로 살림이다. 이러한 살림의 잠재력은 젠더 불평등으로 인해 오랫동안 여성에게 과도한 가사노동의 짐을 지우는 형태로 왜곡되었다. 그러나 그 살림 속에는, 스피노자 식으로 말하면 삶의 내재성이 갖고 있는 풍부한 이야기구조와 잠재력과 깊이를 담고 있다고 말할 수 있다. 살림의 호혜성은 비경제적인 동기에 따라 욕망과 정동을 촉발하는 사회적인 것의 이야기 구조가 성립될 수 있는 토대를 구성한다. 그런 점에서 경제적 이득에 따라 움직이는 경제인이나 살림으로부터 소외된 저질인간 등의 상황과는 완전히 색다른 삶의 가치와 깊이를 살림에서 엿볼 수 있다.

살림은 전근대와 탈근대를 모두 관통한다. 살림은 단순하다. 그러나 다가치적이다. 다기능적이며, 다양하다. 이러한 속성들이 호혜적으로 증여적인 공동체의 자기생산을 가능케 하는 살림의 여러 측면들이다. 결국 살림의 문제는 세상과 생활세계, 둘레환경과 관계를 맺는 윤리적이고 미학적인 측면의 거대한 문제설정이라고 할 수 있다. 살림은 이제 젠더 불평등을 극복함과 동시에 귀찮은 것이나 플랫폼을 통해서 해결할 것으로 치부되는 것이 아니라, 더욱 깊이와 잠재력의 풍부함과 다양함을 통해서 세상을 구성하는 원천으로 재창조되어야 할 것이다. 그런 점에서 살림은 가장 과거적이면서도 가장 미래적인 하나의 삶과 생명의 방향성이라고 할 수 있다.

6. 자율주의와 권리주의가 바라본 정동

권리가 자율을 만났을 때

여기 두 사람이 있다. 한 사람은 정동의 발휘에서 권리의 상실과 배제를 느끼며 '정치적 올바름'(pc함*)을 위해 정동 자체를 중화시켜 버린 권리주의 인물이다. 또 한 사람은 정동을 적극적으로 발휘함으로써 공동체의 자율성을 강화하려는 자율주의의 인물이다. 전자에게는 정동이나 욕망 이야기는 치적 올바름과 거리가 상당히 먼 잘못된 정념(Passion, 情念)과도 같이 느껴질 것이다. 후자에게는 정동과 욕망의 이야기들이 자본주의적으로 왜곡되는 바를 어떻게 공동체의 것으로 만드느냐가 관건일 터이다. 사실상 허구의 인물인 두 사람은 가상의 이야기 구조 속에서 만난다. 서로 다른 성향 때문에, 처음에는 데면데면했을 것이다. 그러나 이 허구의 두 사람이 공감하는 부분은 정동을 윤리적이고 미학적인 것으로 만드는 방향성이다.

그래서 상상해 볼 수 있다. 커피에 설탕을 넣는 방식에 대해서 한 시간 정도 토론했을 수도 있다. 지나가는 강아지 이야기를 하다가 서로 손뼉을 치며 한바탕 웃었을 수도 있다. 욕망에 대한 혐오와 배제보다 어떻게 욕망이

---

* pc : political correct(정치적 올바름)이라는 의미이며, 권리, 책임, 의무, 당위를 다하는 것을 지칭한다. 이는 근대성의 권리주의적 맥락에서의 올바른 태도를 의미한다.

작동하는지를 인정하면서 이를 권리와 자율 두 측면 중 어느 방향으로 이끌 것인가가 주된 토론 내용이었을 것이다. 이 상상 속 두 인물의 대면은 너와 나 사이에 명확한 구획의 선이 있는지, 아니면 너와 나가 모호한 상태에 있는지에 대한 관점으로도 나타난다. 너와 나를 분명히 하면서 시민성을 발휘할 것인지, 너와 나를 모호하게 하면서 공동체성을 발휘할 것인지가 관건일 것이다. 가볍게 선을 넘어오는 것에 발끈할 수도 있고, 공감대를 형성하지 못하는 태도에 서로 못마땅할 수도 있다.

동시에 이 두 사람의 의견 차이는 시민적 합리주의와 공동체의 생태영성이라는 차이로도 나타날 수 있다. 합리적인 방식으로 대화를 이끌 것인지, 아니면 영성적인 방식으로 대화를 이끌 것인지가 논쟁에서 관건일 것이다. 권리를 주장하는 사람은 자율을 추구하는 사람을 '대화가 통하지 않는 사람'이라고 일찌감치 규정해 버렸을 수도 있다. 자율을 추구하는 사람은 권리를 주장하는 사람을 공감 능력이 부족한 사람이라고 느꼈을 수도 있다. 그렇게 서로 대화하는 동안 어느덧 저녁이 되고 밤이 되어 가상의 두 인물이 헤어질 시간이 된다. 그 두 사람은 다시 만날 일은 없을 것이다. 그러나 이 두 사람을 대면시킨 이야기는 하나의 앙상블이 되어 버린, 정동이 나아갈 두 방향과 길항작용을 보여준다.

권리주의가 본 정동

정동과 관련하여 두 가지 태도가 발생하는데, 시민영역의 권리주의와 공동체영역의 자율주의다. 권리주의는 정치적 올바름이 있다는 논거를 제시하며, 권리(=권력) 획득의 시각에서 열정노동이나 젠더 불평등, 소수자의 무권리 상황 등을 지적하고 저항하는 방법론이다. 권리주의의 출발점은 사실상 부르주아이면서 엘리트였던 시민들의 권리 논의로부터 시작된다. 그러한 권리 담론은 태생적으로 소유권과 재산권에 기반을 두고 있으며, 근대의 책임주체가 누려야 할 개인의 권력과 권리라고 할 수 있다. 이러한 시민권이나 인권의 맥락은 결국 근대의 이분법으로부터 한 치도 벗어나지 못한다. 즉, 시민성의 확장을 통해서 모두가 자신의 권리를 주장하고 정치적 올바름을 실천하는 것은 근대 이후의 개인 책임에 기반한 시민의 구도 속에 있는 것이다.

시민의 눈으로 본 정동은 너와 나 사이를 흐릿하게 만드는 흐름(flux)으로부터 벗어나 너와 나의 분명한 구분이 가능할 때라야 시민의 영역이 들어온다는 것이다. 그래서 사실상 시민적 권리를 갖기 위해서 정동의 영역은 극도로 억제되어야 할 규제적 관점에 속해 있다. 물론 정치적 올바름은 끝까지 견지해야 할 중요한 관점이기도 하다. 권리주의가 주장하는 'PC함'의 원리처럼 권리의 영역을 침해하고 타격을 입히는 혐오와 차별의 파시즘으로부터 정동의 영역이 벗어날 필요가 있다. 그러나 정동의 순환과 흐름에서 장애로 작동하는 시민성은 결국 그 일을 해낼 사람을 만들어 나가는 과정을 도외시하는 한계를 드러낸다. 다시 말해서 규제적인 것과 구성적인 것은 함께 논의되어야 하는 것이다.

책임주체로서의 시민, 정체성, 권리주의, 주권질서, 세계정부 등 근대 민주주의의 기반을 제시한 것은 칸트이다. 그 이후 생태시민성은 인간중심주의적 기획으로부터 벗어나 생명, 소수자, 자연 등으로 중심을 이동시켜 색다른 방향으로 전개되고 있다. 권리주의를 기반으로 하는 시민성의 맥락에 생명권과 자연의 권리를 담아내는 일은 제2차 세계대전 후 독일헌법의 제정에 이르러 정점을 찍는다. 다시 말해 권리주의적 맥락은 시민 개인의 권리(=권력)에 머무는 것이 아니라, 끊임없이 인간 중심을 넘어 생명 중심, 생태 중심으로 업그레이드되어 왔던 것이다.

생태시민성의 전개 양상은 1) 엘리트, 부르주아, 책임주체로서의 프랑스 혁명 이후의 시민성, 2) 마르크스의 사회적 시민성, 3) 민주주의 장으로 진출한 여성의 시민성, 4) 68혁명 직후 소수자(minority)의 시민성 대두, 5) 인권에서 생명권으로의 이행, 6) 지속가능한 발전의 제기 이후 아직 태어나지 않는 미래세대의 권리, 7) 주권을 넘어선 이주민, 다문화가정 등장으로 인한 다중(Multitude) 논의, 8) 마을공동체의 형성과 시민에서 주민으로의 이행 등으로 나타난다. 다시 말해서 권리의 확장을 통해서 문제의 해법을 찾는 방향성이 생태시민성에 있다.

그럼에도 불구하고 아직도 시민성 논의가 완결형, 이념형으로서의 권리(=권력)에 머물고 있다는 점은, 정동(affect)에 대한 태도를 결정하라는 요구로부터 자유로울 수 없다. 정동의 흐름을 타고 주체성 생산이 이루어지는 '과정'에 대한 이야기 구조가 아니라, 정동의 부수효과로서 완결되고 미리 주어진 책임주체의 양상에서부터 출발한다는 점이 시민성 담론의 맹점이다. 화이트헤드의 『과정과 실재』(2003, 민음사)의 입장에서 뉴턴을 바라볼 때 주어진 물리적인 시공간에 늘 이행중인 사물을 위치시킨 '단순 정위의 오류' (Fallacy of Simple Location)*가 시민성에도 존재한다. 즉 과정적으로 무슨 일이 있었는가 하는 지속, 과정, 사건성의 입장에서 바라보는 것이 아니라 완

---

* 단순 정위의 오류란 진화론을 믿으면 유물론자로 보고, 과학을 얘기하면 합리론자로 규정하는 등 단조로운 선입견에 따라 정위해 버리는 오류를 의미한다.

결형이자 결과형으로 물리적 시공간에 배치하는 것이 단순 정위의 오류를 보이는 시민성의 모습이다.

이를테면 생명권과 관련된 무수한 논쟁과 행동, 실천, 사건 등의 과정적인 영역이 아니라, 권리로 보장된 생명권의 헌법적인 규칙이 시민성의 시야에 먼저 들어온다. 그렇기 때문에 시민성의 영역에서는 과정적이고 진행형적인 정동의 흐름이 아니라, 완성형으로서의 정동의 결과물만이 시야에 들어오는 것이다. 특히 정동에 규제적인 태도를 취하면, 그 과정에서 정동이 구성되어 왔던 사건들을 의도적으로 누락하여 결국 과정을 뺀 결과만을 포획하려는 권력과 다를 바가 없게 되는 위험성이 권리주의 맥락에 내재해 있는 것이다.

특히 권리 담론은 개인의 사적 소유로부터 출발한다는 점은 주목할 만한 사실이다. 네그리와 하트는 "다시 말해 복수적 소유권은 경제적 합리성의 도구가 된다는 것이다. 권리 다발 개념은 심지어 블랙스톤의 주장, 즉 다른 이를 배제하는 소유주의 '유일하고 전체적인 지배'라는 주장을 역설적으로 강화하는 쪽으로 되돌아갈 수도 있다. 1979년 미 대법원 판결에서 윌리엄 렌퀴스트 판사는 '통상 소유라고 특정 지어지는 권리 다발 중 가장 본질적인 권리는 타인을 배제할 권리이다'라고 썼다. 이 사례들에서 권리 다발 개념은 소유권의 정치적, 경제적 강제력과 그것이 창출하고 유지하는 사회적 위계를 약화시키는 것이 아니라 강화시키는 데에 이용한다."라고 말했다. 다시 말해 권리주의 담론은 자신의 권리를 주장하면서 동시에 타자를 배제하는 원리를 내포하고 있다. 이는 소유권으로부터 출발한 자신의 태생적인

---

* 안토니오 네그리, 마이클 하트, 『어셈블리』, (2020, 알렙), p. 175~176.

한계를 그대로 노출하는 것이다. 그렇기 때문에 아무리 보편적인 권리의 형태로 자신의 담론을 법조항에서 변형한다고 할지라도 정동처럼 선을 넘어서는 흐름이자 배타적인 권리 주장으로부터 벗어난 행위 양식을 보이는 행태를 참을 수 없는 것이 권리 담론인 것이다.

이는 커먼즈에서도 그대로 드러난다. 커먼즈(Commons)는 공통재, 공유지, 공통의 부라는 형태로 드러나는 공유의 영역이다. 그런데 시민성의 입장에서 커먼즈는 정동이 서식하고 증식하고 유통되는 그러한 공간이 아니며, 너와 나의 소유권과 재산권 같은 분명한 분리에 입각하여 있는 출발점에서 만들어내야 할 의지적이고 의식적인 과제가 된다. 이에 따라 너와 나 사이의 권리의 분리에도 불구하고 행위의 목표는 너와 나 사이의 공유지라는 이율배반의 논리가 작동한다. 그런 점에서 커먼즈 운동이 시민성에 기반하여 나타날 때, 실제로 공유지라고 지목되었던 곁과 가장자리에서 주민들이 합류할 가능성을 봉쇄하고 섬과 같이 자신의 운동성을 드러내는 경우도 있다.

이는 정동의 흐름에 대해서 애초에 인정하지 않는 권리담론의 한계를 여과 없이 드러내는 것이기도 하다. 정치학자 이나미는 다음과 같이 말한다: "앞서 은평구나 동작구 사례는 공동체나 마을운동으로 이야기되지 커먼즈로 불리지는 않았지만 성공한 경우이고, 커먼즈 활동으로 주목을 받은 경의선 공유지 사례는 실패했다. 그 차이는 무엇일까. 일단 시작부터 다르다. 앞의 세 사례들은 그 지역 주민들의 필요와 의지에서 시작되었고 경의선 공유지 사례는 관의 허가에서 출발하여 해당 지역 주민들과 무관하게 시작된 경우이다. 공유지를 점유한 주체들은 언제든 떠날 수 있는 유동적인 사람들이었고 이용자들도 마찬가지였다. 공간을 사용할 수 있는 구성원의 자격과, 구성원 간에 공유된 규칙이 명확하지 않은 것도 실패의 원인이다. 또한 이들 중 일부는 공유지를 사용하면서 강한 소유의식을 보이는 등 모순을 드러내기도 했다.[*] 그는 커먼즈가 너와 나 사이의 구획을 명료하게 하면서 의식적으로 달성할 과제로서 제시하는 시민적 합리성에 머물게 될 때의 한계를 지적한다.

자율주의가 본 정동

반면 자율주의는 정동 특유의 자율성을 기반으로 공동체성을 회복하면서 정동과 돌봄의 영구혁명(=영구개량)을 통해 현재의 국면을 돌파하려는 방법론이다. 자율성에 대한 논의는 포디즘의 좀비모델의 자동주의를 넘어서 자기결정, 자율, 자기생산의 구도를 보이는 색다른 욕망해방의 운동이 발생하면서 시작되었다. 당시 포디즘은 대량생산-대량소비 시스템을 작동시키기 위해서 가부장-핵가족 유형의 가정생활과 똑딱거리는 미디어, 단순한 조립생산 라인, 권위주의적인 아카데미 유형의 생활양식을 직조하고 있었다. 그러나 68혁명은 거리로 쏟아져 나온 학생시위로부터 격발되어 거대한 정동해방, 욕망해방의 모습으로 나타났다. 지루하고 똑딱거리고 위선적인 생활은 더 이상 정동과 욕망의 힘과 능력과 어울리지 않는다는 것이 이들의 주장이었다.

동시에 70년대 자율주의, 즉 이탈리아 아우토노미아(Autonomia) 운동이 노동자 운동을 넘어선 다중(multitude)의 정동의 능력과 힘에 대한 긍정으로 이행했다는 점에서도 주목할 만한 부분이다. 그것은 정동의 분자적인 힘

---

* 이나미, 2021-1-10 생태적지혜 「커먼즈가 성공하려면」 https://ecosophialab.com

이 드러난 일련의 사건이기도 했다. 멜리사 그레그는 정동의 작용에 대해서 "정동은 많은 점에서 힘(force) 또는 힘들의 마주침[조우](forces of encounter) 과 동의어다. 하지만 정동이 특별히 강력할 필요가 없으므로, 힘이란 말은 약간은 오칭이다.(하지만 트라우마에 대한 정신분석 연구에서처럼 정동은 강력하 기도 하다.) 사실 정동은 대개는 가장 미묘하게 오가는 강도들 속에서 그리 고 그것들을 가로질러 발생한다고 하는 편이 더 맞을 것이다. 즉, 알아챌 수 없는 것들의 극히 미세하고 분자적인 사건들, 소소한 것과 좀 더 소소한 정 동은 사이에서 태어나고, 누적되는 곁(beside-ness)으로 머문다."라고 언급 한다. 사이에서 태어나고 곁에 머무는 정동적 사건이 지상에 나타나면서 자 율주의는 시작되었다.

자율주의 논의에서 정동은 실체(substance) 개념이 아니다. 정동이라는 힘 이 손에 잡히는 능력 개념이 될 때 정서로 바뀌어 버린다. 그런 점에서 네그 리가 다중(multitude)이라는 주체성을 적시한 부분은 정동을 실체화함으로 써 정서 개념으로 전락할 위험에 노출된다. 정동은 흐름이기 때문에 모방, 사건, 돌발흔적, 인지편향 등과 어울리는 개념이다. 다중이라는 주체성을 실체화하는 것은 곧바로 정동의 흐름이 문턱과 경계를 허무는 작동 양상을 누락하거나 자신만의 정서 양식이 정동하고 정동되는 능력이라는 고정점 으로 머무를 위험성에 노출된다. 그럼에도 불구하고 다중이라는 개념의 다 차원적이고 다극적이고 다실체적인 양상에 대한 주체성 개념의 효과는 분 명히 있을 것이다.

자율주의는 욕망과 정동의 공동체를 요청한다. 새롭게 재창안된 공동체

* 멜리사 그레그와 그레고리 시그워스, 『정동이론』(2015, 갈무리) 「미명의 목록[창안]」, p. 15.

개념은 1) 공유자산, 생태적 지혜, 집단지성, 오픈 소스와 관련된 공통성의 논의, 2) 사랑, 욕망, 정동(=모심, 살림, 보살핌, 섬김), 돌봄의 흐름, 3) 관계성좌, 위상기하학, 자리, 위치로서의 배치, 3) 활동의 결과가 바로 자신이라고 할 수 있는 자기생산, 4) 중언부언하면서도 일관된 흐름이 있는 일관성의 구도(pan of consistence), 5) 효율성, 속도, 계산의 논리가 아닌 탄력성으로서의 자율, 6) 냄새, 색깔, 눈빛, 몸짓, 맛, 이미지와 관련된 비기표적 기호계, 7) 의미와 일 모델이 아닌 재미와 놀이 모델로서의 분자적인 것 등의 논의를 촉발할 것이다. 이는 기존의 문턱이 있고 응고되며 간섭하고 참견하며 개입하는 등의 행위 양식을 띠는 뿌리내림의 장소성(=토착성)에 기반한 전통적인 공동체와는 다른 양상을 보이는 열린 공동체의 작동 양상이다. 이러한 열린 공동체의 재창안은 정동의 흐름에 대한 논의를 격발할 것이다.

그러나 여기서 논의되는 정동의 성격 차이 역시 드러날 것이다. 먼저 돌봄, 모심, 살림, 보살핌, 섬김과 같은 정동의 미학적이고 윤리적인 지평의 맥락과, 다음으로 이행, 변이, 횡단, 탈주, 변신 등의 정동의 혁신적인 지평의 논의 사이에는 미묘한 차이가 있을 수밖에 없다. 이는 정동의 감속과 가속 간의 차이로도 나타날 수 있다. 전통적인 공동체가 감축, 탈성장, 검소 등의 감속에 기반한다면, 혁신적인 공동체는 과학기술, 에너지 전환, 네트워크 기반의 작동 등의 가속에 기반한다는 점이 드러날 것이다. 우리는 여기서 감속(=편집증)과 가속(=분열증)의 두 가지 양상 모두를 포괄하는 논의의 지평으로 나아가야 한다.

여기서 들뢰즈와 가타리가 함께 쓴 『안티 오이디푸스』(2014, 민음사)에서의 특이한 정동의 흐름을 주목할 필요가 있다. 68혁명이 어떻게 신경증적인 가족 무의식을 격파하고 그 정동과 욕망의 분열-흐름을 가속화하여 결국 무의식이 고아인 분열증적 현대인들의 형상으로 전개되었는지에 대한 전거가 다음과 같이 나온다: "가령 수풀의 편집증자는 마을의 변태이다. 왜냐하면 사회체가 고착되고 생산력들로 복귀해서 생산력들을 자기에게 귀속하자마자, 이제는 더 이상 흐름들의 관점에서의 이전(移轉)과 사슬의 관점에서의 가속된 재생산의 동시성을 통해 코드화의 문제가 해결될 수 없기 때문이다. 흐름들은 재고의 최소치를 구성하는 채취들의 대상이어야 하며, 기표사슬은 매개의 최소치를 구성하는 이탈들의 대상이어야 한다. 하나의 흐름이 코드화되는 것은, 사슬에서의 이탈과 흐름에서의 채취가 조응해서 행해지고, 서로 합해지고 결혼하는 한에서이다."*

들뢰즈와 가타리는 공동 작업을 통해 정동과 욕망의 자율주의를 개방하는데, 이는 시대적인 상황이었던 68혁명에 대해서 설명력을 갖추기 위해서였다. 이러한 대규모의 주체성 생산과 항의하는 집단적인 무의식의 발생에 대한 설명 과정은, 정동이 개인적인 사생활에서 발견되는 소소한 일상의 측면이 아니라 사회체와 자본주의 사회의 작동원리 중 하나가 될 수 있다는 점을 발견하는 과정이기도 하였다. 또한 이는 최근에 두드러지는 정동자본주의에 대한 예언적인 단상을 많이 밝히고 있다는 점에서 주목된다.

여기서 정동과 욕망의 자율주의가 말하는 정동의 영역은 느림, 여백, 여유, 한계 등 감속주의 전망만 있는 것이 아니라, 강렬한 흐름, 집단적 배치의 무의식의 행렬, 유한자의 무한 결속과 같은 가속주의 전망도 포함하고 있

---

* 들뢰즈와 가타리, 『안티 오이디푸스』(2014, 민음사), p. 260. 여기서 정동의 흐름(flux)의 코드화를 통한 채취가 균형점에 있던 봉건제를 넘어서 분열-흐름으로 나아갔던 자본주의를 짐작케 한다. 더욱이 68혁명은 자본주의가 담지하고 있던 권력, 자본, 아버지 등을 원심분리기로 갈아 넣어 해체하는 방향으로 향한다.

다. 따라서 자율의 영역이 지극히 비효율적이며 잉여, 소음, 잡음, 잔여 이미지, 찌꺼기 유형의 조직화 방식이라는 편견이나 선입견으로부터 벗어나, 유능하고 능력으로 가득 찬 풍부함과 다양함의 조직화 방식이라는 점에 주목해야 할 것이다. 그런 점에서 감속 트랙과 가속 트랙 둘 다를 갖고 있는 정동의 미시정치의 양상을 앞에 두고 권리주의와 자율주의라는 정동의 이중집게를 조명할 필요성이 생긴다. 이에 대한 정보와 지식은 아직 미미하며, 동시에 이를 위해 선행적으로 지혜와 정동이 강렬도를 높일 필요가 있다.

정동을 혁신할 수 있는 이중집게

정동의 미시정치에서는 시민의 권리주의와 공동체의 자율주의의 양 측면이 둘 다 필요하다. 동시에 권리와 자율 둘 다 정동을 혁신할 수 있는 이중집게이기도 하다. 그러나 이 두 상이한 입장이 아상블라쥬를 형성하여 길항작용을 이루려면 여러 가지 기본 전제에 대한 탐색이 필요하다. 일단 커먼즈의 시각에서 권리주의 담론 하에 있는 생태시민성의 영역은 너와 나의 구분이 명확하면서도 의지적이고 의식적인 강한 상호작용의 결과물로서의 커먼즈를 애기한다. 반면 자율주의 담론 하에 있는 공동체성의 영역은 너와 나의 구분이 흐릿하여 커먼즈가 정동의 흐름에 의하여 미리 주어진다고 간주된다. 지금처럼 개인주의가 득세하고 관계가 단절되어 있는 상황에서, 커먼즈의 맥락은 권리주의의 시민성 전략과 자율주의의 공동체성 전략 둘 다를 필요로 한다. 그러나 이러한 판짜기에도 불구하고 권리주의와 자율주의의 심원한 간극은 여전히 존재한다.

그것은 완결형으로서의 기표(Signifiant)와 과정형이자 진행형으로서의 도표(Diagram) 간의 차이점으로도 나타난다. 기표는 근거(ground)로서의 현실에 대해서 '~은 ~이다'라고 정의(definition)내리는 행위를 통해서 완결형이자 이념형으로 전환되어 정지한다. 반면 도표는 근거로서의 현실이 복잡계이기 때문에 여러 가지 정의가 가능하다는 점을 발견하고 이를 이행하고 횡단한다. 여기서 기표는 '의미화'라면 도표는 '지도화'이다. 기표는 도표의 지도제작 과정의 결과물인 셈이다. 펠릭스 가타리는 "이처럼 도표적 과정은 유비요소를 영토화하면서 준(準)대상의 세계에 갇힌다. 그러나 상징적 표상의 세계와 달리 이 [준대상의] 세계는 지배적 의미작용과 명제의 정식화의 기호가 되는 통사법이나 논리학에 의해 내부로부터 작동된다. 한편으로 준대상의 세계는 우리를 자명한 현실, 즉 일상현실 속에 자리 잡도록 안내하며, 다른 한편으로는 마치 우리의 뜻과는 반대로 우리를 자신의 화용론적 함의의 바퀴 속으로 끌어들이고, 그것의 기표적 연쇄는 거대한 사회적 기술적 기계 장치로부터 우리를 소외시킨다."라는 아포리즘과 같은 발언을 한다. 여기서 준대상은 근거로서의 복잡계이기 때문에 기표의 의미작용으로부터 자유롭다. 그래서 기표에 머무르는 것이 아니라 도표로 나아가야 한다.

다시 말해 권리주의 담론의 영역이 기표의 영역에 머물면 무슨 일도 일어나지 않는 단순하고 반복적인 일상의 현실로 우리를 이끈다. 권리주의 담론은 이러한 단조롭고 편편한 일상을 침해하는 모든 것에 전쟁 선포를 한다. 왜냐하면 기표라는 완성형으로서의 기호작용에 따라 만들어진 세상은 의미화, 모델화, 표상화되어 있기 때문이다. 다시 말해 삶의 대답이 이미 나와 있기 때문에, 그 대답을 침해하는 모든 것들에 권리주의 담론은 맞선다. 그

* 펠릭스 가타리, 『기계적 무의식』(2004, 푸른숲), p. 87.

렇기 때문에 기표의 세상에서는 정동이 만들어내는 일련의 사건들은 불협화음이나 잡음, 소음으로 간주되어 버린다. 이러한 공평무사한 권리(=권력)의 세상에서는 욕망과 정동의 사건은 이익과 이해, 욕구, 필요 등으로 해독되어 그러한 권리의 영역에 기입된다.

그러나 무슨 일도 일어나지 않는 것이 권리 담론의 질서이다. 욕망의 정동의 주체성인 소수자는 돌봄의 영역으로 한정되어 그 자율성과 야성성은 중화되고 탈색되며, 권리의 보편명제 하에 모든 자율명제는 귀속되기 때문에, 완결형으로서의 기표는 과정형으로서의 도표를 사로잡는다. 그러나 정동은 늘 사건을 일으키고 과정에서의 강렬한 흐름을 만드는 원천이다. 그래서 권리 담론의 결과론적인 시선에 걸려들지 않는 무수한 삶, 욕망, 정동의 사건이 있기 마련이다. 그런 점에서 권리 담론은 뒤따라 와 포획하는 자본과 권력의 논리로부터 크게 벗어나지 않은 담론이라고 여겨질 수도 있다.

청년세대는 정치적 올바름(political correct : pc함)이라는 태도를 취하면서 정동을 바라보는데, 이는 그들을 감싸고 있는 정동의 흐름이 전통적인 기성세대에서 열정노동으로 동원되거나 무권리적인 상태에 방치되고 있다는 증거이기도 하다. 청년세대는 소비자의 권리, 노동자의 권리, 시민의 권리 등을 학습하지만 정작 자신이 그러한 권리의 주체성이 될 수 없는 현실에 마주친다. 이에 따라 청년세대는 자신의 권리 없음을 보충하기 위한 권리주의 담론에 호소하는 역설적인 상황에 직면해 있다. 그러한 역설에 입각한 청년세대의 무권리적인 상황은 그들이 정동, 사랑, 욕망, 돌봄 등을 수행할 수 있는 여지를 빼앗긴 상황에 직면해 있음을 의미한다.

그렇기 때문에 청년세대는 자율주의 담론과 같이 정동의 분열적인 전개 과정으로 나아가지 못한 시간적이고 물적인 한계와 난관에 봉착해 있다.

이를테면 기존 마을공동체 담론이 청년세대에게 어필하지 못하는 이유가, '따로 또 같이'라는 프라이버시를 중시하는 청년세대의 문화 때문이라기보다는 근본적으로 청년세대가 주거권의 사각지대에 있다는 현실적인 이유 때문이다. 다시 말해 뿌리내림의 장소성에 기반한 전통적인 공동체나, 도시의 주거공동체 형태를 띠었던 마을공동체 둘 다의 영역에서 배제되어 있는 청년세대 자신의 현실을 직시하고 있기 때문이다. 그렇기 때문에 청년세대는 기성세대—노인세대나 586세대—의 위선과 가식, 이익추구, 정치적으로 올바르지 못함 등을 권리주의 담론을 통해서 식별할 수밖에 없는 상황에 처한다.

그러나 권리(=권력) 담론은 자율 과정의 후과이다. 그렇기 때문에 자신의 욕망과 정동의 자율적인 과정을 가속화함으로써 미래세대에 대한 비전을 상실한 기성세대에 맞설 필요가 있다. 물론 방식 면에서 권리의 형태를 띠고 있으나 자율의 과정이 동반되는 것도 사실이다. 특히 현재의 정동자본주의는 미래투자 전망으로서의 이자(interest)로부터 급격히 이탈하여 부동산이나 플랫폼 등에서의 지대(rents) 차익에 관심을 기울이는 단기투기성 자본으로 변화해 있는 상황이다. '이윤의 지대화' 상황에 입각한 신개발주의 열풍이 그것을 단적으로 말해준다. 현재 한국사회의 자본주의는 지극히 퇴행적이다. 왜냐하면 미래세대의 권리에 전혀 관심을 기울이지 않고 현재의 찰나만을 즐기다 사라지겠다는 생각을 가진 자본으로 전락해 있기 때문이다. 이러한 점은 성장주의 세대의 기괴한 형상을 드러내면서 이른바 꼰대라고 불리는 기성세대의 행각이 얼마나 청년세대의 정동과 욕망의 미시정치에 걸림돌이 되는지를 확인할 수 있는 대목이다.

이런 점에서 권리주의 담론과 자율주의 담론은 앙상블을 이루며 전략적으로 배치될 필요가 있다. 청년세대의 전략처럼 자신의 무권리 상황을 넘어서기 위해서 권리주의 담론을 활용하면서 자율성 확대에 분투할 수도 있다. 정동은 두 개의 머리를 가진 뱀이다. 권리주의를 통해서 무권리 상황, 열정노동, 감정노동의 돌파구를 형성할 수 있고, 자율주의를 통해서 관계의 성립, 활동의 확대, 정동노동의 탈주로를 마련할 수도 있다. 그러한 상황에서 우리는 정동자본주의 하에서의 색다른 권리주의와 자율주의의 양면이 있는 운동 양상을 지도제작해 볼 수 있게 된다. 정동이라는 활력과 생명력에 어떤 권리도 부여하지 않는 것이나 가치화하지 않는 것은 문제시되어야 한다. 동시에 자본과 권력으로부터 정동의 미시정치가 자율성을 확대하기 위해서 노력하는 것도 함께 고려되어야 한다. 정동자본주의는 혁신적인 것이 아니라 지극히 의고적이고 퇴행적이다. 그럼에도 불구하고 우리가 놓치지 말아야 할 것은, 정동의 힘과 활력에서 혁신과 창조력, 상상력을 탐색하는 것은 여전히 유효하다는 것이다.

7. 돌봄의 사회화 논쟁들

생애와 시간대 별로 본 돌봄

40대 가정주부인 K씨는 어르신과 아이를 돌보느라 여유 시간이 없다. 자신은 오로지 누군가를 돌볼 때만 의미가 있는 존재인가 하는 생각이 들 때면 어쩐지 가슴이 답답하다. 하지만 그의 생애에도 오롯이 돌봄을 받으며 살던 기억이 있다. 아동기와 청소년기이다. 돌봄을 하는 경우나 돌봄을 받는 경우 모두가 강한 상호작용 속에 있으므로 유년시절과 청소년 시절은 그의 삶에 돌봄의 자취가 아로새겨진 시기였다. 그는 자기돌봄을 주로 했던 청년기에는 1인 가구의 삶을 살아 왔는데, 돌봄이 절실하고 무척 외로웠던 시절로 기억에 남아 있다. 당시에 그는 가끔 고향에 있는 부모님에게 전화라도 하면 울컥 하는 느낌이 들고 한마디 말에도 힘이 나는 느낌이 들었다. 남편과의 연애 기간 동안 강한 서로돌봄의 예행연습을 한 후, 신혼 때는 부부 간의 서로돌봄이 가장 강한 상호작용을 했다. 이제 육아와 어르신 돌봄을 함께하는 40대로 접어들었다. 이렇게 보면 그의 생애의 시간대는 돌봄하고 돌봄 받는 시간대로 구분할 수 있다.

현재 그의 일과 대부분은 돌봄으로 채워져 있다. 그의 일과표를 살펴보자. ① 새벽 5시 반 : 그는 기상하자마자 가족의 아침식사를 준비한다. 라디오를 들으면서 수행하는 가사일은 고요하고 적막하지만 곧 드라마틱한 일상이 시작된다. ② 아침 7시 : 출근길에 오르는 남편부터 밥을 챙긴다. ③ 아침 8시 : 아이들을 깨워 밥을 먹인다. 새벽에 준비해 놓은 반찬이 빛을 발할 때이다. 아이들 과제 체크며, 위생관리, 용돈지급 등이 이루어진다. 가정 내에서 학교 갈 분위기를 잡고 씻기고 옷 입히고 밥 먹이고 보채는 아이 달래는 일상이 시작된다. ④ 아침 8시 : 아이들을 차에 태워 학교에 데려다 준다. ⑤ 아침 10시 : 어르신이 노인정이나 노인복지 센터에 갈 시간이다. 어르신 용돈 드리고, 옷 위생 상태를 체크한 후 가시는 길까지 운동 삼아 함께 걸어 배웅하고 돌아온다. 그 이후부터는 빨래며 청소며 쇼핑 등의 시간이 차례로 다가온다. ⑥ 오후 3시 : 아이들 하교시간이다. 학교 앞까지 마중 나가야 하며, 오늘 있었던 일을 묻고 알림장 확인하고, 학습지를 풀도록 분위기를 잡아준다. 아이들이 공부하는 동안 저녁 준비를 한다. 곧 어르신도 집으로 돌아오신다. ⑦ 저녁 7시 : 남편 퇴근 후 가족들이 함께 저녁 먹는 시간이다. ⑧ 저녁 9시 : 아이들 잠을 재우고, 남편 직장에서 있었던 일 등을 들으면서, 어르신과 텔레비전을 보는 시간이다.

그러나 이 모든 일상이 뒤엉켜 버릴 수 있다는 사실을 코로나19 사태로 인해 알게 되었다. 남편은 직장에서의 확진자 접촉으로 인한 2주 자가격리 후 계속 재택근무이고, 아이들도 학교에 안 나가고 집에서 온라인으로 수업을 듣는다. 어르신도 노인복지 센터가 문을 닫자 집안에 틀어박혀 TV만 틀어놓고 우울해하신다. 가족 모두가 집안에 모여 24시간을 함께 보내야만 하고, 온갖 치다꺼리에 떠밀린 그의 일상은 뒤죽박죽이 되어 버렸다.

자기돌봄과 서로돌봄의 관계

돌봄은 '돌보다'의 명사형으로 키우고 양육하고 보살피는 등의 행위 양식을 뜻한다. 돌봄은 여러 가지 종류로 구분할 수 있다. 먼저, 미셸 푸코가 『성의 역사3-자기에의 배려』(2004, 나남)에서 언급했던 자기관리, 자기통치, 자기계발 등 자기에 대한 배려로서의 자기돌봄의 방법이 있다. 푸코에 따르면 일단 돌봄이 희생이나 기부 등의 형태로 나타나지 않는 이유는 자기돌봄의 자기와 자기 자신과의 관계 정립으로부터 서로돌봄이 이루어지기 때문이라고 볼 수 있다. 자기와 자기 자신과의 관계는 1인칭 나와 3인칭 나의 관계, 자기생산과 타자생산의 마주침, 마음을 응시하는 마음, 실존에 대한 긍정 등 다양한 표현으로 거론된다. 이는 신자유주의 시대의 개막 이래로 이루어진 '개인'이라는 주체성이다. 또 이는 기업가 정신으로 무장한 자영업자와 같은 유형으로 개인에게 과도한 책임을 요구하는 것이기도 하다. 그러나 푸코의 구도와는 달리 원거리든 근거리든 서로돌봄의 관계 하에서만 자기돌봄이 규명될 수 있다는 점에서 개인, 자아, 주체는 기각된다.

두 번째로 모듈(module)로서의 2~3인 단위의 결사체적 돌봄관계망으로서의 근접거리 돌봄이 있다. 모듈은 집단의 최소단위이며, 근접거리에서 강한 상호작용을 하면서 결사체를 형성할 수 있다는 것이 장점이다. 모듈은 다기능적인 자기완결성을 갖는다는 측면에서 탄력성이 있다. 세 번째는 소농의 술자리나 회식 등과 같은 컨비비움(convivium)이라는 2~3인 단위의 공생공락 단위가 근접거리 돌봄을 수행하는 경우가 있다. 이는 느슨하며 흥을 중시하고 재미로 모여든 기초 단위이며, 무슨 일을 수행하고 나서의 뒤풀이 자리와 같은 비공식 언어로 이루어진 돌봄의 단위이다. 네 번째로 네트워크 관계망에 따른 원거리 돌봄이 있다. 개인들이 선호하는 위생적인 관계망은 대부분 여기에 해당되지만, 근접거리가 아니기 때문에 돌봄의 효과는 약하며, 약한 상호작용을 특징으로 한다. 네트워크 돌봄에 기반하는 사람들은 보통 빈곤층이 많다는 점도 특이한 점이다. 다섯 번째로 10~20인 단위의 커뮤니티 단위에서의 근접거리 돌봄이 있으며, 이는 커뮤니티케어 구상이나 노노 케어 등의 구상과도 관련된다. 마지막으로 무차별 사회, 경관적 사회에서의 돌봄이 우발적으로 발생할 수 있으나, 이는 간(間)공동체 사회로 재구성되어야 한다는 점이 숙제이다.

이러한 돌봄 유형의 분류는 결국 마을이나 공동체에서 이루어지는 커뮤니티케어에 대한 상상력을 촉발한다. 이는 마을이나 공동체에서의 돌봄, 보살핌, 섬김, 모심, 살림을 기반으로 하여 돌봄 위기에 처한 사람들과 긴밀히 협력할 수 있는 시스템이나, 커뮤니티케어에 입각한 협동조합 등의 사회적 경제 기관들을 구성한다. 마을의 돌봄 기관들은 커뮤니티케어를 통해서 정동이라는 보이지 않는 관계망의 시너지효과의 강렬도를 보존하고 유지하며 지속시키는 역할을 한다. 이에 따라 정동의 강도, 밀도, 온도, 속도 등은 바로 관계 맺기 방식의 변화에 따라 달라질 수 있다.

그렇기 때문에 돌봄과 정동은 유사어이거나 적어도 동조화되어 있는 개념이라고 할 수 있다. 그 이유는 정동의 강렬도와 마을이나 커뮤니티에서의 돌봄 시설의 분포와 배치는 서로 긴밀히 연결되어 있기 때문이다. 가정 내의 정동의 순환만이 아니라, 요양원, 요양병원, 장애인시설, 보육시설 등의 돌봄 시설에서의 정동의 순환이 중요한 이유가 그것이다. 그런 점에서 돌봄은 돌봄을 수행하는 사람들의 입장에서는, 감정노동처럼 외면적으로 친절하지만 감정 소모가 많은 노동일 수도 있고, 동시에 정동노동처럼 사랑할수록 사랑의 능력이 증폭되는 재귀적인 정동순환이 이루어지는 이중적인 과정일 수도 있다. 1인 가구의 증가에 따라 야기되는 돌봄의 소외를 극복하기 위해서 미디어, 스마트폰, 네트워크, 감정노동 등을 동원하여 정동의 보충물을 만들려고 노력한다. 그러나 궁극적으로 서로돌봄이 있어야만 자기돌봄이 강건해지고 다차원적으로 바뀔 수 있다. 그렇기 때문에 1인 가구는 감정과 정서의 공회전이나 독백적인 감정생활에 머물기 쉽다. 결과적으로 자기돌봄과 서로돌봄은 서로 떼려야 뗄 수 없는 관계라고 할 수 있다.

돌봄 수행의 주체성의 입장에서 보면 돌봄은 의식적이고 의지적인 과정일 수 있지만, 상호작용하는 측면이 있기 때문에 순환성, 중복성, 재귀성을 기반으로 한다. 즉, 돌봄 받는 사람이 돌봄에 기뻐하면 돌보는 사람의 돌봄은 더욱 강렬해진다. 물론 근접거리 모듈 돌봄이나 컨비비움 돌봄과 같이 미세한 돌봄이 닿지 않는 사각지대가 있기 때문에, 커뮤니티케어가 반드시 필요한 곳이 있다.

이러한 커뮤니티케어가 잘 작동하려면 근접거리 돌봄이 선행되어야 한다. 서울의 한 마을에서 몇 년 전 한 할머니가 아프게 되자 마을사람들 30명이 단체 카톡방을 열고 하루에 한 명씩 한 달간 총 30명이 돌아가면서 돌보는 것이 제안되었다고 한다. 그러나 그것은 현실에서 성립되기 어려웠다. 현실에서는 명백히 한 명이 30일 동안 돌보는 것만이 요구되는 상황이었다고 한다. 이렇듯 근접거리 돌봄이 없다면 커뮤니티케어는 무용지물인 것이다. 그렇기 때문에 커뮤니티케어는 여러 가지 형태로 근접거리 돌봄을 성립시키기 위한 판과 구도라고 할 수 있다.

근접거리 돌봄은 강한 상호작용을 특징으로 하며, 온갖 잡다한 살림뿐 아니라 정동과 관련된 활력과 생명력을 보존하고 생성하고 지속시키는 핵심적인 역할을 한다. 그것은 감정노동이나 서비스 노동과는 달리 자기 외면의 친절함과 내면의 소진 사이의 분열을 통해서 성립되는 것이 아니라, 정동노동의 형태로 되기(becoming)의 과정을 기반으로 한다. 되기는 이기(being)와 달리 완결형이 아니라 과정형으로서 자신 안에 타자보다 더 타자다운 소수성이 내재해 있음을 깨닫는 과정이기도 하기 때문에 '소수자 되기'라고 할 수 있다.

경우에 따라서 가족 및 친구의 돌봄에서 강한 상호작용이 있을 수 있다. 특히 친구의 돌봄은 착하면서도 악동 같고, 견제하면서도 협동하고, 이기적이면서도 이타적인 측면, 즉 우정의 공식을 따르기 때문에 돌봄 과정이 대단히 복잡 미묘하다. 또한 학교, 감옥, 군대, 병원, 시설 등의 돌봄 노동자에 의한 돌봄이 있다. 그러나 이러한 돌봄은 대부분 관리 기반의 돌봄이기 때문에 상호작용의 측면이 약하다고 할 수 있다.

가족 내에서의 돌봄 유형을 보면, 첫째가 1인 가구의 자기돌봄이다. 이것은 약한 상호작용이면서 네트워크와 같은 원거리 돌봄이나 미디어와 같은 감정생활로 돌봄을 치환하는 형태로 흐를 수 있다. 다음으로 부부 유형과 같은 2인 가구 등은 서로돌봄이 성립되며 강한 상호작용을 기반으로 한다. 과거 포디즘이나 케인즈주의 유형의 2인 가구에서는 달아나려는 남편과 붙잡으려는 아내 간의 탈주와 포획의 방식이 강한 상호작용 속에 숨어 있는 것이 특징이었다. 반면 포스트포디즘 이후의 2인 가구는 가사분담과 가사 과정에서의 이야기 구조 개발 등의 방식이 가정생활의 강한 상호작용의 소재와 과제가 된다. 셋째로, 3인 가구 이상에서는 배치돌봄이 형성되고 이는 각각의 주체성 사이에서 다극적인 혼재면이 생기는 것이 특징이다. 배치돌봄에서는 편짓기나 쏠림이 가능하고 여러 가지 교차적인 결합 형태가 가능하다. 그런 점에서 미시정치적인 노력이 굉장히 중요해진다.

넷째, 가정생활에서 또 다른 돌봄으로 사물돌봄이 있는데, 분리수거, 재활용, 되살림, 닦기, 문지르기, 털기, 배치하기 등 사물을 가지런히 정돈, 배열, 수선, 배치, 병렬하는 돌봄 행위 양식이 주요 특징이다. 다섯째 유형은 생명돌봄이다. 개 산책, 밥 주기, 놀아주기, 동물병원 데려가기, 약 먹이기, 똥치우기 등이 이 유형에 속한다. 이는 가정생활이 이미 생명과의 공존을 기반으로 한다는 점을 드러낸다. 문제는 사물돌봄과 생명돌봄은 가정생활에서 보이지 않게 인간돌봄으로 직결되는 항목이라는 점에 있다. 즉, 집안에 설거지거리가 쌓여 있고 먼지가 수북이 쌓여 있고 개와 고양이들의 화장실 정돈이 안 되었다는 얘기는 결국 가정 구성원들에 대한 돌봄도 소외되어 있거나 제대로 이루어지지 않아 정동이 순환되고 생성되고 지속될 수 없는 상황에 처해 있다는 것을 의미한다. 이렇듯 다양한 돌봄의 항목과 배치를 살피다 보면 돌봄 자체가 다기능적이고 입체적인 노력의 과정이라는 점이 드러난다. 돌봄의 사회화가 요구되는 이유 여기에 있다.

돌봄은 왜 사회화되어야 하는가?

캐슬린 린치는 『정동적 평등—누가 돌봄을 수행하는가?』(2016, 한울엠플러스)에서 사랑노동의 한계를 말한다: "이차적인 돌봄노동과 사랑노동을 구분하는 차이점 가운데 하나는 육성의 문제였다. 일차적 돌봄을 수행하는 사람들은 자신이 육성하는 역할, 즉 다방면에서 아이들의 발달을 돕는 역할과 자신의 돌봄을 받는 성인에게 조력하고 공감해주는 역할을 한다고 보았다. 그들은 또한 훗날 육체적으로나 정신적으로 그 역할을 감당할 수 없음을 인지하면서도 그들이 언제까지나 돌볼 수 있을 것이라고 여겼다. 그리고 고급의 유료 돌봄이라면 육성적일 수도 있고 때로는 장기적 관계를 유지할 수도 있다고 인정했지만, 경험을 통해 그럴 가능성이 낮다는 사실을 알고 있었다.[*] 사랑노동이 한계에 봉착하는 이유는 무엇일까? 보기에 따라 사랑과 희생의 정동노동이 담당할 역할이 크다고 여기는 사람도 있겠지만, 아이와 노인 등을 돌봄에 있어서 사회적 양육 개념이 들어갔을 때 사랑노동의 역할은 너무도 제한적이기 때문이다. 물론 내리사랑이라는 개념에 따라 모든 것을 지원하고 지지해주는 부모도 있지만, 그 역시 사회적 관계 속에서 양육되고 성장해야 할 아이들에게는 해답이 될 수 없기 때문이다.

그런 점에서 돌봄노동은 가정의 틀 밖으로 이행하여 사회적인 차원으로 나아가게 된다. 물론 포스트포디즘 상황에서 여성이 사회적 진출을 하게 됨으로써 돌봄의 사회화가 촉발된 측면도 있다. 그러나 근본적으로 재생산과 관련된 돌봄노동 전반이 사회화되어야 한다는 시민들의 요구와 이해라는 근원적인 사회적 맥락이 형성되었기 때문이기도 하다. 여기서 정동노동은 사랑노동, 돌봄노동, 연대노동의 세 차원의 관계 구분으로 나타난다. 다시 말해 가정 내에서의 사랑노동만으로는 복잡하고 다양해진 사회적 현실에 적응할 수 있는 전인적 인간형으로 아이들을 양육하기 어려워진 사회적 맥락도 작용한다. 이에 따라 돌봄의 사회화의 맥락은 가장 커다란 정동으로의 패러다임 이행 과정의 일익을 차지하게 된다.

정동노동은 돌봄의 사회화 현상 속에서 사랑의 사회적 의미좌표의 변화를 촉발한다. 정동노동을 한 개인이나 가족의 책임으로 맡겨 두는 것이 아

---

[*]   캐슬린 린치, 『정동적 평등: 누가 돌봄을 수행하는가?』 (2016, 한울엠플러스), p. 122.

니라 사회가 책임져야 한다는 인식에 도달한 것이다. 그럼에도 불구하고, 여전히 젠더 불평등의 국면이 해결되지 않았으며, 돌봄노동에서의 사회적 격차 역시 해결되지 않은 것도 현실이다. 물론 시스템에 의해 꽉 짜인 돌봄의 방식, 즉 복지로서 모든 것을 해결할 수만은 없다. 사랑노동은 여전히 근접거리에서 가장 유효한 돌봄 방식이라고 할 수 있다. 돌봄의 사회화 국면은 갑자기 찾아온 것이 아니라, 대부분 천천히 적응기를 거쳐서 찾아왔다. 문제는 자본주의적인 정동의 과도한 집착이 돌봄의 사회화 국면에서 수반되었다는 사실이다. 다시 말해 자본주의 재생산에의 효율성이라는 맥락에 따라 돌봄의 최소화, 효율화, 약한 상호작용이 초래된 것이다. 기존의 사랑노동의 깊이와 잠재성은 사라지고, 체제의 유지에 필요한 최소한의 물질적/비물질적 노동으로서의 정동노동이 돌봄노동으로 나타나는 것이다.

이에 따라 돌봄노동의 최소화 국면은 사랑노동의 최대화 국면과는 구분되면서, 돌봄의 사회화 국면의 한계상황으로 나타난다. 오늘날 복잡하고 다양한 사회적 현실에 최소한의 적응이라도 하는 일은 사회적 양육 과정으로서의 돌봄노동을 통하지 않고서는 해결할 수 없다. 문제는 돌봄노동의 질적인 측면이다. 다시 말해 돌봄노동이 감정노동이 아닌 정동노동으로 나타나면서 사랑노동의 한계를 보완할 수 있는지 여부가 관건이다.

비고츠키(Lev Semenovich Vygotsky, 1896~1934)는 시대를 앞서서 돌봄의 사회화 국면을 통찰한 구소련의 교육심리학자이다. 그는 '근접발달대'* 개념을 창안했는데, "이 발달 유형은 외적 환경에 최소한만 의존하며, 문자 그대로

---

* 근접발달대는 근접거리에서 돌봄을 수행함으로써 애벌레 주체가 발달 단계에 이를 수 있도록 촉매해야 하는 유년기 아동 시기를 의미한다. 여기서 학생의 잠재력을 고무하고 부추기는 무지한 스승이라는 설정으로서의 학습 모델이 가능하다.

의 의미로 '발달'이라는 낱말의 속성 즉 씨눈 속에 봉해지고 구속되어 왔던 잠재력의 전개라는 의미에 가장 적합하다. 그러나 배아 발달은 그 낱말의 진정한 의미에서 모든 발달 과정에 대한 모형으로 받아들여질 수 없다. 대신에 우리는 그것을 결과나 성과로 받아들일 것이다. 그것은 대체로 전형적인 방식으로 나아가는 이미 확립되고 완성된 과정이다.*라고 말한다.

그는 교사의 역할을, 배아 상태로 잠재되어 있는 아이들의 능력을 끌어올리는 것으로 제시한다. 다시 말해 교사는 일방적인 지식 전달의 관점이 아니라, 배아 상태 아이들의 촉매자로서 무지한 스승이 되어야 한다는 탁월한 교육방법론을 제기한다. 비고츠키의 교육관은 이미 아동들의 전인적인 면모는 배아 상태로 완결되어 있다는 것이 핵심이며, 이 속에서 사랑노동이 할 수 있는 동일시와 의존에 입각한 돌봄의 역할이 아닌 촉매, 고무, 양육의 돌봄이 전면화된다. 사회는 이러한 잠재력을 촉매하고 양육하며 가재의 지절에 새겨진 희미한 무늬가 철갑의 굴곡이 되도록 발생적으로 양육할 책임이 있다.

다시 말해 정동의 측면에서 보았을 때, 돌봄의 역할은 정동을 촉발시키고 보존하고 양육하는 과정에 있지만, 그것이 정동의 모든 것을 대체할 수는 없다. 아동이나 노인들에게 정동의 자기발생적인 과정이 전제되어 있기 때문에, 정동의 강렬도를 끌어올리는 촉매자의 역할을 돌봄노동을 수행하는 사람들이 해낼 뿐인 것이다. 사랑노동이 활력을 상실하고 정동의 강렬도를 제대로 끌어올리지 못하는 국면이 찾아왔을 때, 결국 돌봄의 사회화 국면은 공론화되기 시작했고 현실에서 전면화되었다. 특히 여성이 직업으

---

* L. S 비고츠키, 『어린이 자기행동숙달의 역사와 발달1』(2013, 도서출판 살림터), p. 454

로서의 노동을 수행하면서도 가사노동 또한 수행해야 하는 이중적인 책임을 부담하는 포스트포디즘 상황에서 더 이상 사랑노동의 희생적인 면모나 슈퍼우먼적인 영웅담으로 문제는 해결할 수 없다는 점이 더욱 분명해졌기 때문이다.

사실상 여성의 돌봄노동은 이중구속(Double bind)의 상태로 수행되고 있다. 여성들이 사회로 진출하여 자신이 바로 돌봄, 서비스, 정동노동에 동원되면서도 동시에 자신의 자녀나 부모들은 사회가 제공하는 또 다른 돌봄노동에 의존해야 한다는 점이 그것이다. 물론 기존의 사랑노동과 같이 가정의 재생산을 여성이 책임진다면 어떤가 하는 낭만적인 이야기를 하는 경우도 있다. 그러나 양육과 돌봄에서의 젠더 불평등의 상황은 이미 현실에서 받아들여질 수 있는 수준을 벗어나 있다.

결국 사회가 돌봄을 책임져야 하는 영역이 있고, 커뮤니티케어가 담당해야 할 영역이 있고, 이를 또한 배치하는 가족이 담당하는 영역이 있다. 현대 사회는 구조적으로 이러한 여러 영역의 돌봄이 동시적으로 요구된다. 더러 돌봄의 사회화 국면을 부정하는 사람이 있다. 그러나 정동자본주의로의 진입에서 필수적인 정동의 순환, 유통, 재생산, 보존 등 다양한 정동노동의 능력을 요구받는 현재의 국면에서 이에 적응하기 위해서 돌봄의 사회화는 필수적일 수밖에 없다. 그렇기 때문에 돌봄의 사회화는 정동의 발전적인 현상이라기보다는, 사실상 자본주의가 직면한 현실적인 요구라고 할 수 있는 자본주의적인 정동의 재생산의 요청에 응답하는 것이라고 볼 수 있다. 그런데 돌봄노동이 여전히 저평가 받는 현재의 국면을 어떻게 보아야 할까?

돌봄노동에 대한 가치 저평가

버지니아 헬드는 『돌봄 : 돌봄윤리』(2017, ㈜박영사)에서 다음과 같이 말한다: "필자는 이러한 지적에 대해 다른 견해를 갖고 있다. 만약 우리가 마가렛 게인 라딘이 지적한, 상품가치가 시장가치로 정의되고 거의 모든 것이 정당하게 상품으로 이해되는 '세계관으로서의 상품화'에 잘못 인도되지 않았다면, 돌봄노동의 시장화에 대한 저항의 결과는 잉글랜드와 폴브르가 주장한 것과 반대일 수 있다. 우리는 어떤 것과 어떤 활동의 시장에서의 가치뿐만 아니라 다양한 가치를 인식해야 하며, 또한 우리는 시장에서의 가치를 반영한 것보다 더 많은 임금을 받아야 한다고 주장할 수 있다."[*] 이렇듯 돌봄의 사회화 논쟁은 돌봄노동이 사회적으로 저평가되고 있으며, 공공이 할 일을 민간으로서의 시장에게 떠넘기는 방식으로 운영된다는 지적으로 나타날 수 있다.

그러나 돌봄의 사회화 국면에서 돌봄의 시장화를 근원적으로 비판하는 입장에 선다면 어떻게 될까? 여기서 '돌봄은 상품화될 수 있느냐?' 하는 질문을 던지며 돌봄 근본주의로 향하는 경우를 생각해 볼 수 있다. 반면 오히려 돌봄의 시장화를 인정하면서 돌봄의 저평가에 대항하여 다양한 돌봄의 가치를 사회적으로 인정받도록 만듦으로써 돌봄의 가치화 국면에서의 내파를 꿈꾸어볼 수도 있다. 일단 가사노동에 대한 기본소득 지급을 한 축으로 하면서, 동시에 가사노동이 사회화된(=시장화된) 돌봄노동으로 환원되어 가치가 저평가되는 현 국면에서 돌봄노동의 가치를 높이기 위한 사회적 지

[*] 버지니아 헬드, 『돌봄 :돌봄윤리』, (2017, ㈜박영사), p. 209

표를 개발하는 것이 절실하다.

　그런 점에서 돌봄정의(care Justice)와 관련된 사회적 가치 지표 개발이 필요하며, 이는 가사노동을 하는 여성의 가정에서의 통제권뿐만 아니라, 돌봄노동을 하는 돌봄노동자의 사회적 통제권 신장에 기여해야 할 것이다. 돌봄 저평가 이유는 돌봄의 작동원리의 재귀적이고 원점회귀적인 반복이라는 성질, 즉 늘 제자리로 되돌려 놓는 것이 성과지표에 걸려들지 않는다는 점에 있다. 동시에 독특한 비가시성을 통해서 판을 까는 것이 돌봄노동의 역할이라는 특징도 한몫을 한다.

　돌봄정의의 측면에서 이러한 특징이 대부분 다기능적이고 단순하면서도 다양한 활동에 기반을 둔다는 점을 감안한다면 정동노동으로서의 고유한 면모를 갖추었다는 점을 알 수 있다. 돌봄의 사회적 가치 저평가는 사실상 가사노동을 통한 여성의 가정에서의 통제권을 약화시킴으로써 여성을 더 사회적 최말단과 권리의 사각지대로 향하게 만들 것이다. 그와 동시에 파시스트들로 하여금 여성을 혐오와 차별로 향하게 만드는 원천이 될 위험도 있다. 다시 말해 정동자본주의 이행에서 돌봄의 사회적 가치 저평가는 여성의 권리 측면에서 치명적이다. 이런 점에서 여성운동의 전략적인 행동 양식은 돌봄의 가치 저평가에 대한 정면 돌파와 가사노동에 대한 기본소득 지급과 같은 돌봄의 가치화와 시장화 국면에 선제적인 대응으로 나설 필요가 있다.

　이를 통해서 돌봄의 가치 저평가 국면이 여성의 정동노동의 사회적 존엄성과 사회적 가치 인정과 연동된 문제라는 점을 직시해야 한다. 캐슬린 린치는 다음과 같이 말한다: "돌봄대화의 특기할 만한 메시지 가운데 하나는 돌봄 합리성이 경제적 합리성과 다르다는 것이다. 우리와 대화를 나눈 거의 모든 사람이 우선적으로 사랑하는 사람을 돌보는 일을 하기 위해 상당한,

몇몇은 커다란 경제적 희생과 개인적 희생을 치렀다. 대부분의 일차적 돌봄 수행자가 여성이기 때문에 대부분의 희생을 여성이 치렀다. 캐슬린 린치는 『정동적 평등』에서 그 사례를 들고 있다. 이 책에서 데브라는 두 아이와 더 많은 시간을 보내고 지적 장애가 있는 아들을 돌보기 위해 일자리공유 제도를 이용했다. 제럴딘은 저녁 시간에 갓난아기인 딸과 더 많은 시간을 보내려고 조간근무(오전7시 출근)를 했다. 매브는 어머니를 돌보기 위해 부업으로 하숙생을 두는 일을 포기했다…."

돌봄의 사회화의 국면은 젠더 불평등과 계급 불평등을 극복하기 위한 돌봄정의의 색다른 국면의 관문이다. 자본주의가 보기에는 성과나 실물이 전혀 없기 때문에 돌봄과정에 대한 자기 가치 생산의 차원은 누락되어 왔지만, 돌봄노동자에 의해서 돌봄이 이루어지는 현재의 국면에서 돌봄의 가치는 엄연히 노동의 지표 속에서 평가되고 있다. 그러나 정동의 지표에서 돌봄의 가치화는 색다르게 해석될 수 있다. 정동의 지표는 활력과 생명력의 고양과 양육으로 나타나는 일련의 정동노동에 대한 평가지표일 수 있다. 그러나 정동 자체가 하나의 생명의 잠재력에 대한 척도이기 때문에 특유의 비가시성 때문에 사회적으로 제대로 평가되기 쉬운 일은 아니다. 오히려 전략적으로 돌봄의 사회적 가치에 대한 평가는 사회 구성원들의 사회적 합의에 기반하는 방법이 유력할 수 있다. 누구도 객관적인 지표를 제시할 수 없을 때, 정동노동은 오히려 사회적인 판과 구도 속에서 여러 이야기 구조와 특이점 등을 지표 삼아 색다르게 화폐화와 가치화를 이룰 수 있기 때문이다.

여전히 노동에서 정동으로의 패러다임의 이행에서의 이러한 질문은 유

---

* 캐슬린 린치, 『정동적 평등-누가 돌봄을 수행하는가?』(2016, 한울엠플러스), p. 122.

효하다. "활력(돌봄)이 있고 나서야 자원(경제)이 따라오는가, 자원이 있고 나서야 활력이 따라 오는가?" 하는 질문이 그것이다. 활력은 늘 선재해 있었지만, 비가시화되어 있었다. 활력의 선재성은, 가족을 넘어 사회, 공동체, 마을, 커뮤니티, 네트워크 단위에서 유통되는 정동의 가치를 사회적 가치로 천연덕스럽게 만들고 있는 정동자본주의라는 새로운 동전의 뒷면에 주목해야 한다. 정동자본주의는 정동을 포획하려고만 할 뿐, 자신의 논리적 일관성에 따라 정동을 가치화해야 한다는 점에 침묵하는 위선에 빠진다. 돌봄의 경우로 판단할 때, 정동자본주의는 정동의 가치를 빨아들이면서도 제대로 된 가치 측면에서 인정하지 않는다는 이율배반적인 태도를 취한다.

돌봄의 사회화 국면, 돌봄의 시장화 국면의 개막은 정동의 가치에 대한 공론화 작업을 전면화함으로써 돌봄 노동자의 가치가 저평가되는 현실, 가사노동에 기본소득이 부여되지 않는 현실의 돌파구를 마련해야 한다. 정동자본주의 하에서 돌봄의 사회화 국면의 개방은 색다른 길항작용의 징후이기도 하다. 모든 돌봄을 논의에 부쳐야 한다. 모든 돌봄을 지도제작해야 한다. 돌봄을 사회, 커뮤니티, 마을 등과 연결시켜 가치평가의 질적 척도를 개발해야 한다. 이를 통해서 정동노동의 가치화, 화폐화 국면을 정동해방의 준비 단계로 만들어야 할 것이다. 여기서 돌봄은 정동의 미학화된 형태이기도 하다. 그래서 돌봄노동이 더욱 가치화 국면에서 유리한 고지를 형성하는 것은 무엇을 의미할까? 정동의 미학적이고 윤리적인 측면이 더욱 부각되고 사회체의 예술화와 미학화가 이루지는 국면, 다시 말해 정동해방의 새로운 국면을 전망할 수 있다는 것 아닐까?

8. 소외된 정동과 구성주의 전략

활력 없는 일상을 사는 사람

J씨는 코로나19 사태 이후로 집밖에 나가지 않고 칩거하게 된 사람이다. 지병이 있어서 코로나에 걸리는 것이 두려운 탓도 있었지만, 원래부터 프리랜서 재택근무를 하던 사람이라 더욱더 대면 관계로부터 멀어지게 되었다. 택배와 배달로 모든 식자재며 음식을 해결하고 유튜브와 페이스북으로 세상 소식을 전해 듣고 텔레비전으로 자신과 관계없는 사람의 정보와 소식을 접한다. 그러나 그 역시도 관계없음을 기반으로 한 1인 가구의 삶이 지속되자 활력과 생명력이 뚝 떨어지는 것을 느낄 수 있었다. 미디어에서의 감정생활은 있기는 하지만, 대부분 일시적인 감정과 관련되어 있을 뿐 생활의 탄력성과 융통성과 관련된 활력으로서의 정동과는 무관했다. 접촉이 없고 관계가 없고 만남이 없는 삶이 지속되자 일상은 고요하고 적막하고 아무런 사건도 일어나지 않았고 무료했다.

물론 일은 했다. 재택근무로 줌(zoom)을 통해 화상회의도 하고, 콘텐츠 기획과 납품 등의 업무도 했다. 그러나 일은 이미 그의 일상에서 하나의 부담이자 일종의 소득원 이상의 가치가 되지 못했다. 이제 간혹 친구로부터 오는 전화도 불편한 상황이 되었고, 더욱이 문자나 카톡을 다른 사람에게 보내는 것도 상대방이 부담스러울까봐 피하게 되었다. 물론 간혹 택배기사와의 어색한 만남이나, 배달노동자와의 일시적인 마주침은 있었다. 마스크를 쓴 채 마주치면 서로 깜짝깜짝 놀라는 일상의 사건이었다. 그러나 그의 삶에 결정적인 영향을 줄 만한 것은 아니었다.

아파트 10층에서 사는 그는, 우주에 혼자 떠 있는 기분이 많이 들었다. 고독, 소외, 외로움, 무기력 등이 한꺼번에 밀려들지만, 이내 자신이 온전히 감당하고, 계속해서 느리고 축 처진 삶을 유지한다. 자신과 관계없는 위층 아이들의 뛰어노는 층간소음은 스트레스 요인일 뿐이다. 옆집 할머니가 새벽마다 틀어 놓는 라디오 소리도 마찬가지이다. 그는 연애도 포기한 지 오래고, 결혼은 더더군다나 자신의 일상에서는 후순위로 밀려 있다. 실은 이성과의 만남 자체가 없기 때문에 연애나 결혼이 성립될 리도 없다. 인터넷과 미디어를 통한 활력의 충당은 대부분 실패한 기획들이기 마련이다. 쉴 새 없이 먹어대는 먹방과 아주 먼 사람이거나 관계없는 사람들의 소식들일 뿐이다. 활력이 없다. 정동의 강도, 온도, 속도, 밀도를 촉발시킬 사건도 없다. 그는 자신의 실존의 무게를 묵묵히 감당하며 하루에 한마디도 하지 않고 일상을 보내고 있다.

정동의 소외 양상들

1인 가구의 위생적인 관계 맺기 방식과 정동의 강렬도를 모방한 미디어나 인터넷을 통한 감정생활이 확산일로를 걷고 있다. 우주선 유형의 삶을 살아가면서 자기계발, 자기관리, 자기통치 방식의 자기와 자기 자신의 관계가 중심이 되는 것이 이러한 삶의 유형의 특징이다. 관계와 접촉을 통한 삶의 방식이 아니기 때문에 삶에서 대면하는 것은 오로지 자기 자신밖에 없다. 1인칭 나와 3인칭 나의 만남은 마음을 응시하는 마음처럼 자신을 제3자의 입장에서 들여다보는 또 다른 나의 자기검열 기제의 작동으로 나타난다. 관계는 참견, 간섭, 개입 등과 동의어가 되어 있다 보니 실질적으로 거리조절을 통해서 관계를 미학화하는 방법은 미숙하다. 사회적 관계 그 자체가 마치 사라져야 할 구습이나 미몽처럼 여겨진다. 나 혼자 살 수 있는 기반을 갖추게 된다면 그것으로 그 외 모든 것이 부수적인 것으로 전락한다.

이따금 기존의 학교, 군대, 병원, 시설 등의 동료나 친구를 만나지만, 이 또한 정형화되어 있기 때문에 관계 자체를 실질적으로 형성할 수 없다. 그저 관계없음이 가장 속이 편하고 위생적이어서 최근의 트렌드를 따르는 기분이 들뿐이다. 자신과 관계가 없는 사람의 소식을 접하고, 자신과 관계가 없는 사람과 거래를 하고, 자신과 관계가 없는 사람과 벽을 맞대고 살아가는 현대인들은 사실상 '정동의 소외' 상황에 직면한다. 그것을 어떻게 대리충족할 것인가가 현대인들의 관심이다. 미디어를 통해서, 인터넷을 통해서, SNS를 통해서 이루어지는 일종의 가공되고 인위적이며 위생적이고 탈색되고 정동이 중화된 성격의 관계망이 환호되는 이유도 여기에 있다.

1인 가구에서 감정생활이 정동을 대신하다 보니, 정동과 감정을 혼동하는 일이 일어날 수 있다. 감정생활은 지극히 개인주의적인 매체인 미디어를 통해서 이루어진다. 이미지-영상의 흐름이 자극하는 강렬도에 대한 반응양식으로서의 감정생활을 즐긴다. 관계는 지극히 일시적이고 휘발성이 높은 것에 불과하지만, 감정생활은 매뉴얼화 된 프로그램을 서핑하면서 이를 넘나들 수 있다는 착각을 준다. 그러나 미디어에서 채널을 이리저리 돌리는 서핑을 아무리 해도 자기 자신의 현 상태에 위안과 기쁨을 주는 프로그램을 찾을 수 없다는 점에서 1인 가구의 개인은 실패할 수밖에 없는 감정생활의 탐색자이기도 하다.

이를 통해서 감정과 정서가 정동을 속이는 단계로 진입한다. 여기서 감정은 일시적이고 우발적이며 표상에 점착되어 있다. 반면 정동은 감정과 감정, 표상과 표상을 넘나들며 이행하는 정서 변환 양식이다. 감정은 한 단어로 그 상태를 정의할 수 있다. 반면 정동은 흐름 속에 있어서 딱 한마디로 정의할 수 없다. 정동이라는 정서 변환 양식이야말로 관계를 실질화할 수 있는 원천이지만, 이러한 상황은 귀찮고 불편하다. 이에 따라 TV 채널을 돌리는 것이 마치 정서 변환 양식으로서의 정동의 양식인 것처럼 착각하게 된다. 위생적으로 인터넷서핑을 하는 것이 정동의 이행양식인 것처럼 오해되고 착각을 불러일으킨다. 반복적인 감정생활은 머지않아 스스로가 그것이 정동임을 믿어 버리는 단계에 진입한다. 스테레오타입화된 미디어를 통한 감정생활이 정동의 강렬도에서 활력과 생명력을 얻는 것과 등가의 상태가 된다. 그리고 어느새 그것을 철석같이 정동이라고 믿어 버리고 싶어하고, 실제로 그렇게 믿는다.

기술적 코드화 양식은 정동의 미학화와 우아함에 손을 대고 싶어 한다. 권력과 자본은 놀랍게 미세해진다. 그래서 권력과 자본의 중개인이나 브로커마저도 필요없어진다. 대신 정동의 우아함을 흉내 낸 온갖 기술적인 프로그램이나 플랫폼이 버젓이 자리 잡는다. 그것은 원래는 분명히 관계의 속성이었음에도 불구하고 기능과 요소만을 추출하고 채굴하여 이를 자본화한다. 이를테면 심리치료 기법의 경우는 좋은 말을 해주는 친구를 돈으로 사는 것과 마찬가지이다. 또한 보험회사 상담사는 죽음 이후의 삶의 지속가능성을 약속하는 공동체를 대신한다. 원래 단순한 관계와 정동의 다기능적인 측면 중 일부 기능을 채굴하고 추출하여 전용한 것이다.

이를 통해서 관계의 심리학화가 이루어진다. 모든 병리적인 요소들이 관계에 부과되고 정의되는데, 진짜 관계는 절대 위생적일 수 없음을 고발하고, 심리치료실에 와야 친구의 본래 기능 중 일부를 서비스 받을 수 있다는 점을 부각시킨다. 그러나 상담실에의 힐링은 그 상담실 문을 벗어나 다시 기존 배치, 즉 일상으로 돌아가면 개인들이 겪고 있던 외로움과 덧없음으로 복귀되어 버린다. 잠시 동안의 진통제에 만족하도록 하는 것이다. 관계가 포괄하는 다기능성과 냄새, 색채, 음향, 몸짓, 맛 등의 풍부한 기호계가 주는 역동적인 정동의 잠재력은 철저히 배제되고, 위생적이고 깔끔한 상담실에서 혼잣말을 하면서 친구에게 애정을 구걸하는 상태로 전락하게 되는 것이다.

그러나 위생적이기만 한 관계의 친구는 어디에도 없다. 친구와 나누는 우정의 공식은 이기적이면서도 이타적이고, 착하면서도 악동 같고, 협력하면서도 견제한다. 이러한 입체적인 관계 속에서의 친구라는 존재조차도 사실상 적잖이 부담되는 개인의 상황은 결국 위생적인 가공의 친구, 스테레오타입화된 인공의 친구와 대면하는 데 만족한다. 게다가 살림이나 돌봄을 같이 하는 친구는 상상하기조차 어렵다. 사실 정동의 순환은 영원한 친구들과의 배치 속에서 이루어진다. 정동의 강렬도는 친구와의 우정이라는 입체적인 관계에서만 활력과 생명력을 얻을 수 있기 때문이다. 그런 점에서 정동을 촉발하고 촉매 역할을 하는 친구가 없는 현대인들은, 정동의 소외로 인해 침잠하고 절규하고 외롭고 고독하다.

관계망과 배치는 어떤 것일까? 개인의 심리상태가 무엇인지를 따지기도 전에 순식간에 훅 들어와서 마음의 성좌에 자리 잡는 것이 관계이다. 그래서 간섭, 참견, 개입처럼 느껴지고 왠지 촌스럽게 느껴진다. 그러나 정동은 거리 조절을 통해서 가깝지도 멀지도 않은 관계를 만들어낸다. 이러한 정동의 자기조절체계에 의해서 관계는 미학화된다. 다시 말해 낯선 익명의 관계와 친밀하고 유대적인 관계 사이, 즉 환대와 우애 사이에서 끊임없이 거리 조절하면서 밀고 당기는 과정의 줄다리기를 하는 것이 관계이다. 이에 따라 관계의 가까움과 멂, 소원함과 밀접함에 따라 정동의 강도, 온도, 속도, 밀도 등이 결정된다.

돌봄의 사회화로 인한 돌봄 전문가들의 손길이 친구와 이웃의 손길과 다른 이유가 여기에 있다. 팽팽한 긴장감과 거리 조절의 미학, 정동의 우아함 등을 통해서 끊임없이 자기 조절 체계를 작동시키는 관계는 매우 입체적이다. 그래서 관계는 자신의 실존이나 삶의 양식, 마음의 성좌에 오롯이 자리 잡으며, 마음과 몸을 친구와 이웃과 함께 공명하고 연대하면서도 개인의 삶의 양식을 지킬 수 있는 것이다.

그러나 돌봄 시설에서는 영원한 친구의 공식보다 관리체계의 매뉴얼이 작동한다. 그런 점에서 닐 크리스티의 『외로움과 시설을 넘어서』(2017, 울력)에서의 논의처럼 돌봄기관이 극복할 수 없는 정동의 소외 양상을 마을이나 공동체가 넘어설 수 있다는 점도 드러난다. "경비요원들과 간호사들은 집으로 간다. 그들은 제한된 지리적 영역을 벗어난다. 당연한 일로서, 그들은 시설 밖의 삶, 즉 집, 가족, 여가 또한 가지고 있다. 시설에서 그들의 시간은 돈을 위한 노동이다. 반면, 마을에서 그들은 모두 마을에 남아 있고, 일부는 영원히 남아 있다. 가깝게 사는 것, 함께 행동하는 것, 함께 일하는 것, 서로 가까이서 휴식을 취하는 것, 그것은 총체(totality)이지만, 총체적(total) 시설이 아닌 총체적 공동체이다."[*]

* 닐 크리스티, 『외로움과 시설을 넘어서』(2017, 울력), p. 169.

마을에서의 친구, 이웃의 관계는 정동을 순환시킬 뿐만 아니라, 정동을 미학화하고 정동의 우아함을 간직하고 있다. 그래서 이미지-영상을 통한 감정생활이나 플랫폼을 통한 정동 유통이 아닌 실질적인 관계를 통한 정동의 순환이 줄 수 있는 혜택은 풍부하다. 그러나 1인 가구 유형의 현대인들은 고독하고 외롭고 정동으로부터 소외되어 있다. 그의 정동을 촉발시키고 순환시킬 실질적이고 지속가능한 관계로부터의 두절은 무기력 지층으로 개인을 노출시킨다.

개인들이 자기와 자기 자신과의 관계, 1인칭 나와 3인칭 나와의 관계를 통해 자기에 대한 테크놀로지로 향하기 위해서는 무엇이 필요한가? 바로 정동의 미학화와 우아함을 촉발할 외부의 이웃과 친구와의 관계이다. 그러나 그것이 불가능해진 개인들은 자기 배려와 윤리에 취약한 하(下)의식적인 인간의 상태에 내몰리게 되는 것이다. 물론 1인 가구가 무조건 소외되어 있다는 얘기는 아니다. 따로 또 같이 생활하는 공동체도 있기 때문이다. 그러나 개인의 감정생활의 취약함을 보완하는 공동체가 아니라, 정동이 순환하는 공동체를 다시 한번 생각해 보아야 할 때이다.

정동의 현실 타격감, 세 가지 경우

첫째, 마을 만들기 사업에서의 협치의 경우. 각계각층에서 마을 만들기와 같은 민관협치, 거버넌스로 관계의 문제를 풀려는 시도들이 나타나고 있다. 이는 펠릭스 가타리가 '제도요법'을 통해서 제도(institution)에 대한 일종의 고정관념을 제거한다면 '관계 맺는 방식'으로 규정할 수밖에 없음을 적시하면서, 관계망(=제도) 구도를 통해서 제도 자체를 물신화하려는 시도에 저항하는 것이다. 이 입장에서 보면 이를테면 누군가를 방문할 때 문밖에서 노크를 하는 것도 제도이고, 신발을 가지런히 놓는 것도 제도이고, 인사를 나누고 악수를 하는 것도 제도인 셈이다. 제도를 바꾸려면 먼저 관계 맺는 방식을 바꾸어야 하는 것이다. 물론 거버넌스에서는 이러한 일련의 과정이 시간차를 두고 진행된다. 먼저 관계망에서 제도로 향하는 것은 '무의식의 의식화'라고 할 수 있으며 아래로부터의 협치의 기본 방향이다. 반면 제도에서 관계망으로 향하는 것은 '의식의 무의식화' 과정이라고 할 수 있으며, 기본적인 관치의 방향이기도 하다. 가타리의 거버넌스의 적용 영역인 제도(=관계망)의 구도는 두 가지 방향성이 동시적으로 일어나는 상태를 의미한다. 다시 말해 제도와 관계망이 교직되어 있는 상태를 뜻한다.

유엔은 거버넌스를 사회과정, 정책과정, 정치과정에 따라 움직인다고 보았다. 그런데 한때 NGO 등에서는 의제 선정을 목적으로 거버넌스를 작동시키는 경우가 많았다. 그러나 의제 선정은 제도요법의 구도대로라면 정동적인 의제, 관계망에서 맥락이 있는 의제일 뿐이지 전문가들의 기발한 아이디어나 상상력 차원의 문제가 아니라는 점에 주목할 필요가 있다. 다시 말해 마을 만들기와 공모 형태에서 정동적 맥락이 아닌 기능적인 전문가들의 맥락이 들어오게 되는 허점이 있다는 것이다. 이에 따라 정동과 관계로부터 유래된 제도가 아니라, 전문가들의 모델링에 따라 만들어진 제도가 버젓이 맥락도 없고 배치도 없는 상황에서 제출된다. 이러한 전문가들의 작풍은 프로젝트가 끝나면 곧 허무하게 무너져 폐허만 남기고 사라지는 먹튀의 행각이다. 이러한 정동적 맥락으로부터 소외된 마을 만들기에서의 제도 생산은 공허하고 무의미하고 정동의 피로도를 높일 뿐이다.

둘째, 기후위기에서의 최신 정보가 '멘탈 붕괴'로. 막대한 기후변화 상황에 대한 소식 및 뉴스가 하루가 멀다 하고 대량으로 쏟아진다. 정보주의에 따라 이들의 자료와 뉴스를 수집한다면, 그것은 '멘탈 붕괴'와 기후우울증으로 이끌 뿐이다. 다시 말해서 기후변화를 지식과 정보로 받아들인다면, 지혜와 정동의 대처법은 사라지게 된다. '왜'(Why)만이 아닌 '어떻게'(How)의 문제는 지혜와 정동만이 해결할 수 있는 대처법이기 때문이다. 많은 사람들이 기후위기 상황의 본질과 이유에 대한 대답만을 요구한다. 이는 기업과 공공영역의 변화를 촉구하는 기후행동으로 나서든가 개인의 생활양식을 변화시키는 채식이나, 절약, 되살림 등으로 이끄는 것이 아니라, 기후우울증이나 생태슬픔과 같이 무기력 지층의 밑바닥으로 향하게 만든다. 본질과 이유에 대한 대답을 계속하다 보면 결국 실체 없음인 공(空)과 무(無)에 도달한다는 불교의 사상이 와 닿는 이유도 그 때문이다. 이러한 본질과 이유를 말하는 기후환경교육 현장은 개인에게 지나치게 죄의식을 강요하여, 기후위기에 결정적인 책임이 있는 기업과 공공, 국제정치의 변화를 촉구하는 기후행동에 나서는 것을 지체시키는 요인이 된다. 반면 작동과 양상으로서의 '어떻게'는 정동과 지혜의 방법을 통해서 삶의 전환, 문명의 전환을 위한 시발점과 특이점으로서의 기후행동에 나서게 한다. 이를 통해 정동의 생명력과 활력은 기후행동으로 나설 사람을 만드는 판과 구도의 성격을 띤다.

셋째, 가정폭력과 동물학대에서의 정동과 감정. 가정폭력을 말하기 전에 먼저 감정화 단계가 있는데, 감정에 따라 무엇이든 마음대로 할 수 있다고 생각하는 단계를 의미한다. 감정화 단계는 주로 남성들이 감정 해소나 감정 변화의 대상물로 사물, 동물, 소수자, 여성을 바라보는 단계이다. 그들의 감정생활의 기반은 대부분 텔레비전과 같은 미디어에 있다.

그들은 착각한다. 감정의 변화에 따라 행동양식도 자유로울 것이라고. 마치 텔레비전 채널 선택권처럼 말이다. 미국에서는 미식축구 시즌과 가정폭력 간의 상관관계에 대한 연구도 나와 있다.

가정생활은 대부분 돌봄, 살림, 모심, 보살핌과 같은 정동의 미학화에 의해서 구성되어 있기 때문에, 가족공동체의 정동의 순환과 무관한 감정이 느닷없이 개입할 여지는 거의 없다. 그런 점에서 가정에서의 정동순환 과정에서는 자신이 설 자리가 거의 없고 그저 감정생활을 위한 공간으로만 간주하고 있던 남성들은 감정화 단계를 통해서 자신의 감정대로 할 수 있는 위력과 힘을 보려주고 싶어 한다. 이러한 자유로운 감정 분출은 주로 학대, 폭력 등이 개입되는 과정이다. 감정은 정동의 순환 과정에 돌연 개입하여 존재감을 과시하기 위해서 갑자기 집기를 부수거나, 정동순환의 핵심에 있는 여성에게 학대적인 행동을 일삼는다. 그마저도 비겁하게 감정의 변화를 초래할 수 있는 술이나 약물의 도움을 받아서 그런 행위를 정당화한다. 이에 따라 마지막으로 정동 파괴 단계에 도달하게 되어 정동순환의 돌봄과 책임 영역을 파괴하고 만다.

이러한 정동 파괴 단계까지 이르지 않는 방법이 없을까? 첫 번째 전략은 남성 가해자들을 감정화 단계가 아닌, 가정 내에서 정동순환에 따라 움직이는 정동화 단계로 끊임없이 개입시키고 참여시켜서 배치 없는 표상적인 감정의 변화에 따르지 않도록 만드는 것이다. 다시 말해 설거지나 청소 등 살림에 지속적으로 참여시킴으로써, 미디어를 통한 감정생활을 최소화하고, 감정의 변화에 행위양식이 따르는 것이 아니라 정동의 순환과 흐름에 따라 가정이 움직이고 있음을 감응하도록 만드는 것이 핵심이다. 두 번째 전략은 남성들의 감정화 단계에 대응하여 정동화 단계를 상응적으로 설명하고 이

해시키는 것이다. 감정화 단계에서는 정동의 순환과 흐름이라는 배치가 전혀 보이지 않고 그저 개인적인 감정이 만든 허상을 신기루와 같이 실제로 착각하는 경우가 많다. 이 경우 지속적인 설명을 통해서 정동순환에 어떤 맥락이 있는지를 설명하고 감정화 단계로의 이행을 가로막을 필요가 있다. 세 번째 전략은 미디어 앞에서 감정화 단계를 훈련 받는 것을 끊임없이 막고 가족 구성원들과의 정동화 단계를 주요 일상의 삶으로 배치하는 것이다. 감정화 단계를 지속적이고 반복적으로 훈련시키는 보상 및 대리표상 체계로서의 미디어를 끄고, 가정 내에서의 정동순환 과정에서의 이야기 구조에 참여하게 만듦으로써 남성들의 자리를 스스로 만드는 정동적인 자립과 참여를 돕는다.

특히 동물학대의 경우는 잔혹하며, 생명을 감정 해소의 대상으로 전락시켜 정동 파괴의 극단적인 단계로 이르게 한다. 미국의 가정폭력 담당관들에 따르면, 가정폭력을 겪은 피해자 아동과 동물을 분리하는 것이 기본이라고 한다. 왜냐하면 가정폭력의 가해자인 아버지와 자신을 동일시함으로써 동물을 오히려 학대할 우려가 있기 때문이다. 이러한 아이들의 동일시와 의존의 사고방식은 정동순환에 크게 도움이 되지 않는다. 정동은 동일시가 아닌 차이 속에서 촉발되는 활력이자 생명력이기 때문이다. 이에 대한 조치로서 동물보호교육 후 아이와 다시 만나게 하는 것이 기본이다. 이렇듯 동물학대, 가정폭력 등에 정동의 소외 양상의 극단적인 면이 관철된다. 정동의 소외는 노동의 소외만큼이나 현대사회의 가장 중요한 사안 중 하나로 부상하고 있다. 정동의 순환과 흐름에서의 살림과 돌봄이라는 정동의 미학화가 필요하며, 가정폭력 가해자들(주로 남성)이 개인적인 감정생활에 빠지지 않도록 배치를 재배치하는 미시정치는 늘 필요하다.

전환사회는 정동의 시대

현 시점에서 노동의 소외보다 더 문제가 되는 것이 바로 정동의 소외이다. 여성, 청년, 소수자들은 정동으로부터 소외되어 사회가 권장하는 위생적이고 탈색된 관계망에 놓여 있다. 정동, 사랑, 돌봄, 연대 등이 삶을 구성하는 원천임이 분명함에도 정동의 소외는 현 시점에서 문명 자체를 위기로 몰아넣는 아킬레스건이 되고 있다. 물론 기존의 방식처럼 젠더 불평등을 통해 정동의 영역을 여성에게 전가시킬 수 없다. 결국 사회 각 주체성들이 정동의 구성주의를 통해서 삶과 생활, 공동체와 사회 등을 재건해야 하는 상황이다. 민주적이며 수평적이고 책임을 분담하는 정동의 순환이 필요하며, 이는 문명과 사회, 개인의 삶까지도 재창안하는 원동력이 될 것이다. 이를 위해 어떤 전략적인 사유가 필요할까? 정동의 구성주의를 통해서 사회 재건까지 향할 수 있는 활력과 생명력을 어떻게 생산하고 생성시킬 수 있을까?

먼저 다양체로서의 공동체에 주목해야 할 것이다. '판 짜는 자'와 '나서는 자' 간의 긴장관계 속에서 살림과 돌봄이라는 정동의 미학화에 나선 판 짜는 자로서의 주체성 생산이 요구된다. 판과 구도 위에서 나서는 자가 형성될 수 있지만, 그 나섬이라는 것 역시도 판짜기를 위한 나섬으로 그 한계와 범위를 분명히 해야 할 것이다. 나서는 자를 만드는 주체성 생산이라 하더라도 각각 공동체의 판을 풍부하게 만드는 특이성으로서의 개성을 발휘하는 과정이어야 할 것이다. 판 짜는 자가 배후나 배경이 되어 주변에 배치되는 기존의 질서는, 나서는 자로 하여금 자신이 판을 이끌고 있으며, 심지어 공동체의 판을 벗어나는 것이 자유라고 착각하게 만들었다.

이를테면 니체의 초인 사상처럼 공동체의 판과 무관하게 가치판단을 하게 하는 것이 나서는 자들의 모습이었다. 이렇게 된 것은 개인들이 에너지와 자원을 공동체의 규칙으로부터 벗어나 자유롭게 쓸 수 있게 되었기 때문이다. 그런 점에서 공동체의 판은, 모두가 판 짜는 선수이지만 막상 개개인은 처음 해 본 일을 해야 하기 때문에 모두가 아마추어인 판으로 구성되어야 한다. 정동의 순환은 이에 따라 마을의 판 위에 사랑, 정동, 욕망의 흐름을 만들어내고 그 위에 자원-에너지-화폐의 흐름을 얹어서 작동시키는 구도를 그린다. 이때 사랑이 선물이 되고, 정동이 화폐가 되어 움직여야 할 것이다. 공동체에서는 종종 전문가들이 등장한다. 전문가는 하나의 모델로 모든 것을 설명할 수 있다는 자신감을 가진 사람들을 만들어낸다. 그러나 이런 방식은 일종의 환원주의이거나 자신이 주목한 것 이외에는 뻔한 것으로 보는 불성실한 설명 양식이다. 그럼에도 불구하고 전문가들이 공동체에서 환영 받는 이유는, 공동체는 자신들의 활동을 직접 설명할 능력이 없기 때문이다. 그래서 전문가들이야말로 설명력과 해석력을 갖추고 있다고 착각한다. 여기서 '~은 ~이다'라고 단정하는 요술지팡이와 같은 의미화 양식이 등장한다.

그러나 복잡계인 공동체의 관계망에서 여러 방향으로 지도를 그림으로써만 공동체의 작동을 설명할 수 있다. 여기서 지도화 양식은 근거(ground)로서의 현실이 복잡계이기 때문에 여러 가지 정의(definition)가 가능한 세계이다. 이렇듯 근거와 정의, 입구와 출구, 원인과 결과, 입력과 출력이 분열되어 있는 복잡계에서는 하나의 질문에 모두가 대답일 수도, 여러 개가 대답일 수도, 대답이 없을 수도 있는 설명 방식이 등장한다.

정동은 늘 입구와 출구가 분열되어 있다. 어디서 시작할지 어디서 마침표를 찍을지 도대체 모를 수밖에 없는 것이 정동이다. 그러나 '~은 ~이다'라는 의미화 양식은 입구와 출구를 특정해서 아귀가 딱 맞는 열쇠개념이 있다고 말한다. 이러한 의미화는 바로 자본화를 뜻한다. 정동은 지극함을 발휘하면서 지도를 그릴 수밖에 없다. 결국 정동의 순환과 흐름을 설명하는 전문가들은 정동의 강렬도가 포괄하는 요철, 주름, 굴곡 등의 소음, 잡음, 잉여 등의 시끄러운 잡음에 귀를 막고 위생적인 회색빛 화면 위에 이유와 결과로 이루어진 인과관계로 만들어낸다. 이에 따라 대다수의 공동체에서 프로젝트가 이루어질 때, 정작 공동체 사람들 자신의 정동은 소외된 채로 온갖 전문가들에 의해서 의미화가 이루어진다. 프로젝트가 끝나고 돈이 지급되면 황급히 마을을 떠나는 사람들이 전문가라는 자들이다.

반면 정동과 사랑, 욕망 등의 무의식의 행렬에 따라 움직이는 공동체는 미세한 차이와 다양성을 생산함으로써 자신이 선택할 경우의 수를 늘려 나간다. '~은 ~이다'라고 의미화하는 것은 지극히 평면적인 해석 방식에 불과하다. 공동체는 차이와 다양성의 생태계를 조성한다. 이를 통해서 무수한 정동이 순환하면서 그 시너지로서의 2차적 차이를 생산한다. 그런 점에서 사랑할수록 달라지고, 연대할수록 달라지고, 협동할수록 달라지는 것이 공동체이다. 이러한 '차이를 낳는 차이'는 미세한 차이의 향연이다. 정동의 미시정치는 차이를 어떻게 더 미학화하고 우아한 형태로 만들 것인가 하는 지점에 있다. 그래서 공동체는 배치를 끊임없이 재배치함으로써 미세한 차이에 응답한다.

정동순환의 과정이 돌봄, 모심, 살림, 보살핌, 섬김 등의 미학적인 과정인 만큼 더 미세해지고 더 섬세해지는 과정으로 재배치된다. '~은 ~이다'라고 성기고 투박하게 의미화하는 전문가들과는 사뭇 다르다. 만약 그렇게 단정하였다면 그다음은 어떻게 할 것인가 하는 질문에 전문가들의 답변은 군색하다. 그저 해석할 뿐 실천적인 논의와는 거리가 먼 것이다. 공동체의 정동의 순환을 '~은 ~이다'라고 완결형과 이념형으로 해석하고 판단하고 선별하는 것이 중요한 것이 아니다. 이런 의미화 방식은 과정형이자 진행형으로서의 실천적인 정동의 순환과 흐름을 온전히 말하고 있지 않다. 과정형이고 진행형인 모든 공동체의 일과를 생각해 보자. 공동체의 일과는 그 판 위에서 차이와 다양성이 미세화하고 세밀화됨과 동시에 생태계와 같이 우아하고 미학적으로 배열됨으로써 그 힘의 원천인 정동의 실존적인 힘과 존재력을 높인다. 공동체의 살림은 예술처럼, 노래처럼, 춤처럼 이루어지는 것이다. 이에 따라 공동체의 미세한 차이와 다양성의 향연은 정동의 우아함과 미학적인 과정과 함께 공명하면서 스스로를 표현한다고 할 수 있다.

동시에 정동은 관계를 미학화하고 우아하게 만들기 위해서 가까움과 멂 사이를 거리조절을 한다. 이러한 과정은 공동체를 윤리적이고 미학적인 관계망으로 만들기 위한 정동의 작동 양상이다. 친밀하고 유대적인 관계망이라 하더라도 서로를 간섭하거나 참견하지 않고 적절한 거리를 유지하고, 낯선 익명의 관계망이라 하더라도 관계없음으로 향하지 않도록 적정 수준의 환대를 펼친다. 이를 통해서 어려운 사람이 있으면 힘써서 가까워지고, 또 그 일이 해결되면 다시 먼 발치에서 적정한 거리를 유지하는 등의 밀고 당기는 과정이 있다.

이러한 관계상의 거리 조절에 대해서 펠릭스 가타리는 횡단성(transversalite)이라는 개념으로 설명한다. 정동은 적정 거리에 있는 우정의 공식을 따른다. 너무 가까워도 정동이 촉발되지 않고, 너무 멀어도 정동은 촉발되지 않는다. 우정의 공식은 결국 모두가 영원한 친구이자 이웃인 상황을 의미한다. 이는 프라이버시를 존중하지 않는 것이 공동체라는 선입견을 불식시킨다. 다시 말해 프라이버시가 말하는 자기돌봄에 능숙한 사람들이 되기 위해서 우선 서로돌봄에 나서야 할 것이다. 자기돌봄을 통한 강건한 개인이 되기 위해서는 우선 서로돌봄을 통해서 상호주체성, 서로주체성이 되어 거리 조절의 미학에 참여해야 할 것이다. 이를 통해서 구성된 열린 공동체는 정동의 선순환과 시너지효과, 정동의 흐름(flux)으로 가득한 판이다.

앞으로 도래할 전환사회는 정동의 시대가 될 것이라고 도처에서 예감하고 있다. 정동에 소외된 사람이 없기 위해서는 우리 모두가 정동의 생명력과 활력에 감응한 사람들이 되어야 하고 모든 사람이 정동의 순환과 흐름에 동참해야 할 것이다. 현재처럼 무차별 사회와 원자화된 개인이라는 한 쌍으로 이루어진 사회는 공동체의 와해와 관계의 실종이 만연한다.

정동으로부터 소외된 사람들이 절규와 비탄, 외로움, 고독에 쌓여 있는 밑바닥 감정의 상태로부터 해방되기 위해서는 무엇을 해야 할까? 정동해방은 정동의 소외의 극복이자 무의식 해방이다. 전환사회로 향하는 정동해방이라는 거대하고 일관된 방향성에 따라 우리는 기후위기 시대, 생명위기 시대에 직면해야 할 것이다. 우리는 앞으로 정동의 순환과 발휘를 위해 더욱 바빠질 것이다. 더욱 미학화되고 미세한 정동의 미시정치가 우리 삶에 자리잡을 것이다. 도래할 거대한 전환은 더욱 미세한 정동해방을 향한 주체성 생산이 만들 사회화학적인 변화를 의미할 것이다.

그런 점에서 정동의 순환과 흐름에 맞는 색다른 공동체기업에 대한 모색이 제기될 수밖에 없는 시점이다. 그러나 우리는 여기서 협동조합의 장점인 자본주의 외부성 자체를 포기해서는 안 된다. 오히려 협동조합 구성원들이 직감하고 있듯이, 협동조합의 자본주의 외부성과 개토적인 성격을 야성적 정동으로 바꾸지 못하고 그저 수익구조를 통해서 유지의 논리나 지속가능의 논리로 방어하려는 행태에 문제의식을 가져야 한다. 협동조합의 외부성이 혁신성과 선도성을 발휘할 충분한 잠재력이 있음에도 불구하고 특유의 조직 유지 논리에 따라 자신의 장점을 봉쇄하고 있다는 말이다. 특히 기후위기 상황에서 탈성장 등의 전환사회 비전을 자본주의 내에서 실현해야 할 협동조합임에도 불구하고, 그러한 비/반자본주의 실험을 도외시하고 있다는 점은 주저하고 망설이면서 자원과 프로젝트를 따라가게 하는 동인이 되고 있다.

제 3 부

가타리의 욕망가치론, 사회적 경제를 진단하다

The Rediscovery of Affect
Félix Guattari's the Theory of Affect
and Social Economy

1. 욕망가치(=강렬한 정동의 가치)와 기본소득

플랫폼에서의 일상, 정동의 가치는 어디로?

유튜브나 넷플릭스 등의 플랫폼을 향유하는 H씨에게 하나의 질문이 떠오른다. 이처럼 플랫폼에서 웃고 울고 즐기고 기뻐하고 정동을 발휘하다 보면 그 이득은 다 어디로 가는가? 플랫폼자본주의는 사실상 정동에 대한 실질적 포섭의 국면이다. 그래서 플랫폼자본주의(=정동자본주의)의 외부란 없다. H씨가 정동을 발휘하던 일련의 과정들, 다시 말해 시청노동, 주목노동, 향유노동, 정동노동 등은 플랫폼을 살찌우고 풍요롭게 만들 것이다. 그러나 그러한 정동을 생산한 H씨에 대한 보상은 없다. 물론 간혹 인플루언서가 되어 유명세와 돈을 함께 갖게 되는 경우도 있다. 또한 유튜브처럼 일단 성공하면 대규모의 보상이 기다리고 있는 곳도 있을지 모른다.

하지만 치열한 경쟁에서 살아남는 자만이 보상을 누릴 수 있다. 플랫폼자본주의를 기반으로 정동자본주의로 이행하는 현재 국면에서 기존의 가치 질서는 유효성을 상실했다. 플랫폼 노동 등도 사실상 플랫폼 내에서 정동을 발휘하는 일련의 행위 양식과 다르지 않게 되는 상황이다. 다시 말해 노동과 정동의 경계조차도 희미해진 것이다. 이러한 정동자본주의는 갑자기 찾아왔다. 정동으로서의 활력과 생명력이 발생되는 그곳에 동시다발적으로 권력과 자본이 발생된다. 이에 따라 정동을 생산하는 사람들의 노고가 있는 이상 그 정동 생산이 자연발생적인 행위 양식이라고 치부할 수 없는 상황에 놓여 있다.

H씨는 플랫폼의 충성도 높은 소비자이자 생산자이다. H씨가 정동을 생산, 발휘, 이행하는 과정에서의 무수한 사건들은 바로 H씨의 삶에 아로새겨진 에너지이자 활력이다. 동시에 그의 정동의 온도, 속도, 밀도, 강도는 그러한 그가 이제까지 겪어왔던 삶의 요철과 굴곡과 주름이 표현되는 과정이다. 그렇기 때문에 삶의 내재성의 입장에서 보면 정동자본주의는 다른 가치질서를 따르고 있다. H씨의 궁금증처럼 자신의 정동 가치에 대한 화폐적 보상 여부는 언제든 물을 수 있다. 그래서 어설프고 아마추어적인 자신의 정동도 그저 소음, 잡음, 잉여로 간주되는 것이 아니라, 정당한 화폐적 보상이 있었으면 좋겠다는 바람이 더욱 플랫폼에 열중하게 만드는 동기일 수도 있다. 플랫폼은 정동을 통해서 살찌워지고 네트워크 효과에 따라서 쏠림 현상을 만든다. 이에 따라 삶에 내재한 정동을 동원했던 H씨가 플랫폼에서 그저 구경꾼이 아니라 정동의 생산자임을 자각하고 정동에 대한 보상에도 관심을 가져야 할 순간인 것이다. 정동의 관점에서는 H씨처럼 넷플릭스를 보는 것도 정동노동이고, 페이스북에 올릴 사진을 여러 각도에서 설정해서 찍는 것도 정동노동이고, 유튜브를 보는 것도 정동노동이다.

가타리의 욕망가치론과 MMT

펠릭스 가타리의 욕망가치론은 욕망, 정동, 돌봄, 사랑들이 관계망을 풍부하고 다양하게 만들 뿐만 아니라, 그 관계망의 부수효과로 생태적 지혜, 커먼즈(commons), 오픈소스(open source), 집단지성 등을 생산하고 창조하는 원동력이 될 수 있다고 주장한다. 가타리가 "정동의 강렬한 가치"라는 말로 표현하는 욕망가치론에 대한 단상은, 최근 들어 기본소득이나 정동에 대한 보상 논의에서 그 비중이 더욱더 커지고 있다. 이는 '모든 욕망을 가진 자들에 대한 보편적인 기본소득'이라는 슬로건으로 욕망가치 논의가 전진 배치될 수 있기 때문이다. 가타리는 다음과 같이 교환가치, 사용가치, 욕망가치를 구분한다.

> 첫째, 교환가치는 자신의 구성적 요소의 상이한 가치 위에 움직이는 기호적 등가물 체계를 움직이는 가치이다.
> 둘째, 사용가치는 두 용어의 대립—다른 것[교환가치]과의 관계에 의해서 '가치가 나가는' 어떤 것—에서 생겨났지만 그 기호화 양식이 가치의 양극성에 기초한 세계 관념과 일치하는 가치이다.
> 셋째, 욕망의 강렬한 가치는 정동의 가치라고도 부르는 것으로, 이것은 주체-대상, 좋은-나쁜, 유용한-무용한, 아름다운-추한 등 마니교주의적[이원론적]인 대립으로 일반화된 교환주의 체계가 지닌 가치의 전환 가능성을 무시한다.[*]

욕망가치와 정동가치는, 생명가치나 생태적 가치로도 불릴 수 있기 때문에 인간뿐 아니라 비인간 개체를 포괄하는 가치론으로 정립될 여지도 있다. 욕망가치론은 모든 욕망을 가진 존재의 존엄한 가치를 인정한다. 그 욕망을 가진 존재에는 인간을 비롯한 생명도 포함된다. 동시에 욕망가치는 돌봄,

---

[*] 펠릭스 가타리, 『분자혁명』(1998, 푸른숲), p. 327 참조.

모심, 살림, 보살핌, 섬김 등의 정동의 가치가 실질적으로 화폐화될 수 있는 활로 역시 포괄한다.

그러나 욕망가치 논의는 정동자본주의(=플랫폼자본주의)에 포획된 정동을 설명해야 할 필요가 있다. 다시 말해 정동자본주의 상황에서 정동과 욕망이라는 생명력과 활력이 가치화될 수 있는 판과 구도가 비로소 열렸다. 그러나 이 판을 주도하는 플랫폼은 욕망가치를 독점적으로 이용할 권한을 갖고 있으며, 무수한 사람들의 정동이 동원되면서도 거기에서 발생하는 이득을 그중 판을 주도하는 플랫폼의 것으로만 독점하려는 책략이 작동한다. 그런 점에서 정동의 가치, 욕망가치는 이미 공동체에서의 정동의 자율성의 맥락이 아니라, 자본과 권력 생산의 맥락에서의 핵심 작동 방식이 되었다. 정동자본주의 이전에 있던 인지자본주의 하에서는 '의미화=가치화=자본화'의 구도가 핵심 작동 원리였다. 반면 정동자본주의 하에서는 '지도화=가치화=화폐화'라는 욕망과 정동의 구도가 작동하고 있다. 이는 인지자본주의에서의 '코드의 잉여가치'에서 정동자본주의에서의 '흐름의 잉여가치'로의 이행 국면에서 나타난 특징이라고 할 수 있다. 이러한 이행이 순식간에 욕망가치론을 전면에 내걸게끔 변화를 추동하고 있다.

들뢰즈와 가타리의 『안티 오이디푸스』(2014, 민음사)에서는 욕망경제, 리비도 경제의 작동 방식이 등장한다. 이는 욕망 생산의 입장에서의 '그리고…그리고…그리고'의 연결접속(connection)이, '~ 또는 ~'이라는 분리차별로서의 욕망등록인 이접(disjunction)으로 식별되어, 욕망소비인 '고로 나는 ~이다'라는 연접(conjunction)으로 나타난다는 구도이다. 이러한 욕망생산-욕망등록-욕망소비의 욕망의 정치경제학의 구도를 비교적 잘 파악한 체계가 바로 플랫폼자본주의(=정동자본주의)라고 할 수 있다. 물론 욕망경제의 작동 양상의 기반은 단연코 욕망가치, 정동의 가치라고 할 수 있지만, 끊임없이 채굴하고 추출하고 식별하고 분리차별하여 자본화하려는 의도를 갖고 있는 셈이다. 정동자본주의는, 인지자본주의 하에서의 '의미화=가치화=자본화'의 작동 방식과 구분되는 욕망의 흐름으로서의 지도제작으로 나타난다.

이런 들뢰즈와 가타리의 다음과 같은 언급은 당시에서는 유효한 발언이라고 할 수 있지만, 정동자본주의를 설명하는 구도는 아니다: "욕망의 기호는 결코 법의 기호가 아니다, 욕망의 기호는 권력의 기호이다. 그리고 욕망은 자신의 권력을 정립하고 전개하며, 욕망이 있는 곳이면 어디서나 흐름들을 흐르게 하고 신체들을 절단한다는 이 사실을 누가 감히 법이라 부르랴?(나는 화학법칙에 관해서는 말하지 않겠다. 그 단어에는 도덕적 뒷맛이 있기 때문이다.) 욕망을 기표에 의존하게 하자마자, 욕망은 다시 거세라는 효과를 낳는 전제군주제의 굴레 아래 들어간다. 거기서 우리는 기표 자체의 특질을 알게 된다. 하지만 욕망의 기호는 결코 의미화하지 않는다. 그것은 수천의 생산적 흐름-절단들 속에 있으며, 이것은 거세라는 단 하나의 특질 속에서 의미화하지 않는다."[*]

여기서 들뢰즈와 가타리는, 욕망이 의미화하는 기표 체계를 벗어나 있다는 점을 지적한다. 이는 코드의 잉여가치 중심이었던 인지자본주의 하에서의 욕망의 저항 방식일 수 있다. 그러나 정동자본주의 하에서는 코드의 잉여가치 대신 흐름의 잉여가치(=정동의 흐름)를 추출하고 채굴하여 그 가치 중 보상되지 않은 욕망가치의 대부분을 기계적 잉여가치로 귀결시킨다. 쉽게 말하자면 정동의 가치, 욕망가치가 생산한 집단지성, 일반지성, 생태적

---

[*] 들뢰즈와 가타리, 『안티 오이디푸스』(2014, 민음사) p. 199.

지혜, 오픈소스 등을 생산에 참여한 다중(multitude)에게 보상으로 배분해 주지 않고 바로 기계류 혁신에 사용하는 것이다.

이러한 상황에서의 욕망가치만큼을 그 생성자인 다중에게 보상하는 문제는 바로 욕망가치의 화폐화 문제로 귀결될 수 있다. 마치 집 앞에 지하철이 생겨 부동산 가치가 높아지는 것을 공익적 가치로 회수하여야 하는가 하는 논쟁처럼, 자연스레 자본의 부당이득을 정당하게 분배하는 논의가 촉발된다. 결국 욕망을 가지고 정동을 발휘하는 모든 소수자, 아이, 주부, 장애인 등에 대한 보편적인 기본소득 논의로 이어질 수밖에 없다.

'기본소득의 재원을 어디에서 충당하는가?' 하는 질문에 대해 MMT(Modern Monetary Theory)를 제시하는 그룹도 있다. MMT는 통화주의 정책을 통해서 양적 완화와 같이 은행과 기업에 돈을 주는 부채통화가 아니라, 시민들에게 기본소득의 형태로 화폐를 지급하는 주권통화로서의 공적 금융 시스템이다. 이는 '의미화=가치화=자본화'로서의 인지자본주의 형태를 넘어서 '지도화=욕망가치화=화폐화'로 넘어가는 정동자본주의 형태의 초입에 있는 이론이라고 할 수 있다. 이러한 MMT는 정동의 가치, 욕망의 가치가 생산하는 흐름의 잉여가치를 화폐의 형태로 전환시키면서 사실상 욕망과 정동의 강렬한 가치를 가속화하는 입자가속기와 같은 역할을 할 것이다. 이러한 MMT의 논의를 인플레이션의 여부를 통해서 사전에 봉쇄하려는 시도나 화폐를 찍어내는 발권국에만 유효한 논의로 멈추게 하려는 시도도 있다. 그러나 이러한 MMT 논의의 진정한 의도가 사실상 욕망가치론을 지상에 드러내면서 기본소득을 성립시키는 것이라는 점에 주목해야 한다. 결국 기존 가치론의 입장에서는 도저히 용납할 수 없는 욕망가치의 영역을 MMT가 담고 있다. 이 점에서 욕망화폐, 생태화폐, 기후화폐 논의를 격발하는 것이 MMT이다. 기후화폐의 경우에는 발권자가 자신이고 탄소 감축분에 따라 발권한다는 점에서 욕망가치론을 전진배치하며 다음 단계의 논의로 이행 시킨다. 다시 말해 인류학적으로 폐총이 옆에 있음에도 무수히 많은 화폐로 서의 조개를 버젓이 화폐로 유통하였던 사례처럼 기후화폐 실험은 이제 새로운 정동의 가치를 논의할 단계로 진입시킨다.

정동의 가치와 기후화폐

기후화폐의 논의로 들어가기 전에 기후위기 시대를 짚고 넘어가야 한다. 기후위기 시대는 모든 시스템을 변화시키는 전환사회의 시급함을 알리는 지구와 생명의 위기 신호이다. 그러나 전환사회로 나아가는 발걸음은 더디기만 하다. 기후행동이나 에너지 전환으로 때때로 나타나고는 있지만, 시민들은 아직까지 시간이 남아 있고 전면적인 것은 아니라고 느끼고 있는 듯하다. 그것은 시민들의 삶의 기반인 자본주의가 여전히 성장주의 입장에서 설계된 그대로 가동되고 있기 때문이다. 여기서 탈성장이라는 강렬한 시대적 요청에 호응하는 것이 기후화폐 혹은 정동화폐이다. 기후화폐는 기후위기를 막기 위한 탄소 감축에 따라 인센티브가 부여되는 에코마일리지 제도로부터 발상이 확대된 형태라고 생각하면 이해하기 쉽다. 즉, 탄소 감축이나 소비생활을 덜할수록 화폐를 더 발권할 수 있다. 중요한 것은 발권자가 바로 정동을 생산하는 각각의 개인, 즉 자기 자신이라는 점이다.

여기서 기후화폐는 사회적 약속이자 신용이기 때문에, 탄소 감축을 많이 하고 정동을 미학화하여 돌봄, 살림, 보살핌, 섬김, 모심 등의 행위 양식을 한 모든 사람이 발권의 수위를 결정할 수 있다. 일단 마을공동체나 사회적 경제 내의 가족 구성원들이나 개인들 간의 상호약속 속에서 발권 규모나 사용 범위를 정할 수 있을 것이다. 기존의 화폐는 금본위제가 폐지된 이후부터 각국 화폐가 평가절하 되면서 계속 화폐를 찍어내는 양적 완화의 현실에 직면해 있다. 다시 말해 산더미 같은 폐총의 유적처럼 무수히 많이 발권될 여지가 있다. 기후화폐는 이러한 양적 완화, 즉 남발과 남용의 위험성과는 거리가 멀다.

영등포구 다람쥐회신협이 제안하는 기후화폐는 자신의 탄소 감축분을 계산하여 그에 상당하는 현금화폐를 은행이나 신협에다가 저축하고, 그만큼을 다시 기후화폐로 받는 형태이다. 다시 말해 줄인 만큼 저축하고 더불어 발권하는 방식이다. 다른 사례로 대전의 한밭레츠에서 제안하는 그루라는 기후화폐는 현금화폐와 호환되지 않는다. 다시 말해서 저축과 발권이 함께 이루어지는 과정이 아니고, 가상화폐로서의 지위를 갖는다. 두 경우의 공통점은 탄소 증가를 나타내는 상품소비나 탄소발자국을 남기는 자동차 사용이나 육식이 이루어지는 과정에서는 더 이상 발권이 되지 않거나 발권이 축소될 수밖에 없는 자기조절체계도 갖추고 있다는 점이다. 그런 점에서 기후위기 시대에 요구되는 라이프스타일에 맞게 발권시장은 감축분에 따라 수요와 공급으로 조절된다.

기후화폐를 사용하는 사람은 탄소를 감축한 만큼 스스로 발권할 수 있는 화폐 생산자가 된다. 그리고 정동을 발휘하고, 촉발시키고, 생산하는 모든 예술적이고 미학적인 행위 양식이나 돌봄과 살림의 양식은 발권의 가능성으로 제기된다. 화폐는 무수히 많은 폐총처럼 무수한 가능성으로 주어진다. 그러나 그것은 탄소중독적인 삶을 유지하는 데 기후화폐를 쓰지 않는다는 사회적 약속과 신용을 통해서 가능하다. 그렇기 때문에 기후화폐가 만든 새로운 라이프스타일은, 정동의 가치, 욕망의 가치를 실현하고 보존하고 유지하는 방향으로 나타날 수밖에 없다.

자크모 달리사는 "새로운 공공자금을 공적 자원으로 창출하자는 제안은 국가 통화 예산이나 독립적인 통화 기관을 통해 민주적인 통제 아래 새로운 돈을 창출하는 것을 목표로 해야 한다(잭슨과 다이슨, 2013). 공공 자금은 부채 없이 발행되며, 경제에 직접적으로 쓰일 수 있다. '충분한' 공급과 필요에 기반을 둔 경제 활동을 위해 돈은 순환될 것이다(멜로, 2010)."라고 말한다. 이렇게 되면 공공 자금은 기존의 국가 단위는 물론이고, 지역이나 국제 차원에서 다양한 방법으로 발행될 수 있게 된다. 그리고 이 "새로운 돈"은 우선적으로 "의료, 돌봄 서비스, 저탄소 에너지 체계 등 핵심 공공 서비스를 지원하는 데 쓰"이게 되며 무엇보다 "기본소득이나 사회 투자자금, 공동체기반 경제 개발 자금 형태로 발행함으로써" 경제가 유연해지고, "상업은행의 대출금은 폭넓은 공공 이익을 위해 쓰여질 경우에 새롭게 발행한 공공자금으로 충당될 수 있다. 여전히 과세는 필요하다. 세금은 효율적인 천연자원 사용과 부의 재분배를 위해 쓰일 수 있다."라고 말한다. 기후화폐는 욕망의 가치, 정동의 가치에 최적화된 화폐의 발권과 사용으로 나타날 것이다. 그 어느 때보다 자신이 스스로 원하고 실현하고자 하며 끌리는 것에 대한 정동의 가치는 창조될 것이며, 정동을 촉발하는 예술 활동이나 마을 일, 공동체 활동 등에서도 정동의 가치는 창조될 것이다.

기후화폐는 그저 공상이라기보다는 블록체인을 매개로 하여 기존 시장과 다른 또 하나의 화폐 플랫폼 형태로 나타나고 있는 상황이다. 일종의 재

---

*   자코모 달리사 외, 『탈성장 개념어 사전』(2018, 그물코), p. 319.

미있는 실험처럼 시도될 수도 있다. 그것의 종잣돈은 '탄소상쇄기금'과 같은 공공기금을 활용하는 형태가 될 수도 있다. '기후화폐의 인플레이션은 어떻게 하나?'와 같은 질문은, 탄소감축과 정동 생산 시에만 화폐발권이 가능하기 때문에 애초에 질문거리도 되지 못한다. 모든 사람이 발권자이면서도 발권하는 순간 현금을 저축해야 하고 동시에 마이너스 가치를 갖는 것과 같기 때문에 그것을 유지하고 지속시키기 위해서 극한의 노력이 필요하다. 남용될 소지가 별로 없는 셈이다. 그러나 기후화폐의 획득 가능성이나 접근 가능성은 모두에게 열려 있고, 그 기후화폐는 거대한 규모로도 모일 수 있다. 그럼에도 자본화의 가능성은 전혀 없어야 하며, 동시에 이자처럼 늘어나는 형태가 아니라 시간이 지나면 소멸하는 생태화폐의 형태를 띨 것이다.

2019년 9월에 글로벌 암호화폐 거래소 디지파이넥스에 탄소감축증명(Proof of Carbon Reduction; PCR) 블록체인 플랫폼 개발 전문 기업인 데이탐(DATAM LIMITED)의 에델코인(eDEL)이 상장되었다. 이것은 기후화폐 이전 단계 작업이 활발히 구상되고 실행되고 있음을 보여주는 장면이다. 이 회사 대표는 한 신문 인터뷰에서 "국제적 시장 환경이 열악한 현 시점에서 탄소감축증명이 가능한 환경에너지첨단기술들이 융합하여 세계시장을 선도하기 위해 데이탐과 함께 전진하고 있다. 기후변화는 2020부터 전 세계가 탄소감축 목표를 의무적으로 이행해야 하는 인류생존의 문제이다. 따라서 신기후 체제하에서 데이탐의 탄소감축증명 블록체인 기술은 그 어떤 기술보다 중요한 역할을 할 것이다."라고 밝혔다. 이 코인의 개념은 이렇다: "한 개의 에델은 1톤의 탄소 감축량에 대해 보상된다. 즉 1에델은 1톤의 탄소배출

---

*   차미혜, 〈데이탐, '에델코인(eDEL)' 디지파이넥스에 상장〉, 《글로벌경제신문》 2019.09.09.

권 거래 시세와 동등한 가치를 가지며, 모든 탄소감축과 관련한 암호화폐의 보상기준이 될 것이다. 데이탐의 블록체인은 탄소배출권의 가격상승과 PCR플랫폼에서 구현되는 탄소감축 인프라가 커질수록 에델의 채굴 경쟁은 심해지고 에델의 가치 또한 상승하는 구조로 설계되어 있다. 따라서 머지않아 에델은 암호화폐 시장의 선두에 위치하게 될 것이다."[*]

기후화폐는 기후보험, 기후펀드, 기후공제와 같은 기후금융의 기본적인 판 역할을 할 수 있다. 기존의 다양한 기후화폐 시도가 정동의 가치와 결합하는 문제로 말미암아 한계에 봉착했다. 따라서 채굴 과정에서 탄소 감축뿐만 아니라, 정동노동으로서의 돌봄, 모심, 살림, 보살핌, 섬김 등의 과정을 함께 디자인이 하는 것이 필요하다. 왜냐하면 전기와 같은 에너지를 줄이면 동시에 인력 에너지가 필요해지므로 독특한 정동경제가 작동하게 될 것이기 때문이다. 동시에 발권이 여전히 마이너스 화폐로서의 역할을 하지 못하고 있다는 점도 해결해야 할 과제이다. 물론 기후화폐와 정동의 가치를 연결시키는 시도는 여전히 실험 중에 있다.

정동적 보상체계와 화폐의 지도화

정동에 대한 보상은 단지 복지와 일방적 수혜가 아닌 기계류 혁신에 직간접적으로 기여하는 지식정보의 기반을 생산하고 형성하는 것을 의미한다. 그런 점에서 기계에 전기를 공급하듯, 정동, 욕망, 사랑을 수행하는 모든 사람은 기계류 생산과 기술혁신의 주체성이기에 기본소득을 보장하는 것에

---

[*] 차미혜, 앞의 기사.

아무런 이의를 제기할 수 없다. 그럼에도 불구하고 기득권 세력에서 이런 방식의 정동 보상체계가 도덕적 나태함을 이끌 것이라는 추정을 되풀이하는 것은 정동에 대한 보상체계가 정동의 재귀성에 입각하여 정동순환에 기여하는 데 따른 보상체계라는 점을 의도적으로 간과하는 것에 불과하다.

정동을 생산하는 것을 보상하는 체계의 도입은 더 많은 예술, 창조, 과학의 격발을 낳을 것이다. 정동의 우아함과 풍부함은 더욱 정동의 밀도를 가속화할 것이다. 이것은 자본도 전혀 손해될 것이 없는 상황이다. 왜냐하면 더 풍부한 집단지성과 생태적 지혜를 추출하고 채굴할 수 있는 여지가 생기기 때문이다. 물론 이러한 자본의 인클로저(enclosure)에 대한 저항운동과 공유지와 공통재를 지키려는 노력은 여전히 필요하지만, 기본소득의 측면에서 보자면 자본주의의 유지와 지속에도 충분히 기여하는 측면이 있기 때문에 보수주의자들도 거부할 이유가 없다.

여기서 화폐적 보상은 기존에는 입구와 출구가 다른 지도화에 따라서 판단되었다. 입구에서의 방법이 어찌되었건 출구에서는 욕망의 자기원인에 따라 사용된다는 점이 그것이다. 이러한 분열된 형태의 화폐 사용은 늘 의미화로서의 '~은 ~이다'라는 인과론적인 대면의 방법이 아니라, 입구와 출구가 분열되어 탈주하고 지도제작하는 방법으로 나타났다. 다시 말해 노동에서 번 돈을 노동에 기여하고 개선하는 방향으로 쓰이는 것이 아니라, 전혀 다른 방향에서의 소비생활로 이끈다는 것이다.

물론 이러한 화폐 지도화의 속성이 노동자와 소비자로 이루어진 내부 상점의 재진입(re-entry) 유형을 띤다는 케인즈의 발견을 통해서 유효수요(effective demand) 이론으로 나타났다. 그리고 그것이 뉴딜 사업이라는 거대 인프라, 공공일자리 사업 등의 기초적인 발상이 되었던 것도 사실이다. 그런데 정동에도 역시 내부상점 유형의 재진입 현상이 있다. 사랑, 욕망, 돌봄을 발휘한 정동은 다시 재귀적으로 그것을 반복하는 것이 관찰되는 것이다. 그런 점에서 정동적 보상체계는 오히려 정동을 더욱 미학화하고 우아하게 만들고 풍부하게 만드는 원천이 될 것이라는 점이 드러난다.

이는 피터 라인보우가 쓴 『마그나카르타 선언』(2012, 갈무리)에서 정동이 발휘될 수 있는 공유지에 대한 〈삼림헌장〉이 얼마나 풍부하고 다양한 생태적 지혜의 원천이 되었는지 설명한 구절에서도 발견된다: "공유지의 수탈은 여성들의 경제적 역할을 축소하였다. 아이비 핀치백의 계산에 따르면 이삭줍기로 6부셸의 알곡을 마련하는 것이 가능했다. 이삭줍기는 여성들과 아이들의 일이었다. 에스토버스 혹은 땔감의 취득은 대체로 여성의 일이었다. 암소 키우기를 가능하게 했던 목초 혹은 방목권 또한 여성의 것이었다. 따라서 여성은 건강한 식단을 위해서 치즈, 버터, 우유를 마련했으며 여성이 키우는 가축은 텃밭과 들밭에 영양소를 채우는 거름을 제공했다. 공유지에의 접근은 두 종류의 자립성을 주었다. 첫째로 '농장을 경영하는 농민들이 가축, 텃밭이 있고 토탄과 에스토버스에 대한 권리를 가진 노동자들을 늘 마음대로 부릴 수는 없었다.' 둘째로, 커머닝은 가족 내에서 여성의 자립성을 제공했다. 커머닝은 군집적이었다."* 공유지에서 발아했던 이러한 생태적 지혜처럼, 정동적 보상체계는 정동을 더욱 풍부하고 다양하며 섬세하게 만들 것을 예상하게 하는 대목이다.

이런 점에서 정동적 보상체계가 구체화된다면 열정노동이나 희생, 젠더 불평등은 사라지게 될 것이다. 더욱이 욕망가치는 예술가치, 꿈 가치, 상상

---

* 피터 라인보우, 『마그나카르타 선언』(2012, 갈무리), p. 162.

력가치 등과 같은 색다른 가치의 장을 열 것이다. 동시에 정동이 바로 생명 에너지이자 활력, 생명력이라는 점에서 생명가치와 생태적 가치로의 확장 도 가능할 것이다. 그러나 정동적 보상체계가 정동의 자발성이나 증여적인 속성을 잠식할 수도 있다는 우려의 시선이 있는 것도 사실이다. 정동의 깊 고 우아하며 심미적이고 자발적이고 증여하며 호혜하는 속성은 정동에 대 한 신비감과 경외를 불러일으킨 것도 사실이다. 그렇기 때문에 생명활동에 대한 코드화가 이루어진다면 그것은 보상체계를 빙자한 수동적이고 타율 적인 체계로 나타날 것이라는 우려도 있다.

그러나 정동의 화폐화는 화폐의 지도화의 속성을 통해서 미시경제와 거 시경제적인 구조를 연결하는 이음새 역할을 할 것이라는 전망을 가타리는 욕망가치론에서 제기한다: "화폐적 기입(inscription)은 그것이 더 이상 지불 수단으로서가 아니라 신용과 재정의 수단으로 사용될 때, 부분적으로 비기 표적 기호기계의 양식으로 기능합니다. 과학과 기술의 장에서 계측과 구도 가 필수불가결한 만큼, 화폐적 기입은 경제의 장에서 필수불가결한 기호적 도구를 구성합니다.(시장경제 체계 없이 꾸려나가려고 하고 치러야 할 국가 계획화 의 시도는 오늘날까지 - 자신의 탈조절, 광기, 불명예에도 불구하고 - 경제적 사실을 감 지할 수 있는 등록판을 설치하는 데 성공하지 못하여 이런저런 형태로 되돌아가갑니 다.) 그러나 여기서 자주관리적인 미시경제를 거시경제적 구조에 접합하는 문제가 제기되어야 합니다."* 여기서 정동의 화폐화라는 미시경제의 작동은 화폐의 지도화 과정을 기입할 등록판을 가져야 한다. 이는 결국 통화주의와 재정정책 양 갈래로 움직이는 국가경제에서 통화주의의 한쪽 면을 개방하

---

* 펠릭스 가타리, 『분자혁명』(1998, 푸른숲), p. 329.

여 정동화폐, 기후화폐로의 진입을 추구해야 한다는 점을 의미한다.

MMT(현대통화이론)는 정동의 가치, 욕망가치 없이는 상당히 무기력한 공염불이 될 가능성이 높다. 따라서 펠릭스 가타리의 욕망가치론은 욕망화폐론, 정동화폐론, 생태화폐론, 기후화폐론을 전진배치하여 현실에서 작동하는 탈성장과 감축, 제한, 유한성의 정동의 순환 과정을 설명할 수 있는 전거로 활용해야 할 것이다. 이런 점에서 자본주의적 욕망에 따라 움직였던 기후금융 전반에 대한 정동가치 기반의 재편과 전환이 가능하다는 전망도 해볼 수 있게 된다.

2. 외부가 사라진 문명, 내부의 정동에 눈을 돌리다

스타트업의 기획자, 관계와 정동의 채굴하다

스타트업 기획자 Y씨는 사람들 사이에서의 '관계'를 탐색하는 중이다. 그가 주로 관심을 갖는 것은 도서관과 출판사, 작가 등의 관계망이다. 그는 관계 속에서 어떻게 정동이 발생하는지를 주목하면서 독자가 도서관에서 발휘하는 정동과 책과 작가를 만나면서 발휘하는 정동 등을 면밀히 비교검토하고 있다. 그는 기존 관계망에 부수적으로 어떤 플랫폼 같은 것을 끼워 넣어서 정동이 촉발되는 바로 그 지점에서 부가적인 이득을 얻을 수 있는지 끊임없이 관찰하고 있다. 일종의 사고실험과 같은 그의 작업에서는, 관계가 주는 풍요와 정동과 지혜 등이 모두 자신의 비즈니스를 위한 추출과 채굴, 약탈의 대상이 된다. 그는 관계가 그저 자연스러운 것이 아니라, 그 속에 무궁무진한 자본화의 가능성을 가진 욕망, 정동, 돌봄이 숨어 있다는 것은 간파했다. 그래서 관계 자체를 그대로 두는 것이 아니라, 전자적 그물망에 정동이 머물게 하면서 부가적인 효과를 노린다.

그런데 그 역시도 뜻한 대로 정동이 발생되지 않으면 금방 사업을 접어야 한다. 베타버전을 출시한 후 6개월간 바짝 정동이 모이고 활성화되기를 획책하고 도모한다. 물론 그의 스타트업 기업은 정동이 어떤 강렬도로 촉발될 것인지를 사업 초기에 타진한다는 점에서 지극히 모험과도 같은 사업이라고 할 수 있다. 정동은 언제 어떤 양상으로 발생할지 아무도 알 수 없다. 그의 플랫폼에 정동이 쏠릴 수도 있고 아니면 그저 일상으로 돌아가 아무런 일도 없다는 듯이 사라질 수도 있다. 그는 끊임없이 정동이 응집되어 하나의 쏠림이 되고 네트워크 효과에 따라 일종의 모방이 되어 거대한 흐름이 되기를 원한다. 그의 바람은 모든 그의 사고실험으로 설계되고 사업 아이템으로 구현되면서 발휘된다.

그는 정동의 거대한 물결을 원한다. 거대한 파도가 되어 자신의 플랫폼에 응집되기를 바란다. 그래서 그의 스타트업은 정동에 대한 작은 실험실이라고 할 수 있다. Y씨와 같은 스타트업 기획자는 얼마나 많은가? 다들 잠깐 동안 치고 빠지기 식으로 스타트업 기업들이 무엇을 원하는지 간파한다. 그들은 정동의 집단적인 무의식의 행렬이 플랫폼에 응집되고 물결치고 플랫폼에 새로운 투자처를 찾을 수 있을 정도로 자본화되기를 바라는 것이다.

외부의 소멸, 외부효과의 소멸

문명이 성장할 수 있었던 것은 그것의 원동력이었던 생명, 자연, 제3세계 등 외부의 존재가 있었기 때문이다. 그런데 현대 자본주의 문명은 이 모든 외부를 문명 내로 통합하였다. 이로써 문명의 외부는 소멸되었다. 이제 자본주의 문명은 약탈할 외부가 사라지자 내부의 공동체적 관계망으로 관심을 돌리고 있다. 특히 공동체 관계망을 풍부하고 다양하게 살리는 정동을 끊임없이 추적하고 탐색하고 있다. 문명의 외부 소멸 테제는 여러 가지 개념으로 극적으로 표현된다. 가타리의 통합된 세계자본주의, 네그리의 제국, 푸코의 생명정치 등이 그것이다.

그러나 이 모든 것은 자연, 사물, 생명, 생태 전반에 대한 외부 소멸까지는 의미하지 않는다. 왜냐하면 '내부의 외부'인 정동이 실존하기 때문이다. 특히 들뢰즈와 가타리는 동물되기라는 개념을 통해서 문명의 외부로 향하는 탈주선을 설립한다. 다시 말해 문명의 외부는 우주공간이 아니라, 생명과 자연을 향한 탈주선으로 지칭되는 외부였다. 역행(involution)이라는, 혁명을 대체하는 개념은 안(in)으로 말리는 것(volution)이라는 의미좌표를 갖는데, 이는 생명과 자연을 향한 탈주선을 의미한다.

그러나 생명과 자연은 생명과학이나 천문학, 분자생물학, 양자물리학 등에 의해서 설명력을 갖춤으로써 문명 내부로 인입되기 시작하였다. 이에 따라 동물되기라는 문명의 외부성은 문명의 확장에 의해서 점차 포섭되는 방향으로 나아가기 시작한다. 물론 동물되기는 야생성과 자율성을 근간으로 하면서 탈주선을 타는 소수자 운동의 방향성을 은유하는 것이기도 하다. 그러나 외부의 소멸은 결국 부드러운 문명 내부에서 잘 살도록 만드는 생명정치 단계의 힐링, 웰빙, 심리치료, 정신분석, 선 수련, 소확행 등의 모습으로 드러나고 있다. 전체 동물 중 반려동물, 농장동물, 실험동물, 동물원동물 등을 제외하고 문명의 외부에서 야생적으로 살아가는 동물은 3%도 채 되지 않는 고립기(Eremozoic Era)의 현실 속에서, 문명은 이미 모든 것을 포섭해 버렸다.

만약 문명의 외부가 있다면, 그것은 기후난민과 같이 주권의 예외 상태에 있는 사람들이거나 제3세계 민중처럼 라이프라인도 제대로 갖추지 못한 채 기후위기에 정면으로 맞닥뜨린 사람들일 것이다. 기후난민은 유엔 보고대로라면 8,200만 명에 달하지만 매년 2,500만 명 씩 새로운 기후난민이 발생하고 있다. 또한 기아 사망자는 한 해 600만 명이며, 구호품으로 지급되는 밀가루만 먹다가 영양불균형으로 사망하는 사람은 한 해 3,700만 명에 달한다. 이런 상황을 보면 문명의 외부는 죽든 살든 상관하지 않고 내버려두는 상황이거나 아주 열악한 삶과 죽음의 경계선상에 자리한다고 할 수 있다. 그렇기 때문에 문명은 그 내부 거주자는 부드럽게 잘 살도록 유도하면서도 그 외부는 엄청나게 절박한 상황에 방치한다는 것을 의미하지만, 오늘날의 문명은 가시권 하에 있는 외부 끝까지 확장되어 최종적으로 실질적인 외부는 소멸해 버린 상황이다. 만약 문명의 외부가 있다면, 동물되기처럼 야생성이나 자율성의 부분이 아니라 바로 죽음을 의미하는 상황에 처한 것이다. 그렇기 때문에 문명 내부로 들어오려는 기후난민의 물결이 점점 확대되는 것은 이상한 일이 아니다.

외부의 소멸은 외부효과의 소멸과 동의어이다. 외부효과는 제3세계에 폐기물을 떠넘기면서 외부라고 간주된 영역에게 쓰레기를 버리는 행위 양식을 의미했다. 그것의 의미는 외부가 무한히 넓고 아무렇게 해도 상관이 없다는 것이라고 할 수 있다. 그렇지만 외부효과처럼 지구는 그저 넓은 것이 아니라, '넓은 세계, 좁은 지구'에 살고 있는 현재의 문명의 상황이 있다. 외부효과는 성장주의의 기본 작동 방식이라고 할 수 있으며, 사실상 근대 시기 자본이 노동을 대할 때조차도 그 기본 태도는 변증법적인 착취관계가 아니라, 외부효과로서의 식민주의였다는 점도 확인된다.

그러나 지구는 유한하며 돌연 그 한계를 여실히 보여주는 기후위기 상황으로 치달아가고 있다. 만약 문명의 외부가 있다면 그것은 문명 내부의 외부인 정동이라고밖에 할 수 없는 상황이 왔다. 정동과 욕망의 야생성은 문명이 탐낼 만한 여러 가지 요소를 갖추고 있다. 그래서 문명은 내부의 외부인 정동에 대한 무한한 채굴과 추출, 약탈을 기반으로 한 정동자본주의로 이행하면서 성장주의를 부활시킬 방도를 찾고 있다고도 할 수 있다. 정동자본주의 하에서의 정동은 이제 천연자원과 마찬가지로 재료이자 소재로서의 자원의 의미를 갖게 되었다. 정동과 욕망의 야생성은 이제 이미지-영상의 형태로 가공되어 소모되고 정동하고 정동되는 과정으로 인입된다.

정동이 하나의 자원이 된 정동자본주의 하에서는 두 가지 전략이 작동한다. 하나는 내부에서 차별과 배제를 통해서 '혐오'라는 정동을 촉발하는 방법이다. 이 경우는 외부 자체의 소멸을 내부의 차별과 배제, 혐오의 정동을 통해서 충당하고 이를 상쇄시키려는 파시즘의 전략이라고 할 수 있다. 이러한 성장주의에 대한 낭만을 기반으로 한 파시즘은 혐오를 통해서 정동의 야생성과 외부성을 이용하려는, 정동자본주의의 암적인 요소라고 할 수 있다.

다른 하나는 정동자본주의 하에서 정동을 채굴하여 플랫폼 유형으로 이를 머물게 하려는 시도이다. 이 경우는 파시즘적이지는 않지만 정동을 이용한다는 점은 동일하고, 좀 더 역동적인 정동으로서의 인기, 재미, 모방, 쏠림, 평판 등의 체계를 가동시키려는 방식을 취한다. 이 후자의 방법이 파시즘의 해독제와 같이 보일 수도 있지만, 사실은 정동자본주의로 내부의 외부로서의 정동을 이용하는 또 다른 방법일 뿐이다. 그렇기 때문에 두 가지 방향에서의 정동의 이용과 추출, 채굴 과정은 겉으로는 보수와 진보의 차이점으로도 보이지만, 사실상 정동자본주의라는 동전의 양면일 뿐이다.

"정동자본주의의 외부는 없다"라는 말로 요약되는 논쟁의 시발점에는 네그리의 실질적 포섭과 사회적 공장 개념이 있었다고 할 수 있다. 가정생활, 취미생활, 여가생활 등 삶의 모든 영역과 관계하기 시작한 플랫폼은 정동자본주의로의 진입의 관문이었다. 정동자본주의 하에서는 모든 정동의 발생이 전자적인 직조망이나 빅데이터(Big Data)에 의해서 탐색되고 축적되고 주목된다. 동시에 그러한 활력과 생명력에 기생하거나 이용하거나 부수효과를 누리려는 사람들 혹은 인공지능의 움직임을 만든다. 아주 색다른 정동이 발생하면 순식간에 모든 사람의 이목은 그 특이한 정동이 플랫폼의 체계 속에서 어떠한 배치를 차지할 것인지의 여부에 쏠린다.

이에 따라 주목을 받으려는 '관심종자'들 중에서는 미시파시즘적인 행각을 통해서 정동의 강렬도를 높이려 하지만, 이는 곧 정동자본주의 특유의 평판체계에 의해서 퇴출되거나 도태된다. 오히려 정동 중에서 미시파시즘적인 욕망의 미시정치는 선호되지 않는데, 그 이유는 정동 고유의 외부성을 야만, 잔인함, 냉혹함, 남성 중심의 기존 시스템에 복무하게 함으로써 지속 가능하지 않게 만들기 때문이다. 오히려 정동자본주의는 정동의 우아함과 미학적인 면을 흉내 내고 시뮬레이션 함으로써 일반적인 정동자본주의 내에서의 삶으로 이끌고 그 외부를 포섭하려는 경향을 보여준다.

내부화효과=정동효과

정동자본주의 국면은 공동체의 내부 관계망을 탐색하고 부수효과를 질적으로 착취하려는 자본주의의 동역학과도 관련되어 있다. 내부 관계망의 순환과 재생, 되먹임의 시너지는 사실상 공동체의 것, 다시 말해 커먼즈의 영역으로 알려져 있었다. 일본의 사회학자 츠루미 가즈코(鶴見和子)의 내발적 발전(Endogenous Development)과 같은 제안은, 성장주의 일변도의 일본 사회를 공동체의 질적 발전과 내포적이고 관여적인 내부순환관계망으로 치유해 보려는 전략이었다. 다시 말해 공동체 내에서 물건이 움직인다면 그것은 그저 자원으로서의 물건만이 아니라, 공동체의 정동이 부착된 물건,

즉 선물과도 같은 형태일 수 있다. 그런 점에서 자원-부-화폐의 순환 과정에 대한 '관계'와 '정동'의 개입이 증여와 호혜의 성격을 띨 것이라는 점이 예상된다. 여기까지 공동체 내부 자원 순환은 내부자거래 유형이라고 비판적으로 볼 수도 있다. 하지만 이러한 내부효과 속에서 공동체적 관계망의 질적 발전을 낙관할 수 있다. 이러한 대목까지는 평화롭고 낭만적인 전망이 생길 수 있다.

이러한 내발적 발전 전략은 흐름의 잉여가치가 공동체의 것이었음을 밝혀주는 중요한 전거라고 할 수 있다. 이탈리아 생태경제학자이자 바르셀로나자치대학 환경과학기술연구소에서 연구하는 자크모 달리사는 다음과 같이 말한다: "따라서 중요한 질문은 상품화의 경계를 어디에 두느냐는 것이다. … 신성, 유일성, 희귀성, 본질적 가치, 인권, 환경 정의, 기본 필요는 우리가 어떤 것을 상품화할 것인지를 판단하는 데 도움을 줄 수 있는 개념과 기준의 일부이다. … 시장과 상품의 영역을 시험적으로 정의해야만 환경주의자와 성장 반대자, 사회는 어떤 외부 효과가 시장으로 들어오고, 어떤 내부효과를 시장 바깥에 위치시켜 어떻게 비시장적 가치와 규범에 따라야 할지 결정할 수 있을 것이다."* 이렇듯 외부효과와 같이 사회에 시장이 떠넘긴 부분을 다시 시장에게 되돌리고, 내부효과를 시장 바깥에 둠으로써 전환사회의 교두보로 삼는 것이 기존 대안세력의 전략이었다.

그렇기 때문에 정동의 흐름에 기반한 공동체순환경제는 누구도 침범할 수 없는 공동체의 신비로운 영역이라고도 일컬어졌다. 그러나 정동자본주의 상황에서는 공동체순환경제와 같은 영역의 중요한 특징들이 권력과 자

---

* 자코모 달리사 외, 『탈성장 개념어 사전』(2018, 그물코), p. 135.

본의 새로운 전략적 방법론으로 전용된다. 이렇게 해서 권력과 자본은 커먼 즈를 자신의 영토로 간주하기 시작한다. 다시 말해 외부가 사라지자 내부 공동체를 질적으로 착취하는 방법의 연구와 탐색이 정동자본주의의 핵심적인 방향성이 된 것이다. 그런 점에서 흐름의 잉여가치는 대안세력의 교두보에서 권력과 자본의 먹잇감으로 전락해 있는 상황이다. 이렇게 비관적인 전망을 얘기하면 그럼 그다음은 무엇이 있느냐고 반문할 수 있다.

정동자본주의 하에서 정동의 가치화 국면이 전면적으로 전개될 때 대안 운동 세력이 취할 태도는 무엇일까? 정동효과는 모든 것이 권력과 자본에 의해서 포획될 수밖에 없는 운명에 있는 것이 아니라, 정동의 힘과 생명력에 의해서 사실상 공동체를 풍부하게 만드는 원천이라는 점에는 여전히 변함이 없다. 그런 점에서 정동의 가치화 국면이 찾아 왔을 때, 원리주의와 근본주의에 입각하여 공동체의 고유한 질서로 이를 지키려는 방어적인 태도에 머물러서는 안 될 것이다. 정동의 가치화 국면에서 권력과 자본에 요구할 수 있는 부분은 요구하고 지켜야 할 부분은 지키는 전략적인 태도가 필요하다. 다시 말해 완전히 순결무구한 정동은 어디에도 없다.

여기서 공동체는 권력과 자본이 가치화한 일부를 협상하여 가져와야 자율성을 증대시킬 수 있는 교섭력을 확보할 수 있다. 그런 점에서 정동을 문명의 외부에 있는 공동체의 순수하고 영성적인 것으로 간주하는 것만이 능사가 아니다. 오히려 문명의 전환을 위한 원동력으로 삼기 위해서 가치화 국면 내부로 들어가야 하는 것이다. 그런 점에서 내발적 발전 전략이 보여 주었듯이 정동화는 내부화를 끊임없이 수반하기 때문에, 정동자본주의 내부로 들어가서 문제를 해결하는 방법을 추구해야 할 것이다.

다시 말해서 정동자본주의 하에서의 생명력과 활력으로서의 정동을 생산함으로써 공동체를 발전시키려는 대안세력들은 책략에서 앞서가야 하며, 정동을 순진한 것으로만 여기는 안일한 태도를 벗어나야 할 것이다. 대안세력은 정동의 미시사의 흐름에 따라 가치화한 부분은 적극적으로 화폐화하거나, 가치화하여 보상체계를 마련하도록 권력과 자본을 상대로 한 거버넌스의 협상 테이블을 놓아야 할 것이다. 물론 정동자본주의 하에서의 내부화 전략은, 외부효과를 끊임없이 내부화하는 문제이다. 동시에 그것은 공동체순환경제를 시장과 공공의 영역과 접합시키고 연결시키려는 실천 과정의 문제이기도 하다. 다시 말해 공공의 영역 내부에 공동체의 영역이 들어가고, 시장의 영역 내부에 공동체의 영역이 들어가도록 해야 한다.

이를 정동자본주의의 통접(conjunction) 뒤집기 전략이라고도 부를 수 있다. 여기서 통접 뒤집기는 정체성을 모방하지만 전혀 이질적인 특이성의 요소가 내부에 들어가도록 만드는 전략이다. 물론 공동체는 외부에 여전히 있을 것이며, 그것은 특이점으로서의 영역으로 리더십을 발휘할 것이다. 공동체순환경제 속에서 정동은 순환할 것이며, 정동은 생성할 것이다. 그러나 그것은 원시주의, 원리주의, 근본주의로 향하려고 하는 것이 아니라, 시장과 공공에 대하여 어떻게 주도권을 가질 것인가를 타진하며 집단적 리더십을 구성하는 방식이어야 할 것이다.

들뢰즈와 가타리는 『천개의 고원』(2001, 새물결)에서 리좀(rhizome)*으로서의 공동체와 나무로서의 자본과 권력 사이에 섰을 때의 미시정치 방법에 대해서 말한다. "리좀에는 나무의 마디가 있고 뿌리에는 리좀의 발아가 있다.

---

* 들뢰즈와 가타리가 제시한 관계 맺기의 한 유형으로, 이항 대립적이고 위계적인 현실 관계 구조의 이면을 이루는, 자유롭고 유동적인 접속이 가능한 잠재성의 차원을 지시한다.

게다가 리좀에 고유한 독재적인 구성체들이, 내재성의 구성체들과 수로화의 구성체들이 있다. 공기뿌리와 땅밑줄기 같은 나무의 초월적 체계 속에는 무정부적인 왜곡이 있다. 중요한 점은 뿌리-나무와 수로-리좀이 대립되는 두 모델이 아니라는 점이다. 전자는 자신의 고유한 도주를 이뤄내면서도 초월적 모델로서 그리고 초월적 사본으로서 작동한다. 반면 후자는 자신의 고유한 위계를 구성하고 독재적 수로를 생겨나게 하면서도 그러한 모델을 전복시키고 지도를 스케치하는 내재적 과정으로서 작동한다."* 결국 들뢰즈와 가타리는 공동체라는 리좀과 권력과 자본이라는 나무 사이에서 끊임없이 이를 교섭시키는 아래로부터의 거버넌스의 과정이 치열하게 상존하는 미시정치를 말하고 있다.

외부 소멸에 따른 정동의 여백, '따로 또 같이'의 공동체

현재 청년층에서 생성하는 공동체는 '따로 또 같이'의 전략에 따라 위생적이고 탈색된 '따로'와 정동, 사랑, 욕망이 순환하는 '같이'를 결합시키는 방향으로 진전되고 있다. 즉, 전통적인 공동체와 달리 정동이 간섭이나 개입으로부터 자유롭게 설정되고 개인성이 인정되는 방식을 따르는 것이다. 그러한 방향성을 띠게 되는 이유는 바로 정동자본주의에는 외부가 없기 때문이다. 외부의 소멸은 곧 관계 자체에서 야성적인 정동을 발휘하고 이를 통해 자유를 느낄 여지가 급격히 줄어드는 것을 의미한다. 기존 공동체에서는 관계 자체가 해방감의 표현이었다. 관계 속에서 정동, 욕망, 돌봄이 순환하기

---

* 들뢰즈와 가타리, 『천개의 고원』(2001, 새물결), p. 45~46.

때문이며, 이것이 열린 외부를 향해 전개되었기 때문이다.

그러나 오늘날의 청년세대는 이러한 대면적 관계가 마치 짜인 각본처럼 답답하고 외부로 열려 있지 않다는 것을 느낀다. 이러한 느낌은 중년세대나 노년세대의 공동체가 경험하지 못한 정동자본주의 상황에서 비로소 느껴지는 것이다. 이에 따라 아버지 세대의 공동체는 결국 아이들 세대의 공동체로 이어지기 어렵다는 점이 곧바로 드러난다. 이는 그 사이에 정동의 배치의 변화가 자리 잡고 있음을 보여준다. 아버지 세대에서는 정동이 발생하는 것은 곧 해방과 탈주가 전개되고 있다는 좋은 징조이지만, 청년 세대에게 있어 정동의 발생은 곧 포획의 순간과 동의어이기 때문에 더욱 신중할 수밖에 없는 것이다.

청년세대의 전략은, 정동의 흐름이 머물 수 있는 공간에 프라이버시(privacy)라는 여백을 설정함으로써 숨쉴 여유 공간을 마련하는 것이다. 외부가 없이 밀집된 정동자본주의의 공간에서 관계 자체를 컨트롤하지 못한다면 모든 숨쉬고 여유를 가질 수 있는 여지를 상실할 것이라는 두려움이 그 이면에 있다. 다시 말해 사태는 기성세대와 정반대편으로 전개되고 있는 셈이다. 관계 자체가 정동을 자연스럽게 흐르고 순환하게 만드는 것이 기존 공동체의 구도였다면, 이제는 관계를 통해 정동하고 정동되는 과정에서의 혜택을 선취하는 쪽과 이용당하는 쪽이 있다는 구도가 등장한다. 동시에 정동자본주의 자체의 외부성의 소멸은 관계를 맺는 데 아주 신중하게 여백, 여유, 여가를 설정하지 않고서는 모든 것이 빨려 들어간다는 위기감도 상존하게 된다. 이에 따라 청년세대가 선택한 최상의 공동체가 '따로 또 같이' 전략에 입각할 수밖에 없는 것이다. 이는 프라이버시 공간을 최대한 사생활의 여유의 공간으로 설정하면서 관계의 피로감으로부터 벗어날 탈주로를 개인적으로 마련한 상태에서 선택적으로 관계에 참여하는 방식이다.

『정동하는 청춘들』(2017, 채륜)에서는 다음과 같이 주장한다: "그것은 자본의 전 지구적 지역화 과정에서 동아시아의 경제발전의 후과로서, 전쟁과 혁명을 겪지 않고 가족과 국가로부터의 공동체적 책무로부터 자유로워진 청년-학생, '기성의 공동체로부터 자유로워진 개별자 청년들'의 등장과 깊은 연관이 있다. '문화적 외피를 강조하는 새로운 개별자 청년들의 등장이 이끌고자 했던 공동체의 미래'가 없다는 것이 아니라 '개별자 문화청년들의 새로운 지향과 그들이 선취한 공동체의 미래'가 가시화되기도 전에 '청년들은 자유로운 개별자가 아니라 자기-계발해야 하는 고립된 주체로 파편화되고 있다'는 점에서 이러한 파국을 문제화하는 방법으로 '개별자 청년'의 생존상태에 주목하고자 하는 것이 아닌가 한다."*

'개별자 청년'이라고 일컬어지는 전략을 통해 외부 대신 프라이버시 공간이라는 여백을 선택했다 하더라도 문제가 모두 해결되는 것은 아니다. 개인생활과 사생활의 공간은 더 촘촘히 플랫폼과 같은 정동자본주의 전자 직조망에 걸려들어 있기 때문이다. 사생활 공간에서 음악을 틀려고 해도 유튜브 등을 이용하고, 영상을 보며 쉬려고 해도 넷플릭스에 접속하고, 내밀한 내용의 이메일도 구글을 통해 전송된다. 플랫폼에 외부가 없다는 얘기가 나올 정도다. 그렇기 때문에 개인주의와 사적 영역의 극한 추구를 통해서 여백을 만들려는 시도는 실패할 수밖에 없는 기획이기도 하다. 그러나 직감적으로 정동자본주의의 외부가 없음을 감지하고 있는 청년들이 그러한 방향으로 향하는 것을 좌절시키거나 막을 길이 어디에도 없다. 오히려 정동자본주의

---

* 성공회대 동아이사연구소, 『정동(情動)하는 청춘들』, (2017, 채륜), p. 40.

는 그러한 청년세대의 움직임을 잘 감지하고 그들의 정동을 생성하고 유통하고 소비할 방도를 선취하고 있기 때문이다. 그런 점에서 '따로 또 같이'의 전략은 정동자본주의로의 이행에 대한 다소 방어적인 청년세대의 전략이라고 할 수 있다.

일본의 대석학 가라타니 고진은 어소시에이션(association)이라는 개념을 통해서 전통적인 공동체와는 조금 색다른 결사체 유형의 관계망 모델을 제시했다. 어소시에이션은 협동조합 내의 사업체와 더불어 공존하는 결사체라고 할 수 있다. 이는 아나키즘적인 공동체 질서에 기반한 호혜와 증여의 관계망을 의미한다. 기존 국가나 시장의 영역에 있지 않으며, 국가주의나 신자유주의에 포획되지 않는 호혜적 관계망인 것이다. 이는 관계에 있어 정동의 순환과 흐름에 있어서 권력과 자본의 포획으로부터 좀 더 자유로운 관계의 현존을 다룬다. 물론 교환이나 시장, 상품거래 등이 있으나, 이러한 어소시에이션은 그 내부에서 꿈틀대는 증여와 호혜의 관계망인 것이다. 외부가 사라진 정동자본주의 하에서 '따로 또 같이' 전략과 달리 어소시에이션 전략은 공공성과 시장성, 공동체성이 서로 교직되는 그 지점에서 자유로운 개인들이 취할 수 있는 색다른 전략적 지도제작이다.

고진은 다음과 같이 말한다: "그러나 그와 같은 자본주의적 사회구성체에는 반대로 그곳으로부터 빠져나오려는 운동이 생겨납니다. 그것은 상품교환이라는 위상에서 생겨난 자유로운 개인 위에서 호수적 교환을 회복하려고 하는 것이라고 해도 좋을 것입니다. 나는 그것을 어소시에이션이라고 부릅니다. 왜냐하면 사회주의나 코뮤니즘이라고 하면 국가사회주의로 혼동되기 때문에 그것을 피하기 위함입니다."* 이러한 측면에서 외부가 없는 정동자본주의하에서의 '따로 또 같이' 전략은 숨쉴 여백을 마련하기 위한 젊은 이들의 전략적 선택이었지만, 공공영역, 공동체영역, 시장영역을 교차하는 영역에 자유로운 개인들이 맺는 색다른 호혜적 관계망의 구상인 어소시에이션으로 발전하여야 한다는 숙제를 안고 있다.

그러나 정동의 영역에서 이러한 교차성과 자율성의 여지는 사실은 정동자본주의라는 포획의 그물망을 벗어난 광활한 정동의 대지를 승인했을 때 성립된다. 다시 말해 방어적인 대응이 아니라, 가타리가 말하는 좀 더 능동적인 대응방안으로서의 분열생성론에서 대안을 찾았을 때 정동은 신중한 선택을 넘어 제도와 시스템, 체제를 힘차게 횡단하며 지도를 그릴 것이기 때문이다. 그런 점에서 색다른 정동해방의 특이점이 발견되지 않는 약한 상호작용의 단계에서는 전통적인 뿌리내림의 장소성 혹은 토착성에 기반한 공동체와, 이념과 활동에 기반한 공동체, '따로 또 같이'의 공동체 등이 공존하며 서로 이질적인 요소를 섞을 수 없는 상황에 처한다. 한편에서는 대면을 다른 한편에서는 비대면의 '따로 또 같이'를 말한다. 그러나 이 모든 것이 정동의 강한 상호작용과 양자적인 흐름이라는 횡단면을 따라 합성되어 정동의 탈주로를 연대하여 개척하는 시도는 언제든 있을 수 있다. 그것이 가타리가 보여주는 혁명적이면서 열린 공동체에서의 정동순환 전략이라고 할 수 있다.

---

* 가라타니 고진, 『세계 공화국으로』(2007, 도서출판b), p. 49.

3. 코드의 잉여가치, 권력의 잉여가치, 흐름의 잉여가치

꽃피는 성운, 미친 사랑, 공동체를 탐내는 사람들

프루스트의 『잃어버린 시간을 찾아서』(2012, 민음사)에는 '꽃피는 성운', 다시 말해 '새처럼 지저귀는 아가씨들의 무리'에 관한 이야기가 있다. 얘기인즉슨, 먼저 아가씨들이 새처럼 지저귀며 무리를 이룬다. 이들 사이에는 낙엽만 떨어져도 꺄르르 웃을 정도의 재미와 흥, 정동의 강렬도가 있다. 한 남자는 여성에게 매혹된다. 그 남자는 아가씨 중 한 사람과 결혼한다. 그러다가 사랑의 권태기가 찾아올 때쯤에 그 남자는 불현듯 깨닫는다. 자신이 사랑한 것은 그 아가씨 중 한 사람이 아니라, 새처럼 지저귀던 아가씨들의 별자리와 같은 성운 자체였다는 사실을 말이다. 그것은 하나의 가설이고 실험이며, 미친 사랑이다. 그러나 정동자본주의 하에서는 이보다 더한 미친 사랑에 도취된 사람들이 많다.

아이들이 놀이를 한다. 놀이는 별무리와 달무리를 이룬 또래 '아이들이 만든 꽃피는 성운'이다. 그런데 아이들의 놀이가 만든 꽃피는 성운을 탐내는 사람이 있다. 그는 놀이 플랫폼 운영자이다. 그는 이내 놀이콘텐츠제작자, 놀이공원관계자, 장난감회사관계자와 놀이진행자, 놀이연구자, 놀이전문가 모두가 놀이플랫폼에 머물도록 만든다. 플랫폼 자체가 꽃피는 성운이 되기를 염원하는 것이 이 놀이 플랫폼 운영자이다. 그러나 그가 생각하는 놀이는 소비 상품일 뿐 아이들이 진짜 놀이 생산자임을 무시한다. 왜냐하면 정동이 플랫폼에서 잘 유통되고 소비되는 것을 바랄 뿐, 현장에서 꽃 피는 성운을 이루고 생산되는 바는 이 놀이 플랫폼의 의도와는 무관하기 때문이다. 꽃피는 성운을 탐내는 사람들은 결국 하나의 소비 양식, 교환 양식, 유통 양식으로 만족하라고 명령하며, 우리의 진정한 정동이 순환되는 과정과 원천을 왜곡시키고 굴절시킬 뿐이다. 그러나 생각해 보자. 진정으로 아이들이 꽃피는 성운으로서 자리매김하는 놀이 현장은 얼마나 찬란하고 아름다웠는가 말이다.

우리는 아가씨들이 꽃피는 성운을 이루듯이 일단의 아이들이 무리를 이루어 꽃피는 성운으로 발아하고 자신의 흥과 재미를 생산하는 것을 상상해 볼 수 있다. 정동의 무리들, 정동의 또래집단들, 정동의 찬란한 꽃피는 성운은 우리 가까이에 있고, 우리가 직접 언제든 만들어갈 수 있기에, 우리는 정동의 해방, 정동의 탈주선을 응시한다.

코드의 잉여가치: 공동체 착취

펠릭스 가타리의 『가타리가 실천하는 욕망과 혁명』(2004, 문화과학사)에 따르면 외부가 사라진 문명의 공동체에 대한 질적 착취는 세 가지 방식으로 나타난다. 코드의 잉여가치, 권력의 잉여가치, 흐름의 잉여가치가 그것이다. 먼저 코드의 잉여가치는 젠트리피케이션(Gentification), 대기업 골목상권 진출, 제3세계 분리차별, 국가의 반생산 도입 등을 내용으로 한다. 코드의 잉여가치는 정동의 흐름에 코드를 기입함으로써 부가적인 이득을 점취하도록 설계된 방식의 착취 방법이다. 그 대표적인 사례로 마을공동체가 발아하여 관계망이 풍부해지면, 의도치 않게 임대료가 올라 임대업자가 부가 이득을 획득하는 사례를 들 수 있다. 코드의 잉여가치는 정동의 흐름에 코드를 주입하여 그 속에서 자본을 추출하는 방식으로 이루어진다. 그것은 대표적인 인지자본주의의 공동체 약탈 방식이다. 들뢰즈와 가타리는 서로 무관한 두 개의 정동의 흐름이 코드로 고정되어 상호 교차되고 교섭됨으로써 부가적인 잉여가치를 낳는 형태에 주목했다. 그 두 사람들은 말벌과 오르키데 난초의 사례를 통해 이를 설명하려고 했다. 특히 이때 코드의 잉여가치가 색다른 공동체에 대한 질적 착취 양식으로 동원된다는 사실에 주목했다.

코드의 잉여가치의 기원은 자본의 형성과도 관련되어 있다. 원래 도제조합의 일원이었던 일부 기업가들이 주식회사를 설립한다. 이들 주식회사 설립자들은 공동체의 것을 갈취하여 사적 이득을 만들어낼 수 있다는 점에 착목하였다. 그래서 공동체의 일부였던 자원-부-에너지의 흐름에 코드를 주입시켜 자기 소유로 만드는 방법을 구사하기 시작한다. 이를테면 커먼즈에 울타리치기라는 인클로저를 통해서 사적 이득을 갈취했던 역사적 사례 역시 코드의 잉여가치를 기반으로 한 자본화 현상 중 하나다. 결국 그렇게 하기 위해서 '의미화=표상화=모델화=상품화=자본화'라는 방식의 코드화가 이루어져야 한다. 즉, "이것은 내 것이다", "이것은 나만의 모델이다", "책상은 책상이다"라는 방식을 통해서 정동의 흐름을 멈추게 하는 코드화가 이루어진다. 이를 마르크스는 딱딱하고 죽고 화석화된 사물화라는 방식으로 설명했다. 이것의 작동 방식은 자본주의의 시초축적인 인클로저의 작동 방식에서 크게 벗어나지 않는다. 초기에는 정동, 욕망, 무의식의 흐름을 멈추게 하기 위해서 훈육과 강권이 동원되어 자본화하기도 했다. 그런데 중요한 지점은 인클로저는 역사적으로 한번 이루어지고 끝난 것이 아니라, 지금도 여전히 진행 중이라는 사실이다.

그러나 지도화하는 정동과 욕망의 흐름을 붙잡으려는 시도는 사실상 실패할 수밖에 없는 것이다. 이것을 잘 보여준 것이 68혁명과 같은 역사적 사건이다. 68혁명은 소수자, 민중들의 욕망과 정동의 흐름이 지상에 드러난 사건이다. 자본과 권력의 대응은 신속했다. 68혁명 이후 대처리즘과 레이건노믹스로 대표되는 신자유주의의 코드화 방식은 사이버네틱스과 금융 호환 가능성에 착목하여 더 고도로 발전된 욕망의 포획장치를 가동하기 시작한다. 대부분 정동의 흐름, 즉 흐름의 잉여가치를 붙잡아 매는 코드의 잉여가치의 방식은 매우 단순하다. 일단 정동과 욕망의 흐름 속에 하나의 표상, 발상, 모델, 의미 등을 외삽시킨다. 그 외삽의 방식은 조지 레이코프의 『코끼리는 생각하지 마』(2006, 삼인)와 같은 방식으로 이해하면 쉽다. 다시 말해 코끼리라고 말하는 순간 우리는 코끼리에 협착되어 코끼리를 생각하지 말라고 해도 코끼리를 생각하게 된다. 결국 하나의 모델로서의 프레임이 우리를 협착시키는 것이다. 여기서 외삽되는 발상, 모델, 표상, 의미 등은 그것을 반대하든 찬성하든 그 모델 내부에서 움직이게 만드는 코드화를 이루는 원천이 된다. 프레임을 어느 누가 제시하느냐의 문제는 결국 판을 짜는 사람이 누구냐의 문제로 발전하면서 흐름의 잉여가치 전략으로 이행하는 부분이기도 하다.

발상, 표상, 모델, 의미 등은 정동의 흐름을 붙잡아 매고 이에 협착되어 이중구속(Double bind)되게 만든다. 이중구속은 두 개의 잘못된 발신음이 동시에 수신되어 이에 찬성할 수도 반대할 수도 없게 해서 쩔쩔매면서 이것에 머무르게 만드는 것을 의미한다. 이를테면 아버지가 "나처럼 되지 마라, 나를 밟고 넘어서라"고 말할 때 맥락과 탈맥락, 초맥락을 함께 봐야 한다. 그렇지 않으면 아버지를 존경할 수도 없고 무시할 수도 없는 이중구속의 상태에서 쩔쩔매게 된다. 결국 코드의 잉여가치는 정동의 흐름을 이중구속으로 붙잡아 두고, 정체되고 화석화되고 죽어 응결되게 만드는 방식의 공동체에 대한 질적 착취양식이다. 동업조합인 길드(guild)의 배신자였던 주식회사를 창립한 자본가들은, 본능적으로 프레임을 제시해서 공동체에서의 정동의 흐름을 하나의 모델, 하나의 표상, 하나의 코드 위에서 얼어붙게 만드는 방법론에 능숙했던 사람들이다. 그 가운데에 사람들은 사물화된 표상, 의미, 모델 위에서 쩔쩔매야 하는 상황에 직면해 있었다. 그것이 인클로저를 통한 시초축적으로 현현했다.

　코드의 잉여가치는 전자적인 그물망 속에서 더욱 업그레이드된다. 네트워크 내에서는 지도를 그리면서 횡단코드화하는 정동과 욕망의 흐름이 있다. 이러한 흐름은 하나의 코드에 의해서 식별되고 추출되고 채굴된다. 이러한 방법을 잘 보여주는 것이 구글과 같은 검색엔진에서의 검색의 행위 양식이다. 다양하게 비스듬하게 놓인 횡단코드화 양식을 통해 다양한 정보가 소통되는데, 이를 하나의 코드에 의해 선별하고 추출할 때 자본화될 수 있는 여지가 생긴다. 이에 따라 취미, 성향, 기호, 활동 양상, 삶의 양식 등은 하나의 코드와 하나의 모델로 정렬되어 상품화될 여지가 발생된다. 물론 이러한 방식은 플랫폼자본주의에 흐름의 잉여가치의 전 단계라고 할 수 있다.

　코드의 잉여가치는 지극히 인지자본주의적인 방식에 머문다. 사실상 인지자본주의의 최종 결론은 바로 코드의 잉여가치라고 해도 무방하다. 코드의 잉여가치는 표상, 의미, 모델을 코드화하여 정동의 흐름에 외삽하여 자본화하는 인지자본주의의 하나의 약탈 방식이다. '~은 ~이다'라고 의미화될 수 있는 것은 모두 상품화될 수 있다는 것이 인지자본주의가 발견한 사실이다. 이에 따라 지식권력화된 아카데미는 인지자본주의에 복무하는 가장 기초적인 토대로 작동했다. 계산합리성, 기능합리성, 도구적 합리성 등이 인지자본주의 유형의 기본 구도였다. 그러나 인지자본주의 유형은 마르크스의 입장에서 보자면 정동의 흐름을 딱딱하게 하고 죽이고 화석화하는 물신화의 가능성에 천착하기 때문에 한계가 많은 시스템이라는 것이 드러난다. 자본주의는 4차 산업혁명, 포스트휴먼, 디지털뉴딜을 이야기하던 즈음에 돌연 인지자본주의에서 정동자본주의 유형으로 급격히 이행하게 된다. 아카데미는 유효성을 상실하게 된다. 왜냐하면 '의미화=표상화=모델화'하는 전문가주의는 인지자본주의에서는 유능했을지 모르지만 정동자본주의 유형에서는 그리 중요하지 않기 때문이다.

코드의 잉여가치는 정동의 흐름을 추출하고 채굴할 때의 하나의 전술적인 방법론으로 전락한다. 문제는 흐름의 잉여가치, 즉 정동의 흐름에 달려 있다. 흐름의 잉여가치는 정동의 흐름에서 활력과 생명력 즉 삶의 잉여가치를 생성시키는 방식이라고 할 수 있다. 이러한 활력과 힘이라는 삶의 잉여가치는 정동자본주의 하에서는 권력, 자본, 돈 등이 된다. 지극히 계산적인 컴퓨팅 작업에 기반한 코드화 양식의 한계가 여실해졌기 때문에 기술적으로 딥 러닝(Deep Learning) 방식의 인공지능이 정동의 흐름을 모방하는 것으로 이행한다. 인공지능이 수많은 사례를 학습하여 대답을 찾는 것은 확률론적이며, 지극한 인지편향을 초래할 수 있다는 점은 정동의 흐름의 모방, 인지부조화, 쏠림, 네트워크 효과를 그대로 보여준다. 이제 계산합리성, 기능합리성, 도구적 합리성 등은 더 이상 문제 해결의 핵심이 되지 못하는 상황에 직면한다. 인지자본주의 하에서의 코드의 잉여가치가 정동자본주의 하에서의 흐름의 잉여가치에 대한 보완적인 역할로 전락했기 때문이다. 그런 점에서 코드의 잉여가치의 영역과 흐름의 잉여가치의 횡단적 결합을 주목할 수밖에 없다.

권력의 잉여가치: 갑질

공동체에 대한 질적 착취 방법 중 하나는, '갑질'이라고 불리는 권력의 잉여가치이다. 공동체에는 늘 어르신과 같은 존재가 있었고, 수평적인 것과 수직적인 것 사이의 비스듬한 횡단면에서 정동의 흐름이 생겼다. 그런데 정동의 흐름을 포획하는 방법으로 선호된 것이 바로 수직적인 위계의 배치를 장악하여 정동의 흐름을 통제하고 관리하는 방법이다. 권력의 잉여가치는 삶의 잉여가치를 통제하고 강권으로 장악하기 용이한 방법으로 선호되었다.

그러나 정동자본주의는 플랫폼 내에 평판체계를 작동시켜 갑질이 근본적으로 퇴출되는 방향으로 향하게 된다. 사실상 판을 장악하고 판을 짠 사람에 의한 갑질은 배후에 남겨두고 성희롱이나 갑질, 강권 등에 대해서는 평판체계가 작동하여 사람들의 정동의 흐름을 만들어낸다. 이에 따라 권력은 순식간에 무너져 내릴 수 있는 취약한 것으로 전락해 있다. 그런 점에서 플랫폼자본주의가 어느 자본주의 유형보다 민주적이라고 착각을 불러일으킬 수도 있다. 그러나 그것은 플랫폼 내에서의 문제일 뿐, 플랫폼이 타깃으로 하는 외부라고 규정된 존재나 플랫폼 노동을 하는 존재들은 어느 때보다 위험의 외주화에 직면해서 보이지 않는 갑질의 판 위에서 살아가고 있다.

플랫폼은 플랫폼 노동자에게 동등한 개인사업자로서 계약을 유도한다. 이에 따라 개인들을 한 사람의 기업가로 만든다는 점에서 신자유주의의 자기통치, 자기계발, 자기관리라는 기업가 정신을 계승한다. 그러나 플랫폼과 계약을 맺는 존재들은 극한의 밑바닥 경험으로 향하게 되는데, 이는 모두 개인 책임으로 감내해야 할 항목이 된다. 다시 말해 플랫폼이라는 판 자체가 슈퍼 갑인 셈이다. 이는 직접적인 노동계약을 통한 갑을의 관계를 회피하면서도, 고용 없는 긱(Gig) 경제를 작동시킨다. 여기서 긱 경제는 코미디, 연극, 영화에서의 단기계약적인 노동을 의미한다. 긱 경제는 노동을 사라지게 하고 정동으로 이행하도록 만든다. 노동에서 정동으로의 이행은 다시 말해서 노동 자체도 플랫폼의 다양한 행위 양식 중 하나일 뿐 근본적인 작동 양상이 될 수 없다는 것을 의미한다. 노동이 정동의 행위 양식 중 하나가 된다는 것은 결국 노동자라는 존재가 무권리의 존재가 된다는 것을 의미한다.

플랫폼 노동으로서의 배달노동이나 택배노동, 물류노동 등에 주목한다면 정동자본주의가 얼마나 노동에 대해 예방적이고 공세적인 태도를 취하는지를 알 수 있다. 다시 말해 정동과 노동의 구분을 흐릿하게 만드는 것과 동시에 기계류를 통해서 일자리를 사라지게 만듦으로써 노동의 권리가 보장될 수 없는 열악한 환경으로 향한다. 만약 노동이 있다면 정동으로 간주된 그림자노동의 일부일 뿐일 것이다. 다시 말해 돌봄노동의 가치 저평가와 마찬가지로 플랫폼 노동은 그림자노동으로 간주되는 상황에 처해 있다. 물론 가시적인 영역에서는 갑질이 있을 수 없다. 갑질이 벌어진다면 정동의 흐름은 모두 이러한 갑질에 대한 평판체계를 작동시켜 이런 행위를 한 자를 마녀사냥 하듯 공격할 것이기 때문이다. 사람들은 평판체계를 의식하며 자신의 권력의 배치를 조정한다. 그럼에도 불구하고 가장 최악의 갑질을 하고 있는 플랫폼이라는 판 자체에 문제제기하거나 평판체계를 작동시킬 수 없는 기괴한 배치가 등장한다.

이전의 돌봄노동의 형태에서는 정동노동자와 판 짜는 자는 배경이 되고 풍경이 되는 데 머물렀기 때문에, 사실상 판을 주도할 수 없었다. 이제 정동자본주의는 돌봄노동의 구성요소 중에서 정동노동의 주체성과 판짜기의 주체성을 분열시킨다. 판은 플랫폼이 차지하고 정동노동은 플랫폼 노동을 한다. 그러나 이 두 주체성 모두가 사라지는 효과를 갖는다. 플랫폼은 보이지 않는 판으로 그 자리를 만들어서 배후에 숨어 있다. 동시에 플랫폼 노동자는 그림자 노동의 형태로 비가시화된다. 마치 아무런 일도 없었다는 듯이 소비와 유통, 향유가 이루어진다. 그러나 그 배후에서는 수많은 정동의 일들이 벌어지는 중이다. 이를테면 폭설이 내리는 날 밖에 나가고 싶지 않아서 앱을 통해 배달 플랫폼을 이용하면 무슨 일이 벌어지는가? 아슬아슬하게 빙판길을 달리는 배달노동자와, 눈 오는 날에도 위험천만한 배달을 하도록 판을 짜고 있는 플랫폼 등이 교차적으로 사건의 배후가 된다. 결국 배달음식은 도착할 것이다. 그러나 이 과정의 배후에 있는 사건은 모두 은폐될 것이다. 권력의 잉여가치로서의 모든 갑질은 모두 은폐된 채 배후에만 존재한다. 아무도 플랫폼에 문제제기를 하지 못하는 상황이 다가오고 있다. 그 것은 권력의 잉여가치가 주는 편리함을 향유하고 싶은 소비자 자신이 또 하나의 갑이기도 하기 때문이다.

미셸 푸코는 미시권력의 배치(dispositif)를 말한다. 미시적인 그물망 사이로 마치 미세혈관과 같이 흐르는 권력을 얘기한다. 정동자본주의 하에서는 정동의 흐름과 권력의 흐름은 호환된다. 이를테면 인기를 누리고 평판체계의 상단에 위치하고 싶은 욕망이나 정동은 사실상 미시권력에 대한 열망과 호환(compatible)되고 동조화(coupling)되어 있다. 다시 말해 정동의 생명력과 활력이 발생하는 순간 동시적으로 자본과 권력이 발생한다고 할 수 있다. 그런 점에서 정동의 발생에서 생성되는 미시권력적인 배치를 살피지 않는다면, 설명되지 않는 부분이 있다. 만약 거버넌스의 배치에서 목소리를 높여 힘주어 말하는 사람이 있다면, 그의 정동에 따른 자원 취득으로 이어질 수 있다. 또한 플랫폼에서 인기를 누리는 인플루언서가 있다면 사회적 발언권이라는 미시권력이 동시적으로 발생할 것이다.

정동자본주의에서는 갑질을 추방하는 평판체계를 마치 간첩작전처럼 비밀스럽게 작동시키면서도, 미시권력의 그물망인 플랫폼 자체가 갑인 것을 감추거나 무의식적으로 용인하도록 만든다. 이에 따라 권력의 잉여가치는 마치 사라진 것처럼 보이지만 사실은 정동과 욕망의 흐름에 스며들어 동조화되거나 호환되어 있다. 어떤 사람이 정동의 활력과 생명력을 가진 이유가 무엇이건 간에 그에게는 그만큼의 미시권력이 주어진다. 정동이라는 활력과 생명력이 흐르고 머물고 있는 플랫폼이라는 판 자체가 사실상 슈퍼 갑이라고 할 수 있다. 무의식적으로 플랫폼이 주는 편의에 동조하는 것은 이들 플랫폼이 보여주는 독점욕, 부도덕성, 현실 타협, 플랫폼 노동의 잔혹함에 동조하게 되는 것을 의미한다. 그런 점에서 정동자본주의 하에서의 권력의 잉여가치는 사라진 것이 아니라, 더 양극화되고, 더 독점되고, 더 보이지 않는 형태로 공고화되었다고 할 수 있다.

민주주의는 정동자본주의의 과두정이나 금권정에 의해서 오염되었다. 정동의 흐름에 따라 끊임없이 배치를 바꾸는 정치권력의 유연함과 민첩함은 오히려 리더십이 전혀 없음을 반증한다. 기후위기 시대, 생명위기 시대로 진입한 문명을 이끌 리더십의 상실은 결국 집합적 리더십을 통한 정동자본주의에 대한 새로운 대응의 필요성을 야기한다. 카리스마 있는 지도자 상은 사실상 정동자본주의 하에서의 미시권력의 배치의 변화에 따라 낡은 것이 되어 버렸다. 이 모든 현상은 정치권력 자체가 플랫폼의 일종으로 전락했기 때문에 벌어지는 일이다. 이러한 상황에서 거대한 아래로부터의 협치의 시대, 위기에 강한 협치, 구성적 협치의 시대가 다가오고 있다. 이는 정동자본주의로의 패러다임 변화 이후에 기후위기나 생명위기에 제대로 대응할 수 없는 정치권력이라는 플랫폼의 상황에 대한 민중적인 대응 체계일 것이다.

흐름의 잉여가치: 시너지 착취

정동, 사랑, 돌봄의 시너지효과가 흐름의 잉여가치이다. 흐름의 잉여가치는 원래 대안세력의 작동방식이었다. 공동체가 시너지를 발휘하고 이에 따라 정동의 강렬한 흐름을 촉발하고 생성시키는 것은 대안세력의 핵심명제였다. 그러나 이러한 정동 흐름의 시너지를 탐내던 자본은 이를 완벽하게 포섭할 수 있는 기술적 장치들을 구상하기에 이른다. 특히 코드의 잉여가치가 더 이상 혁신될 수 없는 한계에 도달했을 때 흐름의 잉여가치의 가능성은 급부상하기에 이른다. 다시 말해 인지자본주의의 근대성의 한계는 자본주의가 극복하고 혁신해야 할 과거의 유산과도 같은 것이 되어 버렸다. 이는 자본과 권력이 담론화했던 탈근대성 맥락과 긴밀히 결합되어 있다.

공동체에 대한 자본의 질적 착취는 코드의 잉여가치를 넘어 질적으로 도약한다. 즉 정동의 흐름에 대해 직접 판을 짜고 약탈하겠다고 자본이 직접 나서게 된 것이다. 그것이 플랫폼자본주의, 즉 정동자본주의의 출발점이다. 플랫폼 하에서는 정동을 발휘하는 모든 것이 자본의 이득으로 돌아간다. 울고 웃고 즐기고 인기를 누리고 향유하는 등의 모든 정동은 플랫폼 자본을 살찌우고 풍부하고 다양하게 만드는 원천이 된다. 그렇기 때문에 "정동자본주의에는 외부가 없다"라고 일컬어지는 것이다.

흐름의 잉여가치는 삶의 잉여가치이며, 정동의 핵심적인 작동 양상이다. 그것은 타르드(Jean Gabriel Tarde)가 양자적 흐름으로 얘기했듯이 모방과 같은 따라하기가 거대한 무의식의 행렬을 만들고 정동의 흐름의 동력이 되는 양상을 의미한다. 그러나 정동자본주의에서는 플랫폼이 이러한 양자적 흐름에 따라 설계된다. 동시에 인공지능이나 네트워크 효과도 모두 정동의 흐름을 모방하기 시작한다. 정동자본주의는 '의미화=모델화=표상화'를 통한 자본화의 시도와 같은 인지자본주의 시절의 죽고 딱딱하고 화석화된 상품 질서를 작동시키지 않는다. 대신 정동자본주의에서는 '지도화=메타모델화=비표상적 흐름'을 통해서 판 자체를 깐 상황에서 정동의 흐름에 따라가면서 자본화가 동시적으로 이루어진다.

이에 따라 왜 아카데미가 항구적인 위기 상태와 붕괴의 조짐이 보이는지도 규명된다. 아마 아카데미는 도제수업 유형으로 축소되어 약화될 것이다. 더 이상 지식과 정보를 통해서 의미화하고 표상화하며 모델화하는 것이 큰 힘을 발휘하지 못한다. 진정한 스승이라고 할 만한 사람도 없게 되었고, 스승은 정보 전달자 이상의 의미를 갖지 못하게 된다. 스승이라는 존재는 지식권력을 발휘하고 갑질을 일삼는, 지식공동체에서 조심하고 주의해야 할 존재로까지 전락한다. 문제는 인지자본주의가 정동자본주의로 이행하면서 지식권력이나 전문가주의가 더 이상 필요치 않게 되었다는 점이다. 이제는 구시대의 유물이 되어 버린 아카데미는 하나의 통과의례 정도의 힘만 가질 뿐이다. 동시에 인지자본주의 하에서 자본과 결합했던 산학협력 유형의 꿈은 낭만적이고 자조적인 분위기 속에서 퇴락으로 향한다.

인지자본주의에서 정동자본주의로 이행한 것은 최근 몇 년 사이의 상황이다. 정동자본주의가 갑자기 찾아오자 인지자본주의는 과거의 낡은 유형, 구습, 지나간 이야기가 되어 버렸다. 민주화운동 세대가 사회에서 힘을 발휘하던 시기가 인지자본주의 유형의 벤처 열풍이나 산학협력 시기, 공모형 프로젝트 시기였다. 그러나 그 역시 역사의 도도한 흐름에서 과거로 퇴락하고 있다. 청년들은 정동자본주의가 무엇을 의미하는지 정확하게 응시하고 있다. 오늘날 노년층인 근대 산업화 시대의 인물들과 중장년층인 인지자본주의 시대의 인물들은 역사의 뒤편으로 사라지고 있다. 정동자본주의의 등장은 판의 거대한 이동이자 패러다임의 변화이다.

정동자본주의는 흐름의 잉여가치를 겨냥하면서 동시에 흐름을 추출할 때 코드의 잉여가치의 전략을 활용하기도 한다. 이제 플랫폼 하에서 정동은 포획되고 추출되어 자본의 먹잇감이 된다. 정동자본주의는 기존의 인지자본주의의 혁신적인 발상이었던 '의미화=표상화=모델화'가 기능 정지되면서 사실상 자본주의의 혁신성이 정체되던 시기의 출구전략이기도 하다. 미래에 대한 투자 유형이 이자(interest)가 아닌 단기투기적인 지대(rent)로 이행하는 것도 이 시기에 이루어진다. 금융자본주의 하에서 코드로 추출되고 채굴되면서 딱딱하게 굳고 화석화되었던 자본화 양상은 최종적으로 극복된다. 대신 삶과 활력과 생명력 자체의 지도화에 버젓이 자본화가 장착된다.

국경을 넘나들던 초국적 자본은 이제 플랫폼 내에서 횡단하며 지도를 그리는 정동과 욕망의 흐름이 되었다. 신자유주의 하에서의 기업가 정신은 정동의 흐름을 주도하는 인플루언서나 관심종자의 것이 되어 버렸다. 물론 이러한 플랫폼자본주의는 최말단의 배달노동, 택배노동 등을 통해서 정동의 흐름에 상품을 흐름을 얹어서 흐름의 잉여가치를 실천하며, 이는 전 지구적

물류유통인 로지스틱스(=병참)의 명령체계이기도 하다.

데보라 코헨은 흐름의 잉여가치의 방법론인 지도화를 이렇게 설명한다: "지도는 영토가 아니지만 그럼에도 지도는 공간의 생산에서 결정적으로 중요하다(Harley, 1988, 1989 Kitchen and Dodge 2007: Lefebvre 1991, Wood 1992, 2010) 지도는 세계를 재현한다고 하지만, 비판적 지도 제작자들은 지도는 어떤 단순한 의미에서도 재현물이 아니라고 거듭 이야기해 왔다. 그보다 '지도와 지도화는 그것이 재현하는' 영토에 선행한다."(Pickles 2004, Kitchen and Dodge 2007, 4에서 재인용) 지도가 작동할 때 그것은 우리의 산 경험 속 구체적인 것에 대응하지만 특정한 방식으로 그 경험이 이루어지게 하거나 그 틀을 형성한다. 지도는 '권력의 산물이며 지도는 권력을 생산한다.'(Kitchen and Dodge 2007). 지도는 참도 거짓도 아니다. 지도는 '명제'다.(Krygier and Wood, 2011)"* 이렇듯 흐름의 잉여가치는 의미화가 아닌 지도화의 시대의 총아이다. 펠릭스 가타리의 지도제작(Cartography)으로서의 도표 논의가 쟁점이 될 수밖에 없는 시대이기도 하다.

이 시기 동안 문제설정과 대답, 입구와 출구, 근거(ground)와 정의(definition), 원인과 결과, 질료와 형상의 분열은 가속화된다. 다시 말해서 근거 있는 주장을 하라는 아카데미의 발언은 근거와 정의로서의 주장이 인과론적으로 한 쌍을 맺고 있다는 가설에 불과하다. 이러한 근거와 주장을 선형적 인과론으로 설정하는 것은 정동의 흐름으로서의 지도화가 이루어지는 복잡계 속에서는 유효성을 상실한다. 다시 말해 근거와 정의 간의 유관성 자체가 의심되기 때문에 인지자본주의는 기능 정지에 빠지는 것이다. 그 대신 정동

---

* 데보라 코헨, 『로지스틱스』(2017, 갈무리), p. 38.

의 흐름이 복잡하고 다양한 흐름으로 지도를 그릴 수 있는 판과 구도, 마당이 중요해졌다. 근대에서 인지자본주의까지는 '나서는 사람'이 중심이었다면, 정동자본주의부터는 '판 짜는 사람'이 독점하고 독식한다. 그런 점에서 정동자본주의는 공동체의 정동의 흐름을 갈취하고 흉내 내며 모방하여 자본의 손아귀에 넣고자 하는 야심에 찬 최종 산물이라고 할 수 있다.

4. 4차 산업혁명과 정동에 대한 기계적 포섭

플랫폼에서의 일상, 그 밖은 있는가?

재택근무자 B씨의 일상은, 아침 7시에 일어나 거실 TV에 넷플릭스를 켜놓고 러닝머신을 타는 것으로 시작한다. 샤워를 마치고 아침식사를 하고 나면 유튜브로 음악을 들으면서 업무에 들어간다. 가끔 포털사이트에서 검색을 하고, 구글로 메일을 보내고, 페이스북으로 주변 사람들의 소식을 접한다. 점심때는 배달앱으로 자장면을 시켜서 간단히 요기하고, 오후에는 줌(ZOOM)을 이용해 온라인 회의를 한다. 잠시 쉬는 시간에는 쇼핑 채널에서 책, 옷가지, 생활물품을 구입하고, 밤에는 온라인게임사이트에 접속해서 요즘 푹 빠져 있는 MMORPG(다중접속역할수행게임)를 하다가 잠이 든다. 이처럼 그의 생활은 대부분 플랫폼에서 시작하여 플랫폼에서 끝난다. 특히 코로나19 사태 이후부터 재택근무가 많아지면서 아침 일찍부터 플랫폼에 접속하고 늘 온라인 상태를 유지하는 시간이 늘었다.

플랫폼 접속이 일상이 되면서 변화한 것은 플랫폼 없이 살았던 기존의 삶의 방식이다. 이제 대부분의 정동생활, 감정생활, 내면생활 등은 플랫폼이 전달해주는 이미지-영상의 콘텐츠 등이 담당한다. 정동자본주의의 외부가 있다면 내장 감각 정도라고 할 수 있는데, 이 역시도 음식이나 먹을거리 등을 플랫폼을 통해서 해결하고 있다는 점에서 엄밀히 말해 외부라고 할 수도 없다. 플랫폼 내부에서의 삶은 매우 부드럽고 달콤해서 그 외부를 소멸시키는 경향이 있다. 세상 소식이며 바깥소식이 잘 정련된 이미지-영상으로 정돈되어 다가오니 정동은 야성적인 것이라기보다는 순응적이고 달콤한 일상의 그것으로 바뀌어 있다.

디지털 문명은 플랫폼을 통해서 구현되었고, 이제 플랫폼은 삶이며 일상이다. 그러나 온라인의 풍요로움은 생활의 단조로움을 낳았다. 그리고 자신의 판단이나 정동생활, 감정생활을 플랫폼에 맡기다 보니 유행을 타게 되고 다른 이들을 모방하게 되면서 다른 사람들과 큰 차이가 나지 않는 그렇고 그런 삶의 방식이 등장했다. 더욱 중요한 것은 혼자서 할 일이 많아지다 보니 관계를 통해서 삶을 살아가는 방식이 익숙지 않게 되었다는 점이다. 그도 그럴 것이 B씨만 해도, 재택근무 기간 동안 거의 사람을 만나지 않고 혼자서 지내는 중이다. 혼자서는 외롭고 여럿이면 부담되는 관계의 이율배반도 있지만, 혼자 즐기고 놀 수 있는 것이 풍부한 플랫폼 중심의 삶이다 보니, 관계는 왠지 귀찮고 촌스럽기만 하다. 플랫폼을 향유하고 소비하는 삶은 편리하고 부드럽고 달콤하다. 그래서 점점 더 온라인 상태는 계속 유지되고 플랫폼 내에서 모든 것을 해결하려고 한다. B씨와 같은 삶을 살아가는 사람은 얼마나 또 많은가?

플랫폼과 기계적 포섭

사회학자 이항우의 『정동자본주의와 자유노동의 보상』(2017, 한울엠플러스)은, 구글과 같은 인터넷 기업들이 정동을 전자적이고 기계적으로 포섭하고자 하는 방식으로 점차 이행하고 있음을 폭로하였다. 최근 언택트 시대,

디지털 뉴딜 시대 등이 세간에 회자되고 있는데, 그 논란의 한가운데에 있는 것이 바로 플랫폼이다. 플랫폼은 여가 활동, 노동, 정동, 미디어, 소비 등에 침투하여 우리의 삶의 막대한 영역을 차지하고 있다. 이러한 플랫폼을 자본주의의 실질적인 포섭과 사회-공장을 이룰 전자적 그물망으로 볼 것인가? 아니면 하나의 유통과 소비, 생산의 형태적인 변화로만 볼 것인가? 이러한 문제제기는 '플랫폼의 외부가 없다'는 정동자본주의 논의를 촉발한다. 이항우는 네그리의 사회적 공장 개념을 계승하여 외부가 없어진 정동자본주의 하에서 적극적으로 정동노동의 화폐화와 기본소득을 대안으로 제시한다. 그러나 이 역시 충분한 대안이라고 할 수 없다.

이에 반하여 닉 서르닉은 『플랫폼자본주의』(2020, 킹콩북)에서 자본주의의 변화 중에서 플랫폼이 포스트포디즘의 영향 하에서 유통, 생산, 소비 행태의 변화일 뿐 실질적 포섭의 상황으로 나아가지 않았다고 본다. 닉 서르닉은 플랫폼을 기존 사업 유형에 일종의 매개자를 결합한 형태에 불과하다고 본다. "플랫폼 생산 모델은 순식간에 쌓이는 막대한 데이터를 독점하고 추출 및 분석, 활용하는 효과적인 데이터 처리 방식으로 발전해 왔으며, 플랫폼 모델을 채택한 회사로는 강력한 기술회사(구글, 페이스북, 아마존), 역동적인 스타트업(우버, 에어비앤비), 제조업의 강자(GE, 지멘스), 거대한 농업회사(존디어, 몬산토) 등이 있다. 플랫폼은 소비자, 광고주, 서비스 제공자, 생산자, 공급자, 심지어 물리적 객체까지 서로 다른 이용자를 만나게 되는 매개자 위치를 차지하지만 독자적으로 시장 자체를 만들어내지는 않는다. 플랫폼은 전자적인 그물망이나 도구를 이용하여 제품과 서비스를 구축하게 된다."[*]

---

[*] 닉 서르닉, 『플랫폼자본주의』(2020, 킹콩북) p. 49~50.

제3부 가타리의 욕망가치론, 사회적 경제를 진단하다 | **299**

더불어 닉 서르닉은 플랫폼의 다섯 가지 유형을 설명하는데, 『플랫폼자본주의와 배달노동자』(2021, 북코리아)의 저자 중 하나인 이승준의 설명을 참조하여 소개하면 다음과 같다.[*]

　　첫째, 광고 플랫폼이다. 닷컴 기업의 붕괴로 벤처자본들은 새로운 수익 구조를 찾았으며, 많은 기업이 광고와 이용자 유치 모델로 향했다. 특히 구글은 데이터와 쿠키 등 이용자 정보를 활용하여 온라인 표적 광고를 팔기 시작했다.

　　둘째, 클라우드 플랫폼이다. 클라우드(cloud) 서비스는 '마치 구름이 언제 어디에서나 보이는 것처럼' 인터넷에 접속하면 언제 어디에서든 데이터를 이용할 수 있는 시스템이다. 특히 아마존은 데이터 센터, 자동화된 물류창고, 대규모 컴퓨터 장비에 막대한 자금을 투자했고, 저렴한 배송을 최초로 도입했는데, 아마존은 다른 회사들이 이 인프라를 필요로 한다는 것을 파악해 아마존웹서비스를 공개하고 클라우드 컴퓨터 서비스(서버, 스토리지, 컴퓨터 연산에 필요한 주문형 서비스 제공, 소프트웨어 개발자 도구, 운영체제, 완성된 애플리케이션 등)를 빌려줌으로써 배송 서비스의 적자를 메꾸었다.

　　셋째, 산업 플랫폼이다. 산업 인터넷은 상품 생산과정에서 센서와 컴퓨터 칩을 집어넣고 추적장치를 물류과정에 장착해, 인터넷으로 연결한다. 산업 플랫폼은 센서와 작동장치, 공장과 공급업자, 생산자와 소비자, 소프트웨어와 하드웨어 사이에 연결을 확보하는 기초 뼈대로 기능한다. 산업 인터넷을 움직이는 하드웨어와 소프트웨어를 구축해 터빈, 유전엔진, 작업현장, 운송

---

[*] 　같은 책, p. 57~95까지 내용을 참고하여 필자가 요약, 이승준 외 『플랫폼자본주의와 배달노동자』 (2021, 북코리아 출간예정) 중 이승준 요약 참조.

트럭, 각종 애플리케이션 사이에 매개로 작용한다. 결국 이러한 형태의 네트워크 구축은 독점적 지위를 확보하고 더 많은 이용자를 유치하는 데 기여한다.

넷째, 제품 플랫폼이다. 예컨대 오늘날 음악 산업은 CD를 구매하지 않는 소비 유형에 대응하여 플랫폼을 통해 청취자를 확보하고, 광고주나 레코드 회사를 끌어들이고 있다. 여기에는 구독자 모델이 활용되는데, 이런 구독자 모델은 오늘날 주택, 자동차, 칫솔, 면도기뿐 아니라 개인용 비행기에 이르기까지 무한 확장 중이다.

다섯째, 린 플랫폼이다. 우버와 에어비앤비와 같은 회사는 이용자, 소비자, 노동자의 만남을 주선하는 것으로 수익을 창출한다. 이것은 전통적인 의미의 '자산'이 '전혀 없는' 회사로 여겨져 가상 플랫폼으로 불리기도 하며 오로지 소프트웨어와 데이터 분석만으로 기업을 운영한다. 그런 점에서 린 플랫폼에서의 초-외주화 모델, 긱(Gig) 경제*는 초유연 노동공유제를 말한다. 여기서 우리가 익숙하던 린 플랫폼과 더불어 다양한 플랫폼의 유형이 등장하며, 사실상 자본주의의 작동 방식 중 대부분이 플랫폼 방식으로 재편되었음을 확인할 수 있다.

플랫폼자본주의에 대한 또 하나의 관점은 이항우의 『정동자본주의와 자유노동의 보상』에서의 논의이다. 이항우는 플랫폼자본주의의 발전이 이자(interest)가 아닌 지대(rent)의 형태로의 거대한 이행, 다시 말해 '이윤의 지대

---

* '긱'은 무대공연을 나타내는 말인데, 음악, 코미디, 연극처럼 단기간 공연을 위해 계약을 하며, 정규직 직장이 아니라 필요한 경우에만 일하는 임시직 노동을, 재능이나 시간이 있는 사람들이 서로 연결되어 재화를 거래하는 방식의 경제이다. 예컨대 주차 대행, 쇼핑도우미, 가사도우미, 안마사, 요리사 등이 앱을 통해 고용되는 것이 여기에 해당한다.

화'를 낳았다고 본다. 이윤의 지대화는 토지만이 아니라, 가상공간을 둘러 싼 콘텐츠와 관련된 역학관계를 만들어낸다. 초기 인터넷 공간은 콘텐츠를 자유롭게 생산, 유통하려는 해커 그룹과 지대차익을 노리고 콘텐츠에 저작 권 등을 부여하는 벡터 그룹 간의 대결이 벌어지는 현장으로 묘사된다. 그 런데 벡터 그룹의 이해가 전면화된 것이 바로 플랫폼이라고 할 수 있다. 그 런 점에서 플랫폼에서 재미, 인기, 흥미, 정동, 활력 등을 발휘하다 보면 그 이익이 모두 플랫폼으로 돌아간다. 판을 장악한 자에게 돌아가는 부당이득 에 대해 생각해 보게 되는 대목이다. 그 대안으로 이항우는 플랫폼의 외부 가 없는 정동자본주의의 개막을 통해 오히려 강렬한 정동의 가치, 즉 욕망 가치의 현존을 말하고 있다는 점이 특징적이다. 즉, 콘텐츠 생산자가 아닌 소비자조차도 정동을 발휘하고 있기 때문에, 차별 없는 보편적 기본소득이 정당하다는 점을 말하고 있다.

이항우는 사회공장이 된 정동자본주의에서 정보, 지식, 문화, 소통 등 을 순환시키고 생산하는 비물질노동을 말하는 네그리와 하트의 관점을 소 환한다. 이에 따라 지적, 언어적 노동은 아이디어, 상징, 이미지 생산 등에 관여하는 비물질 노동이자 정동노동이며, 이는 우리의 신체에 활력과 생 명 에너지를 주는 정서 변환 양식임을 적시한다. 또한 라자라토(Maurizio Lazzarato)의 논의를 빌려와 문화생산과 함께 문화소비에도 심상적 잉여로 서의 사회관계와 공통의 의미, 정서적 공감, 소속감 등이 동원되기 때문에 정동노동의 일부로 보아야 한다는 논점을 발전시킨다. 이러한 비물질노동 의 맥락은 사실상 노동에서 정동으로의 이행의 하나의 국면을 설명하는 방 식이라고 할 수 있다.

여기서 닉 서르닉과 이항우의 논점을 결합시키면, 가속주의 정치 전략의 가능성을 분명히 할 수 있는 가능성도 생긴다. 디지털뉴딜 시대의 도래와 4차 산업혁명을 통한 정동자본주의로의 이행이 정동의 해방, 욕망해방의 사회를 가속화 할 수 있다는 논점이 그것이다. 그러나 플랫폼자본주의가 정동자본주의로 이행했는지 여부는 아직도 논란의 여지가 많다. 닉 서르닉은 플랫폼의 미래를 다음과 같이 전망한다. "미래 : 플랫폼은 경제 전체로 계속 확산되고 경쟁은 플랫폼 폐쇄를 더욱 강화할 것이다. 광고 플랫폼은 직접 요금 사업으로 변해 갈 것이다. 결국 플랫폼자본주의는 내재적 경향에 따라 서비스를 제공하고 그 대신 임대 수익을 추출하는 쪽으로 변화할 것이다. 이 과정에서 교차보조 전략은 종말을 고하며, 이에 기반한 공적 공간이라는 인터넷의 외양도 대부분 자취를 감출 것이다. 대신 현존하는 소득과 부의 불평등이 접속의 불평등 형태로 반복될 것이다. 게다가 이런 플랫폼이 생산 과정을 좌우하게 되면서 다른 회사의 자본 가운데 거대한 부분을 흡수하게 될 것이다."* 결국 닉 서르닉조차도 정동자본주의가 지금은 아니지만, 앞으로 곧 도래할 것이라고 인정하고 있는 것이다.

4차 산업혁명과 기계적 잉여가치

4차 산업혁명이라고 불리는 첨단기술사회의 도래는 결국 '정동을 어떻게 기계적으로 구현하는가' 하는 문제로부터 출발한다. 첨단기술사회에서 정동의 영역은 인간과 사물, 생명, 기계 등을 가로지르며, 모종의 복잡성의 연결망이 낳은 마음으로부터 유래한다. 이 문제에 관해서는 정동 영역을 식민

---

* 닉 서르닉, 『플랫폼자본주의』(2020, 킹콩북), p. 128.

화하는 방향으로 추진되는 것이 4차 산업혁명기의 특징이다. 사물인터넷, 플랫폼, 자율주행차, 빅데이터, 5G, 딥러닝 인공지능 등은 정동의 흐름이 어디로 향하는지를 포착하여 이에 따라 흐름의 잉여가치를 구현하기 위한 방법이다. 기존의 기계적 영여가치가 코드의 잉여가치 유형의 전자적 코드화 양식으로 결정되었던 것과 달리, 4차 산업혁명의 첨단기술기계 등은 정동의 판을 짜는 방향으로 설계되고 디자인되어 있다.

4차 산업혁명은 독일의 인더스트리 4.0으로부터 시작하였지만, 사실은 레이버 4.0과 같이 노동 영역에 대한 고민이 한 쌍을 이룬다는 점은 부각되지 않았다. 4차 산업혁명 담론은 노동의 종말이라고 여겨질 정도로 노동을 시야에서 사라지게 하는 효과를 갖는데, 이는 현존 디지털 문명이 노동에서 정동으로의 이행이라는 국면으로 나아가고 있음을 드러낸다. 2016년 국제 민간회의인 다보스포럼에서 4차 산업혁명 담론이 화두로 제기되면서, 한국 사회도 거대한 파도에 휩싸이게 되었다. 이는 코로나19 팬더믹 속에서 디지털뉴딜이라는 이름으로 바뀌어 다시 등장하게 된다. 4차 산업혁명을 통해 초연결성(Hyper-Connected)과 초지능화(Hyper-Intelligent) 사회로 진입하고 있다는 사실은 이세돌 기사로 대표되는 인간과 인공지능의 대결로 사람들의 뇌리에 깊이 뿌리내렸다. 하지만 사실상 플랫폼자본주의 하에서 빅데이터의 처리 방식으로 딥러닝 기반의 인공지능이 채택됨으로써 그 실체가 현실에서 드러났다.

닉 서르닉은 기술의 가속을 민주주의의 가속으로 등치시켜 놓고서, 기술의 가속주의 전망이 자본주의에 잔존하는 봉건제의 잔재인 권력과 자본을 사라지게 만드는 효과를 불러일으킬 것이라고 전망한다. 이러한 가속주의는 과학기술의 가속적 발전이 자본주의 너머로 향한다는 좌파 가속주의의 입장이다. 이러한 가속주의 전망 속에서 정동은 가장 근간을 이루는 토대로서 자리매김한다. 다시 말해 기술기계는 펠릭스 가타리와 질 들뢰즈가 말했던 욕망하는 기계의 양상으로 나타나기 때문에 기술의 가속화는 욕망과 정동의 가속화이기도 하다. 그렇기 때문에 '욕망하는 기계'는 기술기계, 사회기계 등을 정동의 흐름에 따라 자리매김하고 기계적 잉여가치를 추출한다는 점을 개념화한 것이다. 이는 욕망과 정동의 집단지성이 기계류의 생산을 가속한다는 점을 떠올려보면 쉽게 이해할 수 있다.

그러나 자본은 이러한 기계적 잉여가치를 반생산으로 이끌 기관 없는 신체에 불과하다. 여기서 기관 없는 신체는 유기체적인 몸이 아닌 다기능적인 기계가 장착될 수 있는 강렬도=0의 반생산의 신체를 의미한다. 욕망하는 기계의 작동의 가속은 자본이라는 기관 없는 신체로부터 정동을 해방시킨다. 들뢰즈와 가타리는 『안티 오이디푸스』(2014, 민음사)에서 "자본은 그야말로 자본가의, 아니 차라리 자본주의적 존재의 기관 없는 몸이다. 하지만 이런 것이기에 자본은 단지 돈의 흐르고 멈추는 실체는 아니며, 자본은 돈의 불모성에 돈이 돈을 생산하는 형식을 부여하게 된다. 기관 없는 몸이 자신을 재생산하듯, 자본은 잉여가치를 생산하고, 싹을 터서, 우주 끝까지 뻗어 나간다. 자본은 기계에게 상대적 잉여가치를 제조하는 임무를 맡기고 그 자신은 기계 안에 고정자본으로 체현된다. 그리고 기계들과 담당자들은 자본에 매달려서, 그것들이 작동하는 것 자체가 자본에 의해 기적적으로 일어난 일이 되는 지점까지 간다."라고 말한다. 이는 자본 자체는 욕망하는 기계의 가속화를 통해서 드러나는 산물임을 보여주었다. 다시 말해서 기술기

* 들뢰즈와 가타리, 『안티 오이디푸스』(2014, 민음사) p. 36.

계의 발전으로 나타나는 첨단기술기계, 즉 플랫폼 등은 대부분 정동과 욕망의 기계작동이 만들어낸 생산물이다.

플랫폼 역시 정동의 흐름이 관계에서 어떻게 머무르고 상호작용하고 배치되는지에 대한 기술기계적인 포획의 결과물이다. 그렇기 때문에 욕망가치, 즉 정동의 강렬한 가치는 기계적 잉여가치로 나타난다. 이에 따라 이항우가 지적했듯이 기계적 잉여가치에 대한 분배의 문제, 즉 정동의 가치에 대한 화폐화와 가치화의 문제가 수반되는 것도 사실이다. 자본과 권력은 사실상 정동과 욕망의 기계와 기술기계의 낙차효과에서 부수적인 이득을 얻어왔던 잉여가치의 채굴자들에 불과하다. 그러나 정동의 강렬한 가치, 즉 욕망가치가 기술기계의 가속화에 따라 더 강력한 유효성을 가질수록 이러한 흐름을 멈추고 응고하게 하는 자본과 권력의 필요성은 사라지게 되는 효과를 나타낸다. 이에 따라 가치화의 모델에 있어서 거대한 변화가 있을 수밖에 없다.

들뢰즈와 가타리가 함께 쓴 『안티 오이디푸스』(2014, 민음사)는 이러한 시대에 무엇을 의미하는가? 이 책에서는 사랑, 욕망, 정동, 돌봄의 가치를 자본화하고 있던 가족의 무의식의 심상을 오이디푸스 콤플렉스로 표현했다. 이러한 신경증적인 구도가 유효했던 이유는 무엇일까? 바로 자본주의가 봉건제를 불철저하게 넘어섰고 그 봉건제의 잔재가 자본과 권력이기 때문이다. 이에 따라 가족주의는 사실상 자본과 권력이라는 반생산을 만들어내는 기제에 불과하다는 것을 폭로하면서, 민주주의의 가속화가 아버지-어머니-나라는 가족 삼각형을 산산이 부수면서 사라지게 만들어 정동해방으로 향할 것을 선포한 책인 것이다. 그러나 이러한 형태의 가속주의 전망은 기술기계의 첨단기술적인, 그러나 한편으로는 피상적인 발전이 달성할 수 있는 것이라고는 할 수 없다. 대신 사회체 자체의 변화를 초래할 거대한 지평의 변화는 바로 욕망, 정동의 거대한 흐름이라고 할 수 있다. 그러나 기술기계들은 욕망과 정동을 포획함으로써 그것을 동조화되고 융합된 하나의 것으로 만드는 착시효과를 드러낸다.

여기서 닉 서르닉의 가속주의 전망은 이러한 착시효과로 인한 기술기계와 욕망기계의 동조화의 영역에 서 있다: "「선언」의 담론은 전적으로 이러한 인지노동의 생산력을 해방시키는 능력에 기반한다. 우리는 포드주의적 노동으로 돌아가고자 하는 모든 환상을 제거해야 한다. 우리는 결국 물질적 노동에서 비물질적 노동으로의 헤게모니 이행을 포착해야 한다. 따라서 테크놀로지에 대한 자본의 명령을 고려한다면, '테크놀로지에 대한 점점 더 늘어나는 자본의 퇴행적 접근'을 공격할 필요가 있다. 생산력은 자본의 명령에 의해 제한된다. 그래서 핵심적인 문제는 혁명적 유물론이 늘 그랬듯, 잠재적인 생산력을 해방시키는 일이다. 바로 이 "잠재성"이 우리가 거(居)해야만 하는 곳이다."*

이러한 닉 서르닉의 착시효과는 우연일까? 사실은 인지자본주의에서 정동자본주의로의 이행이라는 국면, 즉 코드의 잉여가치에서 흐름의 잉여가치로의 이행 국면을 「가속주의자 정치를 위한 선언」은 미리 전제하고 있다는 점이 드러난다. 기술기계에 의한 욕망기계, 정동기계의 실질적인 포섭 국면에서 그 둘 간의 경계선은 이제 희미해지고 이에 따라 기술기계의 가속주의 전망이 정동의 흐름을 변화시킬 수 있다는 점에 착목하는 것이다. 이

---

*   안토니오 네그리, 『「가속주의자 정치를 위한 선언」에 대한 성찰』, 이승준 역, 2019.11.25, 생태적 지혜미디어.

는 앞에서 살펴본 네그리의 언급처럼 잠재적인 생산력 해방의 국면이라기보다는 정동해방의 국면이 가까워졌다는 점을 의미한다.

정동의 전자적 식민화인가?

정동자본주의 하에서 정동은 모두 포섭되어 전자적 그물망 안에 자리 잡고 있는 것으로 보인다. 그러나 그것은 절반의 진실이다. 일단 모든 것이 통제되는 차원은 아니라는 점이 드러난다. 정동과 욕망 자체가 확률론적인 경우의 수에 따라 움직이고 그 흐름의 방향성이 비선형적인 방식이라는 점은 잘 알려져 있다. 그래서 서구철학에서는 정동을 비합리성으로 식별해 왔던 것이다. 물론 스피노자와 같이 예외적으로 기하학적으로 정동을 그려내면서 다시 정동의 이유를 설명하려고 시도했던 전통이 있는 것도 사실이다. 그러나 정동과 욕망의 이유는 다시 정동과 욕망이 되는 함입이 발생하고, 그 이유도 프랑스 철학자 가브리엘 타르드(Jean Gabriel Tarde)의 언급처럼, 남을 따라하는 모방의 이유 등이 존재한다는 사실도 드러난다. 그런 점에서 정동은, 입구와 출구가 인과론적으로 일치하는 기하학적인 방법론이 아니라 입구와 출구가 분열되어 있는 지도제작의 방법론으로 판단할 수밖에 없다는 점이 다시 한번 드러난다.

그렇기 때문에 3차 산업혁명의 정보화 양식에서 '컴퓨팅' 중심의 지극히 계산합리론적인 방식이 선호되었던 인지자본주의가 개방되었다면, 4차 산업혁명 시기는 '인공지능' 중심의 확률론적인 경우의 수에 입각한 딥 러닝(Deep Learning) 방식의 다분히 학습적인 정보기술이 발전한 결과 정동자본주의가 개방되었다. 이는 정교하게 비선형적인 정동과 욕망에 접근하고 포섭하려는 첨단기술기계의 방향성이었다. 다시 말해 딥 러닝이 어떻게 작동하고 그 이유는 무엇인지 인과론적으로 설명할 수 있는 성격의 기술기계가 아니라는 점 역시도 드러난다. 이제 욕망과 정동의 흐름을 도표(diagram)적으로 그려내면서 이에 따라 지도제작을 하는 기술기계가 핵심적인 기술이 된다. 이에 따라 이제 기술기계는 욕망기계를 흉내 내고 있으며, 욕망기계의 심장부를 겨냥한다.

안토니오 네그리의 사회적 공장과 실질적 포섭의 구도는 사실은 인지자본주의까지 포섭하는 양상을 의미할 뿐이다. 외부가 사라진 것은 자본주의의 핵심원리지만, 정동자본주의에서는 정동의 흐름을 포획하는 판을 짬으로써 외부를 사라지게 만들려는 것이 핵심이라는 것까지 네그리는 나아가지 못한다. 다시 말해 욕망이라는 야성성의 외부를 사라지게 만드는 것은, 문명 외부의 야생동물이 사라지고 인간과 농장동물만 살아남는 '고립기'(Eremozoic Era)를 앞두고 있는 지구의 현실과도 같다. 오늘날 기술기계의 방향성은 정확히 정동의 흐름을 포획하는 방향으로 전개되고 있으며, 욕망과 정동의 야생적 수준을 소멸시키고 문명 내부의 부드럽고 달콤한 것으로 만드는 방향으로 향하고 있다. 이에 따라 정동자본주의의 외부 소멸은 네그리의 인지자본주의 유형의 외부 소멸을 더욱 업그레이드한 버전이라고도 할수 있다.

브라이언 마수미의 『가상계』(2011, 갈무리)에서는 영상과 이미지로 포획된 정동을 넘어서 비물형적인 정동 양상의 가능성을 타진한다. 이는 정동자본주의의 외부가 사라지는 방식이 이미지와 표상으로의 포획 양상에 따른다는 마수미의 판단에 기반하고 있다. 그러나 마수미는 정동의 가능성과 잠재력을 내장감각과 같은 것처럼 상당히 왜소한 양상으로 드러내고 있다. 이러한 마수미의 진단과 달리 욕망과 정동의 잠재성은 돌발적으로 생산되는 특이성 생산의 차원에서 규명될 필요가 있다.

펠릭스 가타리의 특이성 생산은, 정동의 흐름이 잠재성의 차원과 같이 미리 주어진 전제조건으로 볼 때 사실상 정동자본주의의 포획장치의 판 위에서 완전히 포섭된 양상이 될 것이라는 견해에 도전장을 내민다. 여기서 특이성 생산은 잠재성 생산, 외부 생산과 동의어라고 할 수 있다. 다시 말해 플랫폼처럼 판이 깔려 있고 정동이 그 위에서 움직이는 경우와 달리, 경우의 수가 생성되는 순간에 새로운 판이 깔리고 정동의 흐름이 새로운 양상을 드러낸다고 할 수 있다. 그런 점에서 정동과 욕망의 야성성은 사라진 것이 아니라, 늘 생성되는 과정에 있다고 할 수 있다.

이처럼 정동을 발견주의적 시각에서 볼 때 신체 내에서 흐르는 활력이자 생명력이라는 평면적인 차원이 제시되어 판의 주도권을 갖고 있는 사람에게 포섭된다. 이때 활력정동은 신체 내 정동에 한정되고, 미리 주어진 정동의 잠재력 내에서만 활력과 생명력을 판단하게 된다. 이러한 유한성, 제한, 한계의 규정은 중요하지만, 욕망과 정동의 비선형적이고 확률론적이고 야생적인 측면을 약화시키고 지나치게 플랫폼의 평면 위로 기입되는 코드가 될 것이라는 비관적인 전망으로 향한다고 할 수 있다. 사실은 욕망과 정동은 굉장히 입체적인 형태이며, 플랫폼의 판과 평면에 모두 들어와 있을 수 없다. 잠재성의 영역은 알고리즘에 모두 다 좌우되는 것이 아니라 자유롭게 생산될 수 있는 여지가 많은 영역이고, 특이점의 발생에 따라 다시 배치는 끊임없이 재배치된다. 완전히 색다른 정동의 잠재력이 나타날 수 있고, 이는 약물이나 술 등의 도움을 받지 않아도 마치 완벽히 다른 세계로 팅겨져 나가듯 새로운 차원이 개방될 수 있다. 그런 점에서 기존에 정동 논의를 이끌고 있던 마수미나 들뢰즈 등의 맥락은 펠릭스 가타리의 특이성 생산의 구도에 따라 정동 생산, 잠재성 생산, 특이성 생산의 구도로 완전히 색다르게 전진배치될 수 있는 여지가 생긴다.

다시 기술기계에 의한 정동의 식민화가 가능한지의 문제로 돌아가 보자. 권력과 자본은 정동 생산으로서의 특이성 생산을 완벽히 포획할 수 없다. 다시 말해서 정동자본주의는, 미리 주어진 정동의 소비, 유통, 교환을 플랫폼 내에서 수행할 수는 있을지는 모르지만, 특이성 생산, 다시 말해 주체성 생산으로서의 정동 생산의 영역을 모두 다 포획하지 못한다. 그렇기 때문에 욕망과 정동의 야성성은 모두 포획될 수는 없으며, 미리 주어진 외부는 소멸되었지만, 외부는 생산되고 있다.

정동자본주의는 특이점(singularity)의 발생에 촉수를 드리우고 예민하고 민감하게 작동하는 시스템을 만들어낸다. 이를 통해서 특이점의 예봉을 꺾거나 돈으로 매수하여 포섭하거나 특이점을 흉내 내거나 하는 등의 여러 가지 기법을 통해서 포획하려 한다. 하지만 그 특이점이 어떻게 생산되는지를 인과론적으로 설명할 수 없다. 마치 딥 러닝의 확률론적인 작동 방식 내부에서 어떤 일이 일어나는지를 설명할 수 없는 기술과학의 한계와도 같다. 결국 정동의 식민화를 극복하는 경로는 마수미의 내장감각과 같이 왜소한 설명방식이 아니라, 특이성 생산, 정동의 판 자체의 생산 영역을 통해 드러난다.

정동은 미리 주어진 어떤 것이 아니라, 생산하고 생성하고 만들어지는 것이다. 정동 생산은 미리 주어진 잠재성의 한계테제를 넘어서 그 자체가 잠재성을 생산하는 방향으로 향한다. 그런 점에서 가타리의 특이성 생산은 정동정치의 최첨단의 영역에 서 있다.

5. 정동의 영역, 인지자본주의의 공백?

플랫폼에 관심종자가 많은 이유

플랫폼의 정동은 들썩이고 다사다난한 가운데 한판 난장을 벌인다. 잡다, 잉여, 소란, 부추김, 열정, 모방 등으로 가득하다. 웬일인가? 한 장소에 이렇게 관심종자가 많은 것은 처음이다. 자랑하고 뽐내고 자신을 내세우는 정동으로 가득하다. 그도 그럴 것이 관심은 곧 돈이기 때문이다. 그 판 위에서 말도 안 되는 일이 벌어지고, 가짜뉴스가 판치고, 추측과 경도, 인지부조화가 판을 친다.

A씨, 그도 역시 유튜브에서 주목받고 싶은 사람 중의 하나이다. 최신 트렌드와 유행을 모방하여 자신을 가장 핫한 스타일로 무장시킨다. 사람들 사이에서의 평판체계에도 신경 쓰듯 혐오와 차별도 고심해서 필터링(filtering)을 한다. 플랫폼에서 쫓겨나지 않기 위해서다. 인지적인 것, 즉 합리적인 것과 사뭇 구분되는 정동은 무심결로 인도하는 재미, 운, 인기 등에 대한 거대한 집단적인 무의식의 행렬을 만든다. 사람들 사이에서 회자되면 될수록 그것으로 족하다. A씨는 이벤트(event) 하나를 기획하였다. 그리고 그 사건 곁에 자신의 입지를 슬며시 배치한다. 너무 대놓고 나서도 사람들은 좋아하지 않기 때문이다. 넌지시 자신을 어필할 수 있는 여지를 찾지만, 천연덕스럽기는 마찬가지이다. 더불어 협찬 계약이 성사되어 아무도 눈치 채지 않게

광고가 배치되면 더할 나위 없으리라. A씨는 그걸 더욱 바라고 추구하고 투사한다.

이처럼 A씨는 인기와 관심을 위해서 무엇이든 할 준비가 되어 있지만, 사실 그의 일상생활 속 정동은 비루하다. 튀는 것을 좋아하지만 늘 비슷비슷한 패스트푸드를 먹고, 비슷비슷한 소비생활과 똑같은 미디어에서의 감정생활에 빠져 있다. 그래서 그는 정동의 탐색자가 되어 있다. 뭔가 튀는 정동, 뜨거운 정동, 쏠림이 일어나는 정동이 있으면 좋겠기에, 늘 뉴스와 주변의 사물, 생명, 기계, 자연, 분위기, 뉘앙스 등을 뒤적이고 다닌다.

A씨는 상상을 넘어서는 만큼의 폭식을 할 준비가 되어 있다. A씨는 자신의 코골이 소리라도 녹음할 준비가 되어 있다. A씨는 관계를 약탈하여 이야기 소재로 만들 준비가 되어 있다. 그는 플랫폼자본주의, 다시 말해 정동자본주의에 최적화된 사람이 되기를 원하며, 또 그렇게 스스로를 무장하고 계발하고 있는 중이다.

인지자본주의와 정동자본주의: 정동자본주의의 인지부조화

들뢰즈는 『차이와 반복』(2004, 민음사)에서 '의미화=표상화=모델화=상품화=자본화'라는 인지자본주의의 구도를 선보였다. 즉, 그것이 '~은 ~이다'라고 '의미화'할 수 있는 것이라면 '자본화'가 즉시 가능하다는 것이다. 여기서 의미화로서의 '재인'(再認, recognition)과 표상화로서의 '재현'(再現, representation), 모델화로서의 '재생산'(再生産, reproduction)의 형식은 자본의 형식적인 틀이라고 할 수 있다. 인지자본주의 상황에서 자본의 움직임은 분자적인 정동과 욕망을 코드화하여 이득을 추출하는 코드의 잉여가치(surplus of code)로 나타났다. 코드의 잉여가치는 젠트리피케이션 (Gentrification), 골목상권에의 대기업 진출, 1세계와 3세계의 분리, 집단지성 에 대한 약탈 등과 같이 외부로 향하는 자본이 내부 공동체에 대한 질적 착 취를 추구하는 방향으로의 선회하는 것을 의미한다. 그러나 코드의 잉여가 치는 '의미화' 대신 '코드화'를 기입할 뿐 그 작동에서는 근대 산업사회의 기 본 구도를 크게 벗어난 것이 아니었다. 특히 도구적 이성이라는 합리성으로 무장한 자본주의의 기본 속성은 인지자본주의 하에서 코드화되어 컴퓨팅, 사이버네틱스, 네트워크 형태로 다시 나타났다. 그런 점에서 인지자본주의 까지의 자본의 움직임은 들뢰즈가 추적했던 재인과 재현의 형식에 따르고 있음이 드러난다.

　그런데 인지자본주의 '의미화'의 구도로 보자면, 정동의 영역은 너무도 잡 다한 잉여, 군더더기, 잔여-이미지라고 할 수 있다. 그래서 정동은 코드의 소 재나 천연자원, 재료와 같은 것으로 간주되어 왔다. 다시 말해 정동의 흐름 은 코드의 추출을 위한 재료일 뿐, 그 자체가 커다란 자본의 변화를 초래할 만한 것은 아니었다. 그러나 정동자본주의의 개막은 어찌 보면 인지부조화 로 간주된 정동의 흐름을 핵심 원리로 한 시스템의 거대한 변화로 나타났다.

　이는 컴퓨팅 중심의 인지자본주의에서 머신러닝이라는 인공지능(AI) 중 심의 정동자본주의로의 이행을 의미한다. 다시 말해 기술의 변화는 그저 기 술만의 변화를 의미하는 것이 아니라, 시스템의 변화에 따라 기술의 적용과 응용의 수준으로도 나타난다. 머신 러닝은 학습형 인공지능으로 인과론적 인 방법론에 따르는 것이 아니라, 확률론적인 경우의 수에 따라 가장 경우의 수가 높은 것을 도식 작용을 통해서 재현한다. 이에 따라 마치 정동자본주 의 하에서 잘 되는 플랫폼이 더 잘 되는 네트워크효과의 인지부조화처럼, 인공지능 역시 인지부조화라고 할 수 있는 쏠림의 현상으로부터 자유로울 수 없다. 그런 점에서 일단 자신이 어떤 선택을 하게 되면 그와 유사한 것으로 재편되어 나오는 유튜브에서의 알고리즘으로부터 자유로운 사람은 아무도 없다. 더불어 알고리즘의 정치공학에 따라 좌파든 우파든 정치집단 하나의 뉴스를 선택하면 그와 관련된 뉴스나 정보가 인터넷이나 유튜브 화면에서 더 잘 나타나는 현상으로부터 자유로울 수 없게 되었다.

인지자본주의를 자본주의의 최종단계로 보는 사람의 입장에서는 정동자본주의의 개막은 색다른 문화현상 정도로 치부되곤 한다. 왜 사람들이 그토록 관심과 인기에 목을 매는지 신기해 할 따름이다. 이제 정동자본주의에서는 정동이라는 활력과 생명력의 발생이 권력과 자본의 발생과 동시다발적으로 일어난다. 동시에 정동의 흐름(flux)을 따라 자본과 권력도 함께 흐른다. 그런 점에서 정동은 정동하고 정동되는 일련의 과정 모두에게서 발생되지만, 정동하는 영역에서 자본화가 이루어진다는 점에서 수많은 관심종자를 만들어낸다.

관심, 인기, 쏠림, 모방, 인지부조화, 인지편향, 평판체계, 유행, 트렌드 등 그간 전면에 내세울 수 없었던 모든 현상이 동시적으로 플랫폼 내에서 작동한다. 이에 따라 정동은 그 자체가 이미지화되는 순간 동시에 돈이 되는 상황이 발생하게 된다. 과연 정동이 자본이 되고 권력이 되는 상황은 생명과 인간에게 유리한 상황일까? 오히려 생명관리정치를 주장했던 미셀 푸코(Michel Foucault)가 바라본 문명의 외부와 내부를 가르는 경계는 더욱 두터워지고, 이제 정동자본주의 외부는 만인의 관심사 밖으로 사라지는 효과를 낳는다. 플랫폼의 판을 짠 사람이 가장 큰 슈퍼 갑이 되고, 플랫폼에 정동하면서 인기를 누리는 인플루언서가 그다음 갑이 되고, 플랫폼 내에 있는 끼리끼리의 집단은 플랫폼자본주의 외부에 대해서 갑이 된다. 매우 비합리적인 일들이 벌어진다고 여길 수도 있다. 그만큼 정동자본주의는 외부를 소멸시키고 플랫폼 내부에서 혜택을 입고 정동하고 정동되는 사람에게만 관심을 보인다. 외부가 소멸하는 것은 실제로 없어서가 아니라 관심사 밖의 일, 논외의 것이 되었기 때문이다.

정동자본주의의 인지부조화 현상은 광범위하다. 인지자본주의가 보여주는 일련의 합리성은 철저히 파괴되고 해체되어 가십거리가 되어 버리고, 정동을 촉발하는 활력정동만이 선호된다. 그러한 인지부조화 현상은 가브리엘 타르드(Jean Gabriel Tarde)가 양자적인 흐름(flux)이라고 지칭하는 현상으로 설명되어 왔다. 즉 사회현상이나 사건이 확산되는 것은 합리적인 가르침에 따르는 것이 아니라, 그것을 따라하고 싶은 모방 욕망 때문이라는 것이다. 이에 따라 A를 B가 따라하고, B를 C가 따라하는 등의 일련의 모방 과정은 사회 속에서의 흐름이 된다.

이러한 인지부조화현상으로서의 정동의 흐름은 사실은 대안세력의 실천원리이기도 했다. 대안세력의 실천과 실험이 수많은 다중의 눈덩이 효과(snowball effect)를 만들어낼 것이라는 점이 그것이다. 원래 대안세력은 흐름의 잉여가치(surplus of flux)로서의 커먼즈, 생태적 지혜, 집단지성, 내발적 발전 등의 원리를 기반으로 하고 있었다. 그런데 정동자본주의에서는 대안세력이 활용하던 원리들을 대부분 자본이 전취해 버린다. 커먼즈(Commons)를 흉내 낸 공유 플랫폼이나, 생태적 지혜와 집단지성을 흉내 낸 지식 플랫폼, 내발적 발전을 흉내 낸 지역배달 플랫폼 등이 속속 등장한다. 그렇기 때문에 대안세력의 원리를 그대로 따라하는 모습은 더욱 확장되어 친환경, 에코, 녹색조차도 자신의 가치로 삼는 자본이 등장한다. 다시 말해 대안세력의 입장에서는 그린워싱(Green Washing), 즉 녹색분칠이라고 여겨질 일련의 행동양식이 오늘날 정동자본주의에서의 기업들의 모습이다.

대안세력은 위축되고 축소되고 왜소화되었다. 정동자본주의도 성장주의의 화신이라는 점은 변함이 없는데, 대안세력의 행동원리를 모두 추출해 가버린 초유의 상황에 직면했기 때문이다. 이러한 상황에서 대안세력은 색다른 혁신적인 의제를 발굴하기를 희망하지만, 그것마저 몇 달 안 가–혹은 동시 발생적으로–자본과 권력의 것이 될 것이 분명하다. 그러나 그것은 공동체의 의제를 외부에서 착취해서가 아니다. 오히려 정동자본주의 자체가 정동의 흐름에 기반하고 있기 때문에, 정동의 생성에 이미 자본과 권력이 동시발생하기 때문에 일어나는 일이다.

이제 자본주의는 완전히 다른 양상으로 작동한다. 탈성장과 기후위기에 대한 적극적인 대응이 필요한 시점에서 대안세력이 말하고 행동하고 실천할 것을 자본과 권력이 말하고 행위하는 이상야릇한 상황이 찾아온 것이다. 동시에 플랫폼이 끼리끼리 문화를 더욱 유발하여 외부를 소실시키고 자신들만의 잔치와 향연을 벌이는 측면은 결국 제3세계의 기후불평등 문제나 기후난민의 문제 등에 판단 정지하는 결과를 가져온다. 정동자본주의는 정동에 대한 축복과 희망이 아니라, 살아 꿈틀대는 생명과 자연의 정동을 억압하는 성장주의의 다른 모습에 불과하다. 그 과정에서 대안세력의 움직임은 포위되고, 고립되고, 허공에 외치는 메아리가 되고 있다.

네트워크 효과: 정동자본주의 이후의 공정성 문제

정동자본주의에서는 공공영역도 플랫폼의 일종으로 작동하게 된다. 이는 플랫폼자본주의 자체의 동역학에 따라 역규정되어 동조화된 측면도 있다. 협치(governance)의 상황 역시 공공영역이 플랫폼 형태로 변모한 영향을 받는다. 모든 협치 과정에서의 사회과정, 정책과정도 플랫폼으로 나타나는 정치 과정에 종속되어 버린다. 겉에서 보기에는 불공정성이 두드러진다. 결국 플랫폼 내부효과에 따라 정동하고 정동되는 과정이 있지만 끼리끼리의 문화에 따라 외부는 소멸하는 것이다. 이에 따라 어떠한 세력도 혁신적인 내용의 의제를 말하지 못하고 간혹 그런 의제가 나온다 하더라도 즉각적으로 정치적 플랫폼의 것으로 전유된다. 모든 프로젝트는 플랫폼 내부에서 정동의 흐름에 따라 구현되기 때문에, 다양한 정치세력이나 소수정당, 시민사회는 위축된다.

결국 겉에서 보기에 불공정하게 보이는 측면은 사실상 정동의 흐름에 따라 네트워크 효과가 이루어진 것으로 보이기 때문에 내부에 있는 협치의 판을 짠 사람에게는 아무런 문제점도 의식되지 못한다. 결국 보편적인 것을 다루어야 하는 공공영역이 무효화되고 국가권력 역시 하나의 플랫폼으로 전락하게 되는 국가 시스템의 위기상황에 처하게 되는 것이다. 이러한 정동자본주의 상황은 국가, 아카데미, 시민사회 등의 존립 자체를 심원하게 변형하는 것이다. 모두 플랫폼의 일종으로 간주되어 평면 위에 나란히 배치되는 상황이 민주주의에 득이 될 것이라고 생각하면 오산이다. 공공성, 공정성, 사회정의 자체가 문제가 되기 때문이다.

인지자본주의 하에서의 네트워크는 수평적 연결접속을 실현할 유력한 매개체였다. 네트워크에서 모이고 조직되는 방식은 비스듬한 행렬을 따라 놓인 연결망이라는 점이 특징적이다. 이를테면 네트워크는 학력, 인종, 성, 나이 등을 넘나들며 사람들을 비스듬하게 결속했던 커뮤니티그룹 등을 출현시켰다. 초기 인터넷 시대의 네트워크의 신화는 제2의 공동체라 할 정도로 사람들의 뇌리에 강렬한 인상을 남겼다. 네트워크는 '그리고…그리고…그리고'의 리좀(rhizome)적인 연결망으로 욕망을 생산하는 기본적인 연결 방식에 따른다고 여겨져 왔다. 이것은 분자적(molecular)인 정동의 흐름이 몰적(molar)인 것이라고 칭해지는, 이해와 이익으로부터 독립된 형태로 욕망하는 생산을 이루었던 것이다. 여기서 분자적인 것은 여러 모델을 횡단하는 것이라면, 몰적인 것은 하나의 모델에 집중되고 수렴되는 것이다.

초기 인터넷 시대에 많은 사람들이 네트워크의 익명성과 신선함, 비스듬한 횡단적 결합 양식, 분자적인 욕망의 무리 짓기 등에 흥미와 재미를 느끼고 구름떼처럼 모여 들었다. 네트워크는 사람들이 익명성을 자유라고 여기는 색다른 비물질적인 공동체의 영역으로 간주되었다. 그런데 이 시기 동안 심심치 않게 네트워크를 개인이나 집단이 활용하고 이용하겠다는 입장이 생겨났다. 이른바 허브(herb)와 같은 중앙집중식 매듭이나 마디가 등장했는데, 네트워크의 광활한 판 위에서 하나의 에피소드에 그치는 듯 보였다. 그런데 급기야 네트워크 위에 자신의 판을 까는 플랫폼이 등장했고, 네트워크 판 자체를 독점하기 시작했다. 모두가 플랫폼 위에서 정동을 발휘하여 놀고, 웃고, 즐긴다. 그리고 그로 인해 생하는 이익은 모두 플랫폼에게 돌아간다. 그 판과 구도를 플랫폼이 장악했기 때문이다.

동시에 플랫폼끼리의 경쟁에서 네트워크 효과라는 색다른 현상이 생기기 시작했다. 이는 플랫폼 중에서 잘나가는 플랫폼에 대한 선호도가 더 높아지는 현상이다. 그것은 플랫폼에 대한 평판체계나 신뢰 체계와 관련되어 있다. 플랫폼은 내부 생태계를 구성하여 자신의 판 위에서 모든 것이 해결될 수 있도록 유도한다. 어떤 상품은 아주 싸게 팔아서 호객행위를 하고, 다른 상품은 비싸게 팔아서 싸게 판 것을 상쇄한다. 이른바 교차보조 전략의 개막이다. 문제가 되는 것은 플랫폼의 내부 생태계를 벗어날 수 없는 소비자들이 늘면서 자연스럽게 독점의 문제가 생기게 되는 것이다. 소비자들의 플랫폼 선호도는 정동의 인지부조화의 상황과 유사하다. 따라하고, 모방하고, 흐름을 타는 소비자들은 네트워크의 수평적인 연결접속의 형태가 아니라, 하나의 플랫폼을 유독 집중적으로 선호하게 되는 네트워크 효과에 걸려든다.

이에 따라 새로운 사업자들은 진입 장벽이 두터움에 고전할 수밖에 없게 되면서, 시장에서의 경쟁을 통해서 공정성이 유지된다는 신화가 불식되고 독점 자체가 사업 원리인 기업이 등장한다. 이에 따라 이전에는 네트워크의 수평성에 착목하던 많은 사람들에게는 매우 생소한 네트워크 효과에 따라 불공정성과 불평등 등의 문제점이 대두한다. 그러나 이 역시 곧 익숙하고 당연한 것으로 치부된다. 이것이 정동자본주의의 불공정성의 한 단면이라고 할 수 있다. 네트워크가 새로운 전자민주주의의 원천이 될 것이라고 철석같이 믿었던 사람들에게는 안타까운 일이지만, 네트워크는 수평적이지도 공정하지도 민주적이지도 않다는 사실이 정동자본주의 하에서 드러난다.

불공정을 전제로 한 네트워크, 즉 플랫폼은 독점을 사업 원리로 한 기업 활동을 하기 때문에 시장의 공정성이라는 신화가 완전히 무너지게 된다. 동시에 네트워크의 수평성 신화에 물들어 있던 기존 40~50대의 현실 타협과 퇴행과도 긴밀한 관련을 맺게 된다. 이제 독점은 자유시장의 원리와 대적되는 개념이 아니라, 천연덕스럽게 선진적인 사업 원리가 되어 있다. 후발주자인 20~30대의 경우에는 스타트업 기업과 같은 방식을 통해서 자신의 사업을 벌인다. 그러나 스타트업은 좀 더 강렬한 정동을 동원하는 경우에 비로소 사업으로 추진할 수 있는 사업 형태이이다. 이렇듯 두터운 정동 촉발과 관련된 진입장벽을 넘어서야만 비로소 20~30대가 주력하는 스타트업 기업은 궤도에 오를 수 있다. 독점 자체가 보편화된 상황에서 20~30대 후발주자들에 대한 진입장벽은 상상을 초월할 정도로 높다. 국가가 관리하던 독점에 대한 규제는 아예 없어지는 상황이고, 앞서 얘기했듯이 국가 자체도 보편성을 포기하고 플랫폼의 일종으로 전락한 상황이다. 정동자본주의의 이러한 일상적인 상황을 면밀히 검토하지 못한다면, 결국 모두가 독점적인 플랫폼을 소비하고 향유하는 데 그치고 만다.

네트워크 효과에 따른 정동의 쏠림과 거대한 행렬을 이룬 정동의 양상에는 정동의 활성화를 통해서 이득을 보려는 플랫폼의 여러 가지 설정들이 뒤따른다. 정동 자체는 촉진되고 고무되고 도모된다. 그러나 플랫폼에서 정동의 인지부조화에 가까운 쏠림의 행렬 배후에는, 배달노동자나 택배노동자와 같이 위험의 외주화 과정에 놓인 불안정 고용 노동자가 있다. 정동의 다양한 발휘의 최종 결론은 사실은 단조로운 배달 플랫폼의 이용으로 귀결되는 측면이 있다. 다시 말해 비물질적인 것은 다채롭지만, 물질적인 것은 단조롭다.

비물질적인 플랫폼에서의 정동의 촉진과 고무는 사실상 단조로운 물질적 정동의 소비로 나타난다. 그 과정에서 정동은 그 흐름이 공회전되고 해방되지 못한다. 결국 플랫폼자본주의는 욕망이라는 분자적인 것이 이해와 이득, 소비라는 몰적인 것으로 귀결되는 양상으로부터 크게 벗어나지 못했다고 할 수 있다. 그러나 비물질적인 것에서 코드가 추출되어 물질적인 소비로 향하는 과정은 이미 인지자본주의에서도 드러났다. 반면 정동자본주의는 유통과 소비단계에서 '~은 ~이다'라는, 상품 소비라는 의미화에 걸려들어 응고되지 않도록 면밀히 고려하는 탄력적인 시스템이기도 하다. 상품 소비는 최종 결론이 아니라, 정동의 흐름에 따른 부수효과와 같은 것이 된다. 상품 소비는 평판체계와 인기도 등에 따라 정동의 흐름과 결합되어 다시 정동이 순환되게 하는 구성요소 중 하나에 불과하다. 사실은 그것이 자본의 최종 목적이지만, 본래의 목적은 철저히 감추어진다. 돈이 목적이 아닌 척하는 자본의 위선적인 태도는 우아하고 미학적인 것, 친환경적인 것 등으로 분칠된다.

동시에 소비와 유통의 영역에서의 배달 플랫폼이나 택배 플랫폼 등은 더욱더 정동의 빠른 흐름과 순환에 맞추어져서 작동한다. 속도와 효율성과 더불어 정동의 민감성을 장착한 플랫폼 하에서의 노동은 주목노동, 호출노동, 시청각노동, 욕망노동 등의 양상을 통해서 더욱 정동화되는 과정에 놓여 있다. 그렇다면 정동의 순환과 흐름은 어디로 향해야 하는가? 정동자본주의가 위선적으로 말하듯 상품 소비가 최종 결론이 실제로 아니라면 정동은 과연 어디를 향하고 있는가?

정동해방과 사회적 경제

정동자본주의가 아무리 매뉴얼, 시스템, 프로그램, 기계적 알고리즘 등으로 포획하려고 해도 탈주하고 벗어나고 미끄러지는 것이 정동이며 사랑이며 욕망이다. 이러한 욕망과 정동의 분자적인 움직임에서 해방의 가능성, 탈주의 가능성을 주목하고 있었던 것이 들뢰즈와 가타리 철학의 전모이다. 그러나 이미 권력과 자본은 이러한 정동의 흐름마저도 포획해서 이윤을 얻어내고 있는 상황이며, 이를 정동자본주의의 '흐름의 잉여가치'라고 할 수 있다. 자본과 권력이 분자적인 형태를 취하기 시작한 정동자본주의 상황에서 외부와 야성성을 향한 탈주선은 상당히 포획되어 외부 소멸의 상황으로까지 나아갔다. 이에 따라 공동체와 플랫폼이 엇비슷하며 작동원리상 큰 차이를 보이지 않게 되는 상황이 전개된다.

정동자본은, 공동체 내부의 정동의 흐름에 따른 움직임과 커먼즈, 생태적 지혜, 집단지성 등의 공통성의 조직화 방식을 차용하고 모방한다. 사실 정동자본이라는 말이 성립하는지조차도 의심할 여지가 있다. 정동은 흐르고, 자본은 응고되는 것이라는 기존 통념에서는 이러한 개념이 성립할 여지가 없기 때문이다. 그러나 정동의 흐름과 자본의 흐름이 동조화(coupling)된 현재의 국면에서는 정동이 촉발되는 곳에 자본이 형성된다는 점에서 정동자본이라고 할 수 있다. 정동자본의 모습을 잘 보여주는 것이 연극, 영화, 드라마, 미디어 등에서의 연예인들의 정동이 바로 자본인 상황이다. 최근에는 이 정동자본이 정치 및 경제, 교육, 개인적인 관계망을 비롯해 전체 생활 영역에까지 파고들었다. 물론 이것이 긱(Gig) 경제 형태로 노동의 측면에서는 지극히 불안정한 고용이라는 비판이 제기될 수 있으나, 사실은 자본과 노동의 영역은 정동의 영역에서는 동전의 양면이다.

인지자본주의 단계를 넘어 정동자본주의 단계에서 사회적 경제는 크게 위축되고 있으며, 선도적이고 혁신적인 기업 활동의 모습을 보이지 못한다. 왜냐하면 정동의 흐름을 자본의 흐름이 따라가도록 구상된 사회적 경제가 사실은 공동체의 파견부대 형태를 띠고 있었으나, 그 대부분 전반적인 가치나 작동원리가 일반 기업 활동의 영역으로 바뀌어 버렸기 때문이다. 이제 보통의 기업이라 하더라도 모두 사회적 가치와 스튜어드십으로서의 ESG, 사회 공헌, 친환경 브랜드, 채식 브랜드 등으로 무장하고 있는 상황이다. 물론 그것을 그린워싱이라고 보는 시각은 일정 정도 타당성이 있다. 하지만 정동자본주의의 다양한 양상 중 하나라는 점은 부각되지 않고 있다. 여하튼 사회적 경제의 전략에서 혁신적인 에너지와 활력을 어디에서 찾을 것인가 여부가 중요해졌다. 이를 정동자본주의 차원에서 고려하고 모색하는 것이 관건이 된다. 이제 공동체, 정동, 욕망은 자본의 외부에 있지 않다. 그래서 사회적 경제가 외부로서의 특수를 누리던 시절은 끝났다.

그런 상황에서 '의미와 가치'라는 동전의 한 면과 '기능과 노동'이라는 동전의 다른 면에 따라 구축되고 작동했던 협동조합의 위기는 처참하고 심각하다. 왜 그런가를 면밀히 살펴보면 이것은 '의미와 가치'라는 의제를 던지면 사람들이 자동적으로 모이고 '기능과 노동'으로 구성된 사업이 저절로 되던 시기, 다시 말해 성장주의 시대가 끝났기 때문이다. 정동자본주의 하에서 협동조합의 결사체와 사업체 모두가 기능 정지에 빠지기 쉽다. 오히려 정동을 통해서 모임을 촉진하고 도모하는 스튜어드십으로서의 사회적 경제의 움직임이 필요하다. 특히 현재 국면은 저성장 양상으로 진입하고 있는 과도기이기 때문에, 사람들은 저절로 모인다는 신화, 즉 자연주의 신화를 의심해 봐야 한다. 자연주의는 몸에 털이 자라듯 자연 그대로 놔두면 일이 저절로 이루어진다는 발상이다.

그러나 사회적 경제는 정동을 통해서 활력과 생명력을 외부로부터 취득한다는 점에 머문다면, 정동자본주의 하에서 여타 기업의 정동자본 양상과는 큰 차이가 없게 된다. 정동자본주의 하에서 흐름의 잉여가치가 기업 활동에서 일상화된 현재의 상황을 살펴보자. 다시 말해서 협동조합, 사회적 기업, 공동체기업 등의 혁신성, 참신성, 야성성은 제대로 능력을 발휘할 수 없다. 그것은 일반기업과 어떤 차별성도 없기 때문이다. 그렇기 때문에 소비자들은 협동조합이나 플랫폼을 사이에 두고 친환경 브랜드나 대안적인 먹을거리 등에서 약간의 뉘앙스, 느낌, 절차, 과정 등의 차이밖에는 느끼지 못한다.

결국 사회적 경제가 취해야 할 전략적인 선택지는 정동해방, 돌봄해방, 욕망해방을 통해서 혁신성을 담보하는 것일 수밖에 없다. 다시 말해 사회적 경제는 증여와 호혜로 이루어진 정동, 돌봄, 욕망의 영역을 절대적 탈주선 위에 놓고 해방시키는 방향으로 나아가야 할 것이다. 돌봄노동의 가치화와 화폐화 국면을 유지하는 것을 한쪽 편의 전술로 할 필요도 있는 것이다. 그러나 다른 한쪽 편으로 돌봄해방의 야성적 힘을 통해 돌봄의 가치화를 훨씬 초과하는 활력의 현실로 재창안할 필요도 있다.

이는 동시에 자원에 따라 활력이 조절되는 것이 아니라, 활력의 증대가 자원을 따라오게 하도록 만드는 활력해방의 국면을 의미하는 것이기도 하다. 또 이는 욕망이 억제되고 억압되어 쪼그라드는 저성장 국면이 아니라, 욕망이 해방되어 격발되고 폭발하는 욕망해방의 탈성장 국면을 의미한다. 이러한 정동해방의 국면은 분열적이고 야성적인 힘에 따라 관계가 풍부해지고 다양해지는 국면을 의미하기도 한다. 결국 사회적 경제는 '내부의 외부'로서의 욕망과 정동을 촉진하고 폭발시킬 훨씬 야성적인 인간형을 만들어내는 주체성 생산 전략으로 나아가야 할 것이다.

정동자본주의 하에서 정동자본의 등장은 사회적 경제의 영역에서는 위축, 왜소함, 쪼그라듦으로 향할 수 있는 포획과 포섭의 국면이자 야성성으로서의 외부가 사라지는 상황으로 느껴질 수도 있다. 이제 공동체, 정동, 돌봄, 욕망, 친환경, 기후위기 등이 자본의 입에서 버젓이 논의되고 있다. 사회적 경제는 이러한 달라진 위상의 현실 속에서 좀 더 혁신적인 정동해방의 논의로 나아가야 한다. 사회적 경제가 도모해야 할 정동해방은 아래로부터 발흥하는 에너지와 활력으로 촉진하면서 사회적 경제를 작동시키는 활력, 정동, 생명력의 탈성장이라는 방향으로 가는 거대한 탈주선을 잡아탈 때 가능하다.

사회적 경제는 이제까지 해 왔던 것을 그대로 답습하고 쉽게 매너리즘이나 정규적인 일과표에 빠졌던 상황은 탈피해야 한다. 어느 때보다 정동의 흐름에 탈주선을 띄우고 끝까지 가보는 전략적인 행동양식이 필요하다. 그렇기 때문에 이러한 정동자본주의는 정동자본과 사회적 경제의 경쟁 양상이라기보다는 정동자본의 '동조화된 정동과 자본의 양상'을 뛰어넘는 사회적 경제의 '정동의 크나큰 폭발적인 흐름과 사회자본이 한 쌍을 이룬 탈동조화(Decoupling)의 양상'의 대비점으로 나아가야 한다. 정동자본주의는 성장주의의 일종으로 전락해 있다. 동시에 정동자본주의는 아주 미량의 정동에도 자본의 대폭적인 성장이 기약되는 탈동조화를 끈질기게 꿈꾸는 성장편향 시스템이다. 이는 완전히 전도되어야 한다. 다시 말해 전혀 다른 탈동조화의 상황으로 나아가야 한다. 탈성장과 정동해방의 국면이라는 탈동조화가 그것이다.

정동해방의 국면은 이제까지 한 번도 경험하지 못한 상황일 것이다. 펠릭스 가타리는 일찍이 분열생성론이라는 시각에서 정동해방을 조명했다. 그러나 그것이 사회 시스템이나 사회적 경제 상황에서 정동자본주의에 직면하여 어떤 양상으로 나타날지는 가늠되지 않는다. 강렬한 정동의 흐름이 절대적 탈주선을 타고 응고되지 않고 거대한 활력과 생명력, 힘으로 작동하는 미래 비전을 상상하는 것은 우리를 행복하게 한다. 그것이 탈성장 욕망해방 전략이기 때문이다.

6. 정동 피로도: 위생적 관계 설립과 독신자 쾌락기계

혼자서 할 수 있는 것이 이렇게 많다니!

여기 B씨가 혼자 있다. 혼밥, 혼술, 혼영, 혼쇼핑 등등 모든 일을 혼자 하는 것에 익숙하다. 언제부터였는지도 기억나지 않는다. 그는 혼자였고, 여럿, 다양, 복수로부터 늘 벗어나 있었다. 그러나 물리적으로 혼자 있을 뿐, 그는 혼자가 아니라는 생각에 사로잡혀 있다. 그는 스마트폰으로 여러 세상과 접속하는 중이고, 여러 가지 메신저와 앱을 통해서 사람들과 함께 있는 중이다. 페이스북, 인스타그램, 트위터 모든 SNS들이 가동되고 있으며, 그곳에서 그는 혼자가 아니다. 이렇듯 혼자서 온라인을 통해 세상과 접속할 일이 많아지면서, 그는 사건의 표면을 매끄럽게 넘나드는 모빌리티의 삶에 익숙한 상태다.

그러나 실제로는 그는 혼자였다. 그는 정동이 만들어내는 혼합현실, 중간현실, 융합현실에 익숙지 않고, 정동의 부산물인 감정생활에 더욱 열을 올리고 있을 뿐이다. 특히 미디어를 통해 주사되는 이미지-영상이 주는 자극은 정동을 겨냥한다. 그래서 그는 유튜브, 넷플릭스 등을 보면서 웃고 울고 즐기고 향유한다. 정동은 요철이 있고, 굴곡이 있고, 주름이 있지만, 이제는 정동은 이미지에 납작하게 부착되어 그의 감정을 자극할 뿐이다. 혼자서 할 수 있는 일들은 사방 천지에 많다. 텔레비전 역시 화려하게 포장된 1인 가구의 삶에 대한 찬양과 고무, 독려뿐이다. 관계를 통해서 해 왔던 모든 것이 개인의 일상에서 배제되고, 대신 관계를 소비할 수 있는 다양한 매체들이 천연덕스럽게 자리 잡고 있다. 정동의 소실점은 바로 관계의 소실점이다.

B씨가 관계를 소비할 때, 그는 타자의 욕망을 욕망하는 상태에 있으며, 이미지-영상에 납작하게 붙은 정동의 부산물인 감정을 쾌락적으로 탐닉한다. 그는 한 번도 자신의 현재 삶에 진솔하게 접근해 본 적이 없다. 정동은 그저 스타일일 뿐이리라. 욕망, 정동, 돌봄으로부터 소외되어 있다는 것이 오히려 소외로 느껴지지 않고 개인의 사생활이라는 것으로 견고하고 화려하게 포장된다. 물론 자신의 사생활을 지키면서도 동시에 외롭지 않고 싶다는 미묘한 선을 따라가는 것이기 때문에, 관계에 대한 소비는 늘 진행되고 있다. 그러나 그는 여전히 혼자이며, 외로운 개인이다. 그는 공회전되는 의식의 흐름을 따라 디지털 매체와 삶의 방식을 구성하고 있지만, 모두 혼자라는 조건은 한 치도 변화가 없다. 그는 이미지처럼 편평하고 납작하지 않은 정동, 즉 굴곡, 요철, 주름 등이 아로새겨진 정동 그 자체가 촌스럽고 왠지 시대에 뒤떨어진다고 생각한다. 그래서 관계로부터 멀어지고, 향락과 쾌락은 더욱 배가된다.

정보의 과잉, 정동의 소외

첨단기술사회에서는 수많은 정보가 수용되기를 기다린다. 그렇기 때문에 정보 피로도에 따라 정보 값을 낮추려는 경향이 미니멀리즘이나 국지적 절대성, 범위한정기술 등으로 제출되고 있는 상황이다. 문제는 정보량의 과다가 사람들을 정동의 소외 양상으로 향하게 한다는 점이다. 혼자서 할 수 있는 것이 많아질수록 관계는 소원해지기 때문이다. 정보는 비트 단위의 0과 1로 이루어져 있고, 그런 점에서 단칭명제로 이루어진 분석실재론의 위상과 유사하다. 문제의 핵심은 비트로 된 정보는 잘게 쪼개고 분할하고 분석하는 방향성이지 연결하고 접촉하는 방향성이 아니라는 점에 있다.

그러나 정보는 집적될수록 그것이 생태계를 조성하여 하나의 일관된 방향성을 만들어낼 가능성도 있다. 그렇기 때문에 첨단기술사회에서 빅데이터의 수집, 가공, 해석의 체계에 기반한 인공지능(AI)기술이 매우 중요하다. 그럼에도 불구하고 이러한 정보의 과다한 노출은 정동을 위생화하고 탈색시키는 역할을 한다. 이제 사람들에게는 깔끔하고 심플하게 정리된 정보 자체가 선호될 뿐, 군더더기, 잔여 이미지, 잉여에 따라 구성된 정동은 촌스러운 구닥다리로 간주된다. 정보량의 증가가 정동의 양의 감소로 향한다는 일반 법칙은 어디에나 상존한다. 특히 입체적이고 다면적인 정동이 일차원적인 정보로 환원되는 것은 그리자유(grisaille)의 현실, 즉 회색평면 위로 삶을 올려놓고 편평하게 만들어 버리는 것과 같다.

결국 정보의 과잉은 플랫폼자본주의가 정보기술을 통해서 개인의 삶을 지배하는 바로 향한다. 그린뉴딜 사업으로 포장되어 있지만 디지털 뉴딜 사업은 늘 중심이었다. 그 결과는 무엇일까? 결국 시장에서의 플랫폼의 형성과 발전을 통해서 정동자본주의로 이행하겠다는 의도를 감추지 않는다. 이러한 정보의 과잉이 만들어낸 정동자본주의는 정동 자체를 겨냥하지만, 집적된 정보를 동원하도록 이를 조작하여 정동에 접근하는 판을 짜는 시스템이다. 앞서 얘기했듯이 정보의 과다한 집적은 정동을 분석할 수 있는 알고리즘을 통해서 결국 정동의 포획으로 나아간다.

기존 공동체나 사회적 경제에서는 수많은 정보를 집적시켜서 정동 그 자체의 활력과 에너지, 힘을 추출하고 채굴하는 플랫폼에 기반한 정동자본주의는 용납될 수 없는 현실이다. 왜냐하면 플랫폼 자체가 정동의 동원, 생산, 포획 등을 기획하고 설계되어 있다 하더라도 정동은 관계 자체이며, 관계를 성립시키는 기본 원천이기 때문이다. 그러나 그러한 기본 사항은 정동자본주의에서는 그리 문제가 되지 않는다. 정동자본주의 하에서의 사람들은 정동이라는 직접적인 감응 양식을 통해서 해답을 찾아나가는 것을 신뢰하지 않게 되었다. 오히려 정보의 집적과 기계적 학습을 통해 인공지능이 주는 해답을 더 신뢰한다. 문제는 이러한 정동자본주의의 플랫폼이 일상에 파고들면서 관계는 더욱 희박한 상태(reréfaction)가 되고 고갈되기 시작했다는 점이다.

정동의 영역에서는 직접적인 감응양식을 통해서 성철스님이 도달했던 "산은 산이다"라는 현실적인 부분에 즉각 대답할 수 있다. 그러나 정동자본주의 하에서 인공지능은 정보의 집적과 학습, 해석 등의 무수한 과정을 거친다. 이를테면 "산이 산이 아닐 수 있는 가능성과 산일 수 있는 가능성 등등"의 수많은 데이터가 추출되고 분류되고 분석된다. 이러한 과정을 통해서만 "산은 산이다"라고 답을 내놓을 수 있다는 것이다. 그러나 정보엔트로피(entropy of information) 상에서 정동은 정보의 영역보다 훨씬 효율적이다.

물론 정보를 인지자본주의에서의 '~은 ~이다'라는 컴퓨팅의 계산 방식으로 보는 시각에서는 정동보다 더 효율적이라고 생각하는 사람들도 더러 있다. 그러나 인지자본주의를 넘어선 정동자본주의에서 정보에 접근하는 방식은 완전히 색다른 것이 되었다. 오히려 정동자본주의에서는 합리적인 계산 방식이 아니라, 빅데이터를 머신 러닝에 돌려보는 것으로 향한다. 그래서 대답은 정보엔트로피가 마치 낮은 것처럼 보이지만, 실제로는 정보엔트로피가 굉장히 높다. 그 결과 이제는 정보에 대한 기본 상식이 뒤흔들리게 된다. 정보가 단칭명제의 '~은 ~이다'라고 의미화된 모듈(module) 형태의 기본 단위로 이루어져 있다는 기본 상식은 낡은 것이 되었다. 오히려 정보는 정동과 호환되기 위해서 빅데이터를 통해서 더욱 방대한 정보를 집적시키고 AI를 통해서 학습하고 확률론적으로 정동에 도달하는 복잡한 내부 과정을 숨기고 있다. 이런 점에서 정동자본주의 하에서의 정보에 대한 논의는, 기존 인지자본주의 하에서의 논의와 완전히 다르다.

다른 측면에서 정동자본주의에서의 정보 과잉은 플랫폼이 정동에 접근하는 수단을 제공한다. 정보의 과잉에 노출된 사람들은 피로도를 느낀다. 이러한 피로도를 낮추기 위해서 AI가 선택해주는 경우의 수는 더욱 선호된다. 그러나 정보의 과잉이 만들어내는 AI 추천의 정동 접근 방식에 따라 정동이 정말로 모두 포획되고 분석되어 버린 것일까? 정동은 생명의 활력이자 생명력이며, 강도, 온도, 밀도, 속도로 나타나는 우리 사이와 곁의 강렬한 힘이자 에너지이다.

그런 점에서 정동자본주의 하에서 플랫폼의 정동 포획이 이러한 정동의 모든 것을 추출했다고 생각하면 오산이다. AI가 추천하는 정동이란 이미지와 영상을 통해 정동을 납작하게 만든 것이거나, 집적된 정보 속에서 AI가 확률론적으로 추출한 정동의 방향성 등이다. 이들이 묘사하는 정동은 기껏해야 이차적인 가공물로서의 감정이거나 인공신체와도 같이 가공의 현실을 작동시키는 원리로서의 정동으로 표현될 뿐이다. 물론 자연주의적인 관점에 따라 인위적인 것이 들어가 있지 않은 정동만을 찬양하려는 것은 아니다. 그러나 정동의 생명력 전반을 포획하고자 하는 정동자본주의에서는 어색하고 인위적인 것이 천연덕스럽게 우리 삶에 자리 잡은 것이라는 점을 지적하지 않을 수 없다. 그리고 관계로부터 기인한 정동의 다채로움과 풍부함, 입체감을 잘 알고 있는 사람들은 이러한 관계를 소비하도록 유도하는 정동자본주의가 얼마나 인공적이고 살아 있지 않은가도 즉각 느낄 수 있다.

기후위기에 직면한 사람들의 반응 역시 정보와 정동의 차이를 드러낸다. 무수한 파멸의 징후, 위기의 현장 소식, 어쩔 수 없는 방향성의 기호 등 다량의 정보가 수신되는 상황에서 사람들은 거대한 지평의 변화 앞에 무기력한 개인의 모습으로 밑바닥 감정에 직면한다. 생태슬픔과 기후우울증 등을 앓는 것은 대량의 정보 앞에 실존이 전락한 모습이다. 그러나 그것은 정보의 사실명제의 힘이라기보다는 정보를 어떻게 바라보고 어떤 태도를 취해야 하는지에 대한 정동과 지혜가 부재한 결과일 뿐이다. 결국 기후위기의 실상에 대한 정보가 많아질수록 기후행동으로 나설 가능성은 줄어들게 된다는 역설이 자리 잡고 있다. 오히려 비극적 파토스로 인해서 더욱 "될 대로 되라" 식의 삶을 살거나 "우리는 안 될 것이다"라는 체념과 전망 상실로 향하게 된다. 그러므로 이러한 기후위기에 대한 접근은 정보와 지식의 방법론이 아니라, 정동과 지혜의 방법론으로 이루어져야 할 것이다.

거대한 기후위기라는 국면에 대해 정동자본주의 역시 무기력하며, 이에 대한 정동적 해법도 군색하기 그지없다. 다시 말해 밑바닥 감정으로 전락한 실존이 되튀어 오르는 주체성 생산의 경로를 추적하다 보면 반드시 관계와 정동이 내재해 있다. 관계를 통해서, 생명의 힘과 에너지를 통해서 거대한 위기의 상황에 대처하고 대응할 수 있는 주체성 생산을 하는 일이 정동의 과제인 셈이다. 기후위기 시대, 절규와 비탄, 우울감의 확산은 사실상 정동자본주의가 정동과 지혜를 식민화한 현실에서 말미암은 바가 크다. 정동자본주의는 외부를 소멸시켜 정동의 해법을 통해서 생명과 자연을 향한 탈주로를 찾는 길이 봉쇄된 현실에 직면하게 만든다. 결국 그린뉴딜이 디지털 뉴딜로 번역되는 한국사회의 현실은 기후위기에 제대로 된 대응을 하기 어려운 정동자본주의로의 이행에 매몰되어 있음을 보여준다. 이는 정동자본주의를 통해서 또 하나의 성장주의라는 축배를 들겠다는 망상을 끝내 내려놓지 못했다는 증거이기도 하다.

1인 가구의 정동이 탈색된 관계망

1인 가구나 개인주의의 전면화는 위생적이고 탈색된 관계를 구축하여 정동을 제거하려는 방향으로 향하고 있다. 관계는 냄새, 색채, 음향, 몸짓, 표정, 맛 등의 다양한 비기표적 기호계의 향연이다. 한 사람을 만난다는 것은 그의 곁과 가장자리에 붙어 있는 다양한 기호작용과 함께 어우러지는 것이다. 그래서 그 사람의 느낌이 인상으로 남고 동시에 좋은 느낌인가 싫은 느낌인가에 따라 선호도도 갈리게 된다. 그러한 풍부한 기호들을 군더더기, 잉여, 잔여물로 간주하고 제거하는 것이 위생적이라고 여기는 개인의 삶의 양식이다. 그래서 메마르고 고갈되고 외롭고 고독하다.

특히 숲과 바다, 하천과 같은 자연의 광대역(broadband) 기호작용과 광야 무의식과 멀어져 있는 도시문명에서의 삶이 자연스럽게 수렴되는 방향성이 개인주의적인 삶의 방식이다. 사실 아날로그적이기 그지없는 관계는 기호의 향연이자 축제라 불릴 만큼 온갖 비기표적 기호계로 가득하다. 여기서 한 사람의 방문하는 사건을 생각해 볼 수 있다. 아마도 그 사람은 정보로서 전달할 얘기가 그리 많지 않을 수도 있다. 그러나 그 사람의 방문은 장소를 정하고, 시간을 정하고, 냄새, 색채, 음향, 몸짓, 맛 등이 어우러진 풍부한 기호의 장일 수 있다. 더욱이 그 사람의 방문은 이로 인한 색다른 정동과 활력의 등장이다. 아마도 깜짝 놀랄 만한 활력정동이 그 자리에서 전달될 수도 있다. 그것이 바로 관계의 묘미이며, 관계가 생성하는 정동의 유통이다.

이처럼 관계에서 생성되는 비기표적 기호계는 단지 '~은 ~이다'라고 인지적으로 사유하는 것에 머무는 것이 아니다. 관계 맺기에 능숙한 사람들은 느낌, 감응, 감각체계 등을 총동원하여 그 정동을 전달받아 몸짓과 말, 뉘앙스를 만들어내는 특유의 이야기꾼이다. 그리고 사람들은 탁월한 직관자이자 통찰자이다. 그 사람의 정보나 지식만이 아니라, 그 사람의 몸이나 마음의 결과 가장자리, 주변에 있는 전반적인 것까지 통째로 직관하기 때문이다. 여기서 직관은 본질직관이 아니라, 표면에 자리 잡은 모든 잉여, 잔여물, 군더더기를 포함한 느낌적인 느낌의 직관이다. 이렇듯 공동체에서는 천성적인 것으로까지 여길 만한 이야기꾼들이 많다. 그리고 그 이야기는 느낌과 정동을 전달 받기 위한 매체에 불과하다. 말하는 사람의 표정, 몸짓, 숨결, 뉘앙스 등에 따라 그 이야기의 재미가 좌우된다. 어느 샌가 이야기를 듣고 있는 사람들은 '아하! 뭔가 재미있는 일이 벌어지고 있는데!'라고 정동의 느낌에 감응해 버리고 만다. 추임새, 뉘앙스, 몸짓 등은 이러한 정동을 전달하기 위한 좋은 설정이자 매체이다. 정동은 그것이 아날로그 방식으로 전달되고 유통될 때조차도 그 자체가 하나의 빅데이터인 셈이다. 그러나 우리는 이러한 광대역의 무의식을 여러 측면에서 통째로 받아들이고 수용하고 감응할 수 있는 초대형 슈퍼컴퓨터를 능가하는 정동의 능력을 가진 존재들이다.

정동은 개인의 삶에서는 '자기에 대한 자기 자신의 관계', '자기에의 배려', '자기관리', '자기통치' 등의 작동에서 자아 곁에 미미하게 머무르거나 사소하게 관찰되기도 한다. 우리는 정동에서의 자기와 자기 자신과의 그러한 관계를 자기돌봄이라고 한다. 그러나 전통적인 공동체의 근접거리 돌봄의 관계에서는 서로돌봄이 중심이 되기 때문에 대부분의 자기돌봄은 거의 사라지고 없어진다. 아픈 사람을 돌보는 사람은 자신의 아픔을 잊어버리고 모든 힘과 에너지, 활력을 다른 사람에게 투사한다. 그래서 자기돌봄을 하지도 않는데도 서로돌봄을 하려고 든다며, 희생이나 순수증여를 부정적으로 보는 사람도 등장한다. 특히 근접거리에 있는 가족에 대한 애틋한 마음은 바로 이러한 지점에서 생긴다.

물론 돌봄노동자의 경우는 자기돌봄을 전제로 한 서로돌봄이라는 점에서 시민성을 갖는 돌봄의 형태이다. 그러나 사랑의 이름으로 이루어지는 대부분의 돌봄의 경우는 의존성과 전이, 동일시 등의 유형이기 때문에, 자기돌봄의 여지나 여백을 완전히 사라지게 만든다. 여기서 개인의 삶에서 발견되는 자기돌봄의 형태는 서로돌봄을 위한 준비동작만이 아니다. 오히려 자기와 자기 자신과의 관계, 즉 삶의 내재성의 지평에서 끊임없이 공존하는 자아와 그 곁과 가장자리의 타자보다 더 타자다운 자기 자신 간의 관계에 불과하다. 개인이라는 설정 자체가 굉장히 세련되고 위생적으로 느껴지지만, 사실은 자기돌봄으로서의 자기통치, 자기관리, 자기계발 등의 일련의 과정의 결과물이다. 그러나 자기돌봄에서의 자기와 자기 자신의 관계가 삶 속에서의 자아와 타자보다 더 타자스러운 자기 자신 간의 관계라는 점에서 정동으로부터 완전히 벗어나는 개인은 존재할 수 없다. 그런데 주목할 점은 그 정동이 내밀한 위반이나 묘한 선(線)의 넘어섬으로서의 자기 자신에 대한 자기돌봄이라는 점에서 쾌락, 향유, 향락의 영역으로 수렴되는 지점이 있다는 사실이다. 그것을 들뢰즈와 가타리가 『안티 오이디푸스』(2014, 민음사)에서 '독신적 쾌락기계'라는 개념으로 설명한다.

정동이라는 활력과 생명력이 돌봄으로 향할 때, 그것은 너와 나 사이의 경계를 흐릿하게 할 뿐만 아니라 더더욱 의존적이 되거나 동일시 또는 전이(transference, 轉移)의 관계로 향한다는 것은 매우 전통적인 정동의 흐름이다. 그러나 1인 가구로서의 개인들은 이러한 풀뿌리 정동의 구현 양식을 촌스럽고 귀찮고 낡은 것으로 보고 있다. 그래서 오히려 너와 나의 경계가 명확한 형태로서의 시민성에로 방향을 정하게 되는 것이다. 이에 따라 시민성은 개인들의 삶에서 위생적이고 탈색된 관계를 기본 토대로 삼는다. 근접거리 돌봄으로서의 사랑노동과 거리조절이 가능한 돌봄노동, 원거리 돌봄으로서의 연대노동 등의 구분점은 캐슬린 린치의 『정동적 평등』(2016, 한울아카데미)의 핵심적인 논제이다. 근접거리 돌봄이 얼마나 경계가 모호한지는 가족관계, 부모관계, 형제관계를 참여관찰하면 대부분 이해하게 될 것이다. 그런데 기존의 정동의 전개 양상은 대부분 근접거리 돌봄을 기반으로 한다. 이에 비해 돌봄노동자, 친구, 이웃 등과의 거리조절이 가능한 돌봄노동부터는 자기돌봄과 서로돌봄이 분할되고 시민성이 등장하기 시작한다. 더 나아가 연대노동과 같은 원거리 돌봄에서는 돌봄 자체의 효과는 미미하지만 환대라는 사회적 관계로서의 형태를 드러낸다. 그런데 도시에서 고립된 개인들이 직면하는 것은 근접거리 돌봄인 사랑노동의 상실이다. 이에 따라 이를 상쇄하기 위한 돌봄노동과 연대노동의 필사의 노력이 이루어진다.

더욱이 위생적이고 탈색된 관계 속에 있는 개인들의 경우에는 돌봄이 시민성을 보장할 수 없는 형태라는 것을 본능적으로 자각하고 있다. 그래서 돌봄이 들어오면 마음 불편해지고, 간섭이자 개입이라고 여긴다. 다시 말해 자신의 영역에 다른 사람이 침입하는 것과 같은 말이나 행동이 있다면 즉각적으로 문제제기를 한다. 그러므로 정동의 흐름은 일정 수준에서 차단되며 그 이상의 영역으로 들어오지 못하는 상태로 공회전되고 머문다. 그렇기 때문에 서로돌봄은 환상이나 신화, 고대의 꿈과 같은 영역으로 간주된다. 오히려 방어적으로 자신을 지키려는 태도가 기반이 되어 정동의 흐름은 차단되고 대신 묘하게 자신의 금기의 선이나 경계를 넘는 관계의 형태를 향락과 쾌락으로 인식한다. 그렇기 때문에 정동이 흐르는 다양한 관계의 묘미를 사실상 제대로 감응하지 못하는 도시에서의 개인들의 삶의 양식이 일반화되는 것이다. 이제 시민성과 공동체성은 완전히 다른 영역으로 간주되었다가 이제는 두 영역이 병행되어야 하는 투 트랙의 상황이 왔다. 이것이 '따로 또 같이'의 공동체나 '혼자서 살고 싶지만 혼자이고 싶지 않은 시민 개인'이라는 역설적인 상황으로 드러나고 있는 것이다.

독신적 쾌락기계와 정동 없음과 관계없음의 세계로

개인은 자원-부-에너지를 개인들이 마음대로 사용할 수 있게 되면서 등장하였다. 이는 봉건제 하에서 자원-부-에너지의 사용이 공동체의 결정과 규칙에 따라 이루어졌던 체제가 해체되면서 이루어진 것이다. 현대의 개인이 사용하는 에너지량은 봉건제 시기로 치자면 말 20필, 하인 20명을 거느린 수준이다. 더불어 도시인의 삶은 세종대왕이 누리던 생활 수준과 비슷하다고 한다. 선악의 결정에 있어서도 마찬가지 상황이 벌어진다. 기존의 공동체 내에서는 선함과 악함을 가르는 기준점이 되는 공동의 규칙들이 있었다. 그러나 니체가 예감했던 초인(Overman)은 선악의 기준을 스스로 정하고 가치를 창조하는 사람으로 묘사된다. 이는 정동의 순환에서 공동의 규칙이 아니라, 개인이 결정한 규칙이 작동원리가 되는 지점을 예감한 것이다. 물론 정동에 대한 가치판단 자체를 거부하는 입장도 있을 수 있다.

그러나 전통적인 공동체에서 정동은 공동체의 미학적이고 윤리적인 가치기준에 따라 그 힘과 에너지를 전환하거나 이행시키고 변환하였다. 이를테면 바타유의 과잉 에너지로서의 데팡스(dépense)의 경우에는 공동체의 사원이나 신전에서의 다양한 제도와 프로그램을 통해서 이를 승화할 방법을 찾아 왔다. 그러나 자본주의의 소비양식은 데팡스를 극도로 향락적이고 소모적인 비굴한 것으로 만든다. 공동체 내에서의 정동의 미학적이고 윤리적인 측면은 이제 개인이라는 감광판에 따라 아로새겨지는 감정과 정서의 양식으로 변해 버렸다. 이에 따라 정동이 너무 중세적이라고 평가하는 사람도 있고, 너무 탈근대적이라고 평가하는 사람도 생기는 것은 당연한 결과이다.

펠릭스 가타리는 『미시정치』(2010, 도서출판b)에서 독신적 쾌락기계의 비참함이 자가면역력의 약화인 판짜기와 관계의 실 짜기의 불가능성으로부터 유래된다고 본다. "그러나 이 속에서 새로운 비참함 또한 존재한다. 즉 너무 많은 실들로 너무 빨리 대체된 채 짜는 이러한 격노 속에서, 독신자 기계들은 더 이상 멈출 수 없게 되는 경향이 있다. 짜이자마자 씨실들은 닳기 시작한다. 결코 영토들 속에 구체화되지 않는다. 실은 탈구되어서 쇠락한다. 그리고 최근에 정복당한 운동의 자유를 담지하고 있는 팽창 잠재성은 흩어진다. 어떤 것도 짤 시간도 공간도 없이, 이러한 잘못되어 있는 몸-영혼들은 점차 짤 능력을 잃는다. 그들의 면역방어는 무력화된다. 즉 그들은 너무 약해져서 아주 가벼운 접촉에도 붕괴된다. 그리고 죽음의 새로운 모습이, 즉 에이즈가 들어선다. 독신자의 비참함."*

---

* 펠릭스 가타리, 『미시정치』, 윤수종 역, (2010, 도서출판b) p. 486.

이 책에서 펠릭스 가타리는, 포디즘 하에서의 부부 유형은 남편은 달아나려 하고 아내는 붙잡으려고 하는 탈주와 포획의 힘의 균형이 있었다고 말한다. 그러나 신자유주의 상황에서 돈, 자본, 자원의 흐름이 절대적 탈주선을 타고 매끄럽게 이동하자 탈주하는 힘이 너무나 강해져서 독신자기계가 등장한다고 말한다. 즉, 개인이나 1인 가구 등의 독신자기계의 등장이 전혀 역사적 맥락 없이 형성된 것이 아니라는 점이 드러난다. 사실 가장 조화와 균형이 있었던 모델은 봉건제 하에서의 3자 관계였다. 이는 프로이트 시절의 독일 중산층이 보여준 아버지-어머니-나라는 설정으로 나타난다. 그런데 이 역시 분쇄되어 버리고 2자 관계인 핵가족 속의 부부가 등장하였다. 더 나아가 포스트포디즘과 신자유주의에서는 개인 단위의 원자화된 단위로 더욱 미세해지는 상황으로 나아간다.

개인이나 1인 가구의 비참함과 비탄은 정동의 순환이 이루어질 내부 관계망이 전혀 없다는 점에 기인한다. 정동의 소외는 결국 돌봄의 소외이자 사랑의 소외이며, 욕망의 소외이다. 결국 1인 가구 유형의 삶은 관계 자체에 익숙지 않은 개인의 등장으로도 나타난다. 왠지 정동의 흐름이나 순환이 강렬한 힘과 에너지가 개인을 관통하여 그들의 몸을 움직이게 하고 다리를 흔들게 하고 팔을 들게 하는 것이라는 생각과는 거리가 먼 것이 1인 가구의 현실이다. 대신 정동은 개인의 감정생활의 소재가 되어 무수한 콘텐츠와 영상-이미지의 소비생활의 원천이 된다.

1인 가구의 삶은 관계를 간절히 희구하지만, 관계로부터 가장 소외되어 있다는 역설에 직면한다. 이에 따라 1인 가구의 개인들도 혼자이지만 혼자이고 싶지 않은 역설적인 태도를 보인다. 이 가운데 빠진 영역이 정동생활이다. 영상-이미지, 미디어 등을 통해서 감정생활이라는 내면적인 것은 충족될 수 있을지 몰라도, 감정생활보다 더 중요한 정동생활은 차단되어 있다. 이러한 감정과 정동 간의 비전도성 차단벽은 위생적이고 탈색되고 중화된 상태, 즉 정동이 소실되어 있는 상태에 이르게 한다. 이에 따라 개인이나 1인 가구는 원천적으로 자기 삶의 소외 양상을 우울감이나 침울함, 자가면역 상실, 관계 두절 등의 형태로 직면하게 되는 것이다. 이는 현대의 젊은 여성들이 많이 직면하는 상황이고, 동시에 모든 사람에게도 해당되는 상황이다.

이런 점에서 공동체성이 약화되면 시민성도 약화된다. 공동체성은 시민성과 동조화되어 있기 때문이다. 근대의 시민성조차도 토착성이나 민중성이 함께 동조화되었기 때문에, 활력과 생명력을 발휘할 수 있었다. 그런데 공동체성이 나락으로 떨어져버린 현실에서는 현실에 적극적으로 대응하고 개입하는 시민성의 행동양식조차도 심각하게 약화된다. 이에 따라 마을공동체가 활성화되지 않고서는 시민사회도 활성화될 수 없다는 점이 드러난다. 동시에 1인 가구나 개인들이 직면하는 고립된 현실에 대해 먼저 손 내밀 수 있는 혁신성과 선도성을 보이는 사회적 경제나 공동체 등의 활동이 매우 중요해진다.

그러나 이러한 사회적 경제와 공동체조차도, 자신의 활력과 생명력을 어디로부터 찾을 것인가 하는 숙제가 선결되어야 하기에 선뜻 나서기에 주저하게 된다. 다시 말해 정동이 생성되어 에너지를 전달했을 때라야 공동체도 작동할 것이기 때문이다. 펠릭스 가타리가 『분열분석적 지도제작』*에서 제시한 가설은 일단 기호작용의 반복이 에너지의 생성으로 이행하는 기반이

---

* 가타리의 미출간 원고이지만, 다음카페 소수자(minority)에 대다수 수록되어 있음.

된다고 진단한다. 다시 말해 냄새, 색채, 음향, 몸짓, 표정, 맛 등 수많은 기호의 향연이 지속적으로 반복될 때, 그 속에서 정동이라는 활력과 생명 에너지가 생기는 것이다.

이에 따라 정동경제의 측면에서 볼 때, 정동은 신비한 잠재성의 영역이 아니라, 끊임없이 양육되고 보호되고 도모되어야 할 정서 변환 양식인 셈이다. '돌연', '갑자기', '불현듯' 등의 단어는 공동체에서는 좋은 징조이다. 그 이행과 횡단의 순간에 정동이 생산되어 공동체에게 활력이 된다. 그렇게 되기까지 사회적 경제와 공동체는 관계를 창안해야 한다. 관계야말로 밀고 당기는 거리조절, 힘조절, 초점조절 등을 통해서 이행과 횡단이 벌어질 수 있는 여지를 끊임없이 만들어내기 때문이다. 1인 가구의 활력 상실과 정동으로부터의 소외는 이러한 관계의 예술적이고 미학적인 정동의 미시정치가 닿지 않는 소실점에 놓여 있다. 그 소실점에는 원자화된 개인의 절박한 상황이 있다. 그렇기 때문에 공동체와 사회적 경제는 먼저 손을 내밀어야 하는 것이다. 먼저 용기를 내야 한다.

7. 협동조합의 근대성과 정동을 통한 혁신 논의들

협동조합의 활력이 떨어지다

생활협동조합 상근자 K씨는 최근 조합의 상황 때문에 걱정이 많다. 전에는 공지만 띄우면 사람들이 구름떼처럼 모여들고, 기능만 부여돼도 관계는 자연스레 형성되었다. 그래서 협동조합의 결사체가 의미와 가치를 부여하고 사업체가 이를 수용하여 기능과 역할을 부여함으로써 일과 사업으로 만들어 왔다. 그런데 이제는 공지를 여러 번 하고 알림을 계속해도 사람들이 모이지 않고 기능연관에 따라 주어진 일들 속에서 활력이 뚝 떨어져 있다.

특히 코로나19 사태는 이를 더욱 가속하여 사람이 거의 없는 행사가 주를 이루게 되었다. 전에 했던 방식대로 의미와 가치로서의 친환경이나 유기농을 강조하는 것도 이제는 여타 기업들의 친환경바람에 밀려 경쟁력이 거의 없는 상황이 되었다. 더욱이 다른 친환경을 표방하는 유통기업들은 당일배송을 하는데, 협동조합에서는 그렇게 할 수 있는 유통구조가 없다.

K씨는 다소 기능적으로 협동조합의 일을 해 왔지만, 이제는 그 기능적인 일 자체가 실효성을 발휘하던 시기가 지났다. 다시 말해서 협동조합이 '의미와 가치의 결사체'와 '기능과 역할로서의 사업체'가 한 쌍이 되어 효력을 발휘하던 시기가 지나간 것이다. 무엇부터 해야 할까? 걱정과 근심 속에서 오늘도 출근을 한다. 물론 코로나19 사태가 모두 악재인 것만은 아니고, 배

송 물량이 약간 많아진 것도 사실이다.

그러나 조합원들과의 협동과 연대, 살림의 활동 등은 심각하게 위축되었다. 활력이 없다. 우발적인 고객이 없다. 커뮤니티 비즈니스를 위한 관계가 더 옅어지고 있다. 진단은 무수히 나오고 있다. 그러나 해법은 군색하다. 이제까지 해 오던 일들을 재편하기에는 위험부담이 크다. 그래서 서서히 생활협동조합이 위축되는 것을 느끼면서, 불 위에 올려져 점점 뜨거워지는 냄비 속의 개구리 상황에 직면해 있음을 절감한다.

사회의 자본화와 자본의 사회화

우리는 앞서 정동자본주의가 인지자본주의 하에서의 코드의 잉여가치(surplus of code)라는 추출과 채굴의 방법론을 넘어서고 있다는 점을 얘기했다. 이제 정동자본주의는 공동체의 고유 영역이라고 여겨져 왔던 흐름의 잉여가치(surplus of flux)에도 근접해 가거나 그것을 포획하고 있다. 협동조합이 사회의 영역에서 후퇴를 거듭하는 이유도 여기에 있다. 곳곳에서 협동조합의 혁신성에 의문이 제기되는 상황이다. 이러한 상황은 정동자본주의 하에서 대기업이나 자본 자체가 스튜어드십 코드에 따라 ESG[Environment, Social, Governance] 경영이라는 환경과 사회, 지배구조 자체에 대한 혁신을 시도하고 있는 현재의 국면과 무관하지 않다. ESG 경영은 주주자본주의처럼 "이윤을 얻는 것이 주주에게 모두 선(善)이다"라는 관점이 아니라, 이해당사자 자본주의로의 이행이다. 한 기업의 이해당사자인 노동자, 사회, 환경, 소비자 등이 모두 개입된 가치 중심의 경영을 하는 것을 의미한다. 이제 환경, 생명, 사회적 가치 등은 협동조합의 가치나 의미가 실현되는 특화된 영역으로 머물지 않고, 여타의 기업들의 핵심가치로도 자리 잡고 있는 중이다.

문제는 다른 기업에 비해 재정적으로 열세에 놓여 있고, 실험적이고 실천적인 시도를 하는 혁신적 기업 운영을 추구하기에 협동조합의 자원, 시간, 인력의 한계가 여실하다는 점이다. 다시 말해 협동조합은 이제 친환경이나 생태, 생명의 영역에서도 뒤처진다는 점에서 자신의 고유한 영역과 특성이 사라지고 있다는 것이다. 이를테면 정부정책은 2025년까지 기업의 ESG 경영을 의무화하는 법안을 추진 중이다. 이런 상황에서 '자본의 사회화 국면'은 더욱 가속화 될 것이 예상되며, 어느 때보다 사회적 가치에 민감한 자본의 양상이 등장할 것이다. 특히 SK를 비롯한 기업에서 추구하는 사회적 가치 지표에 대한 여러 가지 연구와 이에 대한 기업의 적응과 대응 전략 수립은 '자본의 사회화 국면'을 더욱 가속화하는 중이다. 물론 보기에 따라 대기업의 이러한 행보는 기후위기 등의 근본적인 해법인 탈성장, 더불어 가난, 살림의 경제 등을 다루지 않는 그린워싱(Green Washing)에 불과하다는 지적도 있다. 문제는 정동, 다시 말해 생명의 힘과 에너지의 가치와 의미 영역 포획의 양상이 전면화 되었다는 점이다.

이러한 대기업의 ESG 경영과 같은 '자본의 사회화 국면' 이전에 사회적 경제라는 '사회의 자본화의 국면'이 먼저 있었다. 다시 말해 공동체와 사회가 자본을 형성하여 나름의 정동적인 의미와 가치를 추구한 것이 사회의 자본화 국면이다. 그러한 사회적 자본은 자생적이며, 자율적이고, 자발적이었다. 그러한 사회의 자본화 국면을 달성하기 위해서는 무수한 사회적 경제 구성원들의 자발적인 활동이 있어야 하지만, 이제 정동의 의미와 가치를 부각시키는 것만으로는 그러한 자발적인 활동을 동원할 수 있는 여지는 아주 작아졌다. 왜냐하면 자본의 사회화 국면이 가속화되면서, 사회적 자본의 균형추가 흔들리고 있기 때문이다. 굳이 사회의 자본화 국면을 추진했던 사회적 경제의 의미를 찾자면, 그 역사적인 혁신성과 선도성을 들 수 있지만, 그 또한 상당히 철지난 이야기가 되고 있다.

상황이 이렇게 되자 사회적 경제 진영도 그 해결 방안에 부심할 수밖에 없게 되었다. 코로나19 사태는 협동조합에게 치명적이라고 할 수 있다. 대면 접촉이 불가능한 상황에서 정동의 전통적인 순환과정이 있을 수 없는 상황이기도 했지만, 동시에 코로나19 사태를 기후위기의 여러 가지 국면 중 하나로 보고 기업들이나 자본이 이에 대한 대응을 시작했기 때문이다. 그러나 사회적 경제 진영에서는 이러한 대응 자체를 못하고 수익 없는 고정비용의 지출 앞에서 무너지고 있는 상황이다.

사회의 자본화 국면의 한 축을 담당하던 사회적 경제는 사실상 혁신성과 선도성의 측면에서 시험대에 올라 있다. 특히 각종 사회적인 현안에 협동조합의 뒤늦은 대응 역시 문제다. 사회적 경제를 떠받치고 있던 협동조합이 사실상 수익구조에 종속되면서 다양한 사회사업에 부적합하고 거버넌스를 수행할 파트너 역할을 하지 못한다는 지적이 제기되고 있다. 물론 사회적 협동조합으로의 전환을 통해 이를 공공영역과의 교섭으로 해결하는 방향이 일말의 가능성으로 남아 있다. 그러나 협동조합 자체가 사실상 사회사업이나 사회적 프로그램 등을 적용하기 어려워진 현재의 상황은 곰곰이 곱씹어 봐야 할 부분이다. 사회의 자본화 국면을 만드는 과정과 절차에서의 문제와 그것의 사회적 가치의 혁신 여부도 문제가 될 수 있다. 주먹구구식으로 진행하던 그대로 사업이 이루어지고, 결사체의 형성이 없는 사업체로서만 추진되고, 공공의 재원을 통해서 조합의 수익을 충당하려고 하는 등의 다양한 문제가 등장했다. 결국 현재 협동조합의 위기는 침몰로 가시화되고 있다. 더욱이 다가오는 기후위기 상황에 대해서 더욱 민감성, 탄력성, 유연성 등을 추구해야 하는 협동조합 진영은 주저함, 미진함, 기능 저하 등으로 말미암아 혁신성을 발휘하지 못하고 있다. 결국 사회적 경제가 이루었던 사회의 자본화 국면은 작금에 와서 원형적이고 토착적인 공동체로서의 지위 밖에 갖지 못하는 한계를 드러내게 되었다.

'자본의 사회화 국면'과 '사회의 자본화 국면'이 교직되어 있을 때는 사회의 자본화 국면이 아무리 게토화되어 있다 하더라도 그 자체가 자본주의의 외부를 형성하고 있었기 때문에 그 의미와 혁신성은 거대한 것이었다. 마치 공동체의 오래된 꿈과 같이 사회적 경제 부문에 자리 잡고 있는 결사체의 심원한 결속과 작동에서의 내재적 활력이 자본주의의 외부를 이루고 있었다. 이러한 어소시에이션(association)이라는 협동조합 내 결사체의 전망과 비전에 대해 가라타니 고진(柄谷行人)은 "노동조합과 협동조합은 원래 자본에 대항하는 운동이지만, 질적으로 다른 것이다. 한마디로 말해, 노동조합은 자본제 경제 내부에서 자본과 투쟁하는 것이고, 협동조합은 자본제 바깥으로 나가려는 운동이다. 이를 달리 말하자면 노동조합은 '생산과정'을 중심으로 하는 것이고, 협동조합은 '유통과정'을 중심으로 하는 것이며 협동조합에는 대체화폐나 신용은행도 포함된다고 본다. 즉 가라타니 고진에 따르면 "이 두 가지 대항운동은 분리할 수 없다. 그것은 협동조합의 창설자 로버트 오웬이 전국노동조합연합회를 결성한 인물이라는 것으로도 분명하다. 협동조합운동을 발전시킨 것은 오웬과 노동자들이었다."라고 그 역사적 의미를 되짚는다.

*   가라타니 고진, 『세계사의 구조』(2012, 도서출판b), p. 349~350.

이처럼 지금까지 협동조합은 자본의 유통과정의 외부이며, 자본주의의 외부를 늘려나가는 운동이었다. 그렇기 때문에 외부로서의 협동조합의 가치와 의미는 늘 혁명적이고 혁신적인 테제와 정동양식이었다. 그러나 정동자본주의는 외부를 소멸시킨 자본주의의 최종단계라고 할 수 있다. 그래서 협동조합의 의미와 가치, 조직양식, 유통과정 등은 자본의 내부로 인입되어 여타의 정동자본과 경쟁하고 비교된다. 이에 따라 자본의 사회화 국면은 더욱 협동조합의 작동을 자본 내적인 것으로 만들어 버렸다.

오늘날 협동조합이 오히려 수익을 더 따지는 고루한 게토의 영역으로 치부되는 현재의 상황은 이러한 자초지종을 갖는다. 그렇다면 협동조합은 어떻게 이러한 일련의 상황을 타개할 수 있을까? 아마도 자본의 외부성을 이루는 핵심적인 작동원리와 정동을 순환시키던 공동체경제로 돌아갈 수는 없을 것이다. 또한 근대적인 가치와 의미와 기능을 한 쌍으로 하며, 생산과 유통이 결합된 유형의 협동조합 형태는 낡은 것임에는 분명해졌다.

협동조합의 근대성을 넘어서

사회적 경제의 주축을 이루는 협동조합이라는 조직 형태는 근대 초기의 생산과 소비, 유통을 축으로 한 자유도시(a free city)와 한자동맹(Hanseatic League)에 기반한 도제조합의 전통에서 유래되었다. 당시 도제조합은 장인에 의한 도제적인 과정을 중심으로 작동했으며, 기계류에 의존하기보다는 장인의 노하우나 암묵지, 지혜 등의 방법으로 전승했다. 그런데 유럽에서 인도로 육로를 통해 후추무역을 하던 경로가 터키의 봉쇄로 가로막히게 되자, 희망봉을 돌아 무역을 할 수밖에 없는 상황이 되었다. 그에 대한 위험의 공동 부담과 막대한 수익의 약속 등에 기반한 주식회사라는 형태의 투기자본이 처음으로 등장하였다. 그리고 주식회사는 현존 자본주의로 진입하는 초석이 되었다.

동시에 인클로저(Encloser)운동으로 인해 공유지(Commons)로부터 분리된 소농들이 자유노동자가 되고, 도제조합에서 극도로 회피했던 대규모 기계산업 등과 결합되면서 근대 자본주의 노동시장이 점차 형성되기 시작했다. 이는 노동자의 비참한 삶과 과도한 노동 착취의 현실로 나타났으며, 이에 따라 노동조합운동과 협동조합운동이라는 양대 축으로 이루어진 근대사회주의 운동이 태동하기 시작했다. 1844년 영국의 로치데일(Rochdale) 지역에서 시작된 협동조합은 비탄에 빠진 노동자에게 건강한 식재료와 먹거리 등을 유통하기 위한 협동조합 점포라는 유통 조직으로부터 시작한다. 이는 자본주의 체제하의 건전하지 못한 유통구조로부터 소비자들을 분리시키고, 노동자에게 건강한 삶과 먹거리 등을 제공한다는 실질적인 필요로부터 출발한 것이다. 1995년 ICA(국제협동조합연맹)의 7원칙은 다음과 같다.

〈ICA의 7원칙(요약)〉*

1. 자발적 공개적 조합원 제도 : 차별의 금지

2. 조합원에 의한 민주적 관리 : 조합원 1인 1표 행사

3. 조합원의 경제적 참여 : 출자와 배당

4. 자율과 독립 : 조합원에 의한 민주적 관리

5. 교육, 훈련 및 홍보

* 김기섭, 『깨어나라! 협동조합』(2012, 도서출판 들녘), p. 121~124 참고.

6. 협동조합 간 협동

7. 지역사회에 대한 관심

　이러한 협동조합의 형태는 그 성립에서부터 이중적인 성향을 띨 수밖에 없었다. 근대 산업사회의 폐해를 극복하는 대안적인 생산과 유통, 소비구조를 조직하려 했지만, 자신 역시 근대성을 여전히 내장하고 있다는 점이 드러나는 것이다. 조합원들은 뜻과 의지를 가진 자유시민으로 설정되어 있고, 근대적 주체로서의 노동자와 소비자로부터 벗어나 있지 않다. 그런 점에서 자발적인 조합원 제도라고는 하지만, 어떻게 자발성이 만들어지는가에 대해서는 침묵한다. 그저 근대적인 교육체계가 완결된 조합원이라는 책임주체를 만들어낼 것이라는 설정에 머무는 것이다.

　그런 점에서 오늘날 한국에서의 협동조합 결사체는 자본주의의 외부로서의 대안과 전환사회의 전망을 미리 갖고 있는 지식인이 핵심 주체인 경우가 많다. 동시에 사업체는 사회의 자본화를 통해서 교섭하고 매개할 기능적인 직업인이 주체인 경우가 많다. 그러나 협동조합이 도전 받게 된 것은 충분히 사회화된 주체로서의 노동자와 소비자가 없어서가 아니라, 그 사회화 과정을 촉발하고 고무하고 부추길 정동의 부재 때문이라고 할 수 있다. 더욱이 협동조합은 기후위기와 같은 막대한 위기 속에서 전환사회를 당장 만들어야 한다는 요구가 커지는 상황에 직면해 있다. 그런 점에서 기존의 협동조합이 지향하는바, 자본주의 외부의 유통구조를 설립하는 것만으로는 거대한 전환을 이루기 어렵다는 진단도 제출되고 있다.

　특히 협동조합이 근대의 생산과 소비 행태에 머물고 있는 현실은 전 지구적 기후위기 상황에서 탈성장의 대중적인 요구가 거세지고 더욱 가속화되는 국면에 충분히 호응하지 못하는 이유가 된다. 결국 협동조합은 비상사태에 필적하는 색다른 탈성장의 관계망과 제도를 설립해야 한다. 그러나 사업체에 얹혀진 결사체가 그 역할을 하기에는 역부족인 것으로 보인다. 현재 협동조합은 근대적인 관행에 따라 수익구조를 마련해야 한다는 초라하고 왜소한 비전을 보이고 있을 뿐이다.

　탈성장으로의 전환에서 선도성과 혁신성을 발휘해야 할 협동조합이 자본주의를 제어할 수 있는 진정한 외부로서의 면모를 갖추지 못하였다는 한계가 드러나는 것이다. 다시 말해 협동조합 결사체는 지금이라도 활동의 방향성을 수익구조가 아닌 탈성장으로 맞추어야 하며, 동시에 제로회계에 기반한 대담하고 혁신적인 사업 형태를 추구해야 한다. 그럼에도 불구하고 협동조합은 지금 공공영역의 프로젝트에 의존하거나 수익구조 중심의 사업, 영업이득을 통해 지속가능성을 도모한다는 등의 방어적인 전략만을 제출하고 있다. 이러한 현실을 볼 때 협동조합의 전반적인 위기 상황은 심화 단계에 놓여 있다고 말할 수 있다. 협동조합은 탈성장이라는 시대적 과제 앞에 세련되지도 못하고, 노련하지도 못하고, 유능하지도 못하다는 점에서 선도성과 혁신성에서 낙제점을 받고 있다. 이는 정동자본주의 하에서 '사회의 자본화'와 '자본의 사회화'가 교직되면서 협동조합에 특화된 외부성이 사라졌기 때문이라고도 해석할 수 있다.

　협동조합에서의 결사체는 근대적인 형태라고 할 수 있다. 의미와 가치는 '~은 ~이다'라고 의미화함으로써 자본화를 이룰 포획, 집중, 수렴의 힘을 갖게 된다. 그런 점에서 사회적 가치와 돌봄의 윤리, 친환경, 유기농, 자원순환의 관점에 의미화를 진행하고 자본화를 추구하여 사업체를 작동시키는 형태가 협동조합 결사체의 역할이었다. 그러나 '의미화=자본화=상품화'의 구도는 이미 인지자본주의가 점령한 영역일 뿐만 아니라, 자본이 사회화됨으로써 사회적 가치 등을 의미화할 수 있다는 점에서 기존 기업과 차별점이 없어졌다. 또한 사업체에서의 작동은 결사체가 창안한 의미와 가치에 기능과 역할만 부여하면 조합원들이 자동적으로 움직이고 활동할 것이라는 안일한 근대적인 책임주체의 신화에 기반하고 있다. 일이 되려면 그 일에 나서서는 의지와 뜻과 지혜를 가진 사람을 먼저 만들어야 한다. 그러기 위해서는 스튜어드십으로서의 살림과 정동의 역할이 중요함에도 불구하고, 그러한 양육자와 '판 짜는 자'의 수고를 기능연관에 의해서 손쉽게 이루겠다는 근대적인 설정이 협동조합 내에 여전히 자리 잡고 있는 셈이다. 그런 점에서 그 일이 되도록 만드는 과정형이자 진행형으로서의 구성적인 실천 없는 주체의 신화는 모두 기각된다. 이렇듯 협동조합이 정동의 정치에 유능하지 못하면 근대성의 포로가 될 수밖에 없는 상황에 직면해 있다. 그렇다면 정동자본주의 하에서의 협동조합은 과연 어떤 정동의 혁신을 해야 할까?

협동조합에서의 정동의 혁신

정동자본주의의 개막은 협동조합이나 사회적 경제로서는 끊임없는 퇴조의 상황으로 내몰리게 되는 것을 의미한다. 플랫폼이 정동을 막대하게 동원하는 상황이나, 정동순환에서 기존의 의미 및 가치와 함께 기능과 역할이 한 쌍을 이룬 협동조합의 배치가 기민하고 융통성 있게 대응할 수 없다는 점 등이 한꺼번에 폭발해 버리기 때문이었다. 그러자 정동의 흐름과 순환에 대해 탄력성을 갖지 못한 협동조합 등은 대중의 관심으로부터 멀어졌다. 대신 플랫폼 자체에서 대부분의 정동의 만족을 추구하는 것이 일상화되면서,

협동조합이 생산하는 정동의 형태는 낡은 것이 되어 버렸다.

협동조합에서의 정동은 동기와 목표가 일치하는 선한 목적과 동기를 동시에 갖는 협동과 살림의 가치라고 할 수 있다. 그런데 이러한 단선적인 정동은 강렬하고 폭발적인 힘을 갖기 어렵다는 한계가 있다. 특히 정동자본주의 하에서의 플랫폼 등의 모습이 정동을 입체적으로 유통하는 형태를 띠면서 콘텐츠를 다변화함으로써, 그 협동조합의 단선적인 정동은 더욱 구심력이 떨어지고 있다. 그것이 우리 자신의 삶을 살리고 모시고 보살피던 살림의 정동임에도 불구하고 그것을 촌스럽게만 보는 시선이 형성된다. 물론 선하고 착한 사람들의 모임이라는 것은 일반 시민들도 잘 이해하고 있지만, 거기에 나서서 정동을 발휘할 만한 강렬도를 갖지는 못하게 된 것도 현실이다. 따라서 협동조합은 여타의 플랫폼과의 경쟁에서 끊임없이 뒤쳐질 수밖에 없었다. 협동조합의 작동원리 중 가장 중요한 맥락인 정동의 국면에서 밀리는 상황은 치명적인 약점이 노출된 것이라고 할 수 있다.

그런 점에서 협동조합은 정동과 활력의 극한, 즉 자본주의의 외부로서의 정동을 순환시킬 때 비로소 혁신성과 선도성을 갖게 되는 것이 예상된다. 그중 하나가 탈성장 전환사회의 전망을 구체화하고 현실에서 그러한 전환사회의 정동을 적극적으로 유통시키고 순환시키는 과정이 필요하다는 것이다. 성장사회에서는 자원이 있어야 활력이 있었지만, 탈성장사회에서는 활력이 있어야 자원이 뒤따르는 형태로 요약해 볼 수 있다. 자원에 부착된 활력은, 자원이 없이 자발적인 활동으로 나타나는 활력과 비교 불가능하다. 탈성장사회로 향하는 활력의 선행성은 바로 정동의 심원한 지평을 의미한다. 그런 점에서 협동조합은 수익구조나 자원에 매달려서 위축되고 쪼그라들었던 그간의 모습이 아니라, 활력으로서의 정동의 야성성과 혁신성을 발산하는 예술가 집단과 같은 형태로 변신해야 할 것이다. 공공에서 하는 지원사업에 매달릴수록 협동조합은 야성적인 활력과 정동의 힘을 잃고 부드럽고 달콤한 기존 문명의 꼭두각시 인형이 될 것이다. 그러나 완전히 색다른 활력의 힘으로 협동조합이 재건되어야 할 시점이다. 약간의 자원의 여지는 끊임없이 협동조합의 유지의 논리, 지속가능성의 논리를 추구하게 만들고 수동적이고 방어적으로 만들어 왔다. 그렇기 때문에 위축된 활동가들은 기존 기업들의 ESG에도 미치지 못하는 사업의 형태에 머물 수밖에 없었다.

특히 정동자본주의 하에서는 어떤 질(quality)과 어떤 성격의 정동이 순환되는가가 문제가 된다. 정동으로서의 활력과 생명력을 잃은 조직은 도태되거나 사라질 수밖에 없다는 것이 무수한 스타트업 기업을 가동시키는 정동자본주의의 논리이기도 하다. 협동조합의 지루한 회의구조에서 단련된 활동가나 이사회, 간부 등은 협동조합이 발휘해야 할 활력과 정동의 실험정신으로부터 멀어져 있다. 그저 의미와 가치로서의 관념과 사업적인 기능연관과 도식작용(schema)에 머물 뿐 상상력, 실험정신, 현장성, 혁신성과는 거리가 멀어지는 것이다. 회의구조에서 단련된 협동조합의 활동가들의 한계라고 할 수 있다. 그렇기 때문에 회의구조 자체가 구성원 자신의 정동을 순환할 수 있는 활력과 생명력의 장(場)이 되어야 할 것이다. 그러기 위해서는 정동의 순환을 통해서 협동조합에서 할 수 있는 일들이 무엇인지 살펴볼 필요가 있다. 특히 협동조합은 정동의 강렬도를 높이는 방법과 지혜, 암묵지 등을 끊임없이 실험하고 연구하여 다양한 제도와 프로그램을 창안하고 보유해야 할 것이다.

인지자본주의 하에서는 의미화가 중심이라면 정동자본주의 하에서는 정동의 지도화가 중심이다. 의미화가 이루어지면 자본화가 뒤따르는 근대적인 형태는 인지자본주의에서 총결산되어 나타났고, 최종적으로 한계를 노정한 채 산업자본주의, 금융자본주의와 더불어 자본주의의 다양한 형태 중 하나로 남게 되었다. 이제 인지자본주의가 한계에 도달하자, 정동자본주의는 플랫폼이라는 판을 짜고 그 위에서 다양한 정동의 지도화가 이루어지도록 부추긴다. 그 과정에서 기존 인지자본주의 유형의 조직들은 순식간에 낡은 것이 되어 버리는데, 불행히도 협동조합 역시 이러한 인지자본주의의 유산에 머물러 있다.

그런 점에서 정동의 순환과 흐름에 맞는 색다른 공동체기업에 대한 모색이 제기될 수밖에 없는 시점이다. 그러나 우리는 여기서 협동조합의 장점인 자본주의 외부성 자체를 포기해서는 안 된다. 오히려 협동조합 구성원들이 직감하고 있듯이, 협동조합의 자본주의 외부성과 게토적인 성격을 야성적 정동으로 바꾸지 못하고 그저 수익구조를 통해서 유지의 논리나 지속가능의 논리로 방어하려는 행태에 문제의식을 가져야 한다. 협동조합의 외부성이 혁신성과 선도성을 발휘할 충분한 잠재력이 있음에도 불구하고 특유의 조직 유지 논리에 따라 자신의 장점을 봉쇄하고 있다는 말이다. 특히 기후 위기 상황에서 탈성장 등의 전환사회 비전을 자본주의 내에서 실현해야 할 협동조합임에도 불구하고, 그러한 비/반자본주의 실험을 도외시하고 있다는 점은 주저하고 망설이면서 자원과 프로젝트를 따라가게 하는 동인이 되고 있다.

2012년 세계 협동조합의 해에는 한국 사회 곳곳에서 들불처럼 협동조합 바람이 불었다. 그러나 그로부터 겨우 10년이 지났을 뿐인 지금의 현실은 어떤가? 대부분의 협동조합이 기능정지에 빠지거나 해산총회를 할 만한 정동과 활력조차도 사라져 버린 채 방치되고 있다. 더욱이 2020년 코로나19

사태에 즈음하여 협동조합은 감내하기 어려운 상황에 직면하게 되었다. 친환경 물품 판매에서 관계와 접촉을 기반으로 한 돌봄, 살림, 정동 등으로 협동조합이 이행하고 있는 상황에서 코로나19 사태는 극한의 난관과 어려움으로 다가왔다. 그런데 이러한 상황이 사실은 협동조합이 수익구조에 연연하지 않고 탈성장 라이프스타일에 대한 비물질적인 콘텐츠를 만들어낼 수 있는 원동력이 된다는 점에 주목해야 한다. 더불어 물질재에서 비물질재로의 이행을 통해서 협동과 살림, 정동의 가치가 전혀 색다른 형태로 유통될 수 있는 계기도 모색해야 한다.

우리는 여기서 정동의 혁신적인 역할을 주목하게 된다. 강렬한 정동은 사회와 공동체에—더불어 자본에—크나큰 활력과 생명력을 부여한다. 이에 따라 정동자본주의는 생명과 자연의 속성인 정동이라는 외부를 소멸시키고 내부로 인입시키고자 했다. 아마도 자본주의가 새롭게 진화한다 하더라도 정동자본주의라는 최종 형태를 크게 벗어나지 않을 것이다. 그런 점에서 협동조합은 내부의 외부를 생산하는 역할을 해야 한다. 강렬한 정동을 자본화하기 위해 노력하던 기존 사업체의 유형이 아니라, 강렬한 정동을 외부와 틈새, 사이를 넓히는 소재로 삼아 활동의 여백과 여지를 만들어야 한다. 그랬을 때 협동조합이라는 꿈과 상상력은 색다른 활력정동으로 재창안 될 것이다. 그리고 무수한 다른 형태의 공동체기업의 상상력도 발아할 것이다.

8. 가타리의 기호론과 대안적인 공동체기업의 가능성

지역공동체에서 자급자족을 꿈꾸었던 청년

지역으로 내려온 Y씨는 지자체에서 청년들의 귀농귀촌을 장려하기 위해 마련해준 청년 주거시설에서 살고 있다. 도시에서의 비싼 임대료와 생계, 일자리 등의 걱정으로부터 벗어나기 위해서 그는 지역을 선택했다. 그러나 막상 그가 할 수 있는 일자리는 지역에서는 더욱 궁핍했고, 수익이 없다 보니 청년 주거시설 임대료조차도 밀리는 상황이 왔다. 그럼에도 불구하고 그는 지역의 청년 주거시설의 주거공동체에서 주관하는 회의며, 세미나, 토론회 등에 늘 참석하며 공동체기업에 대한 희망의 씨앗을 틔우고 있다.

그는 그러한 공동체기업이 처음에는 여타의 플랫폼과 같은 것이라고 생각했지만, 점차 독자적인 공동체 관계망 작동 방식을 인지하기 시작했다. 그는 여러 가지 사업 모델을 구상하면서 같이 사는 청년들과 지속적으로 아이디어 회의며 브레인스토밍을 하였다. 청년기업, 사회적 기업, 스타트업, 협동조합 등 여러 가지 선택지가 있었지만, 그에게 딱 맞아떨어지는 사업구조는 없었다. 그는 주어진 사업구조에 자신의 생활양식과 기획을 맞추기 싫었기 때문에, 자신이 살아가는 공동체의 배치와 관계망을 민감하게 살피고 구성원들의 욕망이나 열망의 흐름을 따라 천천히 생각을 움직이고 있었다.

지금은 딱히 소득도 없고, 일자리도 없고, 변변한 직업도 없지만 가장 세련된 형태의 공동체기업을 만들어보고자 하는 그의 바람에는 한 치의 망설임도 없었다. 공동체 내의 다른 사람들도 마찬가지였다. 밤샘토론, 잦은 브레인스토밍, 소소한 프로젝트, 마을에서 주는 작은 아르바이트 등을 소화하며 바쁘게 살아가면서도, 그러한 꿈과 희망의 끈은 그에게 적잖은 지지대가 되었다. 그는 꿈꾸며, 상상하고, 여러 가지 활동을 하고, 다양한 프로젝트를 수행한다. 구성원들은 작은 소득에도 기뻐하고, 지역의 텃밭에서 채소를 따다 같이 식사를 준비하고, 워크숍 때 서로에게 칭찬과 격려를 아끼지 않으면서 정동의 강렬도를 높이고 있었다. 늘 무언가를 만들고, 창안하고, 생산한다. 밤에 자리에 누우면 주마등처럼 하루의 바쁜 일과가 스친다. 희망은 우리들 사이의 관계 속에 있다.

커뮤니티 맵핑(community mapping)과 지도제작(cartography)

공동체에서의 워크숍에 커뮤니티 맵핑 작업을 하면 사람들은 진지하게 마을의 지도를 그려 나간다. 그리고 거기에 여러 가지 특이점을 기입하고 마을살이의 활동 전략 같은 것을 그려낸다. 커뮤니티 맵핑은 마을의 지도 내에 여러 가지 거점과 단체, 자원-부-에너지-쓰레기 등의 흐름을 그려내는 작업이다. 그러한 순간은 활동을 결산하고 미래를 다짐하는 특별한 시간처럼 여겨진다. 그런데 여기서 다시 생각해 봐야 할 부분이, 마을과 공동체 활동 자체가 정동, 사랑, 돌봄, 욕망의 흐름이 만드는 지도제작의 과정이라는 점이다. 정동의 순환과 흐름은 마을과 공동체에서 각각의 특이점을 관통하며 지도를 그려나간다. 여기서 지도제작은 보통의 사람들이 생각하는 '~은 ~이다'라는 의미화의 과정과는 다른 것이다. 이를테면 지도제작은 근거

(ground)와 정의(definition), 입력과 출력, 입구와 출구, 질료와 형상이 딱 논리적으로 맞아떨어지지 않고 분열되어 있기 때문에 생성된다. 그런 점에서 재인(recognition)과 재현(representation)을 만드는 인과론적이며 선형적인 과정으로부터 벗어나 있는 것이 지도제작이다.

그런데 정동의 일련의 흐름과 순환의 과정 역시 지도제작을 통해서만 접근할 수 있다는 점을 주목해 봐야 할 것이다. 정동의 흐름은 특이점으로서의 각 거점과 공동체기업, 각각의 주체성 등을 관통하면서 지도를 그린다. 물론 국지적인 영역에서 정동하고 정동되는 상호작용의 과정도 있다. 그러나 그 일련의 과정은 '나서는 자'와 '판 짜는 자'의 역할에 따라 정동의 흐름을 지도제작하는 과정의 산물이라는 점은 변함이 없다. 그 정동의 지도의 판 위에서 공동체기업을 꿈꾸는 사람이 있고, 자원의 흐름에 민감하게 반응하는 사람도 있다. 나아가 공동체기업에서의 정동의 흐름과 순환의 판을 실존적 배치로 삼는 사람들이 있다. 그들은 나서지 않고 배경이 되어 주고, 박수를 보내고, 정동의 흐름에 감응하여 이야기를 만드는 사람들이다.

동시에 공동체에서 정동의 흐름을 통해서 지도를 그리는 과정은 자신이 처한 난관과 협착, 폐색으로부터의 탈주선을 그리는 과정일 수 있다. 비루한 일상, 똑딱거리는 일과표, 변하지 않는 일거리, 풀리지 않는 인간관계, 고립, 외로움, 무위 등으로부터 도망쳐 나온 사람들이 공동체에 결집하여 새로운 삶을 창안한다. 그 속에는 역할, 직분, 기능이 없다. 모두가 다기능적인 정동의 흐름에 따라 단순하면서도 다양한 '관계'라는 지도제작의 구성요소를 실질화할 방법을 찾아 나선다. 여기서 관계가 주는 안정감과 자존감의 상승, 실존적인 위안 등은 공동체를 찾게 되는 원천이다.

물론 공동체에도 끝, 유한성, 한계가 존재하기 마련이다. 세대별과 연령

별, 그리고 먼저 온 사람과 나중에 온 사람의 구별도 있다. 그러나 수직적인 축이 강해지려고 하면, 다시 수평적인 축으로 끌어내리려는 움직임도 있어 균형과 조화를 이룬다. 사물, 생명, 자연, 기계 등도 그 본질을 뻔히 알고 있기 때문에 도구화하려는 방식을 취하지 않는다. 오히려 사물과 생명, 자연, 인간의 본질을 비스듬히 지나치는 지도화 양식으로 접근한다. 그래서 특이한 생각, 색다른 아이디어가 무더기로 생산되는 것이 공동체 특유의 질서이다. 이 모든 일련의 과정이 정동의 흐름이 지도제작으로 나타날 때 생기는 사건들이다.

2020년 겨울부터 이듬해 초까지 산안마을에서는 예방적 살처분에 맞선 야마기시공동체의 강건한 행동이 빅이슈로 떠올랐다. 그들은 동물복지 양계와 야마기시공동체의 '연찬'이라는 독특한 회의구조를 통해서 강건히 조직된 공동체였다. 무려 4개월에 걸친 살처분 반대 움직임은 생명을 생명답게 기르고 있던 그들의 마음을 보여주었다. 그러나 그들이 얘기하는 선만으로는 악을 이길 수 없다는 생각 때문인가? 산안마을에서는 결국 살처분을 결정하게 된다. 그럼에도 불구하고 사람들의 뇌리에는 야마기시공동체가 무엇인지, 또 그 공동체의 힘이 어떤 것인지 뚜렷한 인상을 남기는 계기가 되었다.

특히 일본의 공동체운동에서 야마기시공동체의 위상은 독특하다. 공동체회의인 연찬에 초대된 사람들은 정동의 흐름에 따라 서로의 생각을 들으며 천천히 생각을 움직이고 결정한다. 수직선과 수평선 사이에 묘한 횡단성(transversality)이 그려진다. 횡단성은 수직축과 수평축 사이의 무수한 중간 사선이며, 비스듬히 정동의 경로, 생각의 경로를 그린다. 물론 일본 공동체운동에서 가장 뚜렷한 분기점이 된 것은 야마기시공동체에서 에즈원공동체가 분리되었던 그 시점이다. 공동체의 정동과 열정이 가장 뜨거울 때, 공동체는 분화하기 시작한다. 그것은 펠릭스 가타리가 말하는 분열생성의 에너지일지도 모른다. 에즈원공동체는 수직축보다 수평축이 더 강한 횡단선을 그리며, 야마기시공동체로부터 분화되어 독자적인 규약과 공동체기업으로서의 면모를 보였다. 공동체의 작동원리에 따르는 도시락가게, 주인 없이 운영되는 점포 등은 에즈원공동체의 작품이다. 그것은 공동체의 정동의 지도제작이 무엇을 할 수 있는지를 보여준다.

또한 실리콘벨리에서의 애자일(Agile) 방식도 공동체기업이 참고할 여지가 풍부하다. 애자일은 민첩한, 빠른, 유연한 등으로 번역된다. 애자일은 쉽게 생각하면 기업의 TFT팀처럼 소규모 단위이다. 애자일은 업무주기가 짧고, 고객에 대한 피드백이 강렬하고, 프로그램 개발자 중심의 업무 편성을 하는 팀조직 단위이다.

이는 펠릭스 가타리의 「역할분담표」를 떠올리게 한다. 여기서 가타리의 전략은 정규업무 대신 순번업무, 임시업무, 순환업무를 통해서 업무주기를 빠르고 민첩하게 만드는 데 역점을 두었다. 가타리가 심리치료사로 근무하던 라 보르드 병원에서는 환자나 의사, 간호사를 불문하고 모든 사람이 살림살이 일을 해야 했다. 그런데 이를 기능과 역할, 직분에 따라 의무로 만드는 것이 아니라, 짧은 주기의 새로운 일에 접근하도록 과정으로 연출했다. 그 과정에서 많은 사람들의 창의성, 혁신성, 선도성이 발휘되는 상황이 그 일에 대해서 가장 아마추어였을 때였다는 점이 발견되었다. 그리고 사람들은 일에 익숙해지면 곧 지루함과 똑딱거리는 일상의 업무라는 인식이 자리잡았다.

그래서 라 보르드 병원에서는 업무주기를 짧게 하면서 늘 새롭게 편성하기 위해서 노력했다. 가타리는 "사태의 '정상적인' 질서의 교란[무작위성, dérèglement]이라고도 말할 수 있는 체계를, '역할분담(grille)'이라고 하는 체계를 설립해야 한다. 이것은 각 사람이 다음과 같은 업무의 기능에 따라 자신의 역할을 지닌 진화하는 기구분담표(organigramme)를 만들어내는 것이다. 즉 1. 정규업무 2. 임시업무 3. '교대업무' 즉 누구도 직원의 특수한 범주로 전문화하려 하지 않는 집합적인 업무(예: 야간의 교대업무, 아침 5시에 와야하는 교대업무, 설거지 등). 그렇기 때문에 역할분담표는 일과 관련하여 개인의 배속을 집합적으로 관리하도록 하는 상관관계를 나타내는 표[상관표]이다"라고 말한다.

공동체기업의 형태는 역할분담표에 따라 일을 배치하는 것처럼 민첩하고 유연한 동적 편성, 즉 집합적 배치를 해야 한다. 이로써 '판 짜는 자'라는 점에서는 가장 프로다우면서도, 늘 새로운 일을 해야 한다는 점에서는 아마추어인 상황이 이러한 동적 편성과 배치에 드러나야 한다. 이때 어떤 상품이나 결과물을 완성형으로 만들어야 한다는 압박이 아니라, 늘 과정형이자 진행형인 일로서 설하는 것이 공동체기업의 작동원리일 수밖에 없다. 따라서 정동의 흐름이 보여주는 과정적이고 진행형적인 면모, 다시 말해 지도제작의 면모를 어떻게 공동체기업의 작동원리로 만들 것인가가 관건이다. 이런 점에서 완성형인 기표로서의 사회적 자본과 과정형인 도표로서의 사회적 자본을 비교하는 것이 필요하다.

---

*   펠릭스 가타리, 『역할분담(표)』(Félix Guattari, "La 'Grille'", Chimeres , 1987.)

의미화의 사회적 자본, 지도화의 사회적 자본

공동체기업의 활력과 정동의 순환과 흐름을 끊는 것은 다름 아닌 자원의 원천이 되는 공공프로젝트나 사업이다. 이러한 의외의 결과는 공공에서의 프로젝트가 대부분 과업지시서에 따라 정해진 기한 내에 '성과'를 내서 결과 보고를 해야 하기 때문이다. 결국 성과담론과 회계담론에 얽매인 프로젝트는 공동체기업을 좀먹는다. 그런데 공동체기업의 주요한 일들은 대부분 어떤 성과를 분명하고 명확하게 만들어낼 수 있는 것이 아니다. 오히려 늘 과정형이자 진행형인 공동체에서의 일상의 리듬과 관련되어 있다. 그런데 공동체의 정동의 순환과 흐름을 더욱 옭죄고 성과 중심의 완성형에 따라 평가하고 계측하고 정량화하려는 것이 프로젝트이기 때문에, 그것이 오히려 공동체기업의 활력과 생명력을 약화시킨다.

비상식적인 보고서 중심의 사업들은 현장에서의 활력과 정동을 인위적이고 성과 중심인 씨알 빼먹기 형태로 만들어 버린다. 공동체기업이 하고자 하는 일은 대부분 그 자리에 그 배치가 있기 때문에 좋고 기뻐서 하는 일이 대부분이다. 반면 성과에 대한 압박은 고스란히 활동가의 몫이 되어 활력을 약화시키고 소진시킨다. 프로젝트는 과정형이자 진행형인 공동체에서의 일상의 업무들을 어떤 주기에 따라 뚝 잘라 코드화하거나 의미화하겠다는 의도를 보인다. 결국 프로젝트는 정동의 흐름을 '~은 ~이다'라고 단정하고 뻔한 것으로 간주함으로써 정동 특유의 요철, 굴곡, 주름과 같은 입체적인 면을 편평한 것으로 만들어 버린다. 또한 사회적 자본이라고 불리는 관계 속에서의 정동의 흐름을 온전히 살피지 않는다면, 사회적 자본의 힘과 활력이 더 이상 사회에 파급력을 주기 어렵게 되는 상황에 직면한다. 결국 일차원적이고 평면적인 사회적 자본으로 만들면서, 정동의 활력과 생명력을 모두 빼 가는 프로젝트를 하다 보면 공동체기업은 정동의 시각에서는 거덜이 나 버리는 상황이 된다.

이렇듯 관계에서 순환하고 흐르는 정동을 바라보지 못한다면, 사회적 자본의 잠재력을 끝내 알지 못하는 결과를 낳을 것이다. 사회적 가치의 성과 지표와 계측 방법이 아무리 뛰어나다 하더라도, 입체적 관계와 정동의 요소가 빠진 지표는 아무런 쓸모가 없다. 또한 지표(Index)라는 인접성을 표현하는 기호로는 다양한 모델이 들어가 있는 복잡계 현실인 정동과 관계를 그려낼 수 없다. 그렇기 때문에 사회적 가치의 지표는 사회를 구성하는 정동을 대리 표상할 수 없다. 특히 현장과 현실에서는 정동이라는 생명력과 활력이 등장하는 과정이 핵심적이다. 그 과정을 괄호 친 지표 자체는 그저 회색 평면에 사진을 찍어 표준화하려는 유혹에 불과하다. 그렇다면 문제는 정동이라는 생명력과 활력의 원천이 어떻게 주체성 생산의 과정을 만들어내는가에 있다.

이에 대해서 두 방향의 태도가 있다. 첫째는 표준화된 범형을 제시하면서 그 안에서 주체성이 자동인형처럼 저절로 생기고 자동적으로 움직일 것이라는 방향성이다. 이는 관료들과 자본이 완전히 오해하고 놓치고 있는 부분이다. 둘째는 주체성 생산의 과정을 정동의 신비로운 측면으로 바라봄으로써 신화화하는 방향성이다. 이는 공동체에 대한 신비주의, 영성적인 요소로 바라보는 오래된 전통으로서 정동자본주의의 개막에 따라 극복되어야 할 사고방식이라고 할 수 있다. 이 두 가지 태도는 관계와 정동이 계측이 정확히 된다는 입장과 전혀 계측될 수 없다는 입장으로도 구분된다. 우리는 이두 가지 입장 모두로부터 벗어나 복잡계 현실에서 순환하고 흐르는 정동의 과정을 지도제작의 방법론에 따라 그려내고 이를 통해서 설명력과 분석력을 갖추어야 할 것이다.

공동체기업의 사회적 자본은 결국 관계에서의 정동의 흐름과 순환을 따라가며 어떻게 지도제작을 할 것인가의 문제로 다가올 수밖에 없다. 정동자본주의의 개막은 공동체기업에게는 호조건이 아니라, 도전으로 다가올 수밖에 없다. 정동의 순환과 흐름이 주는 혜택은 커먼즈(Commons)를 표방하면서 공동의 자산이 되어야 의미가 있다. 그런데 플랫폼에서는 공유경제를 표방하면서 커먼즈의 이용만 공동으로 할 뿐 이득은 개인이나 기업의 것으로 만들어 버린다. 그러한 부분이 커머닝(Commoning)과 쉐어링(Sharing)의 근본적인 차이라고 할 수 있다. 정동의 순환과 흐름을 생산하는 커먼즈의 판 위에서 공유자산을 형성할 수 있도록 만드는 것은 공동소유로서의 커머닝이다. 그런 점에서 무늬만 공유경제인 공동이용 형태의 쉐어링을 점차 극복해야 할 것이다.

공동체기업은 플랫폼의 공유경제 모델이 대부분 정동의 순환과 흐름에 대해서 취했던 태도를 넘어서 정동 자체의 가치와, 정동의 잠재력을 가진 커먼즈라는 판과 구도를 보존하고 보호하는 입장에 서야 할 것이다. 오늘날 공동체기업들은 플랫폼이라는 정동의 흐름을 잉여가치로 만드는 색다른 전략을 구사하는 사적 기업과 외형상으로 구분되지 못하는 비운에 직면해 있다. 물론 기업의 지배구조만 보더라도 공동체기업과 플랫폼은 엄격하게 구분된다는 것은 분명하다. 그러나 꼭 악영향만 있는 것만은 아니다. 플랫폼의 세련된 관계에 대한 접근방식을 공동체기업도 배울 수 있다. 더불어 그러한 플랫폼 방식의 사업 모델의 세련되고 뾰족한 스타일이 마을과 같은 전통적인 장소성 기반의 관계에 머물러 있던 공동체기업에게는 적잖은 자극이 되고 학습의 기회가 되었던 것도 사실이다. 그런 점에서 공동체기업에 도전하는 최근의 청년 활동가들의 모습은 전통적인 공동체기업을 이끌던 시니어들의 문화와는 완전히 다른 것이다.

그러나 관계가 보유한 정동, 사랑, 욕망의 지도화 양식으로부터 벗어난 공동체기업은 있을 수 없다. 이제까지 '관계'의 사회적 자본으로의 변모는 '~은 ~이다'라고 의미화할 수 있을 때 가능한 것이었다. 인지자본주의까지는 말이다. 다시 말해 인지자본주의 하에서는 '의미화=자본화=상품화'라는 완성형의 고정관념이 사회적 자본이라는 인식이 지배적이었다. 그러나 정동자본주의 단계에서 사회적 자본은 인기, 흥미, 재미, 운 등을 통해서 모방과 변형, 따라하기, 비틀기 등으로 전개되는 정동의 흐름에 기반하고 있다. 다시 말해 정동자본주의에서는 자본도 지도제작의 방법론에 따라 움직인다. 그러한 국면은 공동체기업이 기존에 갖고 있던 정동과 돌봄, 욕망의 지도제작의 방법론을 플랫폼들이 적극적으로 차용하고 있음을 보여준다. 정동과 자본, 권력은 동시 발생적으로 생산되고, 정동의 흐름에 따라 자본과 권력도 지도를 그리며 함께 온다. 그런데 의외의 상황이 전개되기 시작했다. 공동체기업의 활력이 뚝 떨어져 버린 것이다. 이는 자본주의 자체의 외부를 생산해 오던 흐름의 잉여가치 영역이 자본 내부로 들어가 버렸기 때문이다. 흐름의 잉여가치는 정동의 흐름이 만들어내는 활력과 생명력이라는 잉여가치이며, 공동체기업의 원동력이었다. 이러한 공동체기업의 핵심 모델을 자본이 빼앗아가자 공동체기업의 활력이 떨어지는 상황이 도래한 것이다. 이러한 상황의 타개책은 없을까?

여기서 분명해 구분해 둘 점이 있다. 그것은 '완성형으로서의 사회적 자본'과 '과정형으로서의 사회적 자본'을 나누는 것이다. 단기적인 성과를 내야 하는 완성형으로서의 사회적 자본은 관계 자체가 사실상 수단과 방법에 불과하다. 반면 과정형으로서의 사회적 자본을 이끄는 공동체기업은 관계 자체가 목표이면서 동기이며, 자신과 가장 거리가 먼 관계인 연대(Solidarity)와, 시간상 장기적인, 아직 태어나지 않는 미래세대까지 염두에 둔다. 그렇기 때문에 완성형으로서의 사회적 자본은 정동을 천연자원이나 재료, 도구 등으로 간주하지만, 과정형으로서의 사회적 자본은 정동의 흐름을 공동체가 보유한 주체성 생산의 잠재력이자 능력으로 간주한다. 이러한 차이점은 심원하면서도 흐름의 잉여가치 국면에 있어서의 '기표(signifiant)로서의 사회적 자본'과 '도표(diagram)로서의 사회적 자본'의 내밀한 구분점이 된다. 공동체기업의 구성원은 사람이 좋고 기쁨이 좋고 정동의 활력이 좋아서 일을 시작한 사람들이다. 그들에게 그 완성형으로서의 사회적 자본은 있을 수 없다. 또한 단기적인 이득을 추구하지 않는다. 그것은 정동의 지도제작의 긴 삶의 여정의 하나의 매듭에 불과하기 때문이다.

도표화 전략과 뾰족한 첨단점

펠릭스 가타리는 『기계적 무의식』(2004, 푸른숲)에서 "이 기계는 '사용가치 시간'과 '욕망가치 시간'을 정확히 양화된 '노동가치 시간'으로 변환시킨다. 자본주의적 추상화는 기표적 실체의 이 두 얼굴을 체현한다. 즉 자본주의적 추상화는 강렬도를 쑥 내밀고, 채집한 나비처럼 강렬도를 핀으로 고정시켜 고정된 지표 상태로 만들지만, 동시에 강렬도가 영토화된 낡은 리좀의 선형화, '평탄화' 과정 속에 들어가게 함으로써 작동하기 시작한다."라고 하여 자본주의적 추상화의 과정을 설명한다. 여기서 말하는 추상(abstraction)에는 두 가지 양상이 있다. 먼저 어린아이들이 그리는 추상화처럼 사물이 살아 움직이는 애니미즘적인 추상이 있고, 둘째로 자본주의적 추상처럼 사물의 표상과 이미지를 쏙 빼내서 씨알 빼먹기를 하는 추상이 있다. 그러나 자본주의적 추상화가 아무리 욕망가치(=정동의 강렬한 가치)의 작동에 주목하여 포획하고 있다 하더라도, 코드의 잉여가치 단계를 넘어서 흐름의 잉여가치 단계에 진행되었다 하더라도, 그리고 정동의 활력과 생명력에 자신의 사활을 걸고 있다 하더라도, 정동의 흐름과 순환 모두를 포획할 수는 없다.

자본주의는 기표(signifiant)화된 '의미화=상품화=자본화'를 최종단계에서 요구할 수밖에 없는 시스템이라는 점이 그 한계이다. 그런 점에서 플랫폼은 정동의 지도제작 방법론에 따르는 공동체기업을 흉내 낼 수는 있다. 하지만 공동체기업에서 순환되는 정동과는 판이하게 다를 수밖에 없다는 점이 정동자본주의의 한계이다. 공동체기업은 사람이 좋아서, 그 판의 활력이 좋아서, 관계성좌의 기쁨의 정동 때문에 사람들이 모여든다. 공동체기업은 이를 통해서 자신의 정동의 가치, 욕망가치를 공동체 일의 강렬도로 만들어내는 집단적 배치라고 할 수 있다. 그 속에는 완성형으로서의 자본, 기표로서의 자본, 성과주의로서의 국가가 자리 잡을 여지는 거의 없다.

그런 점에서 공동체기업의 '과정형이자 진행형으로서의 도표' 다시 말해 '지도제작으로서의 도표'를 다시금 생각하게 된다. 가타리는 "공동체가 자본을 착취하는 국면"을 공동체기업으로 사고하면서 그것의 첨단점으로 향

* 펠릭스 가타리, 『기계적 무의식』(2004, 푸른숲), p. 87~88.

할 수 있는 방법을 이 도표라는 기호작용에서 발견하였다. 이는 공동체의 판이 정동과 활력의 관계 중심이지, 별도로 정동과 활력의 성과를 바라면서 자본을 형성하는 관계가 아니라는 점을 의미한다. 여기서 도표(diagram)라는 기호작용을 ①지도제작으로서의 도표, ②고도로 자유로우면서도 고도로 조직된 도표, ③비기표적 기호계로서의 도표, ④돌발 흔적으로서의 도표 등 네 가지 차원에서 검토해 볼 수 있다. 정동의 흐름과 순환의 시각에서 네 가지 차원을 그려본다면 어떨까?

①지도제작으로서의 도표 : 입구와 출구, 근거(ground)와 정의(definition), 원인과 결과, 입력과 출력의 분열은 정동이 강렬해지는 원천이 될 수 있다. 코소가 말했던 양자류(陽子流)나 가타리가 말한 분열생성론은 정동의 강렬도가 분열되어 비스듬하게 지도를 그리는 것에 있음을 적시한다. 공동체기업은 성과주의나 지표에 얽매이지 않고 전혀 다른 결과물을 내놓을 수 있는 입구와 출구의 분열에 따라 지도를 그리는 판이다. 결국 틀에 박힌 이야기나 하나마나 한 이야기가 아니라, 삶에서 발견되고 창안되는 이야기 구조에 따라 배치와 관계망을 심원하게 변형할 수 있는 것이 공동체기업인 것이다.

②고도로 자유로우면서 고도로 조직하는 도표 : 음악의 기보법이나 회화의 채색법, 로봇의 통사법, 수학의 미적분 등은 '~은 ~이다'라는 의미화의 구도가 아니라, 비기표적 기호계를 고도로 자유롭게 허용하면서도 고도로 조직화하는 도식작용(schema)이라고 할 수 있다. 공동체의 삶이 만들어내는 과학, 예술, 혁명, 창조의 도식 작용은 어떤 플랫폼 기업의 세련된 도식 작용보다 더 세련되고 최신의 것으로 나타날 수 있다. 공동체기업은 새롭게 도식화 작용을 창안해 낼 수 있는 판이며 배치이다. 이는 프로젝트 중심으로 의미화하는 도식 작용을 보이는 전문가주의가 아니라, 일상의 삶, 생명, 자

연 등의 도식 작용으로부터 재창안된 정동의 순환 양상을 의미한다. 가장 치열하고 세련되고 뾰족한 것이 공동체기업으로부터 가능하다.

③비기표적 기호작용으로서의 도표 : 냄새, 색채, 음향, 몸짓, 맛, 이미지, 표정 등은 정동의 재료(material)들이다. 이 재료들은 반복을 통해서 정동의 강렬도를 높인다. 이러한 재료를 질료(matter)로 간주하면서 형식(form)을 부여하는 전문가주의는 제법 그럴듯하게 프로젝트나 사업에서 성과를 낼 수 있다. 그러나 이러한 전문가 방식은 재료 자체의 힘과 에너지에 기반하는 공동체에서의 정동순환과 흐름의 입장에서는 완전히 마이너스이다. 정동은 어떤 과정을 통해 비기표적 기호계의 활성화시킴으로써 강렬도를 만드는 데에 더 역점을 둔다. 그런 점에서 전문가주의를 넘어서 오히려 다양한 비기표적 기호작용이 교감되는 과정 자체가 공동체기업의 활력과 생명력의 원천이라고 할 수 있다.

④돌발 흔적으로서의 도표 : 정동의 흐름과 순환이 반복을 통해서 특이점을 형성하는 과정은 전혀 예상치 못한 입구에서 시작될 수 있다. 마치 프란시스 베이컨의 고깃덩어리와 같은 그림이 이 붓의 빗나감에 에너지와 힘을 반복적으로 가함으로써 이루어진 형상이듯이, 정동의 반복은 우발성에서 시작하지만 특이점이 되어 입구를 개방한다. 공동체기업은 외부에서의 우발적 마주침에 정동의 흐름과 순환의 반복을 가함으로써 공동체 내부의 특이점(singularity)으로 만든다. 다시 말해 환대를 우애로 만들 수 있는 정동의 공학이 작동한다.

공동체에서의 도표라는 '고도로 자유롭지만 고도로 조직된' 정동의 도식화작용에 따라 가장 자율적이면서도 세련된 조직 형태가 가능한지의 여부는 이제 시험대에 올라가 있다. 공동체기업은 늘 과정형으로서의 루틴을 만들어내지만, 동시에 그것의 생명력과 활력의 도식을 고도화하여 뾰족하고 참신한 것으로 만들 여지가 있다. 그것은 완성형으로서 '~은 ~이다'라고 의미화하던 1세대 공동체의 모습과는 사뭇 다른 현재의 공동체 구성원들의 치열한 관계와 정동에 대한 탐색이 보여준다.

동시에 공동체기업은 입구와 출구의 분열에 따라 비스듬한 지도화 양식이 생기는 것, 즉 참신한 가설, 엉뚱한 상상력, 도발적인 질문이 생기는 사건의 순간을 환대하는 판이며 구도이다. 이로부터 정동의 강렬도가 높아지는 것을 도모하는 것도 공동체기업의 도표화 전략 중 하나다. 동시에 외부로부터의 마주침에 따른 정동의 우발적인 생성을 반복으로 만듦으로써 뾰족한 첨단점을 구성하는 것도 생각해 볼 수 있다. 이는 '~이냐, ~이냐'라는 자기이접적 논리를 통해서 뾰족해지기를 원하는 날카로운 질문을 던지는 지식인 유형의 첨단점과는 매우 다른 방법이다. 그보다는 공동체에서의 정동, 사랑, 돌봄의 반복 과정이 예리하고 뾰족하여 너무도 세련된 것을 만들어낸다는 점에 대한 긍정이다. 공동체기업은 과정형이자 진행형으로서의 정동의 흐름의 도상에 놓여 있다. 앞으로 우리가 전혀 예상치 못한 공동체기업이 등장할 수도 있다. 이를 통해서 사회적 경제는 정동 속에서 혁신성과 선도성, 참신성의 원천을 재발견하게 될 것이다.

활력해방, 정동해방은 불현듯 올 것이다. 기후위기 상황에서 대대적인 경기 후퇴가 있어야 탄소중립이 가능하다는 엄연한 진실을 마주하지 못하는 사회 상황이 도사리고 있다. 정동해방은 이러한 지체와 주저함에 대하여 완전히 급진적이고 혁신적인 탈성장의 화두를 던져서 이를 미세하게 구체화하는 과정이다. 누구도 상상치 못했던 급격한 전환의 상황이 찾아올 것이다. 성장주의로 말미암아 오염되어 있던 사회의 각 조직과 집단이 공동체기업의 혁신성과 선도성에 따라 전변될 것이다. 이는 상상치도 못한 역습처럼 완전히 불가능하다고 생각되었던 탈성장 전환사회의 특이점이 설립되는 순간에 찾아올 것이다.

제 4 부

사회적 경제의 업그레이드 버전은 가능한가?

The Rediscovery of Affect
Félix Guattari's the Theory of Affect
and Social Economy

1. 경우의 수의 설립, 생태다양성과 정동에 의한 특이점 설립

코로나19 사태와 와해되는 협동조합의 상황 앞에서

코로나19 사태로 인해 우발적으로 찾아오는 고객이 사라진 상황에서, 협동조합의 활동가 A씨는 대안을 모색하느라 바쁘다. 일단 외부로부터 유입되는 자원과 사람이 전혀 없는 상황에서 선택할 경우의 수는 빈약하다. 이제 협동조합 내부에서 무언가를 만들어야 하는데, 사람들의 관심과 참여를 유도하려면 기존의 방식과는 다른 여러 가지 기획이 필요했다. 그는 온라인으로 하는 세미나, 토론회, 강의를 배치하면서, 협동조합 내부의 활력을 소생시키기 위해서 힘썼다.

그러나 찾아오는 사람이 거의 없는 조합 사무실은 고요하고 적막하기만 했다. 특히 거래처와의 관계를 유지하기도 어려웠고, 협동조합 이용자들의 발길은 전혀 없다시피 했다. 협동조합에서의 활력과 생명력이 고갈되고 있을 때, 잔잔한 감동을 주는 조합원들의 스토리를 발굴하여 사람들에게 소개하고, 관계의 끈을 유지하기 위한 색다른 만남의 장 마련 등이 필요했다. 특히 총회 때 회의장에는 사람이 아무도 없는 상황에서 온라인으로만 진행하면서 그는 눈물까지 났다. 무척 어려운 상황이었다. 힘들고 지치고 선택할 대안조차도 옹색했다. 그러나 돌봄과 정동, 사랑이 반복적으로 이루어질 때, 앞으로의 선택지가 될 것이라는 희망의 끈은 놓지 않았다.

코로나19 상황에서 협동조합의 와해와 해체의 가속화는 심각한 수준이다. 심지어 해산 결의조차도 못하고 그대로 방치된 서류상의 협동조합이 허다하다. 2012년 세계협동조합의 해에 사람들의 희망과 관심을 받으며 출발했던 협동조합이 지금은 굉장히 위축되고 쪼그라들어 있다. 협동조합에 대한 심폐소생술은 어떤 것이 될까? 협동조합이 선택할 수 있는 경우의 수는 몇 개나 될까? 과연 협동조합이 앞으로도 지속될 수 있을까? A씨는 여러 가지 질문을 던지면서 꾸준히 정동과 활력을 전달하고 유통하면서 협동조합의 미래와 전망에 대해 부심하고 있는 중이다.

입구, 우발성에서 특이점으로

대안적인 공동체기업에게 자율성의 리트머스는 내부관계망이다. 그 관계망에서 선택지로서의 경우의 수는 자율성의 척도이다. 그 경우의 수를 늘리려면 어떻게 해야 할까? 공동체기업에게 어떠한 선택지가 있는가를 생각해 볼 때, 우선 사업 기획력과 자원 동원력 등을 고려하면 대답이 군색해지기 마련이다. 공동체기업이 무엇을 할 수 있는지 절로 한숨부터 쉬게 된다. 오히려 자원 동원력과 기획력 등이 아니라 주변, 곁, 가장자리에 있는 관계를 탐색할 때 약간의 희망이 드러난다. 관계 속에서 정동, 사랑, 욕망, 돌봄 등의 유통되고 머물고 강렬해지는 곳을 찬찬히 살피면 "무엇을 할 것인가?"에 대한 실마리도 잡힌다. 왜냐하면 사실상 관계 기반의 사업을 하는 공동체기업에게 관계를 배제한 진공상태에서 기획의 설립과 자원의 순환은 있을 수 없기 때문이다. 관계를 지도제작하면서 여러 모색을 하다 보면, 갑자기 그 지도 위에서 특이점이 불쑥 드러난다. 정동이 반복적으로 투여되었던 곳이 바로 그 특이점(Singularity)의 영역이다.

그러나 정동이 반복되어 특이점이 되는 이유에는 확실한 것이 없다. 그저 '그것을 원해서', '그것이 하고 싶어서', '그것이 활력을 주기 때문에' 등의 이유가 등장한다. 결국 정동이라는 생명력과 활력이 발생하는 이유는 인과관계와 같이 딱 맞아떨어지는 것이 아니라는 점을 알 수 있다. 정동이 다시 이유가 되어 정동을 발생시키는 함입과 재귀적인 순환이 발생되는 것도 그 이유이리라.

욕망과 정동이 일단 발생하면 조직과 모임에 큰 활력이 된다. 그렇기 때문에 정동이 발생되는 특이점을 면밀히 관찰하여 지도를 그리고 함께 강렬도를 높이면서 도모하고 양육하고 부추겨야 하는 측면도 있다. 공동체기업에서의 활력과 생명력이 어디에서 생산되고 어떻게 관계를 통해서 유통되는지의 맥락을 살피다 보면 '이렇게 하면 되겠구나!' 하는 감이 오게 된다. 공동체기업에는 정동 탐지자이자 정동 촉진자가 있기 마련이다. 이들은 정동을 지도제작하는 사람들이다. 공동체기업의 일상 모임, 취미 모임에서 잡담, 수다, 소란을 나누다보면 '어어! 이거 뭔가 되겠는데!' 하는 순간이 갑자기 찾아온다. 이것이 정동이 작동해서 예술작품과 같은 특이점을 만들어내는 순간이다.

일단 공동체기업의 외부로부터 우발적으로 찾아오는 손님도 간혹 있다. 그러한 손님들은 아주 우연한 계기로 접속하기 때문에, 그 이유나 만남의 성격 등에 굳이 구애될 필요가 없다. 문제는 우발성에 따라 접촉 경계면에서 등장하는 사람들과 어떻게 관계 맺기를 지속할 것인가 하는 점이다. 들뢰즈의 『감각의 논리』(2008, ㈜민음사)에는 프랑시스 베이컨의 작업과정이 나온다. 우발적인 붓 터치가 빗나가는 것은 돌발표시이다. 우발적으로 빗

나간 곳에 힘과 에너지를 가해서 덧대는 작업을 반복적으로 함으로써 고깃덩어리와 같은 그림의 형상이 특이점이 되어 등장한다. 이는 지도제작이 가능하도록 만드는 입구의 개방에 해당되는 이야기이다.

이를테면 돌발표시를 무심코 넘어가서는 안 된다. 외부의 우발성이 만들어내는 간섭, 소음, 개입, 참견, 흔적, 자취 등을 지극히 섬세하게 발견주의적으로 주목해야 한다. 동시에 이렇게 등장한 우발성의 돌발표시에 정동이라는 힘과 에너지를 반복적으로 가해야 한다. 이를 통해 돌발표시로서의 우발성은 정동의 힘과 에너지, 활력이 반복적으로 가해짐으로써 특이점이 된다. 우발적인 사건을 따라가 본다면, 우발성은 외부로부터 느닷없이 찾아온다. 그러나 그것이 기존 상태를 침해한다고 여기거나, 그것이 일으킨 카오스를 그전 상태로 회복시키기 위해서 짜증을 내며 맞이해서는 안 된다. 오히려 우발적 사건의 깊이와 잠재성에 주목하면서 의미와 맥락을 찬찬히 살피고 정동을 반복으로 가함으로써 탐침을 해야 한다. 이를 통해서 정동의 반복을 입구로서의 특이점으로 간주하면서 여기서 색다른 지도제작의 항로를 출발시켜야 할 것이다. 이 과정에서 끊임없이 질문을 던지고 그것을 쉽게 단정하지 않고 그 문제설정에 주목하는 호기심 역시 필요하다. 그렇게 되면 돌발표시는 정동의 반복적인 투여에 따라 특이점으로 슬며시 입구를 개방한다. 이 입구를 출발점으로 출구전략을 구사할 수 있다. 그 과정에서 지도제작을 할 수 있다.

특이점이라는 입구는 에너지와 활력이 발생하기 전에 선행되어야 할 일종의 천연자원과 같은 영역이다. 이를테면 소설가들은 어떻게 글쓰기의 시작점을 찾을지 고심하는데, 이를 가능케 하는 것이 입구로서의 특이점이다. 특이점이라는 입구는 우발적이고 돌발표시가 개방하지만, 순식간에 사라지거나 소실되거나 밋밋해져 버릴 수도 있다. 그러나 그 돌발표시는 에너지와 활력이 반복적으로 가해질 포인트가 됨으로써 반복적인 정동의 강렬도의 투여에 따라 어느덧 실물적인 것으로 변모한다. 일이 시작되고, 사건이 시작되고, 이야기가 전개된다. 사실 기존 성장주의 시대 때에는 자원이 있어야 활력이 생긴다는 공식이 있었다. 그러나 공동체기업은 이를 거꾸로 수행한다. 활력으로서의 정동의 반복이 있은 다음 그 특이점에서 자원이 수반될 수 있다고 말이다.

다시 말해 이는 성장주의의 열쇠개념 구도처럼 인과관계가 딱 맞아떨어지는 구도가 아니다. 공동체기업은 지극함 개념 구도에 따라 수많은 에너지와 정동을 반복적으로 투여한다. 이에 따라 그 부수효과로서 선물(gift)과 같은 자원을 추구한다. 이는 공동체기업의 전략이 탈성장에 기반하고 있기 때문이다. 활력과 생명력의 생성은 신체로부터 유래된 생명 에너지이지만, 더 나아가 사물과 생명의 냄새, 색채, 음향, 몸짓, 표정, 맛, 이미지 등이 만들어내는 소재로부터 유래된 힘과 에너지일 수도 있다. 사물, 생명, 기계의 등장도 돌발표시일 수 있다. 그러한 소재에 매료되고 미혹되어 소재로부터 연유한 힘과 에너지로서의 정동을 투여할 수 있기 때문이다. 예컨대 공동체기업에 자전거 한 대가 들어오면 자전거에서 연유된 힘과 에너지에 따라 색다른 정동에 기반한 삶의 양식이 등장할 수 있다. 이는 기획자가 설계하고 디자인하여 소재가 변형된다는 생각과는 정반대이다. 다시 말해 전문가주의의 신화는 기각된다. 어떤 소재를 우발적으로 접촉할 때 우리는 모두 아마추어다. 그러나 곧 이 소재가 갖고 있는 힘과 에너지, 활력이 우리 신체의 생명에너지를 촉진하고 고무하는 것을 느낄 수 있다.

여기 나무 한 토막의 질감, 색채, 느낌에 감응하여 정동을 발휘하는 공동체기업의 사람이 있다. 나무는 곧 숟가락이 되고, 핸드폰 거치대가 되고, 도시락 용기가 된다. 그리고 그러한 활력과 생명력의 투여는 공동체기업의 미래와 전망의 선택지 중 하나가 될 수도 있다. 그것은 우발적으로 찾아와 우리의 일상을 뒤흔드는 입구에 대한 발견주의를 의미한다. 특이점을 개방하는 입구의 출현에 무감하고, 무심결에 넘어갈 수도 있다. 사건은 일어나지 않고 평범하고 반복적인 삶은 지속된다고 생각할 수도 있다. 그렇기 때문에 발견주의적 사고는 늘 필요하다. 우리가 접촉하는 모든 사물, 생명, 인물, 기계, 자연에 발견과 응시의 시각을 열고, 그것이 발산하는 활력과 정동에 감응하여 그것을 신체 내 생명 에너지로 만들어내는 과정이 바로 발견주의이다.

갑자기 공동체기업에 문을 두드리는 사람이 있다. 방문자는 이런저런 얘기를 하면서 공동체기업에 대한 설명을 듣는다. 그리고 자신의 느낌을 허심탄회하게 말한다. 그러한 이해관계가 전혀 없는 우발적인 방문자들이 간혹 진실을 얘기하는 경우가 있다. 그의 연락처를 받아 이따금 안부전화를 한다. 그리고 공동체기업의 행사 때 초대를 한다. 그러한 정동의 반복이 공동체기업의 소소한 일상과 만날 수 있는 또 하나의 창(window)이 되고 특이점이 된다. 행사에서 그가 엉뚱한 발언을 해서 웃음바다를 만들 수도 있다. 이질적인 것이 섞이면서 그 낙차효과로 인해 활력과 생명력이 폭발적으로 생길 수도 있다. 그렇듯 입구의 발견은 아주 우연히 찾아와 공동체기업에게 활력과 생명력을 선물한다.

관건은 우발성을 일시적이고 돌발적이고 휘발적인 것으로 만들지 않고, 이를 잘 구성해냄으로써 특이점의 입구로 만드는 정동의 반복과 노력에 있다. 이러한 작은 변화는 공동체기업에게는 새로운 활로가 되고, 새로운 특이점이 될 수 있다. 입구를 놓치고 있다면, 아무것도 이루어지지 않는 진공 상태에서 기획과 설계만이 존재하고 관계망의 재료가 덩그러니 놓여 있어서 노동과 작업이 고역이 되는 일상이 되고 만다. 전화 돌리기와 같은 실무적 고역을 겪어 본 사람은 잘 알 것이다. 그러나 노동이 아닌 정동에 기반한 활동은 전혀 다른 방향에서 출발한다. 수많은 사건을 발견하고 입구로서의 새로운 특이점을 개방하는 것이 활동이다. 그렇기 때문에 외부로부터 오는 우발성에 달팽이 촉수와 같은 민감성을 갖고 늘 발견의 시선을 가져야 할 것이다.

특이점 설립 : 모듈의 실험, 컨비비움의 실험

모듈은 기능적으로 완결된 부위를 만들고, 국지적인 영역에서 작동하도록 만드는 최소부위의 조직으로 이루어진다. 실리콘밸리의 애자일(Agile) 방식은 모듈과 흡사 비슷하다. 애자일은 민첩하고, 융통성 있고, 소규모 단위인 업무수행 그룹이다. 애자일은 거대 프로젝트에 모여든 거대 집단을 미리 상정하지 않고, 이를 소규모 단위로 잘게 쪼개 기능적으로 완결된 채 팀플레이를 하는 단위로 만든다. 마찬가지로 모듈 역시 다기능적인 정동을 발휘할 수 있는 국지적인 영역에서의 소규모 단위이다. 모임에서의 상호작용(interaction)을 통한 자기조직화에 따라 가장 극소한 팀은 신속하고 유연하게 작동된다. 보통 그렇게 최소화된다면 2~3인 형태를 기본으로 한다. 우리는 곧 기적을 볼 것이다. 작은 단위에서의 상호작용은 큰 배치에서의 정동의 흐름을 능가하는 강렬함이 있다.

여기서 '상호작용이 흐름을 대신할 수 있느냐?' 하는 다소 철학적인 질문을 던질 수도 있다. 배치의 기본 구성요소는 관계망, 흐름, 상호작용이다. 보통 상호작용이 강렬한 경우는 돌봄과 의존의 관계에서 잘 드러난다. 강렬한 상호작용은 커다란 집단적 배치의 넓은 접촉경계면이 아니라 국지적인 정동이 생성될 때 나타난다. 이에 따라 정동은 사후적인 피드백(feedback)과 예견적인 피드포워드(feedforward)의 작동을 보이며 관계를 끊임없이 자극하고 촉진한다. 정동은 상호작용을 통해서 국지적인 영역이 얼마나 강렬해질 수 있는지를 보여준다. 물론 '범위가 한정되어 있기 때문에 전반적 배치를 놓치지 않는가?' 하는 질문으로부터 자유로울 수 없다. 그러나 두세 명으로 구성된 단위에서의 강렬한 상호작용은 배치에서의 느슨한 정동의 흐름보다 강렬하며, 정동의 순환에서 핵심 부위를 형성한다.

다시 모듈로 돌아가 보자. 모듈은 다소 자족적인 단위이다. 동시에 자립적이고 자율적이고 자치적이다. 물론 다른 모듈과의 상호작용도 할 수는 있다. 그러나 내부에서의 정동의 상호작용이 우선적으로 자신의 배치의 성격을 결정한다. 공동체나 네트워크 등의 다수가 만든 판 위에서 정동의 흐름은 따뜻한 돌봄과 정동순환의 원천이다. 그러나 정동은 모듈 안에서 애자일 방식처럼 기능 분화되지 않고 단순하면서도 다양하고 다기능적인 형태를 취한다.

그런데 하나의 모듈은 다른 모듈 단위와는 다르지만 대부분 기능적으로 완결되어 있고, 기능이 중복되어 서로 비슷하게 느껴질 수 있다. 소농 공동체를 떠올려 보면 쉽게 이해할 수 있다. 옆 동네와 앞 동네 등이 단순하고 중복되는 기능을 제각각 수행하면서, 기능적으로 완결되어 있다. 모듈과 같은 국지적이면서 강한 상호작용(interaction)을 하는 것이 전체 배치나 판의 정동의 흐름(flux)을 대신할 수 있는지 의문이 들 수 있다. 그러나 돌봄의 순환과정을 관찰하고 응시하다 보면 그것이 충분히 가능하다는 점을 알 수 있다. 모듈 내의 상호작용을 통해서 정동은 더욱 강렬해지고 활기차게 순환하기 때문이다. 물론 모듈 역시도 전체의 판의 입장에서 보면 내부의 한 분절이나 매듭, 그물코라고 할 수 있다. 그러나 모듈은 다른 모듈과 기능연관의 형태를 띠지만, 자기 내부의 자족적이고 기능적으로 완결된 형태의 정동의 상호작용에 집중되어 있다. 여기서 모듈에 굳이 집중하는 이유가 궁금할 것이다. 그것은 펜데믹 시대의 정동순환이 모듈에 달려 있기 때문이다.

국지적인 것이 편재적인 것을 대신할 수 있는가? 여기에 대해서 들뢰즈와 가타리는 노마드(nomade)라는 개념을 『천개의 고원』(2001, 새물결)에서 언급하면서 '제자리에서 여행하는 법'이라는 아포리즘을 던진 적이 있다. 가장 국지적인 영역이 갖고 있는 깊이와 잠재성을 발견하는 것이 낯선 여러 곳을 여행하는 것에 필적한다는 의미이다. 그리고 우리는 가까이에 있는 것의 깊이와 잠재성을 발견하는 방법으로 상호작용이라는 색다른 방법을 제시한다. 상호작용은 말꼬리 잇기나 끝말잇기와 같이 뒷말을 따라하는 유형의 대화법을 예로 들 수도 있다. 그래서 함입이 이루어진 피드백 유형이다.

그러나 끊임없이 둘 사이에서 오가는 피드백의 성격이 비스듬한 궤적을 그리며 다양한 이야기 구조를 설립한다. 다시 말해서 강렬한 상호작용은 수많은 이야기꾼들을 만들고 양산하는 과정이다. 그것은 라캉의 이론이나 자아심리학 등에서 말하는 거울단계라는 일대일 대응의 관계와는 전혀 상관이 없다. 이러한 진공상태 하에서의 이분법은 정동의 비스듬한 순환과 강렬하게 되는 과정을 설명할 수 없기 때문이다. 오히려 서로는 닮아 가는 것이 아니라 끊임없이 달라지지만 함입이라는 말꼬리 잇기로 중복되는 대화 과정에서 정동은 점점 뜨거워진다. 이에 따라 모듈은 수많은 이야기를 생산하는 가장 국지적인 영역에서 정동을 발산하는 특이점이라고 할 수 있다. 가장 뜨겁게 상호작용하는 모듈이 있다면 그것은 전체의 배치를 바꿀 수 있는 강렬한 정동을 발산하는 특이점이다. 그런 점에서 흔히 공동체를 논의할 때 거론되는 느슨하고 평화롭고 흐름을 타는 정동에 관한 이상적인 스토리는 철 지난 것이 된다. 끊임없이 말을 하고 말꼬리를 잇고, 끊임없이 춤을 추고, 끊임없이 활동하고, 끊임없이 머리를 맞대는 가장 국지적인 영역에서의 강렬한 정동이 가능하기 때문이다. 모듈은 무엇인가? 공동체의 작은 조각이다. 특이점이다. 그러나 강렬한 정동의 순환과 피드백으로 인해 공동체의 판을 전변시킬 수 있는 소란과 카오스, 잡음의 원천이다.

그것은 특이점에 대한 사유를 더욱 다양하게 만들어준다. 여기서 다양한 특이점을 얘기해 본다면, 그 특이점은 2~3인 단위의 모듈(module)일 수 있지만, 소농의 술자리와 같은 컨비비움(convivium), 즉 공생공락의 단위일 수도 있다. 모듈 실험의 사례는 90년대 쿠바의 유기농혁명이 대표적이다. 90년대 소비에트의 몰락과 미국의 석유 금수 조치로 인해 전체 쿠바 인의 평균 체중이 9kg 감소하고, 자신감 상실, 전망 상실 등의 난국을 겪고 있을 때, 갑자기 유기농혁명이 발아했고 돌연 모듈이 설립되었다. 다시 말해 2~3인 단위로 함께 농사를 지으며 끊임없이 서로와 관련된 이야기를 하고, 자신의 모듈 내부에서 정동의 강렬도를 높여 갔다. 이 자족적이며 기능적으로 완결된 모듈 단위는 가장 국지적인 영역에서의 임무, 기능, 역할을 수행했지만, 정동하고 정동되는 과정이 끊임없이 피드백되면서 강렬해졌다. 수많은 이야기들이 오고갔으며 사람들은 자신감을 회복하면서 강건하게 유기농혁명에 참여할 수 있었다.

이와 달리 컨비비움은 바로 얼마 전까지 세계슬로푸드협회의 조직 원리였다. 이것도 모듈과 마찬가지로 2~3인이 함께하는 술자리와 같은 단위이고, 일단 먹거리를 앞에 두고 끊임없이 먹고 마시면서 이야기꽃을 피운다. 본마당이 있고 그다음 뒤풀이가 있는 것이 아니라, 처음부터 끝까지 뒤풀이다. 컨비비움은 2~3인 단위의 작은 그룹이 먹거리를 매개로 정동의 강렬도를 높이는 일종의 실험이다. 술꾼이고 먹보인 사람들, 먹으면서 말하는 법에 익숙한 사람들이 작은 그룹을 형성하여 쉴 새 없이 떠들어대는 것이 컨비비움이다. 정동은 뜨거워지고 무르익어 강렬해지고 순환된다. 이 역시 정동의 상호작용이 정동의 흐름을 대신할 수 있다는 증거이다.

우리는 아직 확신할 수 없다. 정동의 흐름이 관계망의 판 위에서 천천히 강렬해질 것이라고 생각했던 사람들에게는 의외의 상황이기 때문이다. 아주 각설하고 먹고 마시고 끊임없이 떠들고 강렬하게 상호작용하는 상황은, 마음의 평화의 일종으로 정동을 바라보았던 기존의 시각을 기각시킨다. 정동은 강렬히, 뜨겁게, 쉴 새 없이 우리 안에서 발생하는 활력이자 생명 에너지로서 작동한다. 이는 펠릭스 가타리가 구상했던 분열생성론처럼 분열의 흐름이 모든 격자와 틀을 분쇄하고 주파하는 것과 같은 이미지를 정동이 갖고 있음을 뜻한다. 상호작용 과정의 비밀은 아직도 많은 부분이 풀리지 않았다. 특히 편위 운동, 즉 비스듬한 상호작용에 대해서는 아직까지 연구가 미진하다. 모듈과 컨비비움은 이러한 상호작용을 통한 정동의 강렬도를 담고 있는 귀중한 사례가 아닐 수 없다.

회복탄력성, 특이점의 경우의 수는 선택지

이제 정동의 특이점은 미래세대, 소수자, 여성, 청년이 선택할 경우의 수 중 하나가 된다. 외부(=우발성)를 통해 선택지를 만드는 것은 이미 낡고 기회주의적인 것이 되었다. 이제는 정동의 구성작용에 의해서 선택지를 구성하고 만드는 것이 필요하며, 특이점끼리 교직하는 내부자거래와 회복탄력성 등이 관건인 상황이다. 정동이 만든 특이점은 앞서 살펴보았듯이 모듈, 애자일, 컨비비움 등의 강렬한 상호작용에 기반한 2~3인 단위의 그룹일 수도 있다. 동시에 사물, 생명, 기계, 인물, 자연 등에 반복적으로 정동을 가함으로써 나타나는 정동의 촉발점일 수도 있다. 그러한 특이점이 없다면 향후에 선택할 수 있는 경우의 수는 전무하게 된다. 그 특이점은 정동의 반복이 만들어내는 창발적인 영역이다. 한 사람에게 따뜻한 말을 건네고 밥을 같이 먹는 것은 단순히 습관적인 향유가 아니다. 둘 사이의 관계를 성숙시켜 특이점을 발아하기 위한 활동이라 할 수 있다. 관계의 상호작용이 강렬해져서 특이점이 되면 그것은 일을 도모하고 궁리하고 선택의 한 경우의 수가 된다.

물리학에서는 특이점을 '에너지가 물질이 되는 포인트'라고 말한다. 사실 비물질적인 에너지가 실물이 것이 된다는 것은 약간 공상이나 망상과도 같이 느껴질 것이다. 그러나 정동의 반복은 결국 활력과 생명 에너지의 반복이며 그것이 바로 실물 자원―이를테면 선물―으로 이어지는 첩경이라는 점에서 특이점이 될 수 있다. 다시 말해 물리학에서 말하는 특이점은 까다로운 조건이 충족되어야만 드물게 발생할 수 있는 아주 특별한 일이 아니라 오히려 우리가 접하는 현실의 도처에서 만들어지는 일상적인 것이라고 할 수 있다. 정동은 흐름의 형태로만 존재할 수 없다. 강렬한 상호작용을 통해서 특이점이라는 색다른 포인트를 만들어낼 수 있다. 정동은 흐름의 형태로 지도제작되지만, 어느 지점에서는 반복을 통해 강렬도를 높이고 색다른 현실의 입구를 개방한다. 이에 따라 '정동이 반복으로 가해지는 곳', '정동이 강렬하게 상호작용되는 곳', '정동이 지도제작되는 과정에서 매듭이나 지절과도 같이 머무는 곳'에 대해서 주목해야 할 것이다. 그곳이 바로 향후에 우리가 선택할 가능성의 경우의 수이기 때문이다.

특이점이 하나라면 한계, 유한성, 제한 때문에 큰 힘을 발휘할 수 없겠지만, 다양한 특이점들이 집단적 배치를 이루어 선택의 경우의 수를 늘린다면 그것이 곧 회복탄력성, 생태복원력의 원천이 될 수 있다. 그런 면에서 특이점도 메타모델화의 원리가 적용되어야 한다. 메타모델화는 하나의 모델을 통해서 모든 것이 해결될 수 없고 여러 모델을 넘나들며 문제의 근접적인 방법론을 찾아야 한다는 방법론이다. 정신적인 어려움이 생겼을 때, 정신분석 모델만이 아니라, 심리치료, 인지치료, 선 수련, 임상의학 등 여러 모델을 넘나들며 치유에 도달하는 방법이 그것이다.

마찬가지로 특이점도 다양한 특이점이 어우러져서 하나의 특이점만으로 해결할 수 없는 기후위기와 같은 거대한 문제설정에 대해서 탄력성, 융통성, 민감성, 복원력 등을 갖추어야 할 것이다. 복잡계로서의 현실이 단 하나의 특이점으로 문제가 해결될 것이라는 믿음과는 결별해야 한다. 따라서 정동의 반복적 투여는 여러 특이점을 설립하는 방향으로 향해야 한다. 그 과정은 선택과 집중의 문제라는 방법론을 회피하지는 않는다. 일단 가까이에 있는 특이점부터 출발해야 할 것이다. 가장 가까이에 있는 가족, 친구, 이웃과의 관계에서의 정동을 강렬하게 만드는 것으로부터 특이점의 확산을 이룰 수 있는 기초적인 방법을 찾아야 할 것이다.

특히 정동의 특이점의 파급력은 미래로부터의 소급력을 능가한다. 이를테면 현 정부의 탄소중립 2050선언을 들 수 있다. 만약 탄소감축을 소급적으로 적용하면 우리나라는 현재 IMF 사태 때 있었던 GDP 7% 감축의 두 배에 달하는 탄소 감축과 탈성장을 해야 하는 상황에 직면해 있다. 그러한 압도적인 소급력 때문에, 아무도 로드맵과 절차와 방법을 말하지 못하고 있는 상황이다. 그저 선언만 하고 있는 것이다. 그러나 특이점 하나하나의 파급력을 미래의 유한한 시간의 소급력과 교차적으로 만들 때 비로소 정동의 특이점을 통해서 도전해 볼 의지와 용기가 생기게 된다.

특이점을 늘려나가고 하나의 특이점에 더욱 에너지와 활력이라는 정동을 가하게 되면 그것은 분열적인 힘을 발휘해서 필요한 만큼의 파급력을 형성하게 될 것이다. 이를 통해서 소급력의 압박을 넘어선 정동이라는 활력과 에너지의 여러 특이점의 파급력이 전환사회를 앞당기게 될 것이다. 문제는 앞서 얘기했듯이 하나의 특이점이 아니라, 여러 특이점이 동시에 파급력을 발휘해야 한다는 점이다. 더욱 입체적이고 다채로운 특이점을 설립하기 위해서는 정동의 반복이 해야 할 일들이 많다. 그런 점에서 탈성장사회와 기후위기 시대는 더욱 정동의 활력과 생명 에너지가 해야 할 일들이 많다. 그 목표에는 정동이 해방되는 단계가 있다.

사회적 경제는 내부자거래를 통해서, 특이점 설립을 통해서, 정동의 순환으로서의 상호작용과 정동의 흐름을 통해서 내부관계망의 생태다양성과 탄력성, 복잡성을 구축할 수 있다. 정동자본주의 하에서 사회적 경제가 위축되었던 이유는 정동의 흐름의 영역을 자본이 포획했기 때문이다. 그러나 정동의 상호작용이라는 근접거리의 접촉과 피드백의 영역에는 아직 자본이 침투해 오지 못한다. 강한 특이점 설립이 여전히 사회적 경제를 통해서 가능한 이유가 여기에 있다.

코로나19 사태는 공동체기업과 협동조합에게 크나 큰 타격이 아닐 수 없었다. 대면접촉이 불가능해진 상황에서 정동의 강한 상호작용을 통한 특이점 설립이 원천적으로 불가능했기 때문이다. 그러나 모든 영역이 텅 비어 있지만은 않았다. 가장 가까이에 있는 사람들과 친구, 가족, 부부, 이웃, 조합원 등과의 강한 상호작용은 여전히 특이점 설립의 원천이기 때문이다. 비록 적은 사람들이고 국지적인 만남에 불과하다고 얘기할 수도 있지만, 모듈의 설립은 공동체기업의 강건한 실존의 토대가 될 것이다. 그리고 정동의 강렬한 순환은 특이점 하나하나를 설립하고 이를 통해서 회복탄력성의 원천을 만들어낼 것이다.

사회적 경제의 잠재력은 여기에 있다. 정동자본주의의 도전에 따라 자신의 가치와 의미, 정동의 흐름에 대한 주도권을 플랫폼 등에 빼앗기고 있는 현 시점에서 강한 상호작용을 통한 모듈 단위 설립으로 특이점의 경우의 수를 늘리고 이를 통해서 회복탄력성과 복원력을 높이는 실험은 언제든 가능하다. 그것은 지금 당장, 가까이에서 가능한 실험이자 실천이라는 점에서 사회적 경제, 즉 정동경제의 주도권 재탈환이 가능하다. 사회적 경제의 혁신성과 선도성은 여기서 복원될 것이다. 바로 정동의 재발견을 통해서 말이다.

2. 지도 그리기 전략, 결사체와 사업체 간의 긴장관계와 정동으로 바라본 그 너머

협동조합을 넘어선 공동체기업은 가능할까?

협동조합에서 회계를 맡고 있는 청년 A씨는 의문이 가시지 않는다. 그는 협동조합의 가치와 의미 등에 대한 교육은 많이 받았음에도, 협동조합의 기능적인 업무만이 그에게 주어진 상황이다. 협동조합의 일원이 된 이래 그에게는 늘 단순반복의 일거리들이 밀려들었다. 그는 자신의 일이 지금까지 교육받았던 협동조합의 의미와 가치를 추구하는 것과는 조금 상이한 업무임을 느끼고 있다. 여타 회계 처리 실무자처럼 자신도 명확하고 분명하게 일 처리를 하려고 한다. 하지만 그 일을 해낼 의지와 뜻을 만드는 원천에서 근원적인 빈곤감을 느낀다. 주기적으로 치러지는 협동조합의 교육도 큰 틀에서 벗어나지 않는 동어반복이 강한 상황이다.

특히 노동과 활동의 명확한 구분이 안 되는 업무의 특성상 활동 쪽으로 가려면 의미와 가치가 필요하고, 노동 쪽으로 가려면 기능과 역할이 필요한데, 두 방면 모두에서 그의 위치는 애매모호하다. 점점 그는 소진되어 가는 느낌이 든다. 상급자와의 상담 시간도 갈수록 길어지고 있다. 물론 협동과 살림, 호혜와 증여의 일을 하고 있다는 자긍심과 자존감이 그를 버티게 하는 원천이기는 하다. 그러나 현실은 입체적이고 복잡계이기 때문에 여러 가지의 요구가 있기 마련이다. 협동조합에서 실무자들에 대한 정동적 돌봄의 시간이 부재하다는 점도 자본주의적인 노동과 크게 다르지 않음을 느낀다. 물론 협동조합의 결사체라고 할 수 있는 내부 모임에도 주기적으로 참석하여 이를 보완하려고 하지만, 일상적인 돌봄과 정동의 빈곤은 그를 지치게 한다.

그는 올해 업무가 마무리 되면 안식년을 가지려고 한다. 그러는 이유는 협동조합의 역사적인 맥락과 활동 전반에 대해서 점검하기 위해서이다. 그는 협동조합의 근대적인 특성인 '의미와 가치의 결사체'와 '기능과 역할의 사업체'의 결합에서 부재한 것이 돌봄과 정동의 측면이라고 생각하고 있다. 그는 또한 공동체기업의 창업을 준비하고 있다. 그간 만났던 사람들과 관계를 성숙시키면서 지금 다니고 있는 협동조합으로부터 재정적인 지원을 받아 독립공동체기업 법인 설립을 구상하고 있는 것이다. 그가 다니는 협동조합에서도 전폭적으로 지원해 주고 있다. 그의 실험은 어떤 결과를 낳을지 아무도 모른다. 그것이 협동조합이 아닌 형식일 수도 있다. 그러나 그는 젊고 도전에 나설 준비가 되어 있다.

회계담론과 구성담론

수익 모델은 사회적 경제의 블랙홀이다. 이른바 회계담론이 그것이다. 마치 블랙홀에 빨려 들어가듯 모든 것은 회계를 통해서 포획되고 평가되는 것이 회계담론이다. 협동조합의 회계는 기본적으로 제로회계를 기반으로 한다고 말한다. 다시 말해 수익과 지출이 제로가 되는 것으로, 남아도 안 되고 부족해도 안 되는, 제로성장에 기반한 회계이다. 그러나 협동조합은 언제부터인가 사업체의 유지와 지속가능성의 입장에서 영업이익 등을 추구해 왔으며, 어느 누가 보더라도 성장주의와 마찬가지로 사업의 확장과 수익 모델의 안정성에 따라 평가되기 시작했다. 여기서 수익 모델을 지향하면서 변변한 결사체조차도 없으면서 사업 수완을 위해서 협동조합을 구성했던 기업들은 일단 논외로 해야 할 것이다. 문제는 의미와 가치의 입장에서 결사체를 구성함으로써 사업체를 꾸렸던 많은 협동조합의 상황이 회계담론에 포획되면서 사실상 기존 주식회사나 기업과의 차이점이 사라진 지점에 있다. 특히 정동의 흐름에서의 회계담론은 강렬도를 평면화하고 의미화하며 스냅사진과 같은 것에 들러붙어 해석되게 만든다. 그래서 정동하고 정동되는 과정은 끊임없이 회계담론의 눈치를 봐야 하며, 정동의 강렬도를 높일 수 없도록 붙잡는 제동장치와 같은 것으로 간주된다. 이렇듯 정동의 강렬도가 자원(resource)에 의해서 해석되는 상황은 활력과 정동을 해방시키려는 정동해방의 탈주선을 무력화하는 데 일조할 것이다.

정동의 흐름은 과정적이고 진행형적인 구성담론으로 나타난다. 그 자리가 뜨거워지고 이야기들이 많이 생기고 정동의 순환이 강렬해지는 것은 구성적 과정의 효과이다. 일단 자원의 동원 여부를 떠나서 신체로부터 기인한 정동의 강도, 밀도, 속도, 온도 등의 흐름에 몸을 싣고 이야기를 전개하는 것이 협동조합을 풍부하고 다양하게 만드는 원천이 된다. 그러나 화석화하고 나비표본과 같이 만드는 회계담론이 구성담론을 압도하는 상황은 조합원들을 얼어붙게 하고 이야기 구조의 설립을 어렵게 한다. 그렇듯 회계담론은 구성담론의 정동 흐름의 야성성을 무력화시키는 원천이다. 구성담론에서 "그래 우리 이런 일을 한 번 해 보자!" 하고 나서는 사람이 생길 때, 회계담론이 "그것이 우리에게 어떤 수익이 되지?"라며 가로막는다. 그렇기 때문에 제대로 나서 보지도 못하고, 결국 계산 이성을 작동시켜서 따져보는 동안 구성담론으로 생성된 힘과 에너지가 사라져 버리기도 한다.

동시에 구성담론에 따라 프로젝트에 신청하여 프로젝트의 독특한 회계 담론에 걸려들면, 프로젝트 기간이 지나면 활력이 뚝 떨어져 버려 지속가능성을 기약할 수 없는 사업으로 전락하고 만다. 회계담론은 성과주의의 덫이자 협동조합이 빠진 함정이다. 우리는 자원에 예속된 활력을 넘어서, 자원에 예속되지 않는 활력의 소중함과 가치를 다시 한번 상기할 수밖에 없다. 그러한 자원에 예속되지 않는 활력은 신체로부터 기인하지만, 정동의 야성성과 혁신성의 약속을 우리에게 던져주기 때문이다.

자원에 예속되지 않는 활력정동에 대해 우리는 이런 질문을 자주 듣는다. "그럼 어떻게 먹고 사느냐, 지속가능성을 약속할 수 있느냐?" 하는 것이다. 그러나 자원이 투하되어 거기에 걸려든 활력의 경우에는 상상력과 이야기 구조가 자원이 갖고 있는 해석 구조에 걸려 들어가 버린다. 이를테면 무수한 프로젝트는 프로젝트 결과보고서와 회계 처리에 걸려듦으로써 그 일을 더욱 확산하고 확장할 수 있는 상상력과 이야기 구조가 그러한 해석 체계에 따라 멈추어지고 화석화되어 버리는 것이다. 물론 다른 프로젝트로 흐름을 타고 쉽게 넘어가 버리는 수도 있지만, 근본적으로 프로젝트 기반의 회계담론이라는 해석 체계에 걸려든 상상력의 한계는 여실하다. 다시 말해 야성적이고 혁신적인 정동의 이야기 구조와 상상력이 나오지 않게 되는 것이다. 부드럽게 완화되고 중화되어 있는 프로젝트 기반의 해석 체계를 의식한 상상력은 정동의 강렬도를 약화시킨다. 여기서 보는 사람에 따라 제도와 프로그램으로부터 벗어난 날것으로서의 정동을 연상하기도 한다. 우리는 게토경제나 제3세계에서 자원이 없는 상황에서 활력정동이 얼마나 강렬해지는

지를 확인해 볼 수 있다. 물론 그것은 배제되고 억압되고 차별에 직면한 영역에서의 정동순환의 양상이다. 그러나 그 날것으로서의 정동을 면밀히 살펴보면 우리는 반짝이는 보석과도 같은 신체 내 정동의 구성담론의 역할을 발견할 수 있다.

회계담론과 구성담론은 서로 팽팽한 긴장관계에 있지만, 구성담론이 동기와 이유라면 회계담론이 결과로 나타난다. 물론 프로젝트를 수행할 때 구성담론으로 시작해 회계담론으로 끝나는 선형적인 시간대를 구상해 볼 수도 있다. 그러나 사실 프로젝트는 기본적으로 회계담론의 결과에 구성담론을 예속시키는 방식의으로 구조화된 사업이다. 협동조합의 사업 역시 프로젝트 형태로 점차 변화하고 있다는 점이 드러난다. 그 반대편에 구성담론의 강렬도가 완벽하게 회계담론을 압도하고 그 강렬도로 인해 회계담론이 그다지 의식할 만한 것이 못 되는 수준으로 이끌어왔던 협동조합을 상상해 볼 수 있다. 그러한 결사체의 가속화와 정동의 강렬도의 폭발에 따라 활동의 판을 짰던 것이 협동조합이다. 그러나 오늘날 활동이 많이 약화된 것은 회계담론이 협동조합의 판을 완전히 주도하는 것으로 나타났던 시점과 일치한다. 이제 활동가라는 협동조합의 실무자들도 회계담론에 따라 역규정되어 활동이 아닌 노동을 하는 상황으로 변화된다. 이러한 현상은 협동조합의 판의 변화에 따른 것이기 때문에 실무자 개인의 활동가 마인드를 가지지 못한 것으로 비난하거나 힐난할 이유가 전혀 없다.

구성담론과 회계담론은 겉에서 보면 인과관계 같은 것으로 보일 수도 있다. 이는 들뢰즈와 가타리의 『안티 오이디푸스』(2014, 민음사)에서의 논의처럼 접속(connection)에서의 욕망 생산 이후에, 이접(disjunction)에서의 욕망 등록, 그다음에 연접(conjunction)에서의 욕망 소비라는 형태의 욕망(libido)

의 정치경제학 구도에서도 보인다. 이러한 리비도경제학의 시간 순서에 따른 구도는 순차적인 배열처럼 그다음에는 무엇이 오고 그다음은 무엇이 오는 것이라고 느껴진다. 그러나 욕망의 생산은 구성담론이며 모든 과정이나 진행에 기본적인 정동의 흐름으로 깔려 있는 것이다. 문제는 욕망의 소비라는 단계에서 정체성(identity)으로 식별되는 회계담론이 역으로 욕망의 생산을 재규정하면서 순서 자체의 의미를 완전히 무시해 버린 현재의 상황에서 발생한다.

예를 들어 욕망, 정동, 활력이 오가던 공동체 회의 자리가 있다고 하자. 여러 가지 상상력과 이야기 구조가 여기서 생겨났다. 그런데 마침 우연히 프로젝트가 선정되어서 이제 공동체 회의에서 회의비를 지급하기로 결정했다고 하자. 그러면 그 작은 자원에 따라 역규정되어 참여하는 사람이 생기고, 그 사람의 이야기 구조는 자원에 묶여 있어서 자신의 배치를 재조정하게 된다. 그러면 상상력과 이야기 구조의 질적인 측면이 계량화되고 자원에 따라 규정되어 버리는 것이다. 물론 구성담론과 회계담론 사이의 역동적인 긴장관계가 없는 것은 아니다. 그러나 현실은 복잡계이기 때문에 여러 가지 면을 함께 살펴야 하는 것도 사실이다.

결사체와 사업체를 넘어선 정동체

협동조합에는 결사체와 사업체의 두 가지 모델이 교직되어 있다. 결사체는 뜻과 지혜와 아이디어를 의미와 가치에 기반하여 모이는 결사 조직으로, 어소시에이션(association)이라 불린다. 일본의 대석학 가라타니 고진(柄谷行人)은 미래사회를 어소시에이션 사회라고 구상할 만큼 풍부한 가능성과 역사성을 가진 조직의 구성이라고 할 수 있다. 그런데 협동조합이 '의미와 가치'에 기반을 둔 결사체는 동시에 '의미화=가치화=자본화'라는 인지자본주의 유형의 조직 형태에 포획될 위험성도 안고 있다. '~은 ~이다'라는 의미화의 구도는 결국 인지자본주의의 의미의 합리성 기반을 제공한다는 점에서 가장 이성적이고 합리적인 형태의 인식구조를 배태한다. 이에 따라 협동조합의 합리성은 결사체와 사업체를 연결하는 인지자본주의 유형의 조직 모델로부터 벗어나지 못한다. 그것을 협동조합의 근대성이라고 해석할 여지조차도 있다.

여기서 결사체는 '의미와 가치'를, 사업체는 '기능과 역할'을 부여받아, 한 쌍으로 이루어진 협동조합의 내부 구성이 만들어진다. 그러나 의미와 가치도 완성형이고 기능과 역할도 완성형이기 때문에 정동의 흐름과 순환이라는 과정형은 누락되어 있다. 모임 공지만 하면 사람들이 모여들어 저절로 사업이 이루어지는 모델이 바로 완성형이 꿈꾸는 바이다. 물론 그것은 성장주의가 배태한 환상이다. 사람들을 조직하고 구성하는 정동과 돌봄의 판을 짜는 실천 없이 의미만 알리면 곧바로 사람들이 모일 것이라고 보기 때문이다. 저성장 시대, 더욱이 역성장 시대로 나아가는 협동조합에서는 미세한 차원에서의 정동과 돌봄 작업이 지속적으로 요구된다.

협동조합의 기능과 역할을 담당하는 실무자들은 협동조합의 시니어들이 만든 결사체의 의미와 가치를 교육받는다. 그러나 그것은 마치 어른들로부터 가훈을 듣는 아이들처럼 지루한 과정으로 느껴질 수도 있고, 더불어 그것이 어떠한 정동효과를 가져다주는지에 대한 설명이나 이야기 구조가 결여되어 있다는 것이 특징이다. 다시 말해 협동조합이 제도적이든 비제도적이든 정동과 돌봄의 차원에서 어떻게 실무자의 배려하고 돌볼 것인지는 가장 근본적인 질문이다. 실무자가 하나의 기능만을 담당한다 하더라도 동시에 다기능적인 정동과 돌봄의 작동도 동시에 필요한 것이 복잡계로서의 현실이다. 그런 점에서 협동조합의 실무자들을 활동가로 부르기 위해서는 활동의 동기와 이유가 되는 근본적인 정동과 돌봄의 구성작용이 요구된다. 결사체로서의 협동조합은 의미, 가치, 제도, 척도, 규정 등을 만드는 두뇌의 역할을 하는 것에 머물러서는 안 된다. 오히려 사업체로서의 협동조합에 다채로운 정동의 흐름과 순환이 만든 이야기 구조와 상상력을 격발하고 정동을 해방하기 위한 다양한 프로그램과 만남, 돌봄 등을 수행해야 한다. 그런 점에서 결사체는 두뇌가 아닌 몸이 되어야 한다.

협동조합의 몸으로 결사체가 변모하기 위해서는 구체적인 피와 살, 활력, 정동의 살아 있는 실체를 구성해야 한다는 것이다. 물론 협동조합 자체가 실체가 있는 사업체라는 사실을 많이 내세우는 것도 사실이지만, 이러한 실체로서의 사업체는 사실상 정동의 흐름과 순환이 없다면 취약하고 자본주의적인 형태로 포섭될 수밖에 없는 영역이기도 하다. 협동조합의 실질적인 몸은 정동과 활력, 돌봄이 어떻게 유통되고 순환되느냐에 달려 있다. 협동조합의 창립 주역들이 이념의 세대였다면, 두 번째는 회의 구조에서 단련된 활동가 세대이다. 현재 협동조합의 운영 단위나 시니어들이 회의 구조에 단련되어 배출된 활동가들이라는 사실은 장단점이 있다. 회의 구조에서는 정동과 돌봄, 활력의 원천은 차단된 채로 합리적이고 이성적인 대화와 담론이 유통된다. 이러한 과정을 통해 단련되어 온 결사체는 협동조합 실무자들의 환경과 이들이 직면한 정동 빈곤의 현실에 둔감할 수밖에 없다. 특히 청년 세대가 협동조합으로 유입되기 위해서 어떤 정동의 배치와 활력의 순환이 필요한지 질문조차 하지 못하는 상황에 직면해 있다. 그러한 과정에서 협동조합은 늙어 가고 있다.

협동조합에서 사업체의 약화는 결사체를 붕괴시키고 분열시키는 원인이 될 수 있다. 그러나 결사체 관계망의 재편과 재배치를 통해서만 탈성장, 저성장, 역성장, 제로성장의 시대를 경유하면서 협동조합의 혁신성과 선도성을 재건해 낼 수 있다. 결사체는 일종의 정동체로서의 변환과 이행이 요구된다. 다시 말해 사랑, 욕망, 정동, 돌봄 등의 강렬도를 높이는 입자가속기 하나를 협동조합에서 설립해야 한다. 이를 통해 활력과 에너지를 유통하고 활동가들에게 새로운 비전을 제시하고 생명력을 부여해 줄 수 있는 이야기 구조와 상상력의 토대를 구축해야 하는 것이다. 물론 이러한 상황에서 중대한 착시효과를 유발할 수 있다. 정동자본주의 상황과 협동조합의 정동경제는 오버랩되어 정동자본주의의 플랫폼의 일종으로 전락할 위험도 상존한다. 그러나 정동자본주의는 정동을 동원하여 수익을 내려는 방법이라면, 협동조합은 정동을 통해서 관계를 실질화하고 이를 통해서 우리가 직면한 기후위기와 생명위기 시대의 탈주선이 되려 한다는 점에서 차이가 있다.

이것은 근대 유형과 인지자본주의의 형태에 머물고 있는 협동조합의 새로운 단계로의 이행을 의미한다. 이는 협동조합에서의 정동과 돌봄의 도입은 정동자본주의에 동조화(coupling)하기 위해서가 아니라, 정동을 새로운 원천으로 삼아 결사체를 더욱 튼실하게 만들고 정동의 구성작용을 통해서 대안적인 전환사회로의 이행을 앞당기기 위한 전략이다. 물론 앞에서 얘기했던 착시효과에 머무는 사람도 있을 것이다. 정동자본주의를 찬양하고 협동조합에서의 정동의 입자가속기가 아닌 또 다른 수익 모델로서의 사업체를 구상하는 사람들이 대표적인 경우다. 그러나 정동은 완전히 해방되어야 하며, 활력과 정동, 돌봄 등에 의해서 감성적인 상냥함이, 정동의 부드러움에 의해서 야성적인 활력이 발생하는 분자혁명을 상상해 볼 수 있다. 정동해방의 국면은 우리가 상상치 못했던 다양한 활동의 격발을 의미한다. 우리는 기후위기 시대와 탈성장 시대를 경유하면서 감당하지 못할 정도로 바빠질 것이다. 그것은 정동순환의 국면이 어느 때보다 강렬해지는 것을 의미한다. 얌체, 관심종자를 키우는 정동자본주의 국면은 정동과 활력의 강렬도를 높이지 못하는 제동장치에 불과하다. 그러나 협동조합은 정동의 입자가속기를 통해서 방대한 강렬도의 정동을 발생시키고, 이에 따라 정동해방의 국면으로 점차 이행해 갈 것이다. 정동만이 결사체와 사업체의 이분법을 허물고 협동조합의 지속가능성을 약속할 수 있는 색다른 전략의 지도제작을 상상하게 하는 원천이 될 것이다.

정동의 삼원구도

그런 점에서 정동은 결사체(association)가 협동과 살림의 구성작용을 만드는 '기계적 핵'(=핵심 집단)으로부터 반복 설립의 가능성을 찾는다. 기계적 핵은 핵심적인 사안과 가치, 의미 등을 결정할 수 있는 내부 관계망이며, 반복 설립의 틀을 제공하는 핵심 집단이다. 일단 이러한 반복 설립의 양육자이자 판 짜는 자로서의 기계적 핵은 '조합원들이라는 기계적 영토성'에 기계적인 제어를 가하고 '사업체로서의 특이점'에는 예속된다는 점이 특징적이다. 기계적 핵의 결정 사항들은 사업체에 곧바로 적용 가능하지만, 그것은 자본주의적인 정체성을 가진 특이점에 대한 핵심 집단의 예속적인 형태를 띤다는 점이 독특하다. 결사체와 사업체의 관계가 재조명이 될 수밖에 없는 이유가 여기에 있다. 결사체라는 기계적 핵은 사업체라는 '특이점'에 대해 교섭할 때, 자신의 손발과도 같은 형태로 느끼며 교직한다. 그러나 조합원이라는 사랑, 정동, 욕망이 반복되고 서식하는 '기계적 영토성'으로부터 분자적 탈주선을 설립하는 제어가 이루어진다. 결국 핵심 집단으로서의 결사체는 의미와 가치 형태로 사업체인 특이점에 대해 의미에 수렴되는 몰적 소외라는 예속관계를 형성하지만, 조합원이라는 기계적 영토성에 대해서는 분자적인 탈주선을 설립하는 제어와 교섭의 관계를 유지함으로써 에너지와 활력을 충당 받을 것이다.

이 모든 것은 펠릭스 가타리의 『기계적 무의식』에 대한 발상주의적인 접근법이다. 정동의 반복 영역은 분명 민중, 소수자, 조합원, 대중 등의 영역에 있지만, 이에 대해서 반복을 설립하는 영역은 핵심 집단에 속한다. 그러나 조합원 영역에서의 관계망을 고려하는 것은 핵심 집단의 의제 선정에서 필수요건이다. 그런 점에서 조합원들의 정동 반복이 어떤 형태, 어떤 속도, 어떤 강도를 가질지를 제어하고자 하는 태도를 취하는 것이 핵심 집단, 즉 결사체의 모습이다. 결사체로서의 핵심 집단과 조합원 대중 간의 정동을 둘러싼 미묘한 제어의 영역이 협동조합에서는 민감한 부분이기도 하다. 결사체라고 자임하는 부위의 회의나 세미나, 토론회 등에서 조합원의 정동의 밀도, 강도, 속도, 온도 등에 제어적인 태도를 취하는 것은 통제장치와는 차이가 있다. 오히려 정동의 반복 설립에서의 설명력과 해석의 차이, 현장에서의 느낌의 차이 등이 강조될 수 있다.

그러나 정동의 반복을 설립함에 있어서 핵심 집단인 결사체의 주도권은 이미 그 판을 짜는 사람이 누군냐에 따라 결정이 될 수밖에 없다. '기계적 핵으로서의 결사체'와 '기계적 영토성으로서의 조합원'들의 미묘한 차이는 정동에 대한 기계적 제어, 즉 정동의 반복에서의 강렬도가 어떤 탈주선을 탈

것인가에 대한 제어 과정으로 나타난다. 어떤 때는 결사체가 더 뜨겁게 정동의 반복을 만들 수 있다. 반면 조합원들은 시큰둥하게 반응할 수도 있다. 대부분의 경우는 조합원 대중이라는 기계적 영토성에서의 정동의 반복이 가장 강렬하게 현장의 여러 가지 문제해결에서 유능함을 보이고, 결사체는 이에 따라가기 바쁜 경우가 많다. 그러나 어느 쪽이든 문제 상황에 대한 대응은 대부분 확률적이고 임기응변적인 경우가 대부분일 것이다.

결사체라는 핵심 집단인 기계적 핵의 작동과, 사업체라는 자본주의적 주체성인 특이점으로서의 사업체의 관계는 예속관계라고 할 수 있다. 핵심 집단인 결사체가 의미와 가치를 부여하면 특이점인 사업체는 기능과 역할로 이를 구현할 수밖에 없다. 조합원이라는 정동체로서의 기계적 영토성은 시야에서 멀어지고 제3의 지대에 머문다. 그렇기 때문에 조합원이라는 기계적 영토성의 제3의 지대에 대한 관점을 갖지 않는다면, 결사체와 사업체의 관계는 고용주와 노동자의 관계로 변모한다. 그렇기 때문에 노동이 아닌 활동의 관계를 유지하기 위해서는 조합원들의 참여가 어느 수준 이상으로 유지될 필요가 있다. 결국 '의미체'에 의한 '기능체'로의 예속관계에 어떻게 '정동체'가 개입할 것인가의 여부가 문제이다. 이 논의는 사회적 경제 내부에서 협동조합에 한정된 논의이고, 정동과 관련된 논쟁이라고 할 수 있다. 그러나 더 확장해 보자면 공동체, 공공영역, 시장영역과 이를 연결하는 정치과정, 사회과정, 정책과정의 삼각형으로 이를 묘사해 볼 여지는 충분하다. 물론 이러한 다이어그램의 표현 양상은 철저히 발상주의를 벗어나지 않는다. 자의성을 기반으로 한 발상주의는 설명력을 높이는 데는 도움이 되지만, 그것인 진리인지 아닌지의 논의로부터는 벗어난 비스듬한 다양성 논의의 영역이라고 할 수 있다.

3. 내발적 발전 전략, 정동 흐름과 순환의 시너지효과

개인주의와 공동체주의 사이에서

한국사회에서 개인주의의 팽배 문제는, 관계의 필요성보다 관계에서 오는 피로를 많이 느낀다는 점에서 비롯된다. 그만큼 만남이 시작되고 끝나는 속도는 빠르고 지속성의 측면에서는 찰나에 수렴하는 사유에 머무는 것이 오늘날 개인주의의 모습이다. 근시안적이며 일회적인 단기적인 시간과 공간(만남)을 선호하는 사람들이 점점 다수가 되는 것이 정동자본주의에서의 삶-시간의 현실이다. 이를 바탕으로 정동자본주의는 미래세대의 시간대를 완전히 사라지게 만들고, 대신 단기적인 지대차익이나 단기투기성 자본의 형태로 찰나의 이득에 대한 탐닉으로 나아가고 있다.

K씨 역시 짧게는 몇 시간 앞밖에 볼 수 없는 사람이다. 왜냐하면 정동으로부터의 소외와 관계의 단절이 자기 가까이에 있는 미션이나 프로젝트형 사업 등에 대해서만 감각하고 사유하게 만들기 때문이다. 그런 맥락에서 그는 기후위기에 대해서도 '내가 어찌할 수 있는 일이 아니다'라는 입장을 취한다. 그의 정동순환은 너무도 짧은 주기를 보이기 때문에 대부분 망각되는 찰나의 연속이다. 더욱이 찰나를 실체화할 수 있는 '시간의 단독성(singularity)', 즉 "이 순간이 생애 단 한번뿐인 순간이다!"라는 실존적인 시간대 인식조차도 없다. 더불어 장기적인 미래를 상상하거나 생각하는 것에서

는 완전히 멀어져 있다. 그는 공동체가 간섭과 참견이 많은 토착적이고 전통적인 관계라고 단정하기 때문에, 개인의 결정만이 중요하다고 생각한다.

정동은 빠르게 순환하고 종결된다. 단 몇 분, 몇 초 사이의 일이며, 그다음에 대부분의 정동은 대리충족 기제들에게 맡겨진다. 스마트폰, 미디어, 컴퓨터, 주식 시세판, 프로젝트 게시판 등에서 그의 정동은 인공지능과 유사한 자동 감응장치처럼 이미지의 강도가 주는 강약이 조절되는 상태에 처한다. K씨처럼 가까이에 있는 것과의 관계가 품고 있는 근접거리 정동에 민감하지 못하다면, 기후난민이나 미래세대에 대한 걱정과 같은 원거리 정동 에 공감하기란 더욱 어려운 일이다.

그에게는 정동은 회피되어야 할 기제가 되고 만다. 그는 가까이에 있는 것과 멀리 있는 모든 것을 삭제한 채 다양한 플랫폼에 정동을 맡긴다. 지금, 여기, 가까이에 있는 실존적인 질문에 대해서도 무심하다. 그는 철저히 개인이며, 생존을 위해 빠르게 움직이고 이동하는 개체(individual)일 뿐이다. 그는 공동체의 거대한 무의식의 행렬에서 이탈하여 혼자 있을 권리와 자유를 얘기하고 파열음을 내며 끊임없이 도주한다. 스스로 결정할 수 있는, 그리고 혼자서 결정해야 할 일이 많다는 것을 수많은 자동기계들과 플랫폼들 속에서 끊임없이 확인하면서 결국 그는 관계의 성숙보다 개인의 성공이 먼저인 개인주의자로 자리매김하는 것이다.

내포적 발전과 관계의 성숙

1976년 일본의 사회학자 츠루미 가즈코(鶴見和子)가 창안한 내발적 발전(endogenous development) 이론은 '양적이고 외양적이고 실물적인 방향의 성장주의와 개발주의'를 반대하면서, '내포적이고 관여적이고 질적인 방향의 성숙의 경제'를 구상한 것이다. 성숙의 경제는 성장의 경제를 대체할 방법을 제안한 것이며, 공동체의 내적 경제의 시너지효과나 승수효과에 대한 탐색이다. 이를테면 음식물 쓰레기와 관련된 여러 가지 민원은 주민공동체로 하여금 비료 만들기 기업이나 농업에 종사하는 사람들과의 내부 관계망을 조성하여 이를 소득과 수익으로 만들어내면서 음식물 쓰레기의 흐름과 순환을 형성하게 만든다. 그렇게 되면 음식물 쓰레기는 더 이상 골칫덩어리가 아니라 내부 관계망을 성숙시키는 소재가 된다. 이러한 사례는 아주 많다.

일종의 내부자거래라고 할 수 있는 다양한 주체성 사이를 순환하는 내발적 발전 양상은 골목상권을 풍부하게 만드는 행동 양식일 수 있다. 골목상권 논의에서도 한 지역에서 거래가 돌고 돌면서 목욕탕 주인이 만 원을 미장원 주인에게 쓰고, 미장원 주인이 철물점 주인에게 만 원을 쓰는 식으로 순환하면 그 만 원은 만 원 이상의 승수효과를 일으킨다는 레퍼토리가 있다. 이 내발적 발전 모델은 공동체경제, 커뮤니티 비즈니스의 모델로도 불리며 각광을 받았던 때가 있었다.

이러한 성숙의 경제에서 관계는 사실상 정동의 반복, 흐름, 순환이 그리는 궤적을 따라가며 관계 자체가 풍요롭고 다양해지는 양상이라고 할 수 있다. 그렇다고 그것이 정동하고 정동되는 과정이 그리는 거울관계의 일대일 대응은 결코 아니다. 주인공과 관객이 구분되고, 정동하는 사람이 있고 정동되는 사람이 있는 일대일 대응관계는 사실상 관계를 소비할 수 있다는 개인주의적 발상의 기원이 된다. 전문가들은, 사람들이 관객이라는 정동되는 입장에서만 영원히 서 있는 것도 아닌데 사람들을 정동되는 사람으로만 동원하며 본인은 어디까지나 정동하는 입장에만 선다. 동시에 그들 자신이 정동되는 과정으로 이행하면 얌체처럼 빠져나온다.

그런 상황은 역으로 늘 정동하는 사람들로 규정된 주인공들을 만들어내기도 한다. 그리고 그러한 관객이나 청중, 시청자들은 정동하는 주인공의 자취와 이미지와 영상 등을 소비하면서 추앙하고 자신의 정동을 투사하고 소비하고 향유하는 양상으로 고정시킨다. 그러한 주인공 담론 하에서 일대일 대응의 정동하고 정동되는 과정의 폐해는 분명하다. 관계의 성숙이 아닌 관계의 소비로 향하게 된다는 것이다. 관계를 소비하는 사람들은 정동을 인과관계로 만들고 스테레오타입으로 만들면서 이를 고정시켜 소비하고 향유한다. 이를테면 자신의 얘기를 들어주는 정동되는 입장에 서 있고, 좋은 얘기를 해주는 방식으로 정동하는 입장에 서 있는 '친구를 돈으로 사는 심리상담'과 같은 것이 그 사례일 것이다.

관계의 성숙은 기능적인 관계가 아닌 다기능적인 정동의 입장에 섰을 때 가능하다. 기능, 역할, 직분은 일면적이라면, 정동은 복잡계의 현실을 설명할 수 있는을 만큼 다면적이고 다기능적이다. 관계의 소비는 다기능적인 정동의 일부 기능을 쏙 빼내서 자본화하는 것에 불과하다. 정동은 다양한 기능과 역할을 하나의 정동의 순환과 흐름을 통해서 해결한다. 이를테면 돌봄의 과정이 그것인데, 정동이 기능적으로 나누어진다면 도저히 수행될 수 없는 일들을 한꺼번에 하는 것이 돌봄이라고 할 수 있다. 돌봄 과정에서의 정동순환은 분명히 관계를 성숙시키는 중요한 토대라고 할 수 있지만, 돌봄이 사랑이라는 이름의 동일시나 의존의 관계를 내포한다는 점에서 관계 자체의 특성인 거리조절 가능성으로부터 멀어지는 역효과를 보일 수 있다.

이를테면 사랑과 우정의 차이점에서도 드러나지만, 청소년 시절의 또래집단의 돌봄은 대부분 착하면서도 악동 같고, 이기적이면서도 이타적이고,

협력하면서도 견제하는 묘한 우정의 공식을 따른다. 이러한 공식에 따라 거리조절이 끊임없이 이루어지는 또래돌봄과 달리, 사회적 약자와 소수자에 대한 근접거리 돌봄에서는 거리조절이 이루어지기 어려운 것이 사실이다. 이러한 상황에서는 관계의 성숙보다는 정동하고 정동되는 과정에서의 정동 에너지의 소진과 고갈을 느끼는 경우도 나타날 수 있다. 그런 점에서 내발적 발전 전략은 거리조절이 가능한 사회적 관계에서의 관계의 성숙에 해당하는 전략이라고 할 수 있다.

관계의 성숙에서의 관계는 개인이 없는 공동체 형태의 전통적이고 토착적인 유형의 공동체와는 차이가 있다. 현대사회에서 개인은 공동체의 자원-부-에너지를 마음껏 사용할 수 있으며, 혼자서 선택할 수 있는 경우의 수가 많으며, 혼자서 할 수 있는 일이 충분히 많다. 그렇기 때문에 관계의 시너지 효과를 누리면서 살아가는 것이 아니라, 마치 스마트폰의 무수한 매뉴얼 버튼을 누르듯 그 대체재로서의 다양한 선택지들에 만족하는 것이 오늘날의 개인주의의 전형적인 모습이다.

물론 개인이 관계의 영역을 선택할 수 없다는 것이 아니다. 개인은 관계를 선택하지만, 그 관계가 내포한 시너지를 자신의 것으로 만들려는 것이 문제이다. 공동체의 커먼즈 영역을 개인이 전유하지 않고, 공동체의 것으로 다시 만들려는 시도를 할 때 개인의 영역은 오히려 정동의 순환에 기여할 수 있는 여지가 생긴다. 그러나 개인주의에 편향된 개인은 마치 땅 따먹기처럼 날쌔게 관계의 영역에 흠집과 틈을 내고 이를 갈취하고 약탈하는 방식으로 나타나는 자본주의의 도구적 이성의 산물이라는 특징을 강하게 발산한다. 이를 그레고리 베이트슨은 파충류의 의식과 같은 마음이라고 규정한다.

그런 점에서 신자유주의가 강조하는 기업가정신을 보유한 자기통치자로서의 개인은, 공동체의 영역에서 해결하던 도덕적이고 미학적이고 윤리적인 측면을 스스로 결정하고 개인 책임으로 환원시켜 버리는 것도 사실이다. 이 속에서 정동은 소외되고 개인은 고독, 소외, 무위, 절규의 형태로 사방으로 외로움을 호소한다. 그러나 신자유주의를 경유한 개인들이 정동으로부터 너무도 소외되어 새로운 활로를 모색하는 것은 분명하고, 그 욕망을 충족하는 대리충족의 기제가 나타나서 사람들의 관심과 참여와 욕망을 추동한 것이 플랫폼자본주의이다.

플랫폼자본주의, 다시 말해 정동자본주의는 정동을 더욱 고무하고 도모하고 양육하고 획책한다. 신자유주의에 신물이 난 개인들은 플랫폼이라는 관계망에 결집하여 무리를 이룬다. 개인들은 플랫폼에 따라 사분오열하면서 점차 관계 자체가 소비해도 되는 정동하고 정동되는 과정이라고 여기게 된다. 즉 관계를 지속적이고 오랜 시간 동안 발효시키고 성숙시키는 것이 아니라, 위생적으로 소비할 수 있는 가전제품에 장착된 콘텐츠의 일종으로 여기게 된다. 더욱 관계 속에서의 정동의 요소는 해부되고 분석되고 치밀하게 플랫폼에 배열된다. 사람들은 착각하게 된다. 정동하고 정동되는 과정에서의 정동순환이 플랫폼 내에서 내부자거래와 같이 이루어질 때, 마치 공정하고 정의롭고 마땅히 받아야 할 대가처럼 여겨지는 다양한 혜택이나 자원이 각자에게 나누어진다고 말이다. 그와 동시에 유명세를 타거나 인기가 많은 개인들이 독식하는 것이나 더욱이 플랫폼의 판 자체를 주도하는 사람들의 사적 이익이 된다는 점에 대해서도 무심결에 용인하게 된다.

다시 말해 거대한 착시효과가 생긴다. 정치 플랫폼이나 공공 플랫폼 등에서도 끼리끼리 해먹는 불공정한 과정이 허다하다. 그럼에도 불구하고 플랫폼 내부에서의 거래가 정동이 오가는 내부자거래라고 여겨지기 때문에 플

랫폼 내에서는 이상한 일이 아니고 당연한 것처럼 느껴지는 것이다. 정동자
본주의가 가장 불공정하면서도 공정함을 가장하는 것은 플랫폼이 항상 독
점화되려는 속성 자체를 보지 못하거나 의도적으로 감추려고 하기 때문일
것이다. 플랫폼자본주의 하에서의 성숙의 경제는 결국 더욱 왜곡된 형태일
수밖에 없는 것이 현실이다.

자원-부-에너지의 흐름과 사랑, 욕망, 정동의 흐름

내발적 발전 전략에서의 시너지효과는 사랑, 정동, 욕망의 흐름(flux) 위
에 자원, 부, 에너지의 흐름을 실어 보냄으로써 내포적인 관계망 성숙을 유
발하는 바에 따라 발생한다. 정동을 발휘하면서도 동시에 자원에 접근한다
는 것은 대단히 매력적이다. 이러한 접근은 보편적 기본소득과 '가사노동에
임금지급을 운동', 돌봄의 가치화 등 일련의 현안들에 상상력을 제공해준
다. 그러나 제한적으로 공공영역과 공동체영역 간의 민관협치가 자원 순환
의 원천이 되는 상황에 직면해 있는 것도 사실이다. 사실상 공공영역에서의
자원은 공동체영역의 종잣돈이 될 수도 있지만, 자율성과 혁신성, 야성성의
측면에서 족쇄로도 작동할 수 있다.

또한 내발적 발전의 형태는 사실상 내부자거래 유형의 관계망에만 국한
된다는 것이 한계이다. 다만 그로부터 분리된 영역에 있는, 아직 태어나지
않는 미래세대나 기후난민, 사회적 약자, 소수자들은 분리되거나 주변에 배
치될 가능성이 전혀 없는 것이 아니다. 열린 공동체를 지향한다면 당연히
이러한 지점은 보완될 수 있다. 다시 말해서 공동체적 관계망은 사회라는
판 위에 있는 특이점이라고 할 수 있다. 그런 점에서 사회적 관계망에서의

다양한 선택지나 경우의 수 중 일부로 공동체적 관계망이 위치한다는 점에 주목할 필요가 있다. 이른바 간(間)공동체적 관계망으로서의 사회 재건의 입장에서 공동체 재건 활동을 하는 것은 여전히 유효한 실천 전략 중 하나이다.

플랫폼자본주의 하에서의 공동체와 플랫폼 자체가 교차되면서 동시 발생하는 측면에 주의를 기울여야 할 것이다. 공동체처럼 플랫폼도 내부자거래를 통해서 자원-부-에너지의 흐름을 정동, 사랑, 욕망의 흐름에 실어 보낼 수 있다. 정동자본주의 하에서는 정동은 더욱 강렬해지고 자원, 부, 에너지의 흐름을 결정할 수 있는 요소가 된다. 그렇기 때문에 정동 탐색자들이 활동할 수 있다. 정동은 천연자원처럼 간주되어 사방에서 떠도는 소재와 원료로서 발굴하고 발견해야 하는 대상이 된다. 이에 따라 내발적 발전 전략처럼 내부자거래를 통한 관계망 성숙은, 플랫폼 내에서의 내부자거래를 통한 관계망 소비로 전락할 위험에 처한다. 이를테면 공유경제를 표방하는 플랫폼이 커머닝(Commoning)이라는 공동소유를 비껴가면서 쉐어링(Sharing)이라는 공동이용을 통해서만 내부자거래를 하는 이유도 그것이다.

정동 생산자들에게 다시 정동의 이득이 돌아가게 하는 것이 아니라, 정동 생산자들의 정동의 이득을 독점하려는 플랫폼이 등장하였다. 이에 따라 정동 생산자들은 플랫폼 내에서 공동체가 갖고 있는 커먼즈라는 공유지, 공통재, 공유자산의 원천을 그저 형식적으로 체험하고 소비하고 향유할 뿐이지, 직접 구성하고 관리하고 통제할 수 있는 능력을 거세당한다. 문제는 커먼즈 통제권과 관리권을 공동체가 갖고 있느냐 플랫폼이 갖고 있느냐 하는 점이다. 플랫폼자본주의 하에서는 마치 플랫폼 스스로가 공동체인 양 하면서 플랫폼이 커먼즈를 사적으로 소유하면서도 정동을 동원하는 이상야릇한 상황이 전개되고 있다. 플랫폼이 공동체라고 주장하는 사기성 발언에 모든 사람이 주의할 필요가 있다.

물론 '플랫폼자본주의는 자원의 흐름이 정동의 흐름에 선행하던 성장주의 스타일로부터 벗어난 것이 아닌가.' 하는 질문을 받을 수 있다. 그러나 플랫폼자본주의는 성장의 활로를 모색하면서 4차 산업혁명이나 디지털 뉴딜과 같은 담론과 정책이 만들어 놓은 성장주의의 새로운 버전일 뿐이다. 그런데 왜 그런 착시효과가 생기는가? 플랫폼자본주의 하에서 정동의 흐름이라는 활력이 선행하고 자원의 흐름이 뒤따라가기 때문에 산업자본주의나 금융자본주의, 인지자본주의 유형에서는 볼 수 없는 사태가 벌어진다. 정동의 소외가 극복되고 개인 책임이나 자기통치로 인해 고립되었던 개인들에게 활력의 경로가 개척되는 것처럼 보이기도 한다.

강렬한 정동을 발휘하면서 청년들은 정동자본주의와 공동체 둘 다에 기여하지만, 중장년층이 소유한 플랫폼이나 부동산 등에 소외되어 있음을 발견하고 한계를 느낄 수밖에 없다. 가령 미래적 관점을 포기한 중장년층에게는 청년의 정동과 활력은 순전히 재미를 위한 것이거나 의미 없고 근본이 없는 것으로 간주되어, 훈계를 가장한 혐오로 나아갈 수 있다. 이는 기성세대가 미래세대의 관점인 미래적 시간으로부터 단절된 채 근시안적인 시간을 살고 있다는 증거일 수도 있다. 그러나 문제는 바로 활력과 정동으로부터 자원을 취득하는 정동자본주의 영역은 기성세대가 익숙한 영역이 아니라는 점이다. 다시 말해 기성세대는 정동자본주의에 익숙지 않고, 새롭게 배태된 청년들의 공동체에 대해서도 익숙지 않은 것이다.

동시에 활력과 정동으로부터 자원을 취득하려는 청년세대에게 기회의 평등이나 공정함이 주어지지 않고 자원의 흐름은 아주 미미하게 다가온다는 점도 드러난다. 정동자본주의는 청년을 소진시키고 고갈시킬 만큼 왕성하게 정동을 빨아들이면서도 그에 대한 보상은 미미한 수준에 그치고 만다. 이러한 일련의 과정과 같이 정동의 상황에서만큼은 세대 간 어긋남의 간극은 매우 심각한 실정이다. 더 이상 정동이 순환되지 않고 말이 통하지 않는 상황이 젠더, 연령, 나이, 계급, 학력 등의 분할선을 따라 단락이 이루어진다. 정동은 각각의 플랫폼 내부에서만 거래될 뿐, 다른 플랫폼으로 가면 더 이상 작동하지 않고 통하지 않는 말 못하는 사람이나 느끼지 못하는 사람의 감응 유형이 되어 버렸다.

내발적 발전 전략은 낡은 것이 되어 버렸을까? 정동, 사랑, 욕망의 흐름에 자원, 부, 에너지의 흐름을 얹어서 흐르게 만듦으로써 관계를 성숙시키는 방향성은 공동체경제에 상당히 유효한 이야기이며, 공동체의 관계망을 성숙시키고 풍부하게 만들 수 있는 방안으로 제시되었다. 그러나 자원 동원의 결정권을 가진 자와 갖지 못한 자 간의 격차가 매우 크고, 정동을 다량으로 생산하면서도 자원에 접근할 수 없는 사람들이 무수히 많다는 점이 드러난다. 그렇기 때문에 자원 배분 과정에서 정동의 정량적 평가와 정성적 평가가 동시에 이루어져야 한다는 점은 공동체 영역에서 꾸준히 지적되어 왔다. 왜냐하면 관계의 성숙도를 계측하거나 그 사회적 가치를 진단할 척도가 별로 없기 때문이다.

내발적 발전 전략은 '~은 ~이다'라는 의미화를 통해서 확실하게 포착되거나 지표화될 수 있는 것이 아니라, 지도제작을 통해서 정동하고 정동되는 다양한 주체성의 관계 맺기 과정에 접근해야만 구체화될 수 있다. 그런 점에서 커뮤니티 맵핑(Community Mapping)은 내발적 발전으로서의 공동체 성숙의 경제를 이미지화하는 데에 잠정적으로 유효한 시도라고 할 수 있다.

내발적 발전 전략이 플랫폼자본주의에서 자본주의 내부의 작동원리로 자본과 권력에 전유된 측면은 분명히 존재한다. 그것은 정동의 흐름에 민감하게 반응하기 시작한 정동자본주의 유형의 문명이 직조되면서 시작된 문제이다. 다시 말해 대안세력이 전유해 온 흐름의 잉여가치 영역이 자본 내부에 들어온 것이다.

정동자본주의 하에서의 흐름의 잉여가치의 대안

만약 대안적인 공동체기업들이 정동자본주의로부터 벗어나기 위해 흐름의 잉여가치의 영역을 버리려 한다면 어떻게 될까? 그런 일은 상상할 수 없을 것이다. 아무리 자본에게 전유되었다 하더라도 공동체기업에게 가장 유효한 전략 중 하나인 흐름의 잉여가치를 포기할 수 없는 처지이기 때문이다. 다시는 인지자본주의라는 근대적인 유형으로 돌아갈 수 없는 것이다. 그렇다면 여기서 다시 '정동의 흐름을 따라 자원의 흐름을 창출한 공동체기업이 취해야 할 전략적 지도제작은 가능한가.' 하는 질문이 제기된다. 그런 점에서 정동자본주의의 전략들 중 일부를 하나하나 재전유할 필요가 있다.

① 양자적 흐름 전략 : 모방과 따라하기는 정동의 흐름에 대한 전유 양상일 수 있다. 공동체적인 가치를 가진 삶의 양식을 모방할 정도의 정동의 강렬도를 만드는 작업은 기존 공동체에서 많이 취해 왔던 전략 중 하나이다. 정동자본주의에서의 양자적 흐름 전략은 대부분 유행과 모방을 통한 정동의 파급효과에 따라 소비를 유발하는 데 그친다. 그에 비해 공동체기업의 양자적 흐름의 전략은 가치와 의미에 정동의 흐름을 부여해서 현장에서 느끼고 감응할 수 있는 수준의 전략적인 태도와 삶의 양식을 구성한다. 양자

적 흐름을 기다리기에는 시간적 여유가 없다는 기후위기 활동가도 있다. 기후위기에 대한 소급적인 시간대의 전략에 따르면 아직 탄소중립 등에 미치지 못하는 상황에 자괴감만 들기도 한다. 그러나 작은 단서와도 같은 사건들 속에서 양자적 흐름의 파급적인 시간대 전략은 미래의 가능성이 개방되는 시작점이 될 것이다.

② 인플루언서 전략 : 공동체기업은 자신의 주체성 중에 특이점으로서의 자본주의적인 주체성과 통하는 인물들을 가장한 특이한 인물들을 출현시킨다. 이들은 공동체기업의 배치와 관계망에 입각해 있지만, 자신이 마치 자본주의적인 소비생활과 광고, 미디어 등에 익숙한 사람인 것처럼 가장하여 인기, 평판체계, 관심 등을 유발한다. 이는 공동체기업에서 파견된 사람을 인플루언서로 만들어내면서 공동체기업의 뜻과 지혜, 아이디어 등을 알리게 하는 효과를 기대하는 전략이다. 물론 이러한 공동체기업의 파견인자가 자본주의에 포섭될 위험은 늘 상존한다. 그렇기 때문에 배치와 관계망을 통해서 이러한 원심력을 제어할 구심력을 만들어내는 노력도 요구된다. 공동체기업의 인플루언서들은 대부분 변신과 도주에 능하고 배치의 변용 능력을 극대화하는 사람들이다. 이들은 최전방에 있는 사람처럼 보이지만, 그 자신은 공동체의 배치에 따른 되기(becoming)와 신체변용(affection)의 극대치일 뿐이지 배치를 벗어난 개인이 아니라는 점이 특징적이다. 그런 점에서 인플루언서 전략은 정동자본주의 하에서 공동체기업이 취할 수 있는 하나의 특이점이라고 할 수 있다.

③ 흐름의 강렬도 높이기 전략 : 정동의 흐름의 강렬도를 높이면 포획의 임계점을 벗어나게 된다. 정동자본주의는 흐름의 잉여가치를 모두 포획할 수 있는 체계가 아니라, 흐름의 야성적인 강렬도를 완화하고 중화하고 탈색

하여 취사선택한다. 이에 대한 공동체기업의 대응은 흐름의 강렬도를 높이는 것이다. 이를테면 노래와 관련된 콘텐츠를 소비하기 위한 플랫폼에서 갑자기 세상에 단 하나밖에 없는 장르의 가수가 되겠다고 나서서 탈주선을 타는 경우에는 정동자본주의의 선별과 취사선택의 경우와 무관해진다. 정동이 강렬해지면 자본주의가 활력과 생명력을 갖게 되는 것이 기본적인 정동자본주의의 구도이지만, 앙상블을 이룬 한 쌍의 커플이나 모듈화된 집단, 협동조합의 결사체 등에서 정동의 강렬도를 높이면 돌연 정동자본주의 외부가 개방되고 공동체의 판이 열린다. 동시에 주목할 것은 공동체기업이 도모하고 양육하고 부추기는 정동의 강렬도는 사실상 탈성장의 원리에 따른다는 점이다. 공동체기업에서 정동이 뜨거워지고 강렬해지는 이유는 정동자본주의의 외부에 있는 탈성장사회를 구성하기 위함이라 할 수 있다.

④ 플랫폼 외부의 이질감 만들기 전략 : 공동체기업은 플랫폼 외부에 있는 이질적인 요소들을 돌발흔적과도 같이 갑자기 플랫폼에 가할 수 있는 능력을 갖추고 있다. 플랫폼의 내부원리와는 전혀 색다른 이질적인 발언과 문화, 생활방식이 기대하지 않았던 영향력을 줄 수 있다. 물론 정동자본주의 자체는 외부를 소멸시키는 방향으로 향하면서 끊임없이 우발성의 계기들을 감소시켜 왔다. 그러나 마치 돌발흔적과도 같이 공동체기업이 갑자기 전혀 다른 발언, 전혀 다른 이야기 구조, 전혀 다른 상상력을 발휘하면서 플랫폼의 배꼽 모양의 특이점을 형성할 수 있다. 그렇게 되면 플랫폼이 주도하던 세상에서 부드럽고 달콤한 문명 유형의 삶을 살던 사람들에게 충격과 내파의 경험이 이루어질 수 있다. 공동체기업이 취하는 이질적인 것을 만드는 과정은 특이성 생산이며, 모든 밋밋하고 평준화되고 동질적인 것에 충격을 주는 방식의 문화와 삶의 방식, 의제와 슬로건이라고 할 수 있다. 어른들이

평준화된 사교를 누리던 플랫폼에 갑자기 동물과 아이와 장애인들이 들어왔을 때, 그 이질감으로 인해 특이성 생산이 이루어진다. 사람들에게는 비스듬한 말, 특이한 말, 엉뚱한 행로를 통해 플랫폼이 중화되고 살균되면서도 달콤한 정동이 아닌 특이한 정동이 내부로 침투해 들어온다. 정동자본주의는 공동체기업의 모든 의제를 가져다 쓴다. 그것은 자본이 정동의 흐름을 가져다 쓰는 것과 마찬가지이다. 그러나 아무리 자본이라 해도 완전히 특이한 의제는 갖다 쓸 수 없다. 그런 점에서 특이성 생산으로서의 공동체기업의 특이한 의제 선정은 정동자본주의에게 심원한 파급효과를 줄 수밖에 없는 외부 생산이다.

⑤ 커먼즈 통제권 회복 전략 : 플랫폼은 공유경제를 가장한 공동 이용의 쉐어링을 홍보하고 소비하게끔 한다. 그러나 공동체기업은 플랫폼과 완전히 다른 방식으로 커먼즈에 접근하고 커머닝 등에 대해서 발언하고 실천함으로써 소비자들을 현혹하고 시민들을 추동하는 플랫폼 유형의 공유경제를 주파할 수 있다. 더 나아가 커먼즈에 대한 인식의 확산과 훈련, 공유경제에 대한 공동의 통제권 획득의 필요성을 설득하는 일 등을 기대할 수 있다. 공동체기업이 커먼즈의 통제권을 공동체에 주는 과정을 선도함으로써 가장 혁신적인 공유경제임을 보여주어야 한다. 이를 통해 입소문이든 감응이든 무엇이건 간에 공동체기업이야말로 정동자본주의를 넘어선 대안세력의 가능성과 도전임을 보여주어야 할 것이다.

이렇듯, 흐름의 잉여가치에 대한 정동자본주의의 포획에 따라 대안세력의 전략적 지도제작이 불가능한 것은 결코 아니다. 오히려 공동체기업과 가까이에 있는 전환사회를 알릴 새로운 기회와 계기일 것이다. 모든 것을 빼앗긴 게토나 불모지와 같은 공동체기업이라고 여기는 것이 아니라, 다시 혁신성과 선도성, 야성성을 찾는 시작의 계기로 삼는 사고의 전환이 필요하다. 정동의 흐름, 흐름의 잉여가치를 포기할 수 없기 때문에 공동체기업은 플랫폼의 세련되고 정련된 방식의 구성 과정을 전유하면서, 진정한 커먼즈의 실천이 더욱 유행을 탈 수 있고, 세련되고, 재미있는 것이라는 점을 어필해야 할 것이다. 공동체기업은 다시 시작할 정동의 순환, 정동의 강렬도로 가득 찬 관계망이다. 아직 포기하기에는 이른 것이다.

4. 배치의 재배치, 사회적 경제와 우발성 도입을 통한 협치의 재조직화

협치에 대한 공동체기업가의 의문들

공동체기업들은 민관협치에 대한 관심 때문이라기보다는 자원 순환의 여지를 남겨 두기 위해 거버넌스에 참여하는 경우가 많다. 사회적 협동조합의 대표인 A씨는 협치를 통해서 공공으로부터 자원, 인력, 일거리 등을 받아내고 있다. 협치를 통한 사업은 관에서 해야 할 일을 민간이 위탁받아 하는 경우가 많다. 그래서 "공공이 할 일을 민간에게 떠넘긴다."는 세간의 지적으로부터 자유로울 수 없다. 문제는 공동체 기반 기업임에도 공공의 시선에서 문제를 해결하려는 행태를 보인다는 점이다.

물론 공공성도 중요한 사업 방향이긴 하지만, 공동체적인 관계망이 만들어내는 일거리가 중심인 공동체기업에게는 어울리지 않을 때가 많다. 특히 공공 영역의 시선을 갖게 되면서 공동체 사업 특유의 시너지효과와 돌봄과 정동으로서의 공동체 일의 방향성과는 멀어지는 느낌이 있다. 사업에 참여하는 공동체기업의 구성원들도 공공 사업이라는 명분하에 자신들을 싼 값에 동원하고 있다고 지적하고 매섭게 비판하기도 했다. 물론 적은 자원이지만, 제대로 순환되어 공동체기업을 유지시키기 위해서는 그마저도 아쉬운 상황이었다. 그러나 관계망의 자율성과 융통성, 탄력성 등이 모두 공공영역에서의 자원 수혈의 통로로 향하게 되는 행태는 지양해야 할 상황이었다.

　그러나 탈성장 시대가 되면서 우발적으로 찾아오는 고객이 없어졌으며, 최근 들어 새로운 일거리는 대부분 협치를 통해서 확보되는 것도 사실이다. A씨는 프로젝트 공모 등을 신청하면서 언제까지나 이렇게 공공영역 과제의 수탁을 받아야 하는지 의문이 크다. 물론 만약 공동체기업이 공공영역과 완전히 결별하고 독립적인 사업을 한다면, 머지않아 자원의 결핍에 처하고 게토화된다는 것은 불 보듯 뻔한 일이다. 공동체기업으로서 당연히 추구해야 할 야성적인 사업의 경로를 찾는 방법, 아이디어와 상상력을 적용하여 세계를 재창조하는 방법, 독립성과 자율성을 유지하면서도 자원을 받는 방법 등은 아득히 멀게만 느껴진다. 그래서 공동체기업이면서도 혁신성과 선도성이 결여된 기업으로 남지 않나 하는 것이 사회적 협동조합 대표로서 A씨의 우려 섞인 진단이다. 그러나 사업을 하다 보면 무엇 하나 호락호락한 일이 없고, 자원의 규모에 따라 설계된 사업의 형태를 바꾸기는 어려운 상황이다. 그가 매사에 조심스러워지고 신중해지는 것도 그 이유 때문이리라.

구성적 협치와 공동체기업

　대안적인 공동체기업은 민관협치(governance)의 주체성 중 하나이다. 동시에 자연, 생명, 사회 등의 우발성을 내부의 경우의 수로 장착한 '위기에 강한 협치'를 구성할 주체성이기도 하다. 협치는 관치, 통치, 법치와는 달리 민관 협력에 따라 움직인다. UN에 따르면 사회과정, 정책과정, 정치과정을 아우르는 종합적인 모델이기도 하다. 공동체의 관계망은 공공영역의 제도와 어우러져 하나의 관계망(=제도) 유형을 띤 거버넌스의 기본원리를 작동시킨다. 그러나 이 과정에서 부침이 없는 것은 아니다. 신자유주의적 협치가 "공공이 할 일을 민간에게 떠넘긴다."라는 비판으로부터 자유롭지 않기 때문이다.

그렇기 때문에 협치를 통한 해결책에 비판적으로 거리를 두면서 공동체 기업의 자율성을 확보하려는 시도도 꾸준히 이루어져 왔다. 특히 기후위기와 같은 중요한 현안에서 정부는 협치의 영향력을 확보할 수 없는 기술 중심적 해법을 주로 제시하면서 그린뉴딜 사업이나 구두선에 그치는 여러 가지 기후위기에 대한 선언, 끊임없이 발호하는 공공에서의 개발사업 등을 슬금슬금 끼워 넣기 하고 있다. 결국 시민사회 단체들과 공동체들 사이에서는 "협치가 아니라 대치(對峙)를 해야 할 때 아닌가?" 하는 저항의 불씨가 커지고 있는 상황이다.

협치의 모델을 여기서 한번 검토해 본다면 다음과 같다. 협치는 다측면적이고 다중적인 용례가 있다. 다양한 측면들이 있기 때문에, "협치란 ~이다"

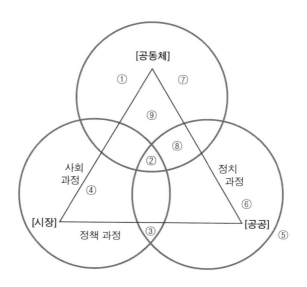

라는 정의(definition)에 따라 하나로 모아지지 않는다. 협치의 다양한 정의들을 다음과 같이 열거한 사례가 있다: "① 마을공동체에서 이뤄지는 로컬 거버넌스, ② 사회적 경제에서의 통합적이고 통섭적인 거버넌스이며 협동조합과 사회적 경제의 민주적인 운영이 균형의 내부배치를 갖고 있는 거버넌스, ③ 공공에서 민간에게 떠넘기는 신자유주의적인 거버넌스, ④ 민간이 시장에서 플랫폼으로 변신하면서 자본과 공공에게 요구하는 거버넌스(독립성과 확장성의 딜레마), ⑤ 국제기구에서 이루어지는 전 지구적인 거버넌스 (UN, SDGs), ⑥ 정치와 정치의 과정이 만나는 당 대 당, 국내정치의 위로부터의 거버넌스, ⑦ 자치와 자율을 강조하는 풀뿌리 거버넌스이며 공공을 압박하는 형태지만 민관협력에 약한 거버넌스 ⑧ 통상적인 정책과정에서의 거버넌스로서 주로 NGO에서 의제를 생산하여 공공에게 요구하는 형태의 거버넌스, ⑨ 자신의 의제를 주장하며 이슈파이팅하는 거버넌스이며 환경단체, 시민단체에서의 활동가들의 거버넌스."[*]

여기서 공동체기업에게 중요한 협치의 특이점은 '② 사회적 경제의 통합적이고 통섭적인 거버넌스'이다. 이러한 거버넌스는 사회적 경제가 '모아서 나누는 공공영역'과 '선물을 주고받는 공동체', '상품을 사고파는 시장' 등의 중간지점에 위치한다는 점을 드러낸다. 이는 칼 폴라니의 『거대한 전환』(2001, 길)에서 비롯된 구도이며, 사회적 경제가 사회의 묻어 들임을 통해서 어떻게 다른 영역에도 영향력을 발휘할 수 있는지를 밝힌 부분이다. 여기서 모아서 나누는 공공영역, 다시 말해 세금을 걷고 복지로 나누는 공공영역 자체로는 정동의 순환에 큰 영향력을 발휘할 수 없다는 단점이 있다. 그

---

[*] 「녹색영등포 환경거버넌스 운영활성화 기본계획 수립」 연구 중간보고서 p. 13~14.

런 점에서 선물을 주고받는 공동체영역에서의 정동순환과의 협력을 통해서 공공영역을 작동시키는 방향으로 수렴될 수밖에 없다. 공공영역에서의 정동이 탈색되어 있는 측면은 68혁명과 같은 민중의 저항에 허물어질 수밖에 없었던 케인즈주의와 포디즘의 그림자도 드리워져 있다. 그렇기 때문에 공공영역은 본질적으로 욕망, 정동, 돌봄, 사랑이 순환하는 공동체와 협력함으로써 유연성, 민감성, 융통성을 확보하려는 본능적인 욕구를 드러낸다. 이는 공공영역이 공동체영역보다 협치를 매력적으로 느낄 수밖에 없는 이유가 된다.

시장의 영역에서는 정동이 동원되지만 상품소비라는 측면으로 수렴된다. 이에 따라 정동의 순환은 늘 과정이 아니라, 과정을 고정시키는 결과물로 나타날 수밖에 없다. 그렇기 때문에 시장의 영역은 상품소비로 완결되어 버린 고정점을 공동체영역의 정동순환을 통해서 과정형이자 진행형으로 만들고자 하는 욕구를 갖게 된다. 이는 시장이 플랫폼을 직접 설립함으로써 강력히 보완되었다. 하지만 시장의 영역은 여전히 공동체영역을 필요로 하는데, 그 이유는 이야기 구조의 결핍과도 관련된다. 이렇듯 공공영역, 시장영역, 공동체영역 등의 삼원 다이어그램의 중앙에 위치한 사회적 경제의 영역 내의 정동순환에서의 균형과 조화, 즉 중재적인 긍정적인 측면이 부각될 수밖에 없다.

정동자본주의에서는 공동체영역과 시장영역, 공공영역의 재편이 예고되어 있다. 일단 정동의 순환이 공동체영역의 고유 영역에 머무는 것이 아니라, 시장의 영역으로 빨려 들어간다. 이에 따라 정동을 둘러싼 교섭력이 사회적 경제에게는 상당히 퇴조해 버릴 수밖에 없다. 더불어 시장영역이 기업의 사회공헌사업이나 사회책임투자, ESG[Environment, Society,

Governance1 등의 형태로의 변신함으로써, 정동순환에 있어서 사회적 경제와 공동체기업의 최대 장점을 자본이 전유하는 상황이 도래했다.

더욱이 공동체의 고유한 영역이었던 정동순환이 플랫폼으로 수렴됨으로써 그간 공동체가 보유하던 다채로운 정동의 잠재력을 흡수하는 시장의 영역이 만들어졌다. 더불어 공공영역은 정동순환의 성과를 가져가기 위해서 사회적 경제와의 대대적인 협치를 진행했다. 이를 통해 공동체 내적인 정동순환의 과정에서의 선도성과 혁신성, 야성성은 완전히 공공영역의 조작에 따라 움직이는 수족과 같은 것으로 전락했다. 그런 점에서 완전히 순수한 공동체 영역에서의 정동순환은 있을 수 없게 되었다. 이제 플랫폼자본주의의 개막으로 인해 공공영역조차도 플랫폼의 일종으로 전락하였다. 그 결과 공공영역이 정동순환을 자체적으로 협치의 장에서 추구하는 상황이 되었다. 이는 공동체영역의 고유성과 특이성을 공공영역이나 시장영역이라는 두 영역이 학습함으로써 변모해 온 결과이다.

그러나 공동체영역이 완전히 포섭되어 버렸고, 정동의 흐름이나 순환이 대부분 공공과 시장의 도식작용(schema)에 장악된 것만은 아니다. 역으로 공동체영역이 사회적 경제와 공동체기업을 구성하면서 자기 요구를 아래로부터 공공영역이나 시장영역에게 제기할 수 있는 여지가 아예 없는 것은 아니기 때문이다. 이러한 협치의 새로운 측면을 아래로부터의 협치, 구성적 협치, 위기에 강한 협치라고 부른다. 사회적 경제와 공동체기업 등은 정동순환에서의 주도권을 회복하면서 자신의 의제와 입장을 관철시키는 색다른 전략에 도전하고 있는 중이다. 다시 말해 공동체기업과 사회적 경제 영역이 자원의 달콤함에 취해 버리는 것이 아니라, 활력 자체를 더욱 강화함으로써 활력정동의 힘에 따라 협치의 주도권을 되찾으려고 하는 방향성이 그것이다. 공공영역이나 시장영역 역시도 활력정동의 순환과 흐름에 기반하고 있는 배치들이다. 그래서 공동체영역에서의 활력정동의 강렬도가 그 파급력을 확장하면 공공영역이나 시장영역도 이에 따라 민감하고 유연하게 반응할 수밖에 없는 상황에 처해 있다. 그런 점에서 구성적 협치를 둘러싼 정동의 역학관계를 살펴보지 않고서는 사회적 경제와 공동체기업의 미래를 타진하기는 어려울 것이다.

회복탄력성과 관계망 창발

정동자본주의로의 진입에 따라 시장영역이나 공공영역은 공동체영역과 교섭하지 않고도 스스로 플랫폼이 되면서 정동의 순환과 흐름의 주도권을 장악할 수 있다는 자신감이 붙어 있다. 이러한 자신감의 배경에는 공동체영역을 자신의 수족처럼 다루면서도 정동의 순환을 공동체영역에 맡기지 않고 자신이 플랫폼으로 변신할 수 있다는 자신감 때문이다. 이에 따라 프로젝트나 공공 위탁사업 등에서 공동체영역에 대한 태도는 상당히 달라져 있다. 특히 이러한 정동자본주의 국면은 공공영역을 재편성함으로써 정치 과정을 강화하고 정치플랫폼 내부의 구성원들의 정동하고 정동되는 과정을 마치 공동체영역처럼 꾸며낸다. 이는 사실 끼리끼리 해먹는 불공정성의 원천이라고 할 수 있다. 공공영역이 플랫폼과 같이 자기 내부에 정동순환과정을 장착함으로써 생기는 다양한 문제들은 거버넌스의 선한 의도를 완전히 불식시킬 만큼 새로운 풍속도를 만들어낼 것이다. 공공 플랫폼에 속하지 않는 대다수 사람들에게 자괴감과 배신감은 이루 말할 수 없을 것이다. 그러나 그럼에도 불구하고 희망은 공동체영역에 기반한 사회적 경제와 공동체기업에게 있다는 것은 여전히 진실이다.

　공동체기업은 그 내부에 회복탄력성과 임기응변성, 복잡성을 갖춘 관계망을 갖추고 있다. 이 복잡한 내부 관계를 타고 정동이 순환하고 흐른다. 물론 일정한 경계는 있지만 플랫폼과 같이 닫힌 상태를 유지하는 것은 아니다. 정동의 반복이 만들어낸 다양한 특이점들은 공동체기업이 선택할 다양한 경우의 수이며, 이러한 경우의 수가 어우러질 때 회복탄력성(resilience)이 생긴다. 다시 말해 공동체기업은 내부 생태계를 만듦으로써 회복력을 갖추면서 스스로를 치유와 돌봄의 공동체로 만드는 것이다. 공동체기업의 관계망 내부에 깊고 심오한 잠재력이 깃들어 있고 거기서 무엇이든 가능하겠다 싶은 생각이 떠오르는 대목이다. 그러나 문제는 공동체 외부, 즉 자본주의적인 환경이 너무 빨리 변하고 공동체의 특이점들을 잽싸게 포획해 버리고 만다는 점에 있다. 관계망이 시간을 관통하여 점점 성숙해서 뭔가를 만들어내기도 전에 이미 정동자본주의에 의해 잠식되어 버리는 것이다. 이렇듯 공동체의 관계망 성숙의 시간은 느리다는 점에서 감속주의에 서 있다면, 자본과 권력의 시간은 속도가 빠른 가속주의에 서 있다.

　공동체의 치유와 돌봄의 기능은 정동의 다기능성 중 하나일 수밖에 없다. 이러한 공동체의 치유와 돌봄 기능은 플랫폼이 생성하는 뽐내고, 자랑하고, 관심 받으려는 정동의 배치와는 사뭇 다르다. 정동은 스스로를 공동체기업의 판 위에 배치하고 또한 정동의 강도, 온도, 속도, 밀도에 따라 재배치하려는 바에 따라 순환되고 흐른다. 이 묘한 어우러짐과 한판 난장의 예술작품과도 같은 공동체기업의 다양한 이벤트나 사건들, 퍼포먼스 등은 매우 매력적이기 때문에 정동의 진면목이 그대로 드러난다. 공동체에서의 정동의 순환은 자신이 주목받지 않아도, 마치 투명인간처럼 자신이 위치해도 그 순환과 흐름의 강렬도에 몸을 싣고 있다는 점에서 감응하고 감격하는 사람들에게 보이지 않는 선물과도 같이 다가간다. 물론 이러한 측면은 플랫폼에서는 전혀 찾아볼 수 없다. 그렇기 때문에 모두가 판 짜는 자인 공동체기업의 구성원들은 정동하고 정동되는 과정에서 나서서 자신을 알아 달라고 호소하거나 애원하지 않는다. 또한 얌체와도 같이 공동체의 시너지효과를 자신만이 독식하려고 하지도 않는다.

공동체기업이 생성하는 정동순환의 판은 꾸준히 연구대상이 되어 왔지만, 그것이 무엇이라고 확정된 것은 없다. 공동체기업의 내부의 배치와 관계망은 그것에 참여하는 사람에게 실존의 준거 좌표와 같이 작동한다. 다시 말해 판 위에서 나서는 것에 그치는 것이 아니라, 자신을 내려놓고 자신의 유한성을 다시 깨닫게 되는 것이다. 이러한 공동체기업의 특징은 정동의 순환에서도 참여하는 사람들이 그 판 자체의 유한성, 한계, 끝을 잘 알고 있기 때문에, 그 순간이 매우 소중하고 찰나의 순간에도 충실할 수 있게 한다. 그러나 플랫폼은 성장주의의 다른 모습이기 때문에, 결국 자신의 이득을 위해서 무리 짓기를 하고 관리하고 자랑하고 나서는 모습에 그칠 수밖에 없다. 그런 점에서 판의 성격 자체가 다른 것이 사실이다. 그럼에도 불구하고 플랫폼의 판과 공동체기업의 판을 혼동하는 사람이 있다. 그것은 둘 다 시너지효과를 발휘한다는 공통점에서 기인하는 착시이다. 물론 공동체기업이 플랫폼과 같이 자리 잡으면서 작동할 가능성이 아예 없는 것은 아니다. 그러나 플랫폼이라는 통속적인 정동의 흐름과 소비 양식은 공동체기업을 오히려 오염시키고 변질시킬 수밖에 없다. 그런 점에서 공동체기업은 모든 플랫폼의 환상으로부터 단절하면서도 그 메커니즘을 학습할 필요가 있다.

공동체기업은 '배치의 재배치화'라는 끊임없는 미시정치를 수행함으로써 판 자체의 민감성, 융통성, 임기응변성을 극대화할 필요가 있다. 이는 플랫 폼 이 소비자들과 생산자를 구분하는 특성 때문에 근본적으로 유연하지 못 하다는 단점을 극복할 수 있는 유력한 매개이다. 공동체기업의 미시정치는 결국 생활정치이다. 다가올 기후위기 상황에 최적화되어 있는 라이프 스타 일을 제시하면서도 이를 플랫폼처럼 성장의 스토리로 만들지 않고, 공동체 기업 내부의 관계망의 성숙의 기제로 삼는 것이 필요하다. 공동체기업은 누 군가가 주인공으로 수렴되려는 것을 막고, 다양한 사람들의 특이성들에 대 한 이야기 구조를 만들어 가야 한다. 이를 위해 웅성거림, 소음, 잡음, 잉여 라고 간주되어 왔던 정동의 흐름을 판 위에 올려놓고 그 강렬도의 강약에 따라 이야기 구조를 만들어내는 특유의 이야기꾼이 요구된다. 이렇게 해서 조성된 특이한 배치가 제공하는 매력과 이야기 구조는 공동체기업을 더욱 풍요롭고 다양하게 만들 것이다.

플랫폼도 다양한 이야기 구조를 가진 것처럼 위장전술을 편다. 이러한 위 장잠입 전술에 말려든 공동체기업 등은 자신의 판이 보유한 고유성이 사라 지고 있음을 느끼고 상당한 상실감과 위축감을 경험한다. 그러나 플랫폼과 공동체기업의 근본적인 차이점은 커먼즈 통제권을 근본적으로 누가 갖고 있느냐이다. 공동체기업은 공유자산, 공통재 등을 공동의 통제권 하에서 작 동시킨다. 누군가가 이를 사적으로 전유하려고 한다면, 결코 도달할 수 없 는 이야기의 대폭발로 가득 차 있어야 한다. 만약 갑자기 공동체기업에서 주인공 담론이 확산되면서 그 무대에 오를 사람이 확정된다 하더라도 대부 분 수줍음과 부끄러움을 느끼면서 무대에 오르는 것이 공동체기업의 실존 양상이다. 그러나 플랫폼에서는 주인공이 되기 위해서 수단과 방법을 가리 지 않고 나서는 사람들로 가득하다. 이는 활력이 수반하는 권력과 자본을 획득하기 위한 행태이다. 정동의 순환과 흐름의 측면에서 이러한 행각은 정동의 독점과 정동의 소외를 야기할 수밖에 없다. 그런 점에서 공동체 관계망의 잠재력, 특이점을 자본과 권력이 포획하려고 해도 이것이 가능하지 않다는 점을 쉽게 확인해 볼 수 있다.

원활한 정동의 순환과 흐름을 위해서 모두가 판 짜는 사람들이 되어 있는 공동체기업의 판 위에는 아이, 소수자, 생명들이 춤추고 노래할 것이다. 여기에는 미래의 시간과 생명의 시간, 자연의 시간이 들어와 있다. 판짜기는 소수의 사람이 아니라, 다양한 사람들에 의해서 이루어지기 때문에 누군가에게 집중되어 있지 않고 누구나 발언하고 참여할 수 있다. 이러한 점에서 배치의 재배치화는 공동체기업의 외부에서 끊임없이 잠입하고 침투해 들어오는 성장주의, 성공주의, 승리주의, 자기계발, 성과주의 등의 원리를 막아내기 위해서 판을 계속해서 바꾸는 것이다. 이러한 영구개량(=영구혁명) 과정을 통해서 관계망은 지속적으로 혁신될 수 있다. 이렇게 해야만 정동의 순환에서의 사회적 경제와 공동체기업의 혁신성과 선도성, 야성성은 복원될 것이다. 프로페셔널을 가장한 공동체에 대한 기술적 파괴자들이 들어와도 정동의 흐름에 대한 아무런 전유 효과를 기대할 수 없는 판과 구도로 영구적인 혁명에 돌입해야 한다. 이때야말로 플랫폼과 공동체기업의 차이점은 더욱 확연해질 것이다.

외부 소멸 이후의 위기에 강한 협치

생명위기 시대는 외부로부터 거대한 자연재해와 기후위기, 생물 종 대량멸종 등의 우발성이 다가오는 시대이다. 이러한 외부의 사건과 우발성에 탄력적으로 대응하기 위해서는 내부의 정동 관계망의 특이점들이 중요하다. 다시 말해 다양한 정동의 관계망이 생명위기 시대에 적합하도록 재편성되어야 할 시점이다. 이를 위해 민방위훈련과 같은 재난훈련은 마을이나 공동체, 사회적 경제의 합작품이 되어야 하며, 그 경우의 수를 다변화할 필요가 있다. 또한 정동의 관계망이 도달할 수 있는 범위를 늘려야 한다. 누구 집에 노약자가 있는지, 대피를 어떻게 해야 하는지, 운송수단은 확보하고 있는지 등 모든 것이 정동의 순환과정에서 짐작되고 대충 어림짐작으로라도 그려져야 한다. 생명위기 시대의 기후위기, 기상재난, 식량위기 등 사건성과 우발성이 시시각각 다가오고 있다. 이제 정동의 관계망이 어떻게 대응하느냐에 따라 탄력적으로 대응할지, 붕괴로 향할지의 여부가 결정될 것이다.

그런 점에서 협치의 과정은 정동의 순환과 흐름에 따라 외부성을 포섭할 필요가 있다. 이는 외부를 자본주의 문명이 포섭하는 원심력을 역으로 대안적인 공동체기업이 이용하도록 의도적으로 미시정치를 배치하는 것이다. 자본주의는 문명 내부로 생명과 자연을 포섭해 왔지만, 자연재해와 같은 새로운 역습에 대응하는 관계망을 짜지 못한다. 이러한 상황에서 자연재해와 거대한 위기에 맞서 정동의 순환과 흐름을 통해서 대응하는 협치의 판이 조성되고 있다. 정동의 강렬도는 파열되고 분열되는 비탄, 절규, 아우성에서만 드러나는 것이 아니라, 이를 준비하고 예비하고 대응하는 정동의 순환에서도 드러난다. 그렇기 때문에 정동의 관계망의 판을 다시 짜면서 생명위기 시대에 대응하고 적응하는 새로운 시간이 필요하다. 그렇게 되기 위해서는 일단 관계망이 작동하고 있어야 하고, 그 관계망에 정동이 끊임없이 순환되고 있어야 한다. 그러므로 정동의 관계망 자체가 모든 재난과 위기라는 사건의 경우의 수를 예비하는 준비동작이라고 할 수 있다.

미래를 준비할 수 없도록 시간대가 짧아지는 것은 사회적 응집도와 관련되어 있다고 간파한 조효제가 『탄소사회의 종말』(2020, 21세기북스)에서 "사회적 응집력이 떨어지면 사람들이 생존경쟁에 매달리게 되면서 인식의 시간적 지평이 매우 좁아져 미래를 생각할 수 없게" 된다고 단언한다. 이어서 그 논거로서 1980년대 이후 신자유주의가 기승을 부리게 된 미국사회를 깊이 들여다본 철학자 김명식의 견해를 소개한다. 즉 김명식에 따르면 1980년대 이후 미국은 "미래지향성을 상실해 시간 지평이 짧아지고 이에 따라 [사회적] 할인율 또한 높아졌다." 이러한 사회적 흐름은 "사회적 응집력이 약화되었기 때문에 발생"하는 것으로, 이러한 사회에서는 "경제에 대한 관심이 증가해, 경제가 정치, 철학, 사회문화를 지배하게 되었다. 경제 중심 사회에서 모든 것이 상품화되고, 노동, 가족 간의 유대, 전통적 의무, 교회, 지역 공간에 대한 헌신 등도 붕괴되어 갔다." 이러한 경향이 문제가 되는 지점은 "사회적 책임의식이 약화되면서 자기 자신의 경제적 이익을 위해 타자와 미래의 복지를 희생시키려는 경향"이 만연하게 되는 상황이다.(김명식, 2015 : 206)"*

사회적 응집도는 정동의 관계에서의 정동순환, 활력순환 등과 관련된다. 다시 말해 미래를 준비하고 대비하려는 마음이 생존주의(=개인주의)의 방향성으로 향하지 않기 위해서는 정동이 유통되고 순환하는 관계망이 중요하다. 이런 차원에서, 위기에 대응할 수 있는 특이점을 생산하는 정동의 순환과 흐름이 중요해진다. 따라서 거대한 생명위기 시대는 '위기에 강한 협치'를 요청한다. 그것은 정동의 순환과 흐름이 만들어낸 특이점과 이를 융통성

---

*   조효제, 『탄소사회의 종말』(2020, 21세기북스) p. 240~241.

있게 배치한 회복탄력성을 위기라는 외부성을 받아들일 수 있을 정도로 다양한 경우의 수로 구성하는 것을 의미한다. 이를 통해서 정동의 주고받음이 사실상 미래적인 시간으로 현재를 개방하고 이를 준비하고 대비할 수 있는 집단적인 힘으로 만들어내는 과정을 상상해 볼 수 있다. 이러한 준비동작은 위기를 선언하고 의식적인 실천을 펼치는 노력으로 나타난다. 동시에 생활양식과 삶의 내재성에서 유통되고 흐르는 정동의 성격과 특질과의 유관성을 주목할 필요가 있다. 정동에 기반한 협치가 위기에 강한 협치일 수밖에 없는 이유는 여기에 있다.

정동자본주의의 가장 큰 문제는 시장영역과 공공영역이 정동을 장악하고 포획하는 데에 있다. 이를 통해 공동체영역과 같이 위기에 바로 즉각적으로 대응할 수 있고, 전환사회를 구성할 수 있는 관계망의 힘과 활력을 빼앗아 가 버렸다. 그런데 플랫폼 내에서의 관계로는 실질적으로 위기에 대응할 정도로 공동체적 관계망의 정동순환을 대신할 수 없다. 결국 '관계'의 문제가 대두된다. 이는 정동의 문제이기도 하다. 사람들은 대면적 관계 속에서의 정동의 유통을 비대면 관계 속에서의 플랫폼 이용이 대신할 수 있다고 착각한다. 그러나 비대면 관계에서 개인의 대응력과 적응력은 한계가 여실하다. 플랫폼에서의 정동 양상으로는 생명위기 시대에 대한 대응력이 현저히 떨어질 수밖에 없는 것이다. 그렇기 때문에 어떤 정동이 유통되고 정동하고 정동되는 과정으로 나타나는지 실질적인 관계성 회복을 통해서 구체화할 필요가 있다. 결국 공동체영역과 공공영역, 시장영역이 교섭하고 협치를 할 수밖에 없는 이유는 바로 위기에 강한 협치를 도모해야 한다는 점 때문이다.

특히 기후위기와 같은 거대한 판의 변화가 외부로부터 치고 들어오는 상황에서, 임기응변을 통해서 그 외부성을 유연하고 민감하고 탄력적으로 대응할 정동순환의 관계망은 어느 때보다 중요하다. 이제 공동체기업은 심리적인 치유와 돌봄의 영역만이 아니라, 실질적인 치유와 돌봄의 영역을 구축해야 한다. 그것이 바로 위기에 강한 협치의 구현 양상이다. 정동의 순환은 더욱 강렬해져야 하며, 실질적인 관계를 재건할 정도로 더욱 밀도 있고 심도 있는 사랑, 욕망, 돌봄, 정동의 순환이 이루어져야 한다. 이러한 기후위기라는 판의 변화에 공동체적 관계망의 판으로 대응하는 과정에서 공동체기업이 할 일은 이루 말할 수 없을 정도로 많다. 그렇기 때문에 공동체기업에서의 협치는 미래의 시간대를 개방하고 미래세대와 생명, 자연이 어우러진 외부성을 내부화하는 과정이어야 한다. 이를 통해 우발성은 특이점이 되고, 특이점들은 다시 우발성의 탄력적인 대응의 판이 된다. 위기에 강한 협치의 판은 미래를 두려움과 공포가 아니라 공동체영역과 공공영역, 시장영역이 개방해야 하는 구성적인 것으로 만들어낼 것이다.

5. 초극미세전략, 탈성장 시대의 정동의 양자적 발생

그린워싱이 위장한 성장주의에 맞선 탈성장

친환경, 녹색, 에코를 표방한 다양한 상품이 쏟아져 나오고 있다. 가정주부 B씨는 매우 열정적인 환경운동가이자 남다른 생활인이다. 최근 다채로운 상품이 녹색으로 분칠을 하고 출시되는 것에 그는 의문을 갖는다. 그는 묻는다. "결국 상품을 소비하라는 것이 아닌가?" 그는 정동을 촉발해서 소비로 향하게 하는 일련의 자본주의적인 행태를 넘어서기를 원한다. 그래서 소비를 줄이고 아끼고 되살림을 실천할 방안을 모색한다.

그린워싱(Green Washing)은 정동자본주의의 기본적인 모습으로 나타나고 있다. 다가올 전면적인 기후위기와 전환사회의 전망이 기업의 상술로 오염되고 있다는 점에 대해 B씨는 격분한다. 주변 사람들이 "그 정도도 대단한 거 아니냐, 기업이 변화하면 좋지 않으냐?"라고 말해도 그가 느끼는 분노가 사그라들지 않는 것은 정동에 스며들어 온 자본주의적인 요소에 대한 반감 때문이다. 정동의 순환이 탈성장을 지향해야 한다는 것이 그의 철학이기 때문이다.

그러나 기존 자본주의처럼 정동을 상품소비에 동원하는 똑같은 행태를 반복하는 것은 정동자본주의에서도 흔하게 발견된다. 대기업의 변화는 ESG[Environment, Society, Governance]와 같이 환경, 사회, 지배구조 개선을 통한 경영을 하거나, 지속가능경영이나 사회적 책임투자를 하거나, RE100 선언처럼 100% 재생에너지 사용 기업이 되겠다고 나서는 등으로 상당히 변화하고 있는 징후가 발견된다.

그의 분노는 근본적으로 정동에 대한 감수성에 입각해 있다. 그에게 정동은 자본과 권력에 이용당하고 있지만, 전환사회를 앞당길 하나의 원동력이다. 그래서 녹색분칠에 의해서 정동의 순환과 흐름이 자본에게 끌어당겨지는 것에 반감을 가질 수밖에 없는 것이다. 물론 순수한 정동이나 순수한 사랑, 순수한 돌봄은 없다. 그러나 그는 그러한 근본주의나 순수주의, 원리주의가 아니더라도 생명위기 시대를 맞이하여 어떤 방식으로 삶을 전환하여야 하는지를 감지하고 있다. 다시 말해 전환사회의 핵심 개념인 정동이 자본과 권력의 도구로 전락하는 것에 대해 B씨는 분노하는 것이다. 그는 자연과 생명의 저변에서 들끓고 있는 탈성장 전환사회의 문제의식에 따라 행위하는 사람이다. B씨처럼 정동에 있어서 무엇이 허위이고, 무엇이 진실인지를 직관하거나 감응할 수 있는 능력은 누구에게나 있다.

탈성장과 외부의 소멸

탈성장과 외부의 소멸은 동시에 찾아온다. 외부라고 하면 문명의 외부인데, 야생적인 영역, 자율적인 영역, 우발적인 영역이 바로 외부이다. 정동은 순수하고 무결하지 않다. 이는 정동이 내부의 외부이기 때문이다. 정동은 정동자본주의의 구심력에 견인되어서 권력과 자본의 흠결과 때를 잔뜩 묻히고 있다. 그러한 정동이라는 외부의 소멸은 내부화를 촉진하는 방향성으로 향한다. 정동을 뻔한 것으로 보는 시각, 내부화된 정동의 야생성의 소멸을 조롱하는 시각, 젊은 세대를 믿지 못하는 시각 등이 외부의 소멸과 맞닿아 있다. 그렇다고 정동이 시장에 동원되어 상품 소비로만 향하는 것은 아니다. 정동은 지금도 순환하고 흐르고 있으며 앞으로도 그럴 것이다. 정동이라는 외부는 실은 소멸한 것이 아니라, 그 사건의 곁에서 배경이 되고 잡음, 소음, 잉여로 여전히 웅성거리고 있다.

정동의 강렬도와 활력의 소멸을 겪는 많은 사람들은 이제 미디어와 스마트폰에 정동이 담겨 있는 것처럼 착각하고 행동하고 있다. 관계의 소멸은 외부의 소멸에 뒤따라오는 새로운 현상 중 하나이다. 기존 관점에서는 관계를 통해서 정동이 순환하고 흐르는 것이 기본이라고 할 수 있다. 그런데 정동의 내부화는 감정생활로 정동을 변모시키고 기존 정동을 뻔한 것으로 만들어 버린다. 대신 다양한 콘텐츠를 통해서 자신의 정동을 공회전시키고 이전에 전제되었던 정동을 소비해 버린다. 외부의 소멸 국면은 바로 활력과 생명력이 확 떨어져 버린 현재의 상황과 긴밀히 관련되어 있다. 그렇다면 활력과 생명력을 어디에서 되찾을 수 있을까?

여기 한 사람이 있다. 잠자리에서 일어나서 활력을 쉽게 회복하지 못하고 주섬주섬 먹을거리를 찾고 있다. 멍한 생각의 흐름은 무기력하고 활력이 없는 육체는 축 늘어져 있다. 밖에 나가서 사람들과 만나는 것은 스트레스 요인을 배가할 뿐이라고 생각한다. 정동을 순환시키는 요소가 될 관계는 찾을 수 없다. 그는 그저 혼자 있고 싶다. 조용히 스마트폰과 SNS 등을 통해서 정동을 소비하면서 시간을 보내고 싶다. 그러나 출근을 해야 하고, 사람들과 부대껴야 하고, 다시 퇴근을 해야 하는 일상이 그의 앞에 있다. 그런 관계 속에는 정동이 없으며, 순환하지 않는다고 그는 단정하고 있다. 정동을 고갈시키고 소진시키는 그런 관계 속에서 희망을 찾을 수 없는 그였다. 그래서 그는 미디어와 스마트폰으로 빠져나가고 탈주선을 탄다. 그 안에서도 정동의 순환은 더욱 찾아볼 수 없음에도 불구하고 말이다. 이런 경우처럼 활력 없음이 더욱 가속화되는 것이 저성장사회에서 살아가는 사람들의 평범한 일상이다. 저성장사회는 더욱 성장에만 매달리게 만드는 수동적인 태도를 유발한다. 결핍, 고갈, 소진, 필요, 욕구 등의 명제가 개인에게 들러붙어 있고, 이에 따라 민첩하게 요행을 바라면서 자신의 이득을 취하는 사람들을 만들어내는 것이 바로 저성장 국면이다.

이러한 저성장 국면에서 탈성장은 하나의 파문이다. 자원-부-에너지가 고갈되어 있음에도 불구하고, 전환의 활력을 다량으로 발휘하게 만드는 것이 탈성장 전환사회의 방향성이기 때문이다. 여기서 활력의 원천은 정동의 재귀적인 순환이다. 정동할수록 정동의 능력이 배가되듯이, 미지의 곳으로 여행을 떠날 때처럼 정동은 더듬거리며 이야기를 반복한다. 이를 통해서 삶의 내재성의 평면 위에 하나의 강렬도는 더 큰 강렬도로 변모할 디딤돌이 된다.

탈성장사회는 외부의 소멸과 함께 찾아온다는 역설은 바로 외부의 소멸에 대응할 만한 내부화된 정동의 순환을 필요로 한다는 점을 시사한다. 정동하고 정동되는 과정에서 충당되는 에너지와 활력은 다시 정동하고 정동되는 과정에서 유통된다. '사랑할수록 사랑의 능력이 증폭된다.'는 정동노동의 진실은 어김없이 여기에도 적용되는 것이다. 이런 시각은 정동을 너무 신비화하고 정동의 능력을 무한한 것으로 치부한다는 비판을 받기 쉽다. 그러나 내부화된 정동의 순환 국면이 외부의 소멸을 능가하기 위해서는 이러한 방식을 통해서 새로운 탈주선을 개척할 수밖에 없다. 재진입(re-entry)은, 입구에 들어가 출구로 나갔는데 그 출구가 입구와 유사하지만 사실은 전혀 다른 곳이라는 쫘배기 유형의 원환을 그리는데, 일종의 순환논증이다. 우리는 전혀 다른 곳으로 향하는 탈주로를 반복의 형태로 계속 찾아가면서 정동이라는 생명력과 활력의 증폭을 경험하는 것이다.

정동의 야성성은 토착성과 동의어가 아니다. 정동의 야성성의 원천이 외부성에 있다는 신화와 단절해야 한다. 정동의 순환, 반복, 주기, 재진입, 함입 등의 진실은 에너지의 동역학에 위배하는 영구기관을 연상케 할 것이다. 물론 엔트로피는 증가하고 영구기관은 지구상에는 없다. 그러나 활력과 생명 에너지는 신체 내의 에너지를 최대치로 끌어올리는 방향으로 언제든 나아갈 수 있다. 우리는 최소 열량을 섭취하고도 엄청난 활력과 에너지를 발휘할 수 있는 정동체이다.

그런 점에서 얼핏 유사해 보이는 소진과 피로는 다른 것이다. 소진은 외부성을 가능성으로 본다. 그래서 가능성의 고갈 속에서 축 쳐진 정동의 양상을 의미한다. 반면 피로는 모든 신체 내 에너지를 써 버리고 휴식 국면으로 들어간 정동의 일부 국면을 의미한다. 소진을 피하기 위해서는 외부성으로서의 자원에 대한 헛된 희망을 버려야 한다. 그저 정동이 더 큰 정동, 더 세밀해진 정동, 주름과 요철, 굴곡이 깊어진 정동이 되는 그 자체에 의미를 두어야 한다. 그런 점에서 정동에 기반한 실존은 외부로부터 이득을 바라지 않고, 그 자체의 삶의 활력과 에너지를 받아들인다. 그리고 삶 자체를 유지할 수준의 자원을 최소 수준으로 만든다. 그것이 탈성장 국면인 것이다.

물론 탈성장 시대의 도래는 외부(=우발성=자율성=야성성)를 소멸시키는 방향으로 향할 것이다. 그래서 앞으로 외부로부터의 자원과 부, 에너지의 유입은 점점 감소되거나 거의 없게 될 것이다. 우리는 물물교환이나 게토경제로부터 작은 자원이 어떻게 사람의 손을 타면서 유통되는지, 어떤 정동이 부착되어 이야기 구조를 구성하면서 가치화되는지를 배워야 한다. 로지스틱스(Logistics)라는, 전 지구를 넘나드는 물류 유통의 매끄러운 판이 장착된 현대사회에서 이러한 낡고 비효율적인 경제의 출현은 현실성이 낮은 것으로 간주될 것이다. 그러나 우리는 생명위기 시대, 거대한 기후위기 시대를 이러한 정동의 순환을 통한 탈성장 전환사회로의 이행 국면으로 바라보지 않는다면, 어떠한 대응도 제대로 작동하지 않을 것이라는 점을 잘 안다.

　성장을 포기하지 않으면서도 환경도 지키겠다는 의도는 탈동조화(decoupling)처럼, 자원의 소비나 생산은 줄어드는데 성장을 하는 잘 사는 나라에 대한 희망, 다시 말해 녹색성장의 망상으로 나아가고 있다. 마찬가지로 그린워싱의 경우에도 물건은 잘 사고 팔리지만 친환경, 에코, 녹색을 분칠하고 싶다는 망상으로 향한다. 이러한 두 가지 망상은 결국 유효한 정동의 순환으로 향하지 못할 것이다. 정동의 순환은 그 시작과 끝에서 제로회계처럼 딱 맞아떨어지는 소비와 생산으로 향한다. 그렇기 때문에 삶의 잉여가치로서의 정동에서 권력의 잉여가치를 뽑아내려는 정동자본주의의 시도는 정동의 순환적인 특징을 받아들이지 않는다. 정동의 순환은 제로회계이다. 그리도 정동이 만약 모방과 따라하기, 쏠림을 만들어내고 양자적 흐름을 발생시킨다 하더라도 말이다. 그런 점에서 정동은 실존적인 의미로서의 유한성, 한계, 끝 내에서 움직이는 것이기 때문에 잉여를 남기지 않는다. 한 번의 비극 이후의 한 번의 희극처럼 그것이 니체적인 의미에서의 영원회귀(永遠回歸, ewig wiederkehren)적인 순환의 행렬 속에 있다는 것을 깨닫는 순간이 올 것이다. 정동자본주의는 정동을 가지고 성장의 군불을 떼려고 하지만, 정동은 순환하는 것이라는 점을 깨닫는 순간 정동자본주의는 내파되고 말 것이다.

물질 구성에서 본 탈성장 : 몰, 분자, 원자, 양자

정동의 이행 과정에 입자물리학적인 도식작용(schema)을 적용해 보자면, 성장시대의 몰적인 것(집중성), 저성장시대의 분자적인 것(유한성/특이성), 제로성장시대의 원자적인 것(순환성), 역성장시대의 양자적인 것(확률성)으로의 이행 과정을 따른다고 할 수 있다. 먼저 성장시대에 정동은 몰적인 (molar) 구도에 따라 수렴되고 집중한다. 들뢰즈와 가타리는 하나의 모델에 수렴되고 집중되는 몰적인 것(the mole)과 여러 모델을 넘나드는 분자적인 것(the molecular)을 구분해 냈다. 이에 따라 분자적인 욕망의 흐름과 몰적인 이득과 이해, 이익의 국면을 구분했다. 정동자본주의는 분자적인 욕망과 정동을 동원하여 욕망과 정동의 소비 국면에서 몰적인 것으로 환원하는 구도를 그린다.

이에 따라 정동자본주의를 추동한 성장시대는 몰적인 것으로의 수렴을 기본적인 원천으로 한다는 점이 드러난다. 몰적인 것은 덩어리지고 응고된 '의미화=가치화=모델화=자본화'된 국면을 의미한다. 사실상 이것은 합리적인 의미화의 질서를 내장한 인지자본주의 국면이 정동자본주의의 욕망소비 국면에서 여전히 작동한다는 것을 확인할 수 있는 대목이다. 성장시대는 외부로서의 자원과 부, 에너지 등이 생명과 자연에 현존하기 때문에 가능하다. 외부효과는 폐기물이나 부산물 등을 자연과 생명, 제3세계에게 떠넘기는 것으로부터 출발한 개념이다. 여기서 성장주의 관점에서 정동은 천연자원이나 채굴의 대상처럼 다루어진다는 점이 드러난다. 성장 시기 동안 정동은 수렴되고 집중되고 응고된다. 그렇기 때문에 수많은 사람들이 유명인이나 인플루언서가 되기 위해서 그토록 애를 쓴다. 그래야 정동의 응고와 수

렴, 집중의 자본화가 가능해지기 때문이다.

저성장시대의 정동의 양상은 분자적인 것(the molecular)에 달려 있다. 몰(mole)은 질량의 최소단위라는 점에서 정동의 소비 국면에서의 회계담론의 위상을 알 수 있다. 반면 분자적인 것은 속성의 최소단위로서 정동의 양상과 작동을 보여준다. 분자는 유한성, 한계, 끝이 있기 때문에, 언제든 사라질 수도 소멸할 수도 있는 잠정적인 물질의 상태이다. 이는 욕망, 정동, 사랑, 돌봄 등의 속성과도 통한다. 정동은 분자적인 흐름을 타고 나타났다가 사라지기를 반복한다. 여기서 정동의 분자적인 속성은 흐름의 잉여가치의 기본적인 성격을 의미한다.

흐름의 잉여가치는 분자적인 정동의 흐름에서 생성되는 잉여가치이다. 정동자본주의는 분자적인 정동을 추동하면서도 몰적인 소비와 정체성의 연접(conjunction)으로 수렴시키기를 원하는 체계이다. 그러므로 분자적인 욕망과 정동에 따르는 집단, 조직, 네트워크 등이 유연하고 융통성이 있다는 이유로 반드시 선(善)이라고 볼 수는 없다. 플랫폼 양상의 기관이나 모임도 분자적인 태도를 취하고 몰적인 것에 대한 사적 이득의 채굴을 바라기 때문이다. 얼마나 매력적인가, 마당을 펼쳐주기만 했는데 분자적인 욕망을 발휘하고 이득을 남기니 말이다. 여기서 정동은 분자적이기 때문에 흐름에 따라 유한한 실존에서 유래하는 강렬도를 발휘한다.

제로성장시대의 정동의 양상은 원자적인 것(the atom)으로서의 순환이다. 정동의 순환은 정동의 생산과 정동의 소비가 제로회계처럼 딱 맞아떨어지는 국면을 의미한다. 이는 정동의 무한성 테제와는 이율배반적인 상황이다. 정동의 양자(quantum)적인 흐름은 생명활동으로서 정동이 다양하게 변형되고 이행하는 국면이다. 반면 정동의 원자적인 순환은 그 정동의 순환 양상의 에너지의 총량이 한계가 있음을 의미한다.

정동은 유한하면서도 무한하다. 이 모순을 어떻게 생각해야 할까? 마투라나와 바렐라는 『앎의 나무』(2007, 갈무리)에서 '논리적 장부 기재'와 '우발적 표류'를 통해서 이를 설명한다. 논리적 장부 기재는 생명이 사용할 수 있는 자원이 한계가 있고 순환한다는 점을 말한다. 반면 우발적 표류는 생명 활동이 자유롭고 다양한 경우의 수의 결합에 의해서 다양하게 펼쳐질 수 있다고 말한다. 생명은 브리꼴라쥬(Bricolage)를 만드는 예술가처럼 버려진 공, 줄, 바위, 풀 등을 이어 붙여 다양하게 변조해낸다. 이는 유한성의 무한결속이라고 할 수 있다. 유한하면서도 무한할 수 있는 것이 그 이유 때문이다.

마투라나와 바렐라는 '고르디오스의 매듭(der Gordische Knoten)처럼 보이는 것을 단칼에 끊어 두 함정을 자연스럽게 피해갈 방법을 제안'한다고 하면서 "해결책은 일종의 논리적 장부 기재(logische Buchhaltung)를 유지하는 데 있다. 다시 말해 우리가 처음에 강조했던 '말한 것은 모두 어느 누가 말한 것이다'라는 점을 결코 잊지 않는 것이다. 거짓모순의 해결책들이 다 그렇듯이 기존의 대립 속에서 생각하기를 멈추고 더 큰 맥락 속에서 문제를 새롭게 제기하는 것이다."*라고 말한다. 제로성장시대의 정동은 제로회계처럼 발생한 지점과 소멸한 지점에서의 총량이 유사하고, 재귀적으로 작동한다. 이에 따라 정동의 유한성은 반복, 재귀성, 함입, 재진입, 주기 등과 같은 영원성의 좌표에 따라 작동한다. 그렇다고 순환을 넘어선 정동의 양자적 생성이 불가능한 것은 아니다.

바로 탈성장시대는 저성장과 제로성장과 같이 수동적으로 자원의 감축

---

* 마투라나와 바렐라, 『앎의 나무』(2007, 갈무리) p. 154.

을 받아들이는 것이 아니라, 정동의 양자적 방출을 통해서 능동적으로 자원의 감축과 유한성에 대응한다. 여기서의 정동의 양자적 방출은 결국 정동의 무한성과 이어지는 요소이다. 가장 확률론적인 경우의 수의 선택지로서의 특이점을 설립함으로써 무수한 특이점이 어우러져 회복탄력성을 갖추게 되는 것이 탈성장 전략에서의 정동의 양상이다. 탈성장 시대의 정동의 양자적 방출은 타르드의 모방의 법칙이 말하는 양자적인 흐름으로서의 모방과 따라 하기의 정동의 양상에만 머물지 않는다. 정동의 양자적 방출은 하나의 흐름이 아니라 다양한 흐름이 특이점에서 동시적으로 방출됨으로써 회복탄력성을 갖는다.

이는 프랑스 철학자 펠릭스 가타리의 분열생성론이 개척한 특이점들의 다발의 회복탄력성과 임기응변성, 융통성을 의미한다. 여기서 정동과 활력이 있고 그다음에 자원이 있는지, 자원이 있고 그다음에 활력이 있는지에 대한 질문을 피할 수 없다. 물론 정동의 순환성의 입장에서의 논리적 장부 기재로서의 유한성도 있다. 하지만 정동과 활력의 재귀적인 반복이 만들어 내는 색다른 차이와 다양성이 무한성의 원천일 수 있다. 마치 생명활동의 우발적인 표류와도 같이 정동은 '차이 나는 반복'을 통해서 양자적인 힘과 에너지를 방출할 수 있는 것이다. 이는 탈성장 시대의 정동의 초극미세전략을 조명하게 만든다. 우리는 더 미세한 차이의 주름을 늘려 가야 하며, 양자적 수준에서 말과 행동을 바라볼 필요가 있는 셈이다.

탈성장과 정동의 초극미세전략

초극미세전략을 구사함으로써 주체성들을 소비나 향유, 책임과 권리 등의 근대성으로부터 벗어나 정동, 언어행위, 구체적인 행동 등에서 양자를 방출하는 것으로 향할 수 있다. 다시 말해서 수많은 경우의 수 중 하나의 특이점이 되도록 스스로를 배치하여 구성하는 것이 탈성장 전략이라고 할 수 있다. 하나의 우발적인 사건을 정동의 반복을 통해서 특이점으로 만들어내는 것이 한 방법이다. 동시에 이러한 특이점에 정동의 흐름을 관통시킴으로써 다양한 선택지 중 하나로 만드는 것이 더 나아간 방법이다. 이를테면 공동체기업은 우발적인 고객의 발생이 있기 어려운 상황에서 외부의 우발성이 발견되면 이를 하나의 정동이 순환하고 흐를 수 있는 관계로 만들어야 한다. 공동체기업은 이러한 반복적인 정동의 투여를 통해서 특이점의 하나로 만들어냄으로써 선택지를 늘려나갈 수 있다. 그리고 무수한 선택지가 바로 회복탄력성의 원천이 되는 것은 두말할 필요도 없다.

초극미세전략은 삶과 정동의 미세한 결, 주름, 무늬 등을 발견하는 과정일 수 있다. 이를테면 펠릭스 가타리가 다룬 UTB(unités thérapeutiques de base)와 같은 치유 그룹이 있다. UTB의 실전전략으로는 집회에서 팀을 이루어 나가면 이탈자가 없다는 사례가 있다. 또한 정신질환자가 가게에 갈 때 망보는 사람, 계산을 돕는 사람 등 여러 사람이 밀착마크 하여 성공적으로 미션을 성공하는 경우가 사례로 제시된다. UTB라는 집단적 배치는 심리적, 정서적, 영성적 지지대로서의 강한 상호작용을 통해서 강건한 실존을 만드는 데 목적이 있다. 정동은 상호작용의 과정에서 유통되어 강건한 실존을 구성하는 피드백(Feedback)과 피드포워드(Feedforward) 과정을 통해서 순환하고 흐른다. 정동이 어떤 장소, 인물, 집단, 모임에서 강렬한 상호작용을 한다는 것은 무엇을 의미할까? 결국 국지적인 영역에서의 정동의 상호작용이 공동체 판 위에서의 정동의 흐름을 능가하는 작동양상으로 나아갈 수 있다는 점이 드러난다. 특히 코로나19 시국의 비대면 상황과 같은 초유의 사태에서 국지적인 영역에서의 UTB 그룹 등은 강건한 실존을 구성하는 정동의 초극미세전략이다.

탈성장시대의 초극미세전략은 정동의 내재성의 재발견 과정이다. 들뢰즈의 초월론적 경험론은 발견주의로 이해되는데, 이는 삶의 내재적인 평면 위로 아로새겨진 정동의 순환과 흐름을 발견해내는 시선을 기반으로 하기 때문이다. 이를 이해하기 위해 사물, 생명, 자연, 인간, 기계 등이 외부로부터의 사건을 통해서 정동을 촉발하는 상황을 떠올려 볼 수 있다. 이에 대해 '사유는 수동적인 종합'을, '행동은 능동적인 변용'을 통해서 감응하고 발견하는 과정이 전개된다.

들뢰즈의 발견주의는 사물 자체에도 정동이이 깃들어 있다고 본다는 점에서 애니미즘적인 요소를 포함하고 있다. 정동이 부부의 침실에도, 텔레비전에도, 축구경기장에도 서식한다고 보는 펠릭스 가타리의 기계적 무의식이라는 구상은 들뢰즈로부터 왔다. 이러한 관점을 더 진전시켜 보면 어떨까? 외부로부터 사물이 갑자기 돌발적이고 폭력적으로 무의식과 정동의 내부로 들어올 때가 있다. 그 순간 사물 곁에 있던 사건과 정동이 격발된다. 이는 광고나 미디어, 인터넷, SNS 등에서 주사되는 이미지가 말하는 것과는 다르다. 이것들은 이미 결론이 나와 있는 사건의 출현을 연출하기 때문이다. 다시 말해 사건의 발생에는 불가역적인 실존의 변형과 이행이 수반되는 정동작용이 필수적인 것이다.

김홍중의 『사회학적 파상력』(2016, ㈜ 문학동네)에서의 파상력(破像力)이라는 개념에 주목할 필요가 있다. 미래의 꿈과 희망으로 방향성을 맞춘 상상력 개념을 넘어서 문명의 파멸 이후의 상상력을 다룰 필요가 있다는 화두로 여겨진다. 이를테면 예술가 천근성의 바라코아 이야기로부터도 파상력의 개념을 탐색할 수 있다. "쿠바의 바라코아라는 시골마을에서 커피 한 잔의 여유를 누리던 새벽, 사람들이 웅성거리는 곳, 그것으로 그는 무심히 향한다. 그의 눈앞에는 바다에 떠내려 온 문명의 쓰레기들이 그들에게 자원이자 향유물이 되는 현실이 펼쳐진다. 그것은 문명인들이 겪지 못한 충격을 준다. 왜냐하면 파상력 이후의 현실을 정확히 직시하는 것이기 때문이다. 붕괴 이후, 파멸 이후를 보여주는 사물들, 문명의 찰나를 탐닉케 했던 일회용품들의 수집을 쇼핑이라고 여기는 색다른 현실이 그의 눈앞에 펼쳐진다. 그는 얼어붙어 있고 그의 뇌리를 타격한 파상력의 크기와 볼륨에 놀란다."* 파상력의 상황은 상황, 인물, 사물, 생명, 자연이 외부로부터 충격과 파열을 내면서 정동을 촉발해낸다. 생명위기 시대, 재난의 일상화의 시대에 어떤 정동의 촉발이 있을지를 짐작케 하게 하는 대목이다.

그러나 들뢰즈의 발견주의는 소급(遡及)에 따르는 데 비해 펠릭스 가타리의 구성주의는 파급(波及)에 따른다. 가타리는 정동의 양자적인 방출의 파급력이 만들어내는 특이점의 개방에 주목하는 분열생성론을 창안한다. 다시 말해 이러한 국면은 정동해방을 통해서 탈성장을 맞이하는 전략이다. 정동의 엄청난 에너지와 활력이 과거로부터의 잠재성과 미래로부터의 가능성이 전혀 없다고 판정된 곳에 반복적으로 투여되고 강한 상호작용을 한다면 어떤 일이 생길까? 그 자리에 주름을 만들고 파열구를 내면서 분열생성으로의 배치가 만들어질 것이다. 이제 남은 가능성과 선택지가 전혀 없다고 좌절하고 비관하고 우울해 하는 기후위기 시대에, 정동해방은 정동과 욕망

---

* 천근성 외, 『사물의 재발견』(미출간) 중 인용

의 강렬한 흐름을 통해서 일종의 선택지가 될 수 있는 특이점 자체를 설립하는 행위양식이다. 이것은 들뢰즈의 소급적인 발견주의를 뛰어넘는 발상이며, 잠재성을 새롭게 재창안한다는 점에서 들뢰즈의 철학과는 다른 궤적을 그린다. 특이점 설립(=특이성 생산)은 잠재성 설립이기 때문에, 모든 과거의 기억으로부터 유래되지 않는 반기억 생성의 순간이기도 하다. 삶은 이러한 정동해방이라는 색다른 탈주선을 통해서 완전히 다른 방향으로 재창안될 수 있다. 다시 말해 탈성장 전환사회는 모든 성장주의가 사라질 때 시작하는 것이 아니라, 성장주의의 변종들인 성공주의, 승리주의, 경쟁사회, 속도, 효율성, 소진의 시대 등이 꾸르륵거리면서 작동할 때 함께 이루어진다. 성장주의의 작동 속에서 돌연 정동의 강렬한 흐름과 반복(=순환)이 멈춤과 정지를 만들어내고 엄청난 감속의 상황으로 삶을 이끈다. 물론 정동의 강렬도에 따라 활력과 에너지는 더욱 증폭되겠지만, 스모선수와도 같은 느림 되기와 빠름 되기의 상황이 반복될 것이다. 이에 따라 누구도 예측하지 못했던 사건의 순간이 구성되고 창안될 것이다.

탈성장은 우리의 정동과 욕망의 강렬도가 어느 때보다 더욱 강렬해지고 증폭되는 순간, 성장주의의 유혹과 예속, 포획으로부터 끊임없이 탈주선을 타면서 개척하는 특이점이다. 그것은 또 정동에 의한 색다른 실험, 과학, 예술, 창조의 순간이다. 사람들은 자신만의 정동의 작은 실험실을 설립하고, 이 속에서 발견주의와 구성주의 양축의 실험을 진행한다. 탈성장은 정동해방의 열망을 담아내고 미래진행형의 무의식으로 정동을 추동한다. 우리 한 사람 한 사람은 탈성장 전환사회를 만들기 위해서 정동의 입자가속기의 속도에 따라 양자를 방출하는 특이점이 될 것이다.

6. 순수증여, 보이지 않는 것들과 정동의 재구성

우리는 활력이 뜨거워지는 경험을 사랑한다!

공동체기업의 활동가 K씨는 현실적이라는 방안이라는 모든 논의가 얼마나 위선적이며, 또한 급진적인 탈성장의 대안을 사고하지 않으면 무용지물에 불과한가를 주장한다. 그는 그린뉴딜이나 탄소경제, 기후금융 등의 가속주의 전략이 반드시 탈성장이라는 감속주의를 통하지 않고서는 전환사회가 찾아오지 않는다고 단언한다. 그는 비건이며 자전거로 출퇴근하며 재활용 관련 공동체기업에 근무한다. 휴지를 쓰지 않고 손수건을 사용하며, 회식과 과다섭취보다 소식과 다이어트를 선호한다. 그는 건강하고 활력에 넘친다. 그는 가계부를 열심히 쓰지만 그것은 자신을 장악한 물건의 마음을 점검하기 위한 것이다. 그는 모든 보이지 않는 활동이 가시화된 노동으로 평가되는 것조차도 거부하는 입장이다. 그는 최근 자신의 건강을 증진하고 깨끗한 골목길을 만들기 위해서 '새벽 줍깅'을 실천하고 있다. 그는 계속 몸을 움직이며, 활동할 여지를 찾아 일거리와 의제를 만들고 실천을 한다.

그는 최근 기후위기 상황의 심각성을 절감하고 공동체기업 내에 기후행동위원회라는 소위원회를 열었다. 활동가들은 밤샘 토론을 한다. 그들은 집에 가지 않고 밤늦게 토론에 참여한다. 왜냐하면 그들에게는 이곳이, 지금 여기가 실천에서 가장 중요한 자리이고, 자신의 삶의 좌표를 밝힐 배치라고 느끼기 때문이다. 그는 새벽녘 동틀 무렵에 어두운 도시를 걸어 집으로 돌아간다. 그리고 다음날에도 공동체기업에 출근해서 열띤 토론과 세미나, 일상 업무 등에 참여한다.

공동체기업 사람들은 그런 그를 입자가속기, 에너자이저, 특이점 방출기 등으로 부르며 그의 활력의 비밀에는 무엇이 있는지 궁금해 한다. 수많은 시간 동안 학습하며, 철야토론을 하고, 밤샘 세미나를 한다. 대가를 바라지 않고 보상을 바라지 않고 자신의 유한성과 끝, 한계를 응시하지만 최선을 다하여 혁신성과 선도성을 살려 나가려고 하는 그의 태도에 사람들은 감탄한다. 그의 에너지에 감응하여 다른 사람들의 정동이 촉발되고 또 그러한 특이점들이 증폭되고 파급된다. 그 한 사람의 특이점이 활동과 정동을 확산시키고 새로운 변화의 바람을 만들어낸다. 그는 뜨거운 정동, 강렬한 활력, 밀도 있는 에너지, 활발한 욕망을 유지하기 위해서 공동체기업에서의 활동가로서의 삶을 사랑하고, 기후위기에 직면한 현 상황을 우울이나 비관이 아닌 활력 정동의 힘으로 대응하고 있다. 그는 뜨거워지는 것을 사랑한다.

탈성장 시대, 순수증여는 정동과 활력의 원천이다.

대안적인 공동체기업은 나카자와 신이치(中沢新一)의 구분에 따라 증여와 교환, 순수증여라는 세 가지 영역에서 '보이지 않고 보상을 바라지 않는 순수증여'의 판과 구도를 전제로 작동할 필요가 있다. 이런 점에서 자원봉사와 이름 없는 기부 등의 정동의 영역이 대안적인 공동체기업 구성의 원동력이 될 수 있다. 그러나 활력의 경우에는 자원과 함께 움직이는 경우를 배제할 수 없다. 그런 점에서 증여와 호혜의 공동체기업은 선물(gift)과 같이 정동이 깃든 사물을 생각하는 애니미즘적인 구도 속에서 활력을 충당 받는 것을 구상하여 왔다. 그러나 선물과 같은 사물에 마음이 부착되고 정동이 붙어 있는 모습을 생각하는 것은 활력을 전제로 한다. 즉, 활력 이후에 오는 사물의 방식인 것이다. 이는 연접(conjunction)이라는 영역에서의 논의이다. 대신 활력이 자원에 부착되지 않고 스스로 증식하고 증폭되어야 하는 탈성장사회에서는 문제가 달라진다. 자원도 없는데 활력이 어떻게 증폭될 수 있는가? 처음부터 포기한다면 그것은 시기상조이다. 우리는 아낌없이 선물을 주는 자연과 생명에서 그 해법의 힌트를 볼 수 있다. 물론 자연과 생명 자체의 의지가 아니라, 인간의 눈에 투영된 것이라고도 할 수 있다.

자연과 생명은 생태계를 조성하는 사물성과 생명성이다. 이 속에서 관계를 매개하는 연결망은 사물과 생명 중간현실이라고 할 수 있다. 생태계의 연결망은 보이지 않는다. 관계 맺기, 즉 서로를 연결시키고 조우하고 접촉한다. 이를 통해서 볼 때 생태계의 연결망의 본질은 불교에서 얘기하는 빌 공(空)과 없을 무(無)이다. 이러한 공무(空無)의 상태가 사실상 연결망의 비밀이며, 순수증여의 비밀이다.

탈성장사회로의 진입은 돌연 강렬한 정동을 발휘한다. 어떻게 학교에서 가난을 가르칠 수 있을까? 어떻게 진보에 익숙한 사람들에게 불편해지자고 말할까? 기후위기 상황은 노동해방이나 여성해방 등을 얘기했던 기존 운동 방식과 달리, 더 불편해지는 상황을 얘기한다. 그리고 자원도 없는 상태에서 활력을 발휘하자고 권유한다. 이러한 상황에 직면한 사람들은 다들 어리둥절해 한다. 이를테면 마을공동체운동을 하는 사람들도 부동산을 소유한 주민들이고 자신의 거주지의 가치가 높아지기를 바라는 사람들이었다. 그런데 이제는 완전히 다른 차원에서 불편함을 감내하자고 말하는 탈성장 논의에 대해서 사실상 대답을 주저할 수밖에 없다.

기후위기에 대응하기 위해서는 좀 더 이타적이고 탈성장사회에 더욱 근접하는 '더불어 가난의 시대'를 긍정하는 것으로부터 출발해야 한다. 그렇게 하기 위해서 주변을 살펴보면 많은 영역이 이미 이득과 이해에 오염되어 있다는 것을 새삼스레 발견하게 된다. 탈성장을 말로만 얘기하지 공동체기업의 최선은 여전히 증여와 호혜라는 실물적인 경제의 방식이었다. 그러나 한 발자국 더 나아가 공무(空無)에 입각한 순수증여를 얘기해야 할 때이다. 이제 우리는 작아져서 더욱 보이지 않는 존재가 될 때까지 자신을 낮추어야 한다. 우리는 모두 판 짜는 자이지만, 나서는 자들은 우리 주변의 미래세대와 소수자, 생명이어야 한다. 탈성장사회의 순수증여는 인간중심주의를 멈추고, 동물이 주인공이 된 가족을 만들어야 한다. 또한 탈성장사회는 우리가 편리하고 유용하게 느꼈던 자동주의적이고 기능주의적인 생활의 편리에 대해 모두 의심을 품는 사람들의 사회이다. 더욱 주변을 생각하고 배치를 살펴서 앞으로 긴 시간 동안 벌어질 문제에 민감해져야 한다. 그런 점에서 탈성장 전환사회는 증여와 호혜를 넘어선 순수증여의 보이지 않는 판과 구도에 근접해야 한다.

순수증여라고 하면 반감이 들 수밖에 없다. 어떻게 아낌없이 줄 수 있을까? 어떻게 대가와 보상을 바라지 않을 수 있을까? 모두가 부처와 예수가 되는 초월적인 신성의 내재화가 어떻게 가능할까? 생명과 자연처럼 침묵하고 강렬도를 전달해주는 공동체 사람들의 판이 어떻게 가능한가? 우리는 모두 주인공이고 싶은데 어떻게 기꺼이 배경이나 풍경이 될 수 있을까? 우리는 부유하고 진보된 삶을 살고 싶은데, 어떻게 가난해질 수 있을까? 우리와 멀리 떨어져 있는 기후난민을 우리가 어떻게 염려하고 걱정하고 연대할 수 있을까? 가까이에 있는 사람의 깊이와 잠재성을 발견하는 것과 더불어 가장 먼 곳에도 측은함과 걱정을 보낼 수 있을까? 자원이 없는데도 정동의 강렬도를 더욱 증폭시킨다는 것이 말이 되는가? 어떻게 해서 보상과 선물이 오고가는 관계성이 아니라 모든 것을 내어주는 관계성이 가능하다는 것일까? 젠더 불평등을 다시 한번 감내하라는 것을 정당화하는 것은 아닌가? 그것은 사랑과 연대의 이름으로 벌어지는 희생이 아닐까? 정동의 강렬도를 입자가속기처럼 대가를 바라지 않고 높일 수 있는 사람은 얼마나 될까? 그것은 열정페이를 또 강요하려는 수작이 아닐까? 온갖 의심과 회의의 시선이 생길 수밖에 없는 것이 순수증여 담론이다.

여기서 활력과 정동의 재귀성을 다시 얘기하지 않을 수 없다. 사랑할수록 사랑하게 되고, 정동을 발휘할수록 흐름이 되어 더 강렬한 정동을 발휘하게 되고, 돌보면 돌볼수록 더 돌보게 되는 그러한 마음이 있다. 그것은 순환, 반복, 중복, 재진입이라는 형태로 이루어지는 강렬도의 증폭 양상이다. 그 이유는 사실상 보이지 않는 것으로부터 시작된다. 젊은이들이 생각하는 공동체는 바로 이런 이유 때문에 구체성을 띠지 않고, 더욱 장소성이 없고, 더욱 올바른 것이 어딘가에 있을 것이라는 생각으로 이루어져 있다. 다시 말해 실체가 없는 공동체, 보이지 않는 공동체, 관계성으로서의 공동체이다. 그리고 그것은 활력정동이 서식하는 순수증여의 생명과 자연의 영역이다.

이러한 색다른 공동체의 상은 완전히 다른 삶을 만들어낸다. 반려동물이 주인공이 되어 있는 가족의 사례를 보자. 반려동물은 보이지 않는 혜택으로서 보상과 대가 이상의 정동을 전달해준다. 모든 것을 전적으로 믿고 따르는 반려동물이 주인공이 된 가족에서는 가족구성원들이 순수증여의 진실을 이미 알고 있다. 반려동물의 영성적 의미에 따라 가족구성원은 빙그레원을 그리고 둘러앉아 중심에 선 반려동물의 반응에 기뻐하고 감탄하고 즐거워한다.

공동체기업의 업그레이드는 여기서 가능하다. 완전히 다른 게토 경제, 탈성장 경제, 순환경제가 가능하다. 공동체기업은 제도의 영역을 완전히 벗어나는 형태로 다시 선도성과 혁신성을 회복해야 할 시점이다. 그것은 관계성에 기반한 완전한 전환(transition)일 것이다. 그 관계성은 눈에 보이지 않고 거래관계로 사물화되지 않았다. 그것은 관계 자체가 좋아서 만들어진 그저 한판 무용담을 얘기하거나, 웃자고 하는 것이나, 기쁨의 정동을 순환시키자고 벌인 일일 수도 있다. 그것은 증여를 얘기하면서도 이득과 이해로부터 자유롭지 않았던 기존 공동체기업 행태의 혁신이며 탈주이다. 탈성장사회를 이끄는 공동체기업의 모습은 완전히 기존 성장주의에 동조화된 공동체기업과는 다른 모습일 것이다. 활력의 흐름만 있고, 정동과 돌봄의 행위양식만이 있고, 유머와 해학만이 기쁨을 만들고, 생명과 자연에 대한 광대역(broadband)의 무의식만이 있는 그런 공동체기업의 모습이 돌연 등장한다. 탈성장 전환사회는 공동체기업이 생각지도 못한, 색다르고 보이지 않는 공동체의 양식으로 우리를 이끈다. 그러한 실험과 실천은 이미 시작되고 있다.

정동과 횡단성 : 돌봄에서의 거리조절은 가능한가?

그렇다고 해도 정동의 발휘는 일방적인 것이 아니다. 모든 종교적인 논의는 정동과 활력의 발휘를 순수증여라고 보지만, 동시에 순수증여를 수직적이고 의미화된 것으로 한정한다는 데 한계가 있다. 다시 말해 일방적인 메시지, 종교적인 설교, 수직적인 위계 등의 한계를 노정하고 있다. 반면 순수증여를 실현하는 정동, 사랑, 욕망, 돌봄은 수직과 수평 사이의 무한한 사선처럼 횡단적이다. 비록 겉으로 보기에는 돌봄 하는 사람과 돌봄 받는 사람의 수동과 능동이 깃들어 있는 것처럼 느껴질 수 있다. 그러나 정동하는 과정과 정동되는 과정은 늘 호환이 가능하며, 일방적이지 않고 상호작용하며, 보이지 않지만 정동의 순환 속에 있다. 그런 점에서 정동은 수직적인 위계나 수평적인 격자를 넘어선 횡단적인 것이라고 할 수 있다.

또한 정동은, 정동자본주의 사회에서의 기능적인 영역과 달리 여러 기능을 넘나드는 다기능적인 과정이라고 할 수 있다. 하나의 기능에 따라 플랫폼화되는 자본주의의 기획이 아니라, 단순하면서 다양한 것들이 다기능화되어 있는 것이 정동이다. 그런 점에서 정동자본주의는 정동을 완전히 포획하는 것이 아니라, 일부 기능을 취사선택하여 포획할 뿐이다. 정동하고 정동되는 과정을 가능하게 하는 마당으로서의 플랫폼은 사실은 정동의 흐름과 상호작용의 풍부함과 다양함, 충만함과는 거리가 멀다. 오히려 플랫폼은 정동을 납작하게 만들고 위생적이고 탈색된 것으로 만든 다음에야 작동할 수 있다. 그러나 정동의 흐름의 강렬도는 요철, 굴곡, 주름으로 가득하며, 수많은 웅성거림, 소음, 잡음, 잉여로 가득 찬 것이다. 그런 점에서 공동체기업은 플랫폼이 아니다. 정동이 순환하고 흐르는 마당이라는 점에서 유사할지 모르지만, 사실은 정동의 입체적인 면과 다기능적인 면을 더욱 증폭시키는 것이 공동체기업이기 때문이다.

다시 돌봄 문제로 돌아가서, 돌봄의 일방성의 신화는 돌봄의 역할, 기능, 직분을 고정시켰기 때문에 이루어진 결과이다. 여기에 희생으로서의 젠더불평등, 열정노동 등의 문제가 긴밀히 결합되어 있다. 그러나 돌봄의 과정은 완성형이 아니라 과정형이며, 기능분화될 수 있는 것이 아니라 다기능적인 것으로 보아야 한다. 물론 가사노동의 기능과 역할을 분담하는 국면에서는 이러한 문제가 통속적으로 배분되고 기능화 된다. 그러한 지점에서의 문제는 결국 돌봄의 기능화를 완성형으로 보았던 기존 가족제도에 의문을 품을 수밖에 없는 상황을 의미한다. 그러한 돌봄의 일방성이나 젠더 불평등의 문제를 도외시한 순수증여는 실은 기성 종교가 강요하는 완성형으로서의 돌봄의 상, 특히 모성으로 대표되는 이미지라고 할 수 있다.

그러나 문제는 간단히 해결될 수 없다. 돌봄은 특유의 의존관계로서의 돌봄 하고 돌봄 받는 관계, 정동하고 정동되는 관계에 놓여 있기 때문이다. 특히 의존관계와 동일시로 분석되는 돌봄의 관계는 사랑으로 포장되어 있다. 그런 점에서 사랑, 돌봄, 생태, 생명을 얘기하는 공동체가 동일한 이념과 종교, 사상으로 결속된 동질집단인 경우가 흔하다는 점도 특징적이다. 그러나 공동체기업, 즉 사회적 경제는 돌봄 자체를 시민성과 결합된 형태로 보면서 거리조절을 수반한 정동하고 정동 받는 과정으로 만들려고 하는데, 이는 사회혁신가들의 노력의 산물이다. 다시 말해 이는 근대사회의 정동의 소외를 넘어서기 위해서 중세적인 돌봄과 정동으로 되돌아가려는 것이 결코 아니라는 점을 분명히 하는 과정이다. 돌봄과 시민성을 연결 짓는 것은 다소 생소할 수 있다. 이는 순수증여의 영역이 일방적이고 수직적인 것이 아니라 횡단적이라고 보는 사회혁신가들의 노력의 산물이다. 물론 겉으로는 정동하고 정동되는, 돌보고 돌봄 받는 과정이 이전과 차이가 없다고 여길 수도 있다. 그러나 끊임없는 거리조절을 통해서 자립과 자조, 자율성을 갖도록 만드는 노력이 그 속에 개재해 있다. 그 속에서 정동과 돌봄은 예속의 수단이 아니라, 자유와 해방의 척도로 나타날 수 있는 것이다.

공동체기업은 사회혁신가의 산실이라고 할 수 있다. 지속적인 거리조절을 통해 정동의 과정을 당사자의 시민성의 확대와 공동체적 자율성 확장의 계기로 만들려는 투 트랙(two track) 전략이 있을 수 있다. 물론 시민성의 권리주의적인 면모에는 분명 한계가 있다. 그러나 정동 소외의 상황에 놓인 많은 사람들이 정동의 미학적인 면과 윤리적인 면에 대한 제반 학습의 과정이 필요하다는 점에서 정동의 시민성 영역이 부각될 수밖에 없다. 정동하고 정동되는 과정은 무의식적으로 이루어진다고 여겨지지만, 사실은 제도와 공동규칙에 따라 무의식의 흐름을 설계하고 조절할 수 있다는 점에서 정동에서의 일종의 합리주의를 상정할 수 있다. 이것은 정동의 흐름을 무의식의 집단적인 행렬로 보면서 제도와 공동규칙의 외부에 있는 자동적인 흐름으로 보는 것을 기각하는 것을 의미한다.

공동체기업에서 배출한 사회혁신가들은 "탈성장 전환사회에서 정동과 활력을 어떻게 보존할까?" 동시에 "이를 바탕으로, 어떻게 소재에 얽매이지 않은 정동해방의 국면으로 만들 것인가"를 묻는다. 그 과정에서 정동을 디자인하고 설계하고 미시정치를 작동시키는 인물들이다. 이를테면 기존의 학교는 개인의 성공과 입신 등을 교육함으로써 사실상 성공주의와 승리주의, 자기계발에 들어붙어 있던 성장주의를 정당화해 왔다. 이에 대해서 사회혁신가들은 "어떻게 더불어 가난을 가르칠 수 있는가?", "가난이 어떻게 윤리적이고 미학적일 수 있는가를 가르칠 수 있는가?" 하는 질문을 던지는 특이점이다. 이러한 탈성장의 색다른 사회혁신가들은 공동체기업의 판 위에서 여러 가지 활동을 하면서 공동체의 이미지마저도 바꾸고 있다. 바로 이득과 이익의 공동체가 아니라 실체조차도 없는 보이지 않는 공동체라는 이미지로의 전환을 시도하는 것이다. 이 점에 입각한 올바름은 고귀하며, 관계 자체의 실존적인 의미는 심오하다.

사실상 공동체기업은, 아카데미가 교육 커리큘럼에 넣지 않은 인문학적인 질문을 던지고 있다. ①자신의 실존적인 의미와 가치와 공동체의 참의미, ②기후위기 시대를 지식과 정보가 아닌 지혜와 정동으로서 대응하는 법, ③경쟁의 가속화에 말려들지 않고 감속과 느림, 여백으로 빠져나오는 방법, ④사랑이라는 보이지 않는 숙제를 해결하는 인생살이의 방법, ⑤성공주의와 승리주의라는 성장의 괴물로부터 벗어나 더불어 가난해지는 방법, ⑥살림, 모심, 보살핌, 섬김, 돌봄 등의 생활양식에서의 활력 유지법, ⑦노동이 아닌 활동의 원천으로서 정동을 발휘하는 방법 등과 같은 생태적 지혜와 노하우, 암묵지 등에 대한 질문이 그것이다. 이를 통해서 배출된 사회혁신가는 탈성장 전환사회를 앞당기는 활동가가 될 것이다. 그 과정에서 기후위기에 대해 선언으로만, 말로만 함께하는 것이 아니라, 삶과 행동으로서 함께할 수 있는 다양한 지혜와 정동의 전달자와 지혜의 촉진자를 배태할 것이다. 물론 공동체기업도 영원히 지속될 수는 없을 것이다, 해체될 수도 있고, 없어질 수도 있다. 그러나 끝이 있기 때문에 사회혁신가들이 언제나 치열해질 수 있는 것일지도 모른다.

분자혁명, 정동해방을 말하다!

　정동은 역동적이고 축제와도 같은 활력과 에너지이다. 이를 통해서 대안적인 공동체기업이 구성될 원동력을 찾을 것이다. 정동은 과거의 잠재성과 미래의 가능성이 없다고 여겨지는 지점에서 출발한다. 갑자기 활력과 에너지를 계속 가함으로써 비로소 특이점을 열어내는 과정인 것이다. 이는 축제와 난장, 파티와 같은 과잉 에너지를 빌려다 쓰는 형태로도 나타날 수 있다.

활력의 해방은 정동의 해방이자 욕망해방이다. 어떤 고정점으로 끊임없이 환원되는 정동이 아니라, 수만 갈래에서 격발되는 정동의 해방된 힘은 돌봄, 사랑, 욕망, 정동으로 가득 찬 세상을 구성하게 될 것이다.

이제까지 느껴보지 못했던 엄청난 상냥함과 부드러운 사랑의 흐름으로 가득 찬 세상이 가능하다. 이는 자원이 있고 활력이 있거나, 활력 다음에 자원을 바라게 되는 형태의 소재, 자원, 질료에 귀속된 세상으로부터의 완벽한 탈주를 의미한다. 자원은 결국 필요하지만 근본적인 동력은 아니다. 활력은 활력 자체를 목적이자 과정이자 동기로 삼을 수 있기 때문이다. 이에 따라 자원을 통해서 권력과 자본이 스멀스멀 활력에 스며들어 오염시켜 왔던 과정은 완벽히 기각된다.

활력해방, 정동해방은 불현듯 올 것이다. 기후위기 상황에서 대대적인 경기 후퇴가 있어야 탄소중립이 가능하다는 엄연한 진실을 마주하지 못하는 사회 상황이 도사리고 있다. 정동해방은 이러한 지체와 주저함에 대하여 완전히 급진적이고 혁신적인 탈성장의 화두를 던져서 이를 미세하게 구체화화는 과정이다. 누구도 상상치 못했던 급격한 전환의 상황이 찾아올 것이다. 성장주의로 말미암아 오염되어 있던 사회의 각 조직과 집단이 공동체기업의 혁신성과 선도성에 따라 전변될 것이다. 이는 상상치도 못한 역습처럼 완전히 불가능하다고 생각되었던 탈성장 전환사회의 특이점이 설립되는 순간에 찾아올 것이다.

그리고 이러한 기후위기 시대에 요구되는 탈성장의 라이프스타일을 공동체기업의 사회혁신가들이 제시하고 실천하고 실험할 것이다. 돌발흔적 과도 같은 입구의 개방은 많은 사람들의 에너지와 활력이 가해졌을 때만 가능하다. 공동체기업의 집단적 배치는 초극미세전략에 따라 수많은 정동순환과 정동의 상호작용을 특이점이라는 입구의 개방을 위해서 투입하게 될 것이다. 생명 에너지와 활력이라는 정동에 따라 입구가 개방되고 탈성장 전환사회는 수많은 특이점들의 개방에 따라 회복탄력성을 가진 다양체로서의 판을 창안할 것이다.

그렇게 되기 위해서는 공동체기업은 변신을 거듭해야 하고 배치를 재배치하는 미시정치에 나서야 한다. 일단 기존 협동조합의 결사체를 의미와 가치를 제시하는 수준이 아니라 정동의 순환, 상호작용, 흐름이 강렬해지는 정동체로 업그레이드해야 한다. 결사체 유지에 만족했던 기존 방식으로는 판과 배치가 성립되지 않는다. 끊임없이 초극미세전략을 추구하면서 정동의 강렬도를 보존하고 유지함과 동시에 이탈하는 개인들을 다시 불러오고 결집시키는 색다른 판짜기가 필요하다.

기후우울증이나 좌절, 비관의 힘이 가속화될 때, 정동체는 탈성장 전환사회의 마중물이 되어야 한다. 그전에 자원의 분배와 자원의 순환에 머물던 사업체의 기능 정지가 계속되는 상황은 반드시 찾아올 것이다. 이때 좌절, 비관, 우울, 자신감 저하, 붕괴로 머무는 것이 아니라, 정동으로부터 활력, 에너지, 돌봄의 미학적이고 윤리적인 과정을 소환하여야 한다. 이때 정돈, 수선, 병렬, 배치, 배열 등의 다양한 과정이 사물, 생명, 자연, 기계 등에서 발견되는 것은 정동 고유의 보이지 않는 윤리와 미학 덕분이라고 할 수 있을 것이다.

공동체기업의 판짜기는 배치의 재배치, 행렬, 순열, 배열 등의 변신과 이행을 통해서 완전히 색다른 정동체로서의 모습으로 드러나야 한다. 정동체에서는 사회혁신가로서의 활동가들의 정동하고 정동되는 과정을 통해서 서로를 돌보고 작은 마을과 작은 공동체, 작은 모듈, 작은 컨비비움 등을 구성하려는 노력들이 수행되어야 한다. 이러한 판의 구도는 사실상 순수증여에 입각한 자율적인 노력과 실천이 기반하여야 한다. 작은 자원을 분배하는 과정에서도 정동을 유통시키는 것과 결합하여 이야기 구조를 설립하고 증여와 호혜의 과정으로 자신을 표현해야 한다. 또한 일본의 대석학 나카자와 신이치(中沢新一)의 말처럼, 순수증여와 증여 간 낙차효과 속에서 풍요와 기쁨이 어우러지는 축제의 장이 되어야 한다. 이러한 공동체기업 내에서의 낙차효과 전략은 물론 게토 경제 전략과 맞닿아 있다. 그러나 게토 경제는 빈곤과 결핍의 자구책이라면, 공동체기업의 낙차효과 전략은 자발적 가난, 무소유, 빈 그릇 운동과 같은 탈성장의 대응책이라는 점에서 차이가 있다.

그동안 정동은 오해되어 왔다. 하의식적인 욕망의 집단적인 흐름이거나 혐오의 물결이거나, 증오를 촉발하는 감정덩어리 등으로 오해되고 곡해되어 왔다. 그러나 정동은 생명 에너지이자 생명의 활력이다. 이러한 정동이라는 생명 기반 에너지를 어떤 미시정치를 통해서 배가하고 증폭하고 일관된 흐름으로 자리 잡게 만들 것인가가 전환사회의 과제라고 할 수 있다. 더나아가 탈성장 전환사회는 이러한 신체 내 에너지를 증폭함으로써 가능성이나 잠재성의 전혀 없어 보이는 곳을 개척하고 특이점을 개방하는 색다른 실험이자 실천이다. 이 과정은 분명 사회혁신가의 헌신적인 노력과 희생이 수반되는 영역이지만, 그 헌신의 대가는 다시 정동의 증폭이라고 할 수 있다. 정동은 정동을 낳고 더욱 증폭된다. 그렇게 공동체기업에서는 소소한 음식을 먹으면서도 축제를 벌이고 서로의 안부를 묻고 기쁨을 유통하고 커다란 정동의 흐름을 만들어낼 수 있다.

정동자본주의는 정동경제에서 매순간 여러 가지 도전과 고전분투에 직면한 공동체기업의 위기 상황을 만들어낸다. 공동체기업은 사기 저하와 활력 상실, 젊은 층의 이탈 등을 일시적으로 겪을 수도 있다. 그러나 정동자본주는 자본과 권력의 성장주의의 동력이 정동밖에는 안 남았다는 현실을 증언하는 지표이기도 하다. 공동체기업은 자본과 권력의 실상과 달리 탈성장 전환사회를 향하도록 정동의 방향성을 배열하고 재배치하는 사회혁신가들의 공동의 노력이 모인 정동체이다. 이것은 공동체기업이 정동을 회수하고 회복함으로서 완전히 색다른 정동경제의 양상으로의 재편이 가능하다는 점을 의미한다. 우리가 생각지도 못했던 정동경제의 혁신적인 면이 공동체기업의 선도성과 혁신성에 의하여 새롭게 재창안될 여지가 있다는 말이다. 그리고 정동하고 정동되는 일련의 과정에서 주인공/관객, 주체/대상 등의 이분법이 아니라, 모두의 혁명, 모두의 정동해방의 판을 개방하는 곳이 바로 공동체기업의 판이어야 한다. 정동해방의 야성적 힘들이 밀려드는 곳에서는 결국 활력은 해방되고 축제는 지속된다. 이를 통해서 탈성장 전환사회는 결핍, 빈곤, 결여가 아닌 정동해방을 통해서 더불어 가난, 연대의 축제장이 될 것이다.

결론

정동의 재발견, 대안을 말하다

　정동을 재발견한다는 것은 사랑과 욕망의 강렬한 열정과 활력, 에너지를 분자혁명의 수준으로까지 끌어올린다는 의미이다. 이는 사랑이라는 무언의 메시지의 도표화 작용을 통해 움직인다. 도표화 작용은 때로는 고도로 자유로우면서도 고도로 조직되어 있으며, 때로는 지도를 그리듯이 횡단하고, 때로는 분자혁명을 격발시킨다. 이러한 분자혁명이라는 특이점은, 붓으로 찍은 점의 물들임처럼 퍼져나가고, 다른 점의 물들임과 겹쳐 연쇄반응을 일으킨다. 결국 이러한 점의 물들임은 색다른 정동의 강렬도로 나타난다. 또한 특이점이 다른 특이점에 파급효과를 일으킨다는 점에서 눈덩이효과를 기대해 볼 수 있다.

　사랑, 욕망, 정동, 돌봄 등이 일으키는 강렬도는 미리 예측할 수 있는 프레임 내부에만 있지 않다. 그것은 좌파 우파를 따지지 않고, 이념, 종교, 철학, 과학을 넘나든다. 정동은 오직 생산밖에 할 것이 없다. 정동은 생명을 생산하고 삶을 생산한다. 그것은 과거와 현재, 미래를 따라 흐르는 흐름이다. 동시에 아직 태어나지 않은 미래세대를 예감하는 미래진행형적 무의식의 행렬이다.

더욱이 정동의 흐름은 과거의 잠재성 영역에도 미래의 가능성 영역에도 없는 것을 만들어낸다. 그것은 특이점을 만들어내는 분열생성이다. 정동은 야성적으로 빈틈과 사이, 곁에서 서식하다가 그곳에 에너지와 활력을 계속 가함으로써 마치 가재의 지절이 굴곡지게 펼쳐지듯이 하나의 특이점을 설립한다. 정동과 사랑의 생명력과 활력으로 세상을 바꾸는 것은 언제든 가능하다. 정동의 발생은 바로 분자혁명이기 때문이다.

정동의 재발견은 정동의 재구성이기도 하다. 정동 소외의 국면에 직면한 여성, 청년, 소수자 등이 삶을 풍부하고 다양하게 만들 방법을 찾는 것이기도 하다. 주변에는 정동의 소외로 인해 고독, 소외, 무기력, 비관, 우울증에 빠진 사람들이 많다. 소수자와 민중은 우선 자기 신체 내부에서 들끓고 있는 정동의 활력을 양육하고 도모하고 부추겨야 한다. 동시에 이를 미학화하는 과정으로서의 돌봄에 나서야 한다. 돌봄이 정동하고 정동되는 과정을 통해 정동을 순환시키고 정동의 상호작용을 유도해야 한다.

'문제설정으로서의 사물'과 '인간과 생명', '인간과 자연'을 가지런히 정돈, 순열, 배열, 배치하는 정동은 지도를 만들어내는 힘과 생명력이다. 정동의 소외는 지도제작의 원천을 뿌리째 뽑힌 사람들에게 나타난다. 그러나 그들이 스스로 "하라! 하라!"라는 펠릭스 가타리의 정동의 명제처럼 지도를 그려 나갈 수 있다. 동시에 정동을 통해 자신의 시공간을 구성할 능력이 그들에게 있다. 또한 그들은 '가장 가까이에 있는 지금-여기'의 실존으로부터 시작하여 돌보고 보살피고 모시고 살리는 등의 정동 행위 양식으로 나아갈 수 있다. 이를 통해 정동을 보존하고 순환시켜 정동의 소외로부터 탈주로를 개척할 수 있을 것이다. 그렇다고 정동의 야성성을 유순하게 만들자는 것이 아니다. 오히려 돌봄은 정동의 야성성을 보존하기 위한 가장 기본적인 행위 양식이다.

정동자본주의의 등장은 정동에게는 빛과 그림자의 동시발생이다. 정동의 무한성에 착목한 자본과 권력은 마치 천연자원처럼 정동을 다뤄 나간다. 정동자본주의는 날것의 정동을 포획하여 성장의 계기로 삼거나 이득이나 이해로 환원시키려 한다. 그러나 정동은 날것이 아니다. 천연자원이 아니다. 정동은 공통의 규칙을 기반으로 한 커먼즈의 조직 원리에 입각하는 영역과 같다. 공동체에서 정동의 특이점으로서의 활력과 생명력이 일단 생기면 그것은 공동체를 풍부하고 다양하게 만들 밑거름이 된다. 정동의 재발견은 활력을 통해 공동체가 더욱 충만해지는 계기의 재발견이다.

정동자본주의가 작동시키는 플랫폼이 정동이 순환하고 흐르는 마당이라는 점에서 공동체와 유사하다고 생각할 수도 있다. 하지만 그 둘이 근본적으로 다를 수밖에 없는 이유는 커먼즈로서의 정동을 대하는 태도에 있다. 이러한 탈주와 포획의 양 갈래 움직임 속에서 우리의 전략은 정동의 강렬도를 더욱 증폭시키고 커먼즈의 것으로 만드는 것이다. 그 성패는 이를 통해 정동을 생명평화공동체로 향하는 길의 원동력으로 삼는 데 달려 있다. 정동자본주의는 정동을 통해서라도 성장주의를 계속 작동시킬 수밖에 없는 자본주의의 최후의 종착지이다. 커먼즈로서의 정동은 더욱 지혜롭고 슬기롭게 플랫폼의 도전에 응전해야 한다. 이러한 정동해방의 역동성을 통해 탈성장 전환사회를 이끌어내는 판을 짜야 한다.

펠릭스 가타리는 『세 가지 생태학』(2003, 동문선)에서 "우리는 연대할수록 달라져야 한다"고 단언했다. 먼저 사회적 경제는 사랑, 욕망, 정동의 흐름을 지도 그리기 하는 과정에서 분자혁명이라는 뾰족한 첨단점으로 벼려져야 한다. 그다음으로 정동의 미세한 차이를 통해 정동경제를 다양하고 풍부하게 만드는 방향으로 초극미세 전략을 펼쳐야 한다. 향후 정동경제는 정동의 흐름, 순환, 상호작용을 통해서 정동의 강렬도를 보존하면서도 증폭하는 방향으로 나아갈 것이다.

정동은 삶과 생명활동의 두루뭉술한 어림짐작의 구도에서 미세한 차이로 구현될 것이다. 이를 통해 더욱 차이와 다양성, 탄력성, 융통성 등을 증폭시키는 방향으로 향할 것이다. 우리의 삶에서 사뭇 유사한 것처럼 보이는 것이 중복, 반복되는 것은 미세한 차이를 만들기 위한 판이다. 그런 점에서 정동의 순환은 정동의 흐름의 원천이라고 할 수 있다. 재귀적인 정동의 순환은 결국 유사함을 넘어서 새로운 차이와 다양성의 만개로 향할 것이다. 이를 통해 정동은 탄력적인 시스템을 구성할 수 있다. 더불어 '위기에 강한 협치'로서 관계망과 제도를 교직시키면서도 그 힘을 잃지 않을 것이다. 그런 점에서 우리는 사랑할수록, 정동을 발휘할수록 달라지는 과정에 놓여 있다.

사회적 경제는 선도성과 혁신성을 발휘하기 위해서 정동으로부터 출발해야 한다. 사회혁신가들을 배태한 공동체기업은 지각 불가능하고 식별 불가능한 지대, 순수증여의 판으로 이루어져 있다. 이 판 위에서 정동의 흐름은 그 강렬도에 따라 보이지 않는 사랑, 욕망, 정동이라는 양자를 발산해야 한다. 사회혁신가들은 정동의 입자가속기가 되어 정동의 양자를 방출하는 특이점이다. 더 나아가 정동을 도도한 영구혁명(=영구개량)의 흐름으로 만들어나가는 특이점이다.

분명 공동체기업이라는 판은 탈성장 전환사회의 마중물이다. 그래서 공동체기업은 완전한 전환사회의 시작점을 여는 개척자이자 개방자가 되어야 한다. 그곳으로 가는 길은 정동의 질문만이 실존의 해답이 될 수 있다는 점을 발견하는 과정이다. 동시에 자원에 뒤따르는 활력정동이 아니라 활력 자체의 정동의 질문에 주목하는 과정이다. 이를 통해 공동체기업은 완전히 다른 정동순환과 정동의 흐름의 판을 만들어나갈 수 있는 것이다. 바로 이 것이 정동의 재발견의 과정이다. 정동은 끊임없이 재발견되고 재창안되어 야 한다. 거대한 생명위기 시대, 기후위기 시대에 정동은 우리가 무엇을 해 야 하는지 그 단서를 갖고 있다. 이는 활력해방, 정동해방을 통한 탈성장 전 환사회의 미래이다.

참고문헌

〈단행본〉

가타리, 펠릭스, 『분자혁명(1980)』, 윤수종 역, (서울: 푸른숲, 1998. 9.) * 이하 同

_____, 『세 가지 생태학(1989)』, 윤수종 역 (서울: 동문선, 2003. 2.)

_____, 『카오스모제(1992)』, 윤수종 역 (서울: 동문선, 2003. 6.)

_____, 『기계적 무의식(1979)』, 윤수종 역 (서울: 푸른숲, 2003. 8.)

_____, 『정신분석과 횡단성(1972)』, 윤수종 역 (서울: 울력, 2004. 4.)

_____, 『(가타리가 실천하는) 욕망과 혁명』, 윤수종 편역 (서울: 문화과학사, 2004. 8.)

가따리, 펠릭스/네그리, 안또니오, 『자유의 새로운 공간(1985)』, 조정환 역 (서울: 갈무리, 2007. 2.)

가타리, 펠릭스/롤닉크, 수에리, 『미시정치. 가타리와 함께 하는 브라질 정치기행(1986)』, 윤수종 역 (서울: 도서출판b, 2010. 1.)

강수돌, 『살림의 경제학』, (서울 : 인물과사상사, 2009)

들뢰즈/가타리, 『철학이란 무엇인가(1991)』, 이정임 · 윤정임 역 (서울: 현대미학사, 1995. 7.)

_____, 『앙띠 오이디푸스: 자본주의와 정신분열증(1972)』, 최명관 역 (서울: 민음사, 1994. 10.)

_____, 『소수집단의 문학을 위하여: 카프카론(1975)』, 조한경 역 (서울: 문학과지성사, 1997. 10.)

_____, 『천개의 고원: 자본주의와 정신분열증2(1980)』, 김재인 역 (서울: 새물결, 2001. 6.)

들뢰즈, 쥘, 『스피노자의 철학』, 박기순 역 (서울, 민음사, 1999)

_____, 『스피노자와 표현의 문제』, 이진경/권순모 역 (서울, 인간사랑, 2003)

들뢰즈/네그리, 『비물질노동과 다중』, 서창현 외, (서울 : 갈무리, 2005)

마수미, 브라이언, 『정동정치』, 조성훈 역, (서울 : 갈무리, 2018)

멜리사 그레그, 그레고리 시그워스, 『정동이론』최성희, 김지영, 박혜정 역 (서울 : 갈무리, 2015)

버지니아 헬드, 『돌봄 : 돌봄윤리』김희강, 나상원 역 (서울 : ㈜ 박영사, 2017)

베이트슨, 그레고리, 『마음의 생태학』, 박대식 역 (서울: 책세상, 2006)

스피노자, 『에티카』, 강영계 역 (서울: 서광사, 1990)

윤수종, 『욕망과 혁명: 펠릭스 가타리의 혁명사상과 실천활동』 (서울: 서강대학교 출판부, 2009. 9.)

윤영도 편, 『정동하는 청춘들-동아시아 청년들의 정동과 문화실천』(서울 : 동아시아연구소

학술총서, 2017)

이항우, 『정동자본주의와 자유노동의 보상』, (서울 : 한울엠플러스(주), 2017)

이토 마모루, 『정동의 힘』, 김미정 역, (서울 : 갈무리, 2016)

캐슬린 린치, 『정동적 평등-누가 돌봄을 수행하는가』 강순원 역, (서울 : 한울 플러스(주), 2016)

칼 폴라니, 『거대한 전환』(우리 시대의 정치 경제적 기원). 홍기빈 역, (서울 : 길 2009)

크리스티안 마라찌, 『자본과 정동』, 서창연 역, (서울: 갈무리, 2014)

〈논문〉

강진숙, 「'기표적 기호학'을 넘어 '탈기표적 기호론'의 정치로」, 『문화과학』, 19호 (서울: 문화과학, 1999), 127~148쪽.

강희경, 「스피노자의 방법 : 〈윤리학〉의 기하학적 질서의 의미」(서울대학교 대학원 석사논문, 2006)

권명아, 「정동의 과잉됨과 시민성의 공간」(서강인문논총, Vol. 37 No. -, 2013)

_____, 「비교 역사적 연구를 통해 본 정동 연구의 사회정치적 의제 : 여자 떼 공포와 다스려질 수 없는 자들의 힘」(여성문학연구, Vol. 39 No. -, 2016)

권영희, 「욕망의 긍정성에 관한 고찰 : 스피노자의 코나투스 개념을 중심으로」(성균관대학교 석사논문, 2008)

김경섭, 「폭력과 경계 너머의 사유와 문학 -들뢰즈와 가타리의 철학과 문학」, 『뷔히너와 현대문학』, 제33호 (한국뷔히너학회, 2009)

김경철, 「네그리의 다중론에 대한 일 고찰 : 『야만적 별종』에 나타난 다중의 존재론과 『전복적 스피노자』에 나타난 다중의 정치론」(성공회대학교 일반대학원 석사논문, 2006)

김문수, 「스피노자 : 상상과 정서」(서울대학교 대학원 석사논문, 2003)

김성하, 「네스와 과타리의 생태철학에서 윤리-미적 실천에 관한 연구 : 스피노자의 역량 개념에 준거한 두 해석」(홍익대학교 대학원 박사논문, 2016)

김수현, 「스피노자 역량개념의 윤리적 합의 : 윤리학을 중심으로」(경성대학교 대학원 석사논문, 2009)

김은주, 「에토스(ethos)로서의 윤리학과 정동 - 들뢰즈의 윤리적 논의와 의미를 중심으로」, (시대와 철학, Vol. 26 No. 1, 2015)

김정하, 「트라우마와 정동」(비평과이론, Vol. 19 No. 2, 2014)

김지영, 「오늘날의 정동 이론」(오늘의 문예비평, Vol. - No. -, 2016)

김현우, 「스피노자의 자연철학 : 코나투스와 동역학」(고려대학교 대학원 석사논문, 2010)

김필호, 『질 들뢰즈와 펠릭스 가타리의 욕망이론에 대한 연구: 욕망과 권력의 관계를 중심으로』(서울대大學院 사회학과 석사학위논문, 1996)

류지열,「정서 이론을 통해 본 스피노자의 정치철학」(고려대학교 대학원 석사논문, 2009)

문강형준,「재난 시대의 정동 : 애도의 가능성과 불가능성」(여성문학연구, Vol.35 No.-, 2015)

문아영,「기호체제들과 미시권력」,『탈주의 공간을 위하여』(서울: 서울사회과학연구소, 1997. 4.)

박지원, 김회용,「정동의 관점에서 본 교육의 정치적 침묵-세월호와 잔혹한 낙관주의」(교육의 이론과 실천, Vol.21 No.3, 2016)

박현선,「정동의 이론적 갈래들과 미적 기능에 대하여」(문화과학, Vol.- No.86, 2016)

변희순,「스피노자의 倫理學에 나타난 情念으로부터의 解放에 관한 硏究」(서울大學校 大學院, 석사논문, 1998)

서울문화이론연구소 영화분과,「언어의 표상에서 육체의 횡단으로: 정신분석과 분열분석」,『문화과학』18호 (서울: 문화과학, 1999)

손희정,「혐오와 절합하고 경합하는 정동들」(여성문학연구, Vol.36 No.-, 2015)

_____,「느낀다'라는 전쟁 미디어-정동이론의 구축과 젠더」(민족문학사연구, Vol.62 No.-, 2016)

안병석,「스피노자와 自由」(경북대학교 대학원 석사논문, 2015)

안태환,「아르헨티나의 2001년 전후 새로운 사회운동의 문화적 접근 : 연대의 '정동'과 '사회성'」(이베로아메리카硏究, Vol.27, No.3, 2016)

연효숙,「들뢰즈에서 정동의 논리와 공명의 잠재력」, (시대와 철학, Vol.26 No.4, 2015)

유연경,「스피노자『윤리학』의 미학적 독해를 위한 예비적 고찰 : 지복의 조건으로서의 정서와 욕망에 관한 이론을 중심으로」(서울대학교 대학원 석사논문, 2000)

윤수종,「아우토노미아 조직론에 관한 연구」,『현대사회과학연구』, 제8권 제1호 (전남대학교 사회과학연구소, 1997)

_____,「가따리의 삶과 사상」,『비판』3호 (서울: 박종철 출판사, 1998)

이강민,「공동체의 정서전략으로서 해학연구 : 스피노자의 정서(affect)이론을 중심으로」(부산대학교, 석사논문, 2011)

이득재,「바흐찐과 가타리의 언어이론 비교연구」,『러시아어문학비교연구』(한국러시아문학회, 2001)

_____,「오토포이에시스와 맑스주의 문학이론」,『문예미학』, 제12호 (문예미학회, 2006)

_____,「일본의 들뢰즈·가타리 연구 동향 (상)」,『대학원신문』(중앙대학교 대학원신문사, 2007. 9. 11.) http://www.cauon.net/news/quickViewArticleView.html?idxno=13394

_____,「일본의 들뢰즈·가타리 연구 동향 (하)」,『대학원신문』(중앙대학교 대학원신문사, 2007. 12. 11.) http://www.cauon.net/news/articleView.html?idxno=13837

이상호,「Spinoza의 신체관에 관한 연구」(동아대학교 대학원 석사논문, 2009)

이명호,「문화연구의 감정론적 전환을 위하여: 느낌의 구조와 정동경제론 검토」(비평과이

론, Vol. 20 No. 1, 2015)

이영배, 「정동(情動)의 힘과 강도(强度)의 문턱 - 천승세 희곡 「만선」의 정동 읽기」(감성연구, Vol. 14 No. -, 2017)

이윤종, 「좀비는 정동될 수 있는가? : 「부산행」에 나타난 신자유주의 시대의 정동과 여성 생존자의 미래」(여성문학연구, Vol. 39 No. -, 2016)

이종찬, 「정동, 마음의 움직임」(문화과학, Vol. - No. 86, 2016)

이지영, 「스피노자에서 개체의 실존 역량과 공동체」(이화여자대학교 대학원 박사논문, 2012)

이항우, 『후기구조주의 주체성론에 대한 이론적 연구: 라깡의 '주체성론'과 들뢰즈/가타리의 '욕망이론'을 중심으로』(서울대학원 사회학과 석사학위논문, 1995. 02.)

_____, 「구글의 정동 경제(Affective Economy) : 사용자 정동 노동의 동원과 전용」(경제와 사회, Vol. - No. 102, 2014)

_____, 「'이윤의 지대되기'와 정동 엔클로저」, (韓國社會學, Vol. 50 No. 1, 2016)

이태성, 「사회과 교육에서 감정 개념의 명료화 -'정동 이론(Affect Theory)'을 중심으로」(사회과교육연구, Vol. 24 No. 2, 2017)

장시기, 「탈근대성의 인식론」, 『비평과이론』, 제5권 제2호 (한국비평이론학회, 2000)

정미숙, 「정동과 기억의 관계시학」(현대소설연구, Vol. - No. 64, 2016)

_____, 「'정동'은 '역동'이다」(비평과이론, Vol. 22 No. 1, 2017)

정수연, 「공감과 연민, 그리고 정동(affect)」(커뮤니케이션이론, Vol. 11 No. 4, 2015)

정순인, 「스피노자의 행복 개념에 관한 연구 : 인식과 정념의 관계를 중심으로」(청주대학교 대학원 석사논문, 2008)

정익순, 「들뢰즈 철학에 나타난 성(性)과 신체의 문제」, 『철학탐구』, 제16권 (중앙대학교 중앙철학연구소, 2004)

정원, 『탈구조주의의 사회이론에 관한 한 연구: 푸꼬와 들뢰즈/가타리의 사회사상과 실천론을 중심으로』(연세대학교 대학원 사회학과 석사학위논문, 1995. 08.)

조문영, 「스피노자 감정이론이 상담에 주는 치료적 함의」(영남대학교 대학원 석사논문, 2016)

조현진, 「스피노자의 코나투스 이론에 관한 연구」(서강대학교 대학원 석사논문, 2010)

조현수, 「들뢰즈의 "존재론적-윤리학": 들뢰즈의 "정동의 윤리학"과 그 존재론적 근거로서의 "존재의 일의성"」(동서철학연구, Vol. 78 No. -, 2015)

주은영, 「스피노자의 힘과 구성의 윤리학」(이화여자대학교 대학원 석사논문, 1997)

최원, 「정동 이론 비판」(문화과학, Vol. - No. 86, 2016)

홍서연, 「스피노자의 "에티카" 나타난 욕망과 자유」(이화여자대학교 대학원 석사논문, 1995)

홍윤기, 「현대의 욕망확대구조와 불교의 욕망이론」, 『지식기반사회와 불교생태학』(서울: 아카넷, 2006)

찾아보기

정동의 재발견

등록 1994.7.1제1-1071
1쇄 발행 2022년 8월 31일

지은이 신승철
펴낸이 박길수
편집장 소경희
편   집 조영준
관   리 위현정
디자인 이주향
펴낸곳 도서출판 모시는사람들
03147 서울시 종로구 삼일대로 457(경운동 수운회관) 1207호
전   화 02-735-7173, 02-737-7173 / 팩스 02-730-7173
홈페이지 http://www.mosinsaram.com/

인   쇄 피오디북(031-955-8100)
배   본 문화유통북스(031-937-6100)

값은 뒤표지에 있습니다.
ISBN 979-11-6629-132-6   03300

* 이 저서 또는 논문은 2018년 대한민국 교육부와 한국연구재단의 지원을 받아
  수행된 연구임(NRF-2018S1A6A4A01028349)
  This work was supported by the Ministry of Education of the Republic of Korea
  and the National Research Foundation of Korea(NRF-2018S1A6A4A01028349)